Christian-Peter Hanelt · Ein Ring aus Feuer

W0278650

DEUTSCHER
LEVANTE
VERLAG

Christian-Peter Hanelt

EIN RING AUS FEUER

Wie Europa den Nahen Osten verloren hat und ihn neu gewinnen kann

DEUTSCHER LEVANTE VERLAG

Die deutsche Bibliothek verzeichnet diese Publikation in der Deutschen National-bibliografie: http://dnb.de

1. Auflage, Originalausgabe
ISBN 978-3-943737-81-3

Deutscher Levante Verlag GmbH
Berlin 2023

Titelfoto: Sebastian Backhaus (2016: in Qayyarah bei Mosul: Der irakische General Faras beim Selfie vor einer Ölquelle, die zuvor von Dschihadisten der Miliz „Islamischer Staat“ in Brand gesetzt worden war).
Satz: Satz- & Verlagsservice Ulrich Bogun
Druck: Offsetdruckerei KOPA, Litauen

Inhaltsverzeichnis

DER KRISENBOGEN

KAPITEL 1

KAPITEL 2

KAPITEL 4

KAPITEL 5

KAPITEL 6

ANHANG

Vorwort

Der Krisenbogen

Wie Europa den Nahen Osten verloren hat – und ihn neu gewinnen kann

Die Nachricht platzt wie eine Bombe in die Dialogveranstaltung der Entscheider:innen, Denker:innen und Unternehmer:innen aus Europa und dem Nahen Osten. Donnerstag, 17. Januar 2002: Ein palästinensischer Angreifer überfällt in der nordisraelischen Stadt Chadera eine Tanzgesellschaft, tötet mit seinem Schnellfeuergewehr sechs Israeli und verletzt 33 weitere. Der israelisch-palästinensische Konflikt verschärft sich dramatisch. Das Ereignis erschüttert alle Teilnehmer:innen, die sich zur siebten Auflage der Kronberger Gespräche der Bertelsmann Stiftung im Schlosshotel Kronberg nahe Frankfurt versammelt haben. Ein israelisches Regierungsmitglied bricht in Tränen aus; der EU-Außenbeauftragte Javier Solana unterbricht seine Rede, um spontan Trost zu spenden. Palästinensische Politiker stehen auf und rufen „Wir wollen Frieden!".

In Kronberg nimmt das Drama nicht seinen Lauf, die Vertreter:innen der israelischen und arabischen Konfliktparteien verlassen nicht den Konferenzraum. Im Gegenteil: Im Gespräch am runden Tisch tauschen sich israelische, palästinensische, jordanische und ägyptische Minister:innen, Wissenschaftler:innen und Unternehmer:innen sachlich zur Lösung des Nahostkonfliktes aus, auch wenn sie teils gegensätzliche Positionen vertreten. Die Europäer:innen, allen voran Javier Solana und der deutsche Außenminister Joschka Fischer, streuen Ideen in die Debatten ein. Im weiteren Verlauf des Jahres 2002 wird die Europäische Union – angetrieben von Solana und Fischer – gemeinsam mit den USA, Russland und den Vereinten Nationen eine Vermittlergruppe gründen, das „Nahost-Quartett". Mit einem Fahrplan zum Frieden („Roadmap for Peace") hinterlegt sie diesen diplomatischen Aufbruch nach der israelisch-palästinensischen Kriegsauseinandersetzung, der sogenannten zweiten Intifada, auch mit handfesten Vereinbarungen. Ich notiere in mein Tagebuch: „Unsere Kronberger Nahostgespräche waren noch nie so hochkarätig besetzt, und das in politisch schwerer Zeit." Ich habe im Kontext der Europaarbeit der Bertelsmann Stiftung zwischen 1995 und 2011 elf Kronberger Nahost-Gesprächsrunden organisiert. Wir haben eine neutrale Dialogplattform geboten, mit der wir unsere Europa- und Nahost-Expertise einbringen und so Vertrauen schaffen konnten. Vertrauen, das Vertreter:innen von Konfliktparteien zum gemeinsamen Denken anregt und das auch anhält, wenn Terror und Gewalt die Schlagzeilen der Weltpolitik bestimmen.

Diese Szene oben, die ich persönlich miterlebt habe, zeigt exemplarisch, wie schmal der Grat für uns Europäer:innen ist, auf dem wir den Draht zu unseren Nachbarn im Nahen Osten halten. Sie zeigt aber ebenso, wie wichtig Vertrauen ist, um auch in schwierigen Konfliktsituationen Verbindungsbrücken nicht einstürzen zu lassen, sondern, auf neue Fundamente gebaut, wieder zu gewinnen.

Seit 1985, dem Jahr, in dem ich mein Studium begann, das ich später in Syrien fortsetzte, beschäftige ich mich mit den politischen, wirtschaftlichen und gesellschaftlichen Entwicklungen in den Ländern jenseits des Mittelmeeres, in Nordafrika und dem Nahen Osten – von Marokko im Westen bis Afghanistan im Osten. Als Journalist habe ich aus dem Umfeld des zweiten Golfkriegs von 1991 berichtet, als der Westen mit militärischer Macht die irakischen Truppen aus dem besetzten Kuwait vertrieb, und habe den israelisch-palästinensischen Friedensprozess ab 1993 mitverfolgt. Seit 1994 unterstütze ich mit meinem Regionalwissen die Europaarbeit der Bertelsmann Stiftung, die das Ziel verfolgt, den solidarischen Zusammenhalt der Gesellschaften in der Europäischen Union zu stärken und die internationale Verständigung Europas mit seinen Nachbarn im Süden, auf dem Balkan und in Osteuropa zu fördern. Viel habe ich von meinen Kolleg:innen gelernt – besonders darüber, wo die Grenzen und Potenziale einer europäisch gestalteten Außenpolitik liegen. Dieses stetige Lernen war auch immer wieder ein persönlicher Antrieb, mich bis heute für eine Verbesserung der Beziehungen Europas zu Nordafrika und dem Nahen Osten einzusetzen.

Europas Fähigkeit zu mehr gemeinsamer Außenpolitik mitgestalten

Europas außenpolitisches Engagement ist auch ein Thema im Gespräch mit dem Bundespräsidenten. Am 20. April 2013 hat Joachim Gauck rund hundert interessierte Bundesbürger:innen zu einem Zukunftsdialog unter dem Motto „Ich will Europa – mitgestalten" nach Schloss Bellevue eingeladen. Expert:innen inspirieren die Ideenfindung an zwölf Thementischen. Ich moderiere die Runde zu den Potenzialen europäischer Außenpolitik. Die Besucher:innen an meinem Thementisch wünschen sich eine einheitliche europäische Stimme nach außen, nicht 28 vielstimmige Meinungen; ja, am besten einen europäischen Außenminister, der Gehör findet, gerade in den Konfliktzonen des Nahen Ostens und in Nordafrika, wo die Menschen ab 2011 ihre Langzeitherrschenden durch Massenproteste aus den Ämtern gejagt haben.

Am Vortag des Europagesprächs in Schloss Bellevue bin ich aus Tunesien zurückgekommen. Dort konnte ich mir ein Bild davon machen, welche dramatische Herausforderung für unser Nachbarland darin liegt, sich von der beendeten Diktatur zu einer tragfähigen Demokratie zu entwickeln. Deutschland und Europa durchschreiten die Erfahrungen eines solchen Politikwechsels bereits seit 1989 – im Rahmen der Umbrüche in Mittel- und Osteuropa und insbesondere zu Beginn des bis heute andauernden Wiedervereinigungsprozesses. Joachim Gauck, als prominenter DDR-Bürgerrechtler, war selbst unmittelbar Teil dieser Entwicklung – nun ist er Bundespräsident. Ich erzähle ihm von meinem Eindruck, dass die Tunesier:innen sehr Ähnliches erleben wie unsere Mitbürger:innen der ehemaligen DDR: Sie stehen vor der Aufgabe, ihre Erfahrungen mit der Diktatur aufzuarbeiten und einen Weg in das demokratische Miteinander zu gestalten. Dieser Weg, füge ich hinzu, sei schwierig – den Tunesier:innen Mut zum Aufbruch zuzusprechen deshalb wünschenswert. Bundespräsident Gauck wird zwei Jahre später, im April 2015, in Tunesien von seinen Erfahrungen mit dem Umbruch von der Diktatur zur Demokratie berichten – und dort bei vielen jungen Demokrat:innen Gehör finden.

Europas Nachbarn im Süden: 22 Staaten in einem komplexen Umfeld

Wenn in diesem Buch vom Nahen Osten und von Nordafrika die Rede ist, ist ein Bogen von 22 Staaten gemeint, der sich geografisch jenseits des Mittelmeeres zwischen Europa, Afrika und Asien spannt. Es sind 19 arabische Länder, von Marokko im Westen bis Oman im Osten, sowie drei nicht arabische, die Türkei, Israel und Iran, die diese Region ausmachen. Ihre Beziehungen zu Europa und damit auch ihre politische Nähe zur Europäischen Union gestalten sich unterschiedlich:

Die Türkei – seit 1999 Kandidatin für den Beitritt zur Europäischen Union und Mitglied der Nato – ragt heraus, sie besetzt eine wichtige geostrategische Position zwischen Europa und dem Nahen Osten. Zehn der 22 Staaten – Marokko, Algerien, Tunesien, Libyen, Ägypten, Israel, die palästinensischen Gebiete, Jordanien, Libanon und Syrien – haben ein herausgehobenes Verhältnis zur Europäischen Union, sie gehören zum Kreis der europäischen Nachbarschaftspolitik. Die EU hat 2004 mit diesen zehn Nachbarländern südlich des Mittelmeerraums und sechs direkten Nachbarstaaten östlich seiner Grenzen (Belarus, Ukraine, Moldau, Georgien, Armenien und Aserbaidschan) bilaterale Abkommen von unterschiedlicher politischer, wirtschaftlicher und sozialer Tiefe geschlossen. In der Zusammenarbeit mit denjenigen Ländern, die direkt an die EU grenzen, sollen die Förderung von Demokratie und Rechtsstaatlichkeit eine besondere Bedeutung haben. Mit sechs weiteren arabischen Staaten, den erdöl- und erdgasreichen Königs- und Fürstentümern am Golf, baut die EU eine regionale

Partnerschaft auf. Saudi-Arabien, die Vereinigten Arabischen Emirate, Katar, Kuwait, Bahrain und der Oman sind in einem Golfkooperationsrat zusammengeschlossen. Das Echo der Fußballweltmeisterschaft Ende 2022 in Katar und die zunehmende Relevanz der Golfregion als Lieferantin von fossilen und alternativen Energieträgern unterstreichen die steigende Bedeutung der europäisch-golfarabischen Beziehungen.

Europa schaut auf den Nahen Osten: Verbindendes und Widersprüchliches

Zwischen dem Atlasgebirge und der Golfregion leben rund 480 Millionen Menschen mit einem Durchschnittsalter von 27 Jahren. Demgegenüber stehen in den 27 Mitgliedstaaten der Europäischen Union rund 450 Millionen Menschen mit einem Durchschnittsalter von 44 Jahren. Verbindendes wie Widersprüchliches[1] findet sich sowohl innerhalb der Staatenwelt Nordafrikas und des Nahen Ostens als auch in den transmediterranen Beziehungen zwischen Europa und seiner erweiterten südlichen Nachbarschaft in Nordafrika und dem Nahen Osten.

Die geografische Nähe, die historischen Bezüge vom Römischen Reich über die Kreuzzüge bis zur Kolonialgeschichte, die vielfältigen Handelsbeziehungen, die Vielfalt der Menschen aus der Nahostregion, die in vielen europäischen Nationalstaaten leben und arbeiten – das sind nur einige der Aspekte, die die enge Verbundenheit Europas mit seinen Nachbarregionen im Süden ausmachen. Gleichzeitig verbergen sich hinter den verbindenden Aspekten auch gegensätzliche und widersprüchliche Faktoren. Aus Sicht der EU-Mitgliedstaaten sorgen insbesondere drei Spannungsfelder für Dissonanzen: nationale Außenwirtschaftsinteressen, eigene historisch gewachsene Beziehungen zu einzelnen Ländern im Nahen Osten oder Nordafrika sowie nationale Abwehrreaktionen gegen Einwanderung und Islam. So widerspricht nationalstaatliches Handeln oft gemeinsamen Erklärungen auf europäischer Ebene. Gleichzeitig versucht Europa auch, sich mit

Hilfe seiner südlichen Nachbarn gegen echte und vermeintliche Auswirkungen der Konflikte in der Region abzuschotten, allen voran Terrorismus, Islam und Migration. Im Hintergrund steht dabei stets das spürbare Wohlstandsgefälle zwischen Europa und seinen Nachbarn. Im Durchschnitt sei ein:e EU-Bürger:in sechsmal reicher als sein:e Nachbar:in südlich des Mittelmeeres, rechnet der Hohe Vertreter für Außen- und Sicherheitspolitik, Josep Borrell, am 26. November 2022 vor, als er in Barcelona auf einem Ministertreffen der 27 EU-Mitgliedstaaten mit ihren zehn direkten nahöstlichen und nordafrikanischen Nachbarn spricht.[2]

Ein „Ring aus Feuer“: Konfliktstoff innerhalb Nordafrikas und des Nahen Ostens

Innerhalb der einzelnen Gesellschaften und zwischen den 22 Staaten besteht ebenfalls ein beträchtliches Wohlstandsgefälle. Es gibt Länder wie Algerien, Saudi-Arabien oder Marokko, die über umfangreiche Erdgas-, Erdöl- oder Phosphatvorkommen verfügen. Länder wie Tunesien und Jordanien hingegen besitzen kaum natürliche Ressourcen und müssen diese daher gegen kostbare Devisen teuer auf dem Weltmarkt einkaufen. Es gibt Staaten wie Israel und die Vereinigten Arabischen Emirate, die zu den innovativsten Volkswirtschaften der Welt zählen, während die Mehrzahl der in Syrien und dem Jemen verbliebenen Menschen ohne humanitäre Hilfe der EU und der Vereinten Nationen verhungern würden.

Auch wenn die Länder und Gesellschaften des Nahen Ostens und Nordafrikas historisch und geografisch eine gewisse Einheit bilden, dominieren doch Widersprüche und Gegensätzlichkeiten. Praktisch kein Staat verfügt über eine homogene Bevölkerungsstruktur: Eines der eindrücklichsten Beispiele für diese Vielfalt ist der Libanon, in dem sich die politische und ökonomische Macht auf 18 anerkannte ethnische und religiöse Gruppierungen verteilt. Wie sehr die Nahostregion von Konflikten geprägt ist, zeigt sich im globalen Vergleich. Südlich der EU werden weltweit gesehen horrende Summen für den Einkauf von Rüstungsgütern ausgegeben. Sowohl die Dichte als auch die Intensität kriegerischer Auseinandersetzungen sind extrem hoch, ebenso die absoluten Zahlen von Geflüchteten und Vertriebenen. Auch in Rankings für die Bereiche Korruptionsfreiheit, Regierungsführung und soziale Gerechtigkeit ist selten ein Staat aus der Region auf den vorderen Plätzen zu finden.

Bedenkt man die Tragik, die Europa in seiner östlichen Grenzregion erlebt, die Schrecken des russischen Angriffskriegs in der Ukraine oder die blutigen Auseinandersetzungen zwischen Armenien und Aserbaidschan, ist es kein Wunder, dass viele Beobachter:innen von einem „Ring of Fire" an den Grenzen der Europäischen Union sprechen. Ich möchte mich in diesem Buch auf den „Ring aus Feuer" konzentrieren, der sich um Europas Süden rankt, aber auch auf das, was dort aus der Asche immer wieder neu erblüht.

Folgen der Zeitenwende

Am Donnerstag, den 24. Februar 2022, dringen russische Soldaten weiter massiv in das Staatsgebiet der Ukraine ein. „Mit dem Überfall auf die Ukraine hat der russische Präsident Putin kaltblütig einen Krieg vom Zaun gebrochen. Putin will ein russisches Imperium errichten, will die Verhältnisse in Europa nach seinen Vorstellungen grundlegend neu ordnen, und dabei schreckt er nicht vor militärischer Gewalt zurück", erklärt Bundeskanzler Olaf Scholz zum Auftakt der Sondersitzung des Bundestages drei Tage nach Beginn des Krieges. „Wir müssen deutlich mehr investieren in unsere Sicherheit, um unsere Freiheit und Demokratie besser verteidigen zu können […]. Wir erleben eine Zeitenwende, das heißt, die Welt danach ist nicht mehr die Welt davor."

„Zeitenwende" bedeutet einen markanten Umbruch durch ein herausragendes Ereignis. Der Begriff „Zeitenwende" ist gerechtfertigt, denn der russische Angriffskrieg hat tiefgreifende geopolitische und geoökonomische Folgen für Europa und seine Nachbarn. Europa denkt nun neu über seine politischen Prioritäten nach: Welche

Rolle spielen die Wehrhaftigkeit europäischer Demokratien, ein verlässliches Sicherheitssystem, die Umstrukturierung einseitiger Abhängigkeiten beim Einkauf von Erdgas, Erdöl und Nahrungsmitteln, die Erweiterung der Europäischen Union um Mitglieder aus der östlichen Nachbarschaft, wie die Ukraine, Moldau und Georgien, und die Vertiefung der sozialen und wirtschaftlichen Beziehungen mit allen Nachbarn rund um Europa, um die gemeinsame Anfälligkeit gegen Krisen und Kriege zu reduzieren?

Zeitenwenden im Nahen Osten

Was bedeutet diese Zeitenwende für die Menschen in unserer südlichen Nachbarschaft, in „meiner" Region? Haben sie doch in den letzten Jahrzehnten eine viel größere Zahl von Zäsuren erlebt als wir in Europa. Während Europa nach dem Zweiten Weltkrieg bis zum Überfall des Kremls auf die Ukraine nur eine Zeitenwende erfahren hat, den Fall des Eisernen Vorhangs 1989/90, haben die Gesellschaften im Nahen Osten und Nordafrika mehrere entscheidende Umbrüche durchgemacht: Im israelisch-palästinensischen Aufbruch 1991 liegt eine Zeitenwende; ebenso in den Anschlägen vom 11. September 2001 und dem darauffolgenden Krieg im Irak. Auch die arabischen Protestbewegungen ab 2011 gehören dazu – ich hatte das Glück, all diese Umbrüche persönlich begleiten zu dürfen.

Nicht persönlich begleitet, da Jahrgang 1964, habe ich die Zeitenwende von 1979. Dennoch ist auch dieser Umbruch von großer Bedeutung für den Nahen Osten – „1979 das Jahr ohne Ende" titelt die Zeitschrift für den Orient *zenith* vom Winter 2018. Seit 1979 haben die Gesellschaften im Nahen Osten und Nordafrika ungefähr im Abstand von je zehn Jahren Zeitenwenden erlebt – fünf gravierende Umbrüche in kaum mehr als vierzig Jahren. Europa ist als direkter geografischer Nachbar der Region in diese fünf Zeitenwenden tief verstrickt – eine ereignisreiche Geschichte, die uns vor gemeinsame Zukunftsaufgaben stellt. Die gemeinsamen Herausforderungen reichen vom Schaffen von Frieden bis zum Schutz unserer Lebensgrundlagen.

Ein Rundumblick über fünf nahöstliche Zeitenwenden in mehr als 40 Jahren

Dieses Buch führt durch fünf Zeitenwenden von 1979 bis heute, es erklärt die zugrunde liegenden Konflikte und Herausforderungen, ordnet Krisen und Chancen ein und stellt Vorschläge zum Umdenken und Neuhandeln zur Diskussion. „Schreib dein Buch aber nicht nur wie eines deiner politikwissenschaftlichen Papiere", gibt mir mein Verleger Daniel Gerlach mit auf den Weg, „sondern erzähl Ereignisse und Entwicklungen auch entlang deiner persönlichen Erfahrungen und bekannter Akteure, die die Zeitenwenden mit geprägt haben – entführ die Leser:innen in den Maschinenraum der Weltpolitik". Dieser Auftrag motiviert mich, mein Archiv aus Notizen, Texten, Veröffentlichungen, Tagebüchern und Fotos zu durchsuchen und neu zu sortieren. Beim Schreiben habe ich mich zusätzlich durch jüngste Reisen nach Tunesien, Saudi-Arabien, Israel-Palästina und die EU-Hauptstadt Brüssel inspirieren lassen.

Wir begegnen bekannten und weniger bekannten Persönlichkeiten, unter denen ich viele geschätzte Freund:innen nennen darf. Wir treffen marokkanische Elektriker, tunesische Jungunternehmerinnen und syrische Fotografen. Wir verfolgen die politischen Entwicklungen und reflektieren, wie sie von europäischer und nahöstlicher Seite geprägt wurden – vom französischen Präsidenten Valéry Giscard d'Estaing bis zum deutschen Bundeskanzler Olaf Scholz und von Libyens Staatschef Muammar al-Gaddafi bis zum saudischen Kronprinzen Mohammed bin Salman. Wir skizzieren Eindrücke über die Massen, die jubeln, als Religionsführer Ruhollah Khomeini 1979 in den Iran zurückkehrt, bis zu den Menschen, die sich heute über das Mittelmeer auf den Weg machen.

Zu diesem Buch

Ein gesamteuropäischer Blick prägt meine Perspektive auf die Zeitenwenden dieses Buches. Schon während meiner Schulzeit habe ich Brief- und Besuchsfreundschaften in England und Frankreich gepflegt. Später habe ich von den Kenntnissen der Europa Expert:innen der Bertelsmann Stiftung profitiert. Dabei sehe ich Europa breiter als die EU, zähle auch einzelne europäische Staaten wie Norwegen und die Schweiz dazu, die sich besonders in der Konfliktvermittlung einen Namen gemacht haben; ebenso Großbritannien, das nach dem Austritt aus der EU für die europäische Politik im Nahen Osten weiterhin eine große Rolle spielt. Aus demselben Grundgedanken folgt auch, dass ich, so oft ich im Folgenden von „wir" und „uns" als „Europäer:innen" in „unserem" Europa schreibe, Europa und seine Rolle im Mittelmeerraum der Leserschaft persönlich näherbringen möchte. In diesem Sinne bezieht „wir" alle Menschen ein, die an der Verwirklichung des europäischen Gedankens mitwirken wollen, unabhängig von geografischen Grenzen.

Um das in diesem Buch zusammengetragene Wissen handhabbarer zu machen, enthält es zwei Landkarten, eine Zeitleiste und einen Überblick über Fachbegriffe und Personen. Um den Lesefluss zu erleichtern, habe ich mich bei der Schreibweise der Namen und Fachbegriffe an Wikipedia Deutsch gehalten. Der Text versucht nach bestem Wissen und Gewissen, geschlechterspezifisch diskriminierende Sprache zu vermeiden. Sollten mir dabei Fehler unterlaufen sein oder sich der Diskurs über Integration und Inklusion in der Zukunft weiterentwickeln, hoffe ich, dass dadurch nicht die inhaltlichen Aussagen dieses Buches an Wert für eine zukünftige Leserschaft verlieren. Ich biete den Leser:innen die aus den Medien vertraute Schreibweise für die Umschrift arabischer, hebräischer und persischer sowie türkischer Eigennamen, Orts- und Länderbezeichnungen, Begriffe, Parteien und Organisationen an. Werden Akronyme, also Abkürzungen, die aus den Anfangsbuchstaben der abgekürzten Wörter gebildet werden, als Wort ausgesprochen, sind sie in der Mehrzahl nach großem Anfangsbuchstaben klein geschrieben, um das Schriftbild einheitlich zu halten – also Nato, Uno, etc. Besonders hoffe ich, dass ich bei der Danksagung keinen der vielen Menschen vergessen habe, denen ich für Rat und Tat danken möchte. Für eventuelle Fehler im Text möchte ich mich im Voraus entschuldigen.

2023: ein Jahr diverser Gedenktage im Nahen Osten und in Nordafrika

Im Erscheinungsjahr dieses Buches, 2023, jähren sich einige zentrale Ereignisse der fünf nahöstlichen Zeitenwenden: So hat Ende März 2023 der Einmarsch amerikanischer Truppen unter Beteiligung einiger europäischer Bündnispartner in den Irak (im Kontext der dritten Zeitenwende von 2001) seinen zwanzigsten, Anfang Juli 2023 der Sturz des ägyptischen Präsidenten Mursi durch einen Militärputsch (im Kontext der vierten Zeitenwende von 2011, Arabischer Frühling/Arabellion) seinen zehnten und Mitte September 2023 das Ende der israelisch-palästinensischen Geheimverhandlungen in Oslo (im Kontext der zweiten Zeitenwende von 1991) seinen dreißigsten Jahrestag. Die Türkei, die in jeder der Zeitenwenden einen Auftritt verzeichnet, begeht im Oktober 2023 ihren 100. Gründungstag – noch immer auf der Suche nach ihrer Identität zwischen Europa und dem Nahen Osten und einer innergesellschaftlichen Orientierung zwischen islamisch geprägter Religiosität und säkular ausgerichteter Lebensweise.

Nachbarschaft gestalten statt Nachbarschaft erleiden

Die Krisen, Konflikte und Kriege in der südlichen Nachbarschaft der EU, im Nahen Osten und in Nordafrika, sind kein unabwendbares oder gar negatives Schicksal. Wir Europäer:innen haben Energie und Ressourcen, gemeinsam mit unseren Nachbarn den „Ring aus Feuer“ in einen „Ring von Freunden“ zu verwandeln.

Die EU-Außenpolitik verfügt seit dem Jahr 2000 über eine eigene Mittelmeerstrategie[3] und wir haben uns auch einen vertraglichen Auftrag gegeben: Mit dem Lissabon-Vertrag von 2007[4] hat sich die EU in dem noch heute gültigen Artikel 8 des Vertrags über die Europäische Union selbst verpflichtet, ihre Beziehungen zu ihren direkten Nachbarn auf der Basis von Demokratie, Rechtsstaatlichkeit, guten Regierens und sozialer Marktwirtschaft weiterzuentwickeln.

Auch in jüngster Zeit haben die 27 Staats- und Regierungschefs der Europäischen Union wieder diesen Auftrag unterstrichen. In der Erklärung des Europäischen Rates vom 11. Dezember 2020[5] heißt es in Abschnitt 36: „Eine demokratische, stabilere, grünere und wohlhabendere südliche Nachbarschaft ist eine strategische Priorität für die EU. Fünfundzwanzig Jahre nach der Einleitung des Barcelona-Prozesses (Begründung der Euro-Mediterranen Partnerschaft), sind wir entschlossen, diese strategische Partnerschaft, die auf einer gemeinsamen Geografie und Geschichte beruht, neu zu beleben, zu stärken und weiter auszubauen." Einige Empfehlungen aus dem sechsten Kapitel dieses Buches mögen dazu beitragen, dass dieser Politikauftrag keine Wunschvorstellung bleibt.

Das Ziel: Europa und der Nahe Osten – von einem „Ring aus Feuer" zu einem „Ring von Freunden"

Herbst 2022 – der Demokratieaufbruch in Tunesien ist zum Halten gekommen; über zu lange Zeit konnte das Versprechen ersehnter Arbeitsplätze und gewünschten Wohlstands für zu viele Menschen nicht eingelöst werden. Der vom Volk gewählte Präsident hat die Macht auf sein Amt konzentriert. Aber auch seine politische Machtfülle vermag nicht, den aus dem Takt gekommenen Motor der Wirtschaft wieder zum Laufen zu bringen. Tausende Tunesier:innen suchen ihre Lebenschancen in Europa, während die deutsche Entwicklungszusammenarbeit neue Wege sucht, das

Nachbarland jenseits des Mittelmeeres trotz allem unterstützen zu können. Die Mitarbeiter:innen des Bundesministeriums für wirtschaftliche Zusammenarbeit und Entwicklung rufen Wissenschaftler:innen und Institutionsvertreter:innen, die mit und in Tunesien arbeiten, zusammen, um Erfahrungen auszutauschen.

Neue Ideen sind gefragt, welche Unterstützungsangebote die deutsche Regierung der tunesischen Seite in den anstehenden Regierungsverhandlungen unterbreiten könnte. Ich lenke die Aufmerksamkeit der Debatte auf das Thema Landwirtschaft. Tunesien fehlen die Getreideeinfuhren aus der vom russischen Krieg erschütterten Ukraine. Grundnahrungsmittel sind teuer und rar – ein Versorgungsdrama kann drohen. Die tunesische Landwirtschaft hat aber Potenzial zu einem Aufbruch: Sie könnte selbst mehr, vielseitiger und nachhaltiger produzieren. Die Europäische Union könnte dies mit Expertise, Geld und einer anderen Handelspolitik fördern. Das hat eine Studie unseres Europaprogramms der Bertelsmann Stiftung mit einem tunesischen Agrarexperten herausgefunden.[6] Mit Evidenz, meiner jahrzehntelangen Erfahrung in der Region und den Erkenntnissen aus unzähligen Gesprächen mit Bürger:innen und Entscheider:innen habe ich und möchte ich mich weiter an vielen Stellen für ein partnerschaftliches Zusammenwirken zwischen Europa und seinen Nachbarn jenseits des Mittelmeeres in Nordafrika und im Nahen Osten einsetzen. Aus der Überzeugung, dass der europäischen Idee am besten gedient ist, wenn diese Kooperation für alle Seiten Früchte trägt, ist dieses Buch entstanden.

KAPITEL 1 ZEITENWENDE 1979

Revolution, Willkür, Terror, Krieg und Frieden drängen die Europäische Gemeinschaft zu eigenständiger Position

Bis heute sind die Wirkungen der islamischen Revolution im Iran, der Machtergreifung von Saddam Hussein im Irak, der Besetzung der großen Moschee im saudischen Mekka durch Extremisten, des sowjetischen Einmarschs in Afghanistan und des von den USA vermittelten Friedensvertrags zwischen Israel und Ägypten zu spüren. 1979 bestimmen diese fünf Ereignisse im und um den Nahen Osten den Gang der Welt und das Verhältnis zu Europa mit. Diese Ereignisse sortieren sich nach den Begriffen Revolution, Willkür, Terror, Krieg und Frieden und waren so einschneidend – Zeitenwenden also, dass die Zeitschrift für den Orient, *zenith*, in ihrer Ausgabe vom Winter 2018 titelt: „1979 – Das Jahr ohne Ende".

Diese einschneidenden Umbrüche im Nahen Osten sind verwoben mit zwei internationalen Neuorientierungen und drei wichtigen Entwicklungen in Europa. Die chinesische Staats- und Parteiführung macht ernst und öffnet China zur Welt; das wird mit der Aufnahme der diplomatischen Beziehungen zwischen China und den USA am 1. Januar 1979 deutlich. Während China und die USA Beziehungen aufnehmen, endet die Hochphase der Entspannungspolitik zwischen der Nato und dem Warschauer Pakt. Noch am 18. Juni 1979 unterzeichnet US-Präsident Jimmy Carter in Wien mit dem Generalsekretär der KPdSU Leonid Breschnew ein Abrüstungsabkommen, den Salt-II-Vertrag zur Begrenzung der nuklearstrategischen Waffensysteme beider Blöcke. Der US-Senat wird den Vertrag jedoch wenig später schon nicht mehr ratifizieren; die Nato beschließt nur sechs Monate später, am 12. Dezember 1979, die Stationierung neuer mit atomaren

Sprengköpfen bestückter Raketen und Marschflugkörper in Westeuropa. Dieser umstrittene Nato-Doppelbeschluss ist für die einen der Startpunkt eines neuen Wettrüstens zwischen Ost und West und für die anderen ein Aufholen des Westens, um ein strategisches Gleichgewicht zwischen der Nato und dem Warschauer Pakt zu erreichen, nachdem die UdSSR schon 1976 SS-20-Raketensysteme in Osteuropa stationiert hatte.

In Westeuropa sind zu dieser Zeit neun Staaten Mitglied der Europäischen Gemeinschaft (EG). Am 28. Mai 1979 unterzeichnet die EG den Beitrittsvertrag mit Griechenland; das südosteuropäische Land mit seiner strategischen Lage im Mittelmeerraum wird achtzehn Monate später im Januar 1981 Vollmitglied. Während sich die EG-Familie erweitert, findet zwischen dem 7. Und dem 10. Juni 1979 ein entscheidender Schritt der Vertiefung europäischen Handelns statt. Zum ersten Mal wählen Bürger:innen von neun europäischen Staaten direkt ein gemeinsames Parlament. Die Wahl wird als ein so wichtiges Ereignis wahrgenommen, dass sogar die westdeutsche Bundespost eine Sondermarke „Erste Direktwahl zum Europäischen Parlament" über 0,50 DM herausbringt. 63 Prozent der Wahlberechtigten aus den damaligen Mitgliedsländern, Belgien, Dänemark, Deutschland, Frankreich, Großbritannien, Irland, Italien, Luxemburg und den Niederlanden, beteiligen sich. Im Parlamentsplenum werden sie nicht aufgeteilt nach Nationen sitzen, sondern sie sortieren sich nach politischen Interessen. Die sozialdemokratisch-sozialistische Parteienfamilie wird knapp die Mehrheit im ersten Europäischen Parlament stellen. Noch sind die Befugnisse gering, doch die 410 Abgeordneten werden über ihr Budgetrecht und über ihre Debattierfreude das Politiksystem der EG auch in der Außenpolitik und speziell im Nahen Osten, wie wir später sehen werden, zu mehr gemeinsamem Handeln drängen.

1979 ist auch ein Jahr vieler Katastrophen, die in Erinnerung bleiben: etwa eine partielle Kernschmelze im US-amerikanischen Atomreaktor in Harrisburg, Überschwemmungen in Indien, eine Ölpest in der Karibik bis hin zu einer Schneekatastrophe in Norddeutschland im Februar 1979. Auch das beschauliche Ostholstein, wo wir in der Gemeinde Ratekau bei Lübeck wohnen, wird von

Schneemassen überschüttet – und zwar so sehr, dass ich mich daran erinnere, dass wir kaum aus der Haustür heraus ins Freie kamen und beim Spielen im Schnee einbrachen. Die Regale des örtlichen Supermarktes waren leergekauft und unser Hausarzt rückte im Panzer der Bundeswehr zu Entbindungen aus. Doch besonders hart trifft das Katastrophenjahr 1979 den Iran: Nachdem bereits 1978 ein starkes Erdbeben die Stadt Tabas verwüstet und 20.000 Menschen das Leben gekostet hat, suchen auch im Folgejahr drei schwere Erdbeben mit weit über 1000 Toten, unzähligen Verletzten und vielen zerstörten Ortschaften das Land heim – zu einer Zeit, in der die Iraner:innen die politische Zeitenwende des Jahres 1979 im Nahen Osten lostreten.

Iran: Der Schah geht, der Religionsführer kommt

Am 16. Januar 1979 flieht der Schah ins Exil und zwei Wochen später, am 1. Februar 1979, kehrt der Ayatollah aus dem Exil zurück in den Iran: Nach Monaten umfassender Streiks, Demonstrationen und blutiger Proteste gibt der „König der Könige („Schahanschah“ oder „Großkönig“)“, wie der persische Schah Mohammad Reza Pahlavi sich nennt, nach über 30 Jahren Regentschaft auf, „traurig, müde und desillusioniert“ verlässt der prunkvolle Herrscher auf dem Pfauenthron sein Perserreich, fast sang- und klanglos. Frenetisch dagegen ist der Empfang des Religionsführers in Teheran. Ayatollah Ruhollah Khomeini wird wie ein Heilsbringer umjubelt. Dort, wo er auf dem Einzug in und durch die iranische Hauptstadt anhält und den Massen zuwinkt, versuchen die ihm Zujubelnden irgendwie an ihn heranzukommen, denn den Ayatollah persönlich zu berühren bedeute den Mann zu berühren, der direkt mit Gott spreche, erklärt ein Iraner, als Männer versuchen, einen Jungen auf ihren Händen tragend zu dem alten bärtigen Obergläubigen emporzuheben, auf dass die Jungenhand die des Ayatollah berühren könne.[7]

Welch ein Gegensatz, welch eine Zeitenwende: Im Januar 1979 dominiert noch die Staatsphilosophie „Gott, König und Land", seit Februar gilt der Dreiklang „Gott, Koran und Khomeini". Mit dem Abtritt von Mohammad Reza Pahlavi endet eine Monarchie, die der Schah zu einer militärischen Autokratie mit eher säkularer Gesellschaftsordnung entwickelt hat. Bereits zwei Monate nach seiner Ankunft lässt Ruhollah Khomeini sich mit einer Zustimmung von über 98 Prozent in einem Referendum vom iranischen Volk eine neue Staatsordnung absegnen: Es wird eine „Islamische Republik" begründet, in der die Geistlichkeit die Herrschaft übernimmt. Die Mullahs werden Tausende Oppositionelle hinrichten lassen, um ihre Macht zu festigen und mehr und mehr die Kontrolle in Justiz, Armee, Verwaltung und Wirtschaft zu übernehmen. Vertreter einer Religion, des Islam, ergreifen die Regentschaft eines großen Landes im Nahen Osten. Der Islam macht Politik – nicht die Mehrheit des sunnitischen Islam, sondern die Richtung des schiitischen Islam, der rund zehn Prozent der Muslime folgen, führt die Regentschaft von islamischen Religionsführern in das komplexe Konfliktsystem des Nahen Ostens ein. Religiöse Identität wird zu einem wichtigen politischen und gesellschaftlichen Faktor.

Ayatollah Khomeini will seine „Islamische Revolution" auch in andere Teile der muslimischen Welt tragen. Die 180-Grad-Drehung der iranischen Innenpolitik besorgt sofort den irakischen Führer Saddam Hussein, in dessen Land an Euphrat und Tigris 50 Prozent der Araber der Richtung des schiitischen Islam folgen. Neben dieser Sorge glaubt er allerdings, die innenpolitischen Umbrüche im Iran nutzen zu können, um ab September 1980 mit einer Militärinvasion sein Territorium um die iranische Provinz Khuzestan zu vergrößern, in der viel Erdöl gefördert wird und viele Araber wohnen. Saddam Hussein wird einen verlustreichen achtjährigen Krieg zwischen den beiden Golfanrainerstaaten Irak und Iran vom Zaun brechen, der der Region weitere Zerwürfnisse bringt. Auch der mächtige Nachbar Saudi-Arabien fühlt sich herausgefordert. Der Wüstenstaat sieht sich als Speerspitze des mehrheitlich sunnitischen Islam, der die wichtigsten Heiligtümer der islamischen Weltreligion in Mekka und Medina beherbergt. 1979 wird auch dort die Herausforderung eines politisierten Islam mit sich bringen. Am prominentesten ist die Anziehungskraft von Khomeinis Revolutionsexport im Libanon. Unter den marginalisierten schiitischen Arabern gewinnt während des libanesischen Bürgerkrieges die Miliz der sogenannten Partei Gottes, der Hisbollah, an Einfluss. Bis heute bildet die Hisbollah-Miliz einen Staat im Staate mit eigener Armee; dies trägt zur Schwächung der Staatsstruktur des kleinen Zedernlandes bei und bedroht Israel.

Zur 180-Grad-Drehung der iranischen Außenpolitik gehört auch, dass der Religionsführer neben Israel die USA zum ideologischen Topgegner deklariert. Für die USA und den Westen insgesamt war der Iran unter der Herrschaft des Schahs neben der Türkei ein wichtiges territoriales Bollwerk mit direkten Grenzen zur Sowjetunion und somit ein wichtiger Verbündeter im Ost-West-Konflikt. Neben den USA, die federführend die Ausstattung und Ausbildung der Armee und des Geheimdienstes des Schahs unterstützten, unterhielt Schah Pahlavi auch enge politische und wirtschaftliche Beziehungen mit anderen westlichen Staaten, in die der Iran dringend benötigtes Erdöl exportierte. Die alte Bundesrepublik war ein so wichtiger Wirtschaftspartner, dass 13.000 Deutsche im Iran bis zum Vorabend der islamischen Revolution lebten und arbeiteten.

Verständlicherweise greift die Sorge um den Verlust des Iran, des wichtigen Verbündeten, Bollwerks und Erdöllieferanten in westlichen Hauptstädten um sich, als im Herbst 1978 massenhafte Streiks und Proteste die Herrschaft des Schahs ins Wanken bringen. Dass der Schah geht und der Religionsführer kommt, ist auch eine Entscheidung, die in den USA und Westeuropa getroffen wird.

Die Würfel fallen auf Guadeloupe

Seit Jahresanfang 1979 führt Frankreich die Präsidentschaft der Europäischen Gemeinschaft (EG) an. Der französische Staatspräsident Valéry Giscard d'Estaing lädt US-Präsident Jimmy Carter, den britischen Premierminister James Callaghan und den westdeutschen Bundeskanzler Helmut Schmidt vom 4. bis 7. Januar zu einem informellen Gipfel auf die französische Karibikinsel Guadeloupe ein. Diese gehört zu einem französischen Überse-Département, das als fast integrierter Teil des französischen Staates auch Teil der EG ist.

Topthema der vier westlichen Staatslenker ist die Zukunft Irans. Wie kann der Verbündete, das Bollwerk gegen die Sowjetunion, im westlichen Lager gehalten werden, gerade, wenn der treue Westfreund, der Schah, immer weniger Rückhalt in der eigenen Bevölkerung hat? Eine direkte westliche Intervention zur militärischen Stützung der Herrschaft des Schahs ist zu riskant. Sie würde die Sowjetunion militärisch auf den Plan rufen, weil Moskau seit 1921 ein Unterstützungsabkommen mit Teheran unterhält. Der Herausforderer des Schahs, Religionsführer Khomeini, befindet sich seit einigen Monaten in einer Pariser Vorortvilla im französischen Exil und liefert von dort eher zum Missfallen der französischen Regierung – man fühlt sich als Verbündeter von Pahlavi – Propagandamaterial in den Iran. Eine vertrackte Situation. Zur Überraschung von Giscard d'Estaing, Schmidt und Callaghan verkündet Carter auch noch, der Schah sei nicht mehr zu halten. Der französische Präsident wird beauftragt, den Kontakt zu Ayatollah Khomeini herzustellen und die Frage eines möglichen Regierungswechsels zu erörtern. Die Hoffnung, vielleicht das Kalkül, setzt sich in Washington, Paris, London und Bonn durch, ein Machtbündnis aus westlich orientierten iranischen Armeeführern und der antikommunistisch eingestellten schiitischen Geistlichkeit könnte den Iran im westlichen Lager halten.

Am Donnerstag, den 1. Februar 1979, bringt eine Boeing 747 der französischen Fluglinie Air France Ayatollah Ruhollah Khomeini mit Hunderten Getreuen aus seinem Pariser Exil nach Teheran. Berühmt ist das Foto, auf dem der Flugkapitän den Religionsführer an die Hand nimmt und mit ihm gemeinsam die Gangway herunterschreitet. Der frenetische Jubel startet, das iranische Militär erklärt sich neutral. Doch das Kalkül des Westens, den Religionsführer anstelle des Schahs als Verbündeten zu gewinnen, geht nicht auf. Schmerzhaft deutlich wird das am Sonntag, den 4. November 1979, als iranische Student:innen die US-amerikanische Botschaft in Teheran besetzen und 52 Diplomat:innen und Mitarbeiter:innen als Geiseln nehmen. Die Auslieferung des Schahs an Iran wird gefordert. Eine Forderung, auf die Präsident Carter nicht eingeht. Die Konfrontation mit der westlichen Führungsmacht nimmt ihren Lauf – bis heute, und sie reißt auch tiefe Wunden in den USA. Das wird mir deutlich, als ich bei einem Washington-Besuch das Arlington Memorial besichtige, in dem die Namen der acht US-Militärs verewigt sind, die bei der gescheiterten Geiselbefreiung im April 1980 ums Leben gekommen sind. Diese Katastrophe und das Schicksal der US-Geiseln im Iran beherrschen Carters Kampf um seine Wiederwahl als Präsidenten. Er verliert sein Amt an den republikanischen Herausforderer Ronald Reagan – ausgerechnet am Jahrestag der spektakulären Geiselnahme, dem 4. November 1980. Nach 444 Tagen, am 20. Januar 1981, als Carters Herausforderer Reagan seine Präsidentschaft startet, lässt Iran die US-Geiseln frei. Bis heute fehlt der letzte Beweis, dass Reagans Unterhändler der iranischen Führung für die Geiselbefreiung die Freigabe gesperrter Auslandskonten sowie verdeckte Waffenlieferungen ermöglicht haben.[8] Eine Schmach für die westliche Führungsmacht.

Carters Fehlkalkulation von Guadeloupe wirkt auch für die Europäer:innen bis heute nach: das schwierige politische Manövrieren zwischen der Erkenntnis, dass Iran ein großes und wichtiges Land in der weiteren Nachbarschaft der EU ist, mit dem man umgehen muss, und der Einschätzung, dass das islamisch titulierte autoritäre Herrschaftssystem kein Mitglied der demokratischen Wertegemeinschaft ist. Menschenrechtsverletzungen, finanzielle und militärische Unterstützung für Milizen in arabischen Ländern, Sanktionen, Raketenaufrüstung und Atomprogramm sind Reizworte, die Europa im Zusammenhang mit Iran und auch uns in den kommenden Kapiteln immer wieder begleiten werden.

Die Frage, ob es eine Alternative zum westlichen Agieren mit dem Iran gegeben hätte, ist von heute aus leicht zu beantworten: ja, hätte es. Hätte der Westen 1953 den in der iranischen Bevölkerung beliebten Premierminister Mohammad Mossadegh unterstützt, obwohl er britische Erdölbesitzungen verstaatlichte, hätte der Westen vielleicht nicht die Sympathie eines Großteils des iranischen Volkes verloren. Denn der amerikanische und britische Geheimdienst trugen erheblich dazu bei, Mossadegh in einem Militärputsch im August 1953 zu stürzen. In den Folgejahren halfen sie, die autokratischen Machtstrukturen des Schahs zu festigen, die im Februar 1979 erodierten und im frenetischen Jubel für Religionsführer Khomeini untergingen.

Irak: Saddam Hussein begründet die Republik der Angst

Jubel auch im Nachbarland Irak, wenige Monate später, für den frisch ernannten Präsidenten Saddam Hussein. Es ist ein Jubel aus Angst ums eigene Überleben. Sonntag, 22. Juli 1979: Saddam Hussein ruft alle führenden Köpfe der regierenden „Baath", der sozialistischen Einheitspartei mit dem Namen „die Wiedergeburt", zu einer Konferenz zusammen. Hunderte Männer nehmen in der Kongresshalle Platz, die Sitzung hat keine Agenda. Keiner der Versammelten weiß, dass das folgende Event von Kameras aufgezeichnet wird. Sie wissen nicht, was sie erwartet; wenig später erleben sie eine öffentliche Säuberungsaktion. Saddam Hussein orchestriert das Spektakel, um ein vermeintliches Komplott gegen ihn aufzudecken und gleichzeitig seinen Griff nach der unangefochtenen Macht in Partei und Staat zu demonstrieren. Wenige Tage zuvor ist er nicht nur zum Staatspräsidenten und Regierungschef, sondern auch zum Vorsitzenden der Einheitspartei „Baath" ernannt worden. Nun sitzt er auf der Bühne des Auditoriums an einem mächtigen Schreibtisch mit Mikrofon, vor ihm in Theaterbestuhlung Hunderte führende Parteimitglieder, rechts neben ihm am Rednerpult der vermeintliche Kopf der Verschwörer. Muhi Abdal-Hussein Mashady schildert die vermeintliche Verschwörung und nennt potenzielle Drahtzieher. Wird ein Name genannt, wird der Genannte sofort vom Geheimdienst, den Saddam Husseins Stiefbruder leitet, verhaftet. Derweilen raucht Hussein genüsslich kubanische Zigarren. Angst fährt den Versammelten in die Glieder, Angst, als Nächster aufgerufen und abgeführt zu werden. Die Angst bricht sich Bahn in Jubelgeschrei: „Es lebe die Partei, es lebe Saddam Hussein". Während dieser öffentlichen Denunziation werden 66 führende Parteimitglieder verhaftet, 23 später vor Kameras durch Kopfschuss hingerichtet. Diese Säuberungsaktion wird ihre Wirkung nicht verfehlen und lange nachwirken. Die Angst, denunziert zu werden, wird fast jeden potenziellen Oppositionellen in die innere Emigration führen und Loyalität vortäuschen lassen. Die öffentliche Säuberungsaktion vom 22. Juli 1979[9] wird als eine Wasserscheide bewertet: der Irak auf dem Weg in eine Diktatur, zur absoluten Macht, zugeschnitten auf eine einzige Person, die des Saddam Hussein.

Nach der Festigung seiner inneren Macht will Hussein auch seine Rolle als Führer des Irak in der Nahostregion stärken. Mal vermeintlich im Sinne amerikanischer und europäischer Interessen, mal lavierend im Katz-und-Maus-Spiel – eine internationale Reizfigur, die ab dem Zeitenwendejahr 2001 eine noch größere Rolle spielen wird, bis zu seiner Hinrichtung im Dezember 2006. Doch zurück in das Jahr 1979: Amerikaner und Westeuropäer haben gerade die ölreiche Regionalmacht Iran als Verbündete verloren, da marschiert der Irak im September 1980 in den Süd-Iran ein. Saddam Husseins Irak ist auch reich an Erdölvorkommen und ebenso als Nachbar des Iran eine Regionalmacht in der Golfregion. Doch Saddam Hussein verkalkuliert sich; er hat damit gerechnet, dass die revolutionären Umbrüche im Iran es ihm leicht machen würden, die besonders ölreiche iranische Provinz Khuzestan, in der viele Araber leben, und das Ostufer des Ausganges von Euphrat und Tigris (Shatt al-Arab) zu annektieren. Diesen territorialen Anspruch auf die iranische Uferseite symbolisieren zwei übergroße irakische Soldaten, die ich dort nach meinem ersten Besuch 1993 besichtige. In Eisen geformt, strecken sie südlich der irakischen Großstadt Basra am Ufer ihre rechten Arme demonstrativ auf die andere Seite des Shatt al-Arab. Überrascht von der Kampfesmoral der Iraner, kommt die irakische Offensive schnell ins Stocken. Die Sorge geht um, der Iran könne Teile des Irak erobern und seine islamisch-deklarierte Revolution in die arabische Welt tragen. In der Defensive bietet Saddam Hussein sich quasi als Bollwerk gegen den Gottesstaat Iran an. Ohne Sympathie für Saddam Hussein, aber aus Angst vor der Ausbreitung des politischen Islam iranischer Prägung unterstützen nicht nur die reichen Golfstaaten rund um Saudi-Arabien den Irak finanziell, sondern auch die USA und westeuropäische Länder, so mit Raketentechnologie aus den USA, französischen Kampfflugzeugen, Landminen aus italienischer Produktion und Bestandteilen für Chemiewaffen, hergestellt von deutschen Firmen.[10] Mit dieser militärischen und finanziellen Unterstützung verwandelt sich der irakisch-iranische Krieg, der erste Golfkrieg, in einen acht Jahre andauernden Abnutzungskampf. Er endet in einer Pattsituation. Am 20. August 1988 tritt ein von den Vereinten Nationen vermittelter Waffenstillstand in Kraft, keine Gebietsänderungen, über eine Million Tote, weitflächige Zerstörungen.

Die weitere Bilanz und der Ausblick sind noch ernüchternder: Der Waffenstillstand mündet in keinen Friedensvertrag und die Aufforderung der UN-Resolution 598, ein regionales Sicherheitssystem für die Golfregion zu bilden, das künftige Kriege ausschließen solle, bleibt ungehört – stattdessen werden weitere Golfkriege folgen: Nach dem iranisch-irakischen Golfkrieg von 1980 bis 1988 wird 1991 in einem zweiten Golfkrieg Kuwait mit einer US-geführten Militäraktion von der irakischen Besatzung befreit, und in einem dritten Golfkrieg ab 2003 intervenieren US-geführte Truppen im Irak. Mit der Zeitenwende 1979 haben die USA und Westeuropa nicht nur den Iran, sondern auch den Irak für Jahrzehnte als treue Verbündete verloren. Im Irak hat man sich ebenfalls nur an der Führungsfigur Saddam Hussein gerieben und die Kontakte zu den vielseitigen gesellschaftlichen Gruppen vernachlässigt. Wird der Westen auch die dritte Regionalmacht am Golf verlieren? 1979 ist für den ölreichen Wüstenstaat Saudi-Arabien ebenfalls eine Zeitenwende.

Saudi-Arabien: Fanatisierung der Religion und die Besetzung der Heiligen Moschee in Mekka

Ein Terrorakt greift die Existenzgrundlage saudischer Herrschaft an: Während in Teheran bewaffnete iranische Student:innen seit zwei Wochen die US-Botschaft besetzt halten, 66 Diplomat:innen und Mitarbeiter:innen als Geiseln genommen haben und so die Welt ohnehin schon in Atem halten, erschüttert an einem Dienstag, dem 20. November 1979, eine weitere Geiselnahme die internationale Gemeinschaft – auf der anderen Seite des Golfes in Saudi-Arabien. Rund 500 militante Islamisten aus verschiedenen arabischen Ländern stürmen die große Moschee in Mekka, das größte Heiligtum in der islamischen Welt. Die Angreifer mischen sich, ihre Waffen versteckt unter den Gewändern, unter die Pilger; Schüsse fallen, Wachpersonal wird getötet, Ausgänge werden verschlossen und Tausende Pilger als Geiseln genommen. Anführer der Extremisten ist ein Saudi aus der Provinz, ein fundamentalistischer Prediger und ehemaliger Offizier der saudischen Nationalgarde namens Dschuhaiman al-Utaibi. Dieser entreißt dem Vorbeter des Morgengebets in der großen Moschee das Mikrofon und verkündet den Pilgern, dass der Erlöser gekommen sei, der sogenannte „Mahdi", im Deutschen etwa „der Rechtgeleitete", ein Nachfahre des Propheten. Er sei auch unter ihnen, ein Student namens Muhammad bin Abdullah al-Kahtani.

Der Tag dieses terroristischen Überfalls ist nicht irgendein Tag, sondern in der islamischen Zeitrechnung der erste Tag des Jahres 1400. An diesem Tag soll nach einer Überlieferung ein Erlöser auftauchen und das Unrecht in der Welt beseitigen. Al-Utaibi verkündet vor den Betenden, dass die Königsdynastie des Stammes der Al Saud zu stürzen und ein endzeitlicher islamischer (sunnitischer!) Gottesstaat zu errichten sei. Auf dem Weg dorthin sollen die Beziehungen zu dem als dekadent geltenden Westen abgebrochen und auch kein Erdöl mehr an die USA geliefert werden.[11] Um den Forderungen Nachdruck zu verleihen, werden als Geste des guten Willens nach und nach Geiseln freigelassen aber gleichzeitig bewaffnete Islamisten auf den Minaretten platziert. Die religiös verbrämten Kämpfer setzen darauf, dass sie nicht militärisch vertrieben werden dürfen, denn der Koran verbietet den Beschuss von Moscheen und den Waffengebrauch in Gotteshäusern, wie der großen Moschee in Mekka mit dem großen Heiligtum der Kaaba.

So befindet sich der saudische König Chalid in einem Dilemma. Wie sich der extremistischen Angreifer entledigen, die große Moschee in Mekka befreien und die königlich-saudische Autorität über die heiligen Stätten wiedergewinnen? Der Beduinenstamm der Al Saud hatte im 18. Jahrhundert Teile der arabischen Halbinsel und die islamischen Heiligtümer in Mekka und Medina erobert. Um seine Herrschaft über die heiligsten Stätten des Islam zu legitimieren, verbündete sich Stammesführer Muhammad ibn Saud mit dem puritanisch-fundamentalistischen sunnitischen Prediger Muhammad ibn Abd al-Wahhāb. Von dieser religiös-ideologischen Grundlage des Wahhabismus habe sich Saudi-Arabien entfernt, so der Anführer der Moschee-Angreifer al-Utaibi und seine Anhänger, die gegen die westliche Modernisierung Saudi-Arabiens mit ihrer Musik, ihren Kinos, ihrem Konsum und Frauen ohne Kopfbedeckung aufbegehren.

Wenige Stunden nach der Besetzung der großen Moschee lässt König Chalid zunächst das Gotteshaus umstellen, die Stromzufuhr sperren, die Berichterstattung kontrollieren und die Landesgrenzen schließen. Um eine militärische Lösungsoption zu erwirken, wendet er sich an die wahhabitischen Würdenträger, die als theologische Autorität im Staat über die Auslegung religiöser Vorschriften bestimmen. Sie sollen den saudischen Sicherheitskräften über eine Fatwa, eine theologische Entscheidung, das Recht geben, auch mit Waffengewalt die Besetzung der großen Moschee zu beenden. Die Religionsgelehrten lassen sich Zeit, und zu allem Unglück stürzt am sechsten Tag der Moscheebesetzung auch noch eine pakistanische Linienmaschine mit 126 Pilgern beim Start vom saudischen Flughafen Dschidda ab; alle Pilger sterben.

Um endlich eine Fatwa in ihrem Sinne zu erhalten, scheinen die regierenden Al Saud auf ihre religiösen Verbündeten zuzugehen. Für die Erlaubnis, das Geiseldrama schnell militärisch zu beenden, solle die gesellschaftliche Modernisierung und Öffnung, die das Land im vorhergehenden Jahrzehnt erfahren hat, zurückgefahren und die islamisch-fundamentalistische Missionsbewegung wahhabitischer Prägung finanziell unterstützt werden. Am 5. Dezember 1979 beenden saudische Sicherheitskräfte mit Unterstützung einer französischen Antiterroreinheit die Besetzung der großen Moschee, befreien die letzten Geiseln und nehmen al-Utaibi und seine verbliebenen Anhänger fest. Der vermeintliche Erlöser ist bereits am dritten Tag der Besetzung getötet worden. Am Ende des Dramas mit mehreren hundert Toten werden Anführer al-Utaibi und 63 Kämpfer öffentlich enthauptet.

Die Moscheebesetzer sind besiegt, doch ihre Strategie, die islamische Religion für extremistische politische Ziele zu instrumentalisieren, lebt fort – von Dschuhaiman al-Utaibi bis Osama bin Laden. Die Besetzung gilt als ein zentrales Ereignis für die Entstehung und Entwicklung des islamistischen Terrorismus, so der Dokumentarfilm „Mekka 1979 – Urknall des Terrors?“.[12] Das regierende saudische Königshaus wird noch jahrelang aus Angst vor dem Zweifeln an ihrer Legitimation, über die heiligen Stätten des Islam wachen zu dürfen, immer wieder dem islamistischen Extremismus wahhabitischer Prägung Vorschub leisten – ein Vorbote einer weiteren Zeitenwende, die erst 2001 ihre Auswirkungen zeigt.

Die saudische Regierung hätte 1979 im Interesse der nationalen Sicherheit schnell militärisch handeln sollen, statt auf den Rat der Religionsgelehrten zu warten und den konservativen religiösen Kräften bei der Islamisierung der Gesellschaft freie Hand zu lassen, wertet rückblickend Abdulaziz Al-Dahahri. Der Sohn des saudischen Generals, der den Militäreinsatz gegen die Moscheebesetzer leitete, gibt 2018 ein Interview für das *zenith*-Magazin.[13] Die saudische Schriftstellerin Nidaa Abu-Ali berichtet in derselben Ausgabe, dass ihre Eltern ihr noch von der Zeit vor 1979 von Literatur, Musik, Film und Theater erzählten. Sittenwächter machten die Begegnungsstätten dicht, allen voran die Kinos, setzten die Geschlechtertrennung durch und zwangen den Töchtern den Schleier auf. So seien die Stars ihrer Kindheit Kleriker gewesen, „ihre Generation sei in einer Dauerschleife mit religiöser Predigt überzogen worden; statt Musik-Tapes zirkulierten Kassetten mit religiösen Inhalten".

Vor einer riesigen Weltkarte aus 3840 dieser Kassetten mit religiösen Predigten stehe ich im März 2021 auf einer internationalen Kunstausstellung in der saudischen Hauptstadt Riad: „Fruit for Thought" von der 1959 in Dschidda geborenen saudischen Künstlerin Maha Mullah. Für mich drückt das Ausstellungsstück den Wunsch aus, religiöse Engstirnigkeit durch Weltoffenheit zu überwinden. Das Kunstwerk zeigt, wie viele andere Ausstellungen und Kulturveranstaltungen, die Eröffnung von Kinos, Sportunterricht für Mädchen, die Erlaubnis für Frauen, Auto zu fahren, westliche Tourist:innen zur Erholung an saudische Küsten einzuladen: In Saudi-Arabien vollzieht sich seit 2017 ein innerer gesellschaftlicher und wirtschaftlicher Umbruch, eine Kehrtwende von der Kehrtwende von 1979.

1979 geht Saudi-Arabien den USA und Westeuropa als Bündnispartner nicht verloren. Die französische Antiterroreinheit hat einen wichtigen Beitrag dazu geleistet. Das Königreich ist mit seiner puritanischen Islamauslegung antikommunistisch, ergo auch antisowjetisch geblieben. Über Jahrzehnte wird sich für Westeuropa das Dilemma im Umgang mit Saudi-Arabien festigen, aus geostrategischen Gründen mit dem Land zusammenzuarbeiten, vom Erdölimport und Güterexport zu profitieren und gleichzeitig bei der Kritik an gesellschaftlichen Verhältnissen, Menschenrechten und Demokratie Abstriche zu machen. Nach dem Verlust von Iran und der nunmehr ambivalenten Rolle Iraks, wird sich Saudi-Arabien dem Westen eher als dienlich erweisen. Das Land hilft bei der Abwendung von Ölkrisen, indem es die Förderquoten erhöht, um die Preise auf den Weltmärkten zu stabilisieren. Außerdem unterstützen die Al Saud US-amerikanische Maßnahmen gegen die UdSSR in Afghanistan. Diese münden in eine Geheimdienstoperation – eine Aktion, die den Anlass für ein weiteres Element der Zeitenwende von 1979 bildet.

Afghanistan: Islamistische Kämpfer gegen sowjetische Soldaten

Die Operation Cyclone (englisch für Zyklon) ist der Tarnname für eine Unternehmung des US-amerikanischen Auslandsgeheimdienstes CIA, die ab Sommer 1979 in enger Zusammenarbeit mit dem pakistanischen Geheimdienst ISI die Bewaffnung, Ausbildung und Finanzierung afghanischer Kämpfer, der sogenannten Mudschahedin, organisierte. Angeworben wurden auch Kampfbereite aus diversen arabischen und islamischen Ländern. Saudi-Arabien beteiligte sich insbesondere mit Finanzmitteln. Die sogenannten Freiheitskämpfer waren meist islamistische Extremisten, die seit April 1978 gegen die amtierende kommunistische Regierung der Demokratischen Republik Afghanistan und ab Dezember 1979 gegen die sowjetischen Truppen nach deren Intervention in dem Land kämpften.

Der sowjetische Einmarsch nach Afghanistan läuft rasch ab und trifft vorerst auf wenig Widerstand. In langen Kolonnen fahren die Panzer der UdSSR über eine Schnellstraße ein, die aus dem Norden kommend mit Brücken und Tunneln bis nach Kabul führt, eine Verbindung, die die Sowjetunion Jahre zuvor als Entwicklungshilfe den Afghanen spendiert hat. Es ist der 25. Dezember 1979, Weihnachten im Westen – sodass gehofft wird, diese militärische Operation möge wenig Aufmerksamkeit erregen. Schnell erobern Einheiten des sowjetischen Geheimdienstes KGB auch den Präsidentenpalast, töten Präsident Hafizullah Amin und setzen mit Babrak Karmal einen pro-sowjetischen Kommunisten als Regierungschef ein.

Mit dem Einmarsch der Sowjetunion nach Afghanistan und der folgenden westlichen Reaktion setzen sich die Umbrüche des Jahres 1979 im Iran wie Saudi-Arabien fort.

Der Kreml ist besorgt, dass der politische Islam schiitischer Prägung aus dem Iran und / oder der politische Islam sunnitischer Prägung aus Saudi-Arabien in die südlichen Republiken der UdSSR bzw. in den Kaukasus und nach Afghanistan, – das Moskau als Teil seiner Südflanke begreift – überschwappen könnte.

Kritisch beäugt man in Moskau die starke Präsenz der US-Amerikaner und Saudi-Arabiens in Pakistan.

Washington ist besorgt, dass sich seine Machtposition in der weiteren Golfregion nach dem Verlust des Verbündeten Iran durch eine starke militärische Präsenz der Sowjetunion in Afghanistan noch mehr einschränken könnte.

Afghanistan ist ein schwer zugängliches Land, am bergigen Hindukusch gelegen, von Dutzenden unterschiedlichen Stämmen, Ethnien und Sprachen besiedelt, die sich ungern der Kontrolle aus der Hauptstadt Kabul unterordnen. Über Jahrzehnte haben sich schon das russische Zarenreich und das britische Empire um Einfluss in dem Land gestritten, ohne es wirklich kontrollieren zu können. Nach dem Zweiten Weltkrieg konkurrierten die beiden Weltmächte Sowjetunion und USA um Hilfsprojekte in dem Entwicklungsland. Dabei hatte aufgrund der geografischen Nähe die Sowjetunion die Nase vorn und unterstützte die Herrscher in Kabul mit Militärhilfen.

Moskau plant, durch den Einmarsch innerhalb von sechs Monaten die Kontrolle über ganz Afghanistan zu gewinnen. Tatsächlich wird die Militäraktion in einen Krieg münden, der dann neun Jahre andauert. Schnell fasst die Logik des Kalten Krieges auch in Afghanistan Fuß, in dem die beiden Supermächte in einem Drittland über lokale Akteure ihr Kräftemessen austragen. Teile der afghanischen Streitkräfte und Verwaltung unterstützen die Rote Armee. Viele afghanische Stämme und Gruppen, die meisten islamistisch orientiert, ziehen in den militärischen Widerstand. Sie werden durch „arabische Afghanen" unterstützt, militante Islamisten, die aus unterschiedlichsten arabischen Ländern rekrutiert werden. Im Schatten agiert die Operation Cyclone, die neben Ausbildung und Waffen für die islamistischen Kämpfer auch mit Unterstützung Saudi-Arabiens bis zu zwölf Milliarden US-Dollar mobilisieren kann.

Die Mischung aus Bürgerkrieg und Stellvertreterkonflikt wird rücksichtslos und grausam geführt. Die militärische Überlegenheit der Sowjets und ihre Lufthoheit reichen nicht aus, um den Widerstand der Mudschahedin zu brechen. Die Rote Armee und ihre Verbündeten kontrollieren die großen Städte und sie verbindende Täler; den großen Teil des Landes im Osten, Süden und Westen können sie nicht endgültig unter ihre Kontrolle bringen. Die Guerillataktik der Mudschahedin setzt der Roten Armee sehr zu; Erstere kennen das unzugängliche Gelände, greifen überraschend an, können sogar Kampfhubschrauber zerstören und machen keine Gefangenen. Um ihre Macht zu unterstreichen, werden Fotos der von ihnen abgeschossenen sowjetischen Hubschrauber aufgenommen, die ausgebrannt am Boden liegen; acht Mudschahedin präsentieren sich auf dem Kriegsgerät, ihre Maschinengewehre in Siegespose in die Luft gereckt. Die Sowjetsoldaten reagieren – ähnlich wie die USA rund zehn Jahre zuvor im Vietnamkrieg – mit dem Beschuss ganzer Dörfer und einem Terror gegen die Zivilbevölkerung: Ihre lokalen Kräfte verhaften, foltern und morden.

Saudi-Arabien, der einzig für den Westen verbliebene Verbündete im Zeitenwendenjahr 1979, schießt einerseits Finanzen zu, um das Projekt Zyklon zu unterstützen und stärkt somit sein Bündnis mit der Schutzmacht USA. Andererseits stärkt Riad aber auch seine Allianz mit Pakistan, das ebenso finanzielle Unterstützung erhält und mit saudischem Engagement sein verdecktes Atomprogramm erweitert. Im Gegenzug beordert Pakistan 20.000 Soldaten nach Saudi-Arabien, die das Land im Inneren bzw. vor einem nicht auszuschließenden Angriff des Iran schützen sollen. Das Dreieck USA, Pakistan, Saudi-Arabien nutzt islamistisch motivierten Extremismus, um einen Stellvertreterkrieg gegen die Sowjetunion zu führen. Eine Person wird dabei eine Schlüsselrolle spielen, die für die Zeitenwende 2001 Verantwortung tragen wird. Ausgerechnet Osama bin Laden, der im Jahr 2001 die Terrorattacke auf die USA initiierte, hatte nach dem sowjetischen Einmarsch in Afghanistan für den amerikanischen Geheimdienst in arabischen Ländern von Algerien bis Jemen die Rekrutierung von Kämpfern organisiert. Er war der Spross einer wohlhabenden saudischen Bauunternehmerfamilie, der nicht als Unternehmer, sondern als „Künder und Aktivist der islamischen Weltrevolution“ verstanden werden wollte.[14] So sind auch aus dem geistigen Umfeld der islamistischen Extremisten um Dschuhaiman al-Utaibi, den Anführer der Besetzung der großen Moschee in Mekka, einzelne „Kämpfer für den islamischen Glauben“ nach Afghanistan weitergezogen, um dort die sogenannten ungläubigen Sowjets und Kommunisten zu bekämpfen.

Das seit 1979 revolutionäre Iran hat neben Pakistan fast zwei Millionen afghanische Flüchtlinge aufgenommen. Die Mullahs in Teheran sind auch antikommunistisch und antisowjetisch eingestellt und unterstützen die schiitischen Milizen, die im Westen Afghanistans beheimatet sind. Darüber hinaus verleihen sie ihrer Position aber nur wenig Ausdruck, da parallel zum sowjetischen Krieg in Afghanistan am Golf der Iran-Irak-Krieg tobt.

Westeuropa unterstützt die Supermacht USA im Kontext Afghanistan moderat. Großbritannien und Frankreich liefern indirekt Waffen über Pakistan an die Mudschahedin. Die Bundesrepublik Deutschland erhöht die Entwicklungshilfe für Pakistan sowie die Flüchtlingshilfe, die Geheimdienste unterstützen mit Technik und Ausbildung. Politische Vertreter der Mudschahedin werden von Bonn bis Washington empfangen.

Über die Vermittlung der Vereinten Nationen beginnt am 15. Mai 1988 der Abzug der sowjetischen Truppen aus Afghanistan. Rund 100.000 Soldaten ziehen bis zum 15. Februar 1988 ab – auch über die moderne Schnellstraße, über die sie neun Jahre zuvor schnell einmarschiert waren. Danach sinkt das Interesse des Westens an Afghanistan und die lokalen Milizen sowie die Mudschahedin untereinander verstricken sich in Kämpfe; es folgt ein weiterer Akt im afghanischen Bürgerkriegsdrama. Eine islamistisch-terroristische Zeitbombe entwickelt sich, die wie ein Pendel von Osten sich bald gegen den Westen selbst richten wird.

Für die Sowjetunion hat der Afghanistan-Krieg rund 26.000 Soldaten der Roten Armee das Leben gekostet, enorme finanzielle und technische Belastungen erzeugt, ein Teil der Bevölkerung gegen die Sowjetführung eingestellt und letztendlich den Prozess der Auflösung der Sowjetunion beschleunigt.

Die USA haben nach dem Verlust des Verbündeten Iran, und im Blick auf den unsicheren Irak, ihre Strategie geändert. Das Ziel bleibe gleich, so US-Präsident Jimmy Carter in seiner jährlichen Rede an die Nation vor beiden Häusern des Kongresses am 23. Januar 1980. Der Nahe Osten und die Region rund um den Golf sollen ausdrücklich US-amerikanische Einflusssphäre bleiben, „[...] unter dem Einsatz aller notwendigen Mittel, einschließlich militärischer Macht“.[15] Washington setzt auf Saudi-Arabien und die kleinen arabischen Golfstaaten, verstärkt seine Militärpräsenz in einigen dieser Länder sowie seine Flotte im Golf. Ein anderer Pfeiler amerikanischer Interessen in der Nahostregion bleibt Israel, dem Jimmy Carter 1979 auch Ägypten an die Seite stellen wird.

Ägypten und Israel: Land für Frieden

Sechs Hände übereinandergelegt zu einem Turm: Drei Staatsmänner stehen eng zusammen, lachen sich herzlich an. Der amerikanische Präsident Jimmy Carter, Ägyptens Präsident Anwar as-Sadat und der israelische Ministerpräsident Menachem Begin lachen geradezu erleichtert, denn eben haben sie im Garten des Weißen Hauses den ägyptisch-israelischen Friedensvertrag unterzeichnet, vor geladenen Gästen, die klatschend von ihren Stühlen aufgesprungen sind – das erste israelisch-arabische Abkommen nach vier israelisch-arabischen Kriegen. Eine weitere Zeitenwende: Es ist der 26. März 1979 – damit fällt ein fünftes zentrales Ereignis in dieses Jahr. Nach Revolution, Willkür, Terror und Krieg gibt es nun endlich ein Friedensereignis für den Nahen Osten – unter der Regie des amerikanischen Präsidenten. Jimmy Carter hatte mit Anwar as-Sadat und Menachim Begin auf seinem Feriensitz Camp David im September 1978 in vertraulicher Atmosphäre mehrere Abkommen zwischen Israel und Ägypten verhandelt: die sogenannten Camp David Accords. Diese wurden dann in einen Friedensvertrag gegossen, der ein halbes Jahr später im Rosengarten des Weißen Hauses feierlich unterzeichnet wurde. Eine Zeremonie, die uns in den 1990er Jahren wieder begegnen wird, wenn US-Präsident Bill Clinton seine Unterschrift unter Verträge zwischen Israelis und Palästinensern bzw. Jordaniern setzt.

Die Grundlage dafür bildet dieser ägyptisch-israelische Frieden. Er basiert auf der UN-Resolution 242 und wird nach der Formel „Land für Frieden“[16] ausverhandelt, sprich: Israel gibt die seit

1956/1973 besetzte ägyptische Sinai-Halbinsel an Kairo zurück und erhält dafür von Ägypten Sicherheit an der gemeinsamen Grenze, diplomatische Beziehungen und das Durchfahrtsrecht für seine Schiffe durch den ägyptischen Suezkanal. Die USA garantieren diesen Frieden, finanzieren dessen Umsetzung und leisten beiden Vertragsparteien jährlich einen Milliardenbetrag an Militärunterstützung – bis heute; für Israel wie Ägypten ein erhebliches Asset. Mit dieser Übereinkunft gelingt es den USA, in der Konfrontationslogik des Ost-West-Konfliktes, Ägypten, in geografischer Schlüssellage am Suezkanal zwischen Nordafrika und Westasien, das bedeutendste Land der Arabischen Liga, aus dem Orbit der UdSSR in das westliche Lager zu ziehen.

Folglich wird Ägypten auch in Westdeutschland interessanter und kreuzt ein halbes Jahr nach dem Frieden von Camp David auch mein Leben als 15-jähriger Schüler. „Ein interessanter Abend mit zwei Ägyptern", notiert mein Tagebuch am Freitag, dem 5. Oktober 1979, während einer Klassenfahrt nach West- und Ost-Berlin. Ein Foto zeigt eine lebendige Gesprächsatmosphäre zwischen meiner damaligen Klassenlehrerin, dem betreuenden Lehrer und zwei Mitschülerinnen um einen Tisch im Essensraum eines Westberliner Hostels mit zwei ägyptischen Herren – mein erster Kontakt mit dem Nahen Osten. Nur Zufall oder Bestimmung, meine „Begegnung mit dem neuen, nach Westen ausgerichteten Ägypten" gar eine persönliche Zeitenwende, sodass ich mich bis heute mit dem Nahen Osten befasse?

Ägypten ist jedenfalls, nach dem Verlust Irans als US-Verbündetem, gewissermaßen ein politisch-strategischer „Ausgleich" für Washingtons Ambition, wichtigste Ordnungsmacht im Nahen Osten zu sein. Der geostrategische Gewinn für Israel besteht darin, dass das kleine Land in Zukunft statt einer Fünf-Fronten-Position „nur noch" vier Fronten gegenübersteht: Libanon, Syrien, Jordanien und den Palästinensern in den von Israel im 1967er Krieg eroberten Gebieten.

Für Letztere wollte der ägyptische Präsident eine Zweistaatenlösung mit Israel aushandeln. Eine gleichzeitige Landrückgabe an Ägypter und Palästinenser war jedoch zu viel für den israelischen Ministerpräsidenten, so dass in den Übereinkommen von Camp

David „nur“ von einem fünf Jahre dauernden Autonomierecht für die Palästinenser in den besetzten Gebieten gesprochen wird. Dieses Vorhaben wird uns erst wieder in den 1990er Jahren begegnen; die Lösung der Palästinenserfrage wird weiter hintenanstehen bis zur nächsten Zeitenwende. Ägypten wird dies zu spüren bekommen, indem es bereits am Tag nach der Unterzeichnung des Friedensvertrags in Washington aus der Arabischen Liga ausgeschlossen wird; der Sitz des Bundes der 22 Staaten wird von Kairo nach Tunis verlegt. Nach der Lesart der Liga habe Ägypten den arabischen Konsens gebrochen, keinen Frieden mit Israel zu schließen, bis die Palästinafrage gelöst ist. Ägypten verliert seine zentrale Rolle in diesem Regionalverbund – bis zur nächsten Zeitenwende.

Ein wenig Trost gibt Anwar as-Sadat der Friedensnobelpreis, den er im Dezember 1978 gemeinsam mit Menachim Begin und Jimmy Carter erhält. Doch der Handschlag einer arabischen Führungspersönlichkeit mit einem israelischen Politiker bleibt Islamisten ein Dorn im Auge. Es wird ein Motivationsgrund dafür sein, dass Attentäter aus dem Kreis des ägyptischen islamistischen Djihad Anwar as-Sadat bei einer Militärparade in Kairo im Oktober 1981 erschießen.

Sadats Nachfolger im Präsidentenamt Husni Mubarak wird am Separatfrieden mit Israel festhalten. Ägypten wird sich langsam aus seiner Isolationsrolle in der arabischen Welt befreien und eine am Westen orientierte gemäßigte Rolle spielen, wenn mit der Zeitenwende ab 1991 wieder Dynamik in den israelisch-arabischen Konflikt Einzug hält.

Auf diese Dynamik wird sich auch Europa allmählich vorbereiten – extern auf eine gemeinsame Haltung zum Nahostkonflikt und intern auf die Entwicklung einer abgestimmten europäischen außenpolitischen Zusammenarbeit (EPZ) der 1979 noch neun Mitgliedstaaten der europäischen Gemeinschaft (EG). Die Entspannungspolitik der 1970er Jahre zwischen der Nato und dem Warschauer Pakt haben die neun EG-Länder einhellig unterstützt und sich so als Staatenbund mit einem homogenen Engagement bei der Konferenz für Sicherheit und Zusammenarbeit in Europa (KSZE) engagiert, das 1975 zur Unterzeichnung der KSZE-Schlussakte von Helsinki[17] geführt hat. Hier werden die Grundlagen für die Stärken der EG und später der EU gelegt. Die Mitgliedstaaten werden gemeinsam und kontinuierlich ihre „weichen" Politikinstrumente weiterentwickeln und so die vernetzte und intraregionale Zusammenarbeit und Sicherheit nachhaltig voranbringen, indem sie die Förderung des beiderseitigen Vorteils in den Vordergrund stellen. Dieses Instrumentarium wird uns nach der Zeitenwende 1991 immer wieder begegnen – im israelisch-arabischen wie im iranisch-saudischen Konflikt.

Warum die EG zur regionalen Anwendung ihrer EPZ ausgerechnet die Nahostregion „zum Terrain ihre ersten außenpolitischen Gehversuche"[18] gewählt hat, wirft bis heute Fragen auf und wirkt in die Zukunft – derart, wie unterschiedlich die Positionen der einzelnen europäischen Mitgliedstaaten zu den Ländern und Konflikten des Nahen Ostens schon in den 1970er Jahren waren. So musste die Gemeinschaft immer wieder Brücken schlagen zwischen der pro-arabischen französischen und italienischen Position sowie der pro-israelischen deutschen und britischen Ansicht. Zwischen beiden grundsätzlichen Herangehensweisen fühlten sich die Regierungen der neun Länder aufgrund der in diesem Kapitel skizzierten Zeitenwenden gedrängt, ihre Bedeutung als Akteur in den Nahostkonflikten zu definieren und international zu zeigen. Zur kolonialen Vergangenheit, zur historischen Verantwortung infolge des Holocaust, im Spiegel von Zuwanderung und geografischer Nähe brachte nun vor allem die zweite Erdölpreiskrise von 1979/1980 die EG dazu, sich den Konflikten hinter den Erdölpreiskrisen im Nahen Osten diplomatisch aktiver zu stellen. Der israelisch-arabische Krieg von 1973 hatte den ersten sogenannten Erdölpreisschock ausgelöst, der iranisch-irakische Krieg die immensen Erdölpreissteigerungen von 1979/80 provoziert. Mit zwei gemeinsamen Politikaktivitäten wollen die Europäer im Nahen Osten Flagge zeigen:

Der europäisch-arabische Dialog, ein institutionalisiertes Konsultationsinstrument der neun EG-Länder mit den 22 Staaten der Arabischen Liga: Die Europäer nutzen den Dialog, um die Themen Handel und Wirtschaft voranzutreiben – auch mit dem Ziel, eine gesicherte Erdöl- und Erdgas-Zufuhr aus der Region zu akzeptablen Preisen sicherzustellen. Es ist bemerkenswert, wenn man die Ergebnisse der drei Sitzungen des Europäischen Rates von 1979 liest, wie intensiv sich die neun Staats- und Regierungschefs mit der Frage der gemeinsamen Energiesicherheit auseinandersetzen und dabei sogar die Entwicklung alternativer Energien von Solar bis Geothermik propagieren: „Der Europäische Rat bekräftigte (z.B.: in seiner Gipfelerklärung in Dublin vom November 1979) seine Entschlossenheit, die einheimischen Energieressourcen, insbesondere Kohle, Atom und Kohlenwasserstoffe zu entwickeln und die Forschung und Programmentwicklung insbesondere zu erneuerbaren Energien voranzutreiben.“[19] Diese Formulierungen erinnern an EU-Ratsbeschlüsse von 2022 im Kontext der Folgen des russischen Angriffskrieges gegen die Ukraine, die europäische Energieversorgung von Exporten unabhängiger zu gestalten. Die Staaten der Arabischen Liga streben in den Gesprächen eher danach, die europäischen Hauptstädte von ihren Positionen zum israelisch-arabischen Konflikt zu überzeugen. So stellen sie immer wieder die Forderung, die PLO mit ihrem Vorsitzenden Jassir Arafat als palästinensischen Verhandlungsvertreter anzuerkennen und die 1967 von Israel besetzten palästinensischen, ägyptischen und syrischen Gebiete zu räumen.

Sicherlich sind auch die von arabischer Seite vorgebrachten Forderungen eine Motivation dafür, dass sich die Europäische Gemeinschaft in der Erklärung von Venedig unter italienischer Ratspräsidentschaft am 13. Juni 1980[20] auf eine gemeinsame Position festlegt. Sie wollen angesichts des von den USA gesponserten israelisch-ägyptischen Friedensvertrages vom März 1979 eine eigene europäische Rolle im Nahen Osten finden. Es stellt sich heraus, dass die im Vertrag zwischen Israel und Ägypten avisierten Fortschritte für eine palästinensische Autonomie in den Hintergrund rücken. Deshalb bemühen sich die Europäer, den Israel-Palästina-Konflikt auf die internationale Arbeitsagenda zu setzen, eine möglichst neutrale Politik zwischen Israelis und Palästinensern zu betreiben und damit einem bereits in ihrer gemeinsamen Strategie formulierten Anspruch gerecht zu werden. Seit ihrem Nahostpapier vom 28. April 1971 plädieren die EG-Mitgliedstaaten für eine Umsetzung der UN-Resolution 242 und unterbreiten Vorschläge wie die Einrichtung entmilitarisierter Zonen.[21] Aufmerksamkeit erlangt die Nahosterklärung von Venedig zehn Jahre später durch ihre klaren Worte, die Palästinenser und die PLO als Verhandlungspartner einzubinden. Ein Reizthema, da die PLO unter ihrem Vorsitzenden Jassir Arafat für viele Terroraktionen gegen Israel und Israelis im Ausland verantwortlich ist. Es wird bis zur nächsten Zeitenwende dauern, bis die PLO-Führung und die israelische Regierung gemeinsam am Verhandlungstisch sitzen.

Die Nahoststrategie der Europäer formuliert weiter, den Palästinensern im Rahmen einer Friedensregelung das volle Selbstbestimmungsrecht zu gewähren, Israel zur Rückgabe der 1967 besetzten Gebiete aufzufordern, das Existenzrecht und die Sicherheit aller Staaten in der Region ebenso Israel zu gewährleisten; dazu bieten die Europäer an, sich an der Implementierung internationaler Garantien zu beteiligen. Die Erklärung von Venedig speist sich aus der UN-Resolution 242, aus der auch die „Land für Frieden"-Formel hervorgegangen ist, die Jimmy Carter nutzte, um zwischen Anwar as-Sadat und Menachem Begin eine Friedensbrücke zu bauen. Auf dieser Grundlage werden die USA 1991 in Madrid zu Nahostverhandlungen einladen, ohne die PLO und ohne die Europäer einzubinden. Diese wiederum bringen sich über den Oslo-Prozess überraschend selbst im Nahen Osten ins Spiel. Bis es dazu kommt, wird es jedoch noch über ein Jahrzehnt dauern.

Auch das kündigt sich an: Flucht übers Meer und Islam in Europa

Speziell für Europa beginnen 1979 noch zwei weitere Entwicklungen, die es wert sind, hier kurz genannt zu werden. Sie bewegen uns Europäer bis heute; noch immer blicken wir mit gemischten Gefühlen auf unsere südliche Nachbarschaft, wenn es um Flucht übers Meer und den Islam in Europa geht. Ab Montag, den 13. August 1979, rettet die „Cap Anamur" der deutschen Hilfsorganisation Deutsche Notärzte e.V. von Rupert Neudeck vietnamesische Geflüchtete auf hoher See im südchinesischen Meer, versorgt die Geretteten und bringt sie in sichere Häfen – sogar bis nach Hamburg. Die private Seenotrettung erlangt Aufmerksamkeit[22], die Reaktionen schwanken zwischen Anerkennung und Kritik, auch deutsche Behörden begrenzen die Aufnahme von Geflüchteten. Diese Art von Pro und Kontra wird uns an prominenter Stelle wieder begegnen, wenn wir im Rahmen der Zeitenwende der Arabellion 2011 über Flucht und Migration sprechen.

Am 20. November 1979 eröffnet der österreichische Bundespräsident Rudolf Kirchschläger in Wien das islamische Zentrum, das die erste Moschee in Österreich beherbergen wird. Dieses grundlegend positive Ereignis hat jedoch einen bitteren Beigeschmack. Der Unterhalt des Zentrums wird von der islamischen Weltliga bestritten, hinter der eine maßgebliche saudische Finanzierung steht. Das Gebet zu Allah: versteckt in Hinterhofgaragen und damit außerhalb der gelebten Realität der „Mehrheitsgesellschaft" – oder besser sichtbar in offiziellen Gotteshäusern? Seit wann, ob und wie der Islam zu Europa gehört, ist ein weiteres Reizthema, das uns im Umfeld der Fluchtbewegungen infolge der Arabellion erneut beschäftigen wird.

Nach meiner Begegnung mit den beiden Ägyptern bei der Klassenfahrt im Oktober 1979 in Westberlin kreuzt im Januar 1985 ein weiterer Ägypter meinen Weg. Und diesmal bin ich sicher, dass diese Begegnung meine Orientierung Richtung Orient entscheidend mitgeprägt. Ich spreche mit Subhi Labib, Professor für Neuere und Mittlere Geschichte des Orients am Historischen Seminar der Christian-Albrechts-Universität zu Kiel. Ich bin begeistert von dieser kleinen freundlichen Persönlichkeit mit dem tiefen Wissen der historischen Verflechtungen zwischen Orient und Okzident – und dann laufe ich im wahrsten Sinne des Wortes im Orientalischen Seminar noch einem Iraker in die Arme, einem säkular eingestellten Schiiten aus der südirakischen Großstadt Basra, der im Nachgang der einschneidenden Ereignisse des Jahres 1979 nicht als Soldat für Saddam Hussein im Krieg gegen den Iran kämpfen wollte und nach Deutschland flüchtete. Herr Soudan steht für eine gestandene Mittelschicht, die der Irak hatte, und intellektuelles Potenzial, das der Irak infolge der Autokratisierung der Herrschaft durch Saddam Hussein verlor – wir in Europa haben von seinem Wissen und seinem Einsatz profitiert. Herr Soudan wird uns die arabische Hochsprache beibringen. Eine perfekte Kombination also, um über ein Studium der Arabistik, Geschichte und Politik in Kiel eine Laufbahn als Nahostexperte zu starten – nicht ohne ein Auslandsstudium in Syrien 1988 und 1989 sowie eine anschließende journalistische Ausbildung. Während dieser Ausbildung werde ich auf eindeutige Anzeichen der nächsten Zeitenwende treffen.

KAPITEL 2
ZEITENWENDE 1991
Zwei Türen öffnen sich für Europa – nach Nahost und in den Mittelmeerraum

Eine Kalschnikow ist auf mich gerichtet, ohne dass ich es bemerke. Ich konzentriere mich zunächst auf das Interview mit Jassir Arafat. Der Vorsitzende der Palästinensischen Befreiungsorganisation PLO beantwortet meine Fragen zur anstehenden Nahostkonferenz in Madrid. Er sitzt in seinem Büro hinter einem großen massiven Schreibtisch, lächelt mich an, beantwortet die Fragen fernsehgerecht kurz mit klaren Worten, spricht von Frieden zwischen Palästinensern und Israelis, einer Teilung des Landes zwischen Mittelmeer und Jordanfluss in zwei Staaten. Ich sitze ihm gegenüber. Hinter mir mein Kameramann. Der Einzige, der ihm auf seiner Schreitischseite nahe kommen darf, um das Mikrofon am Revers seiner Militäruniform zu befestigen, ist unser Tonkollege. Er berichtet uns später von der Kalaschnikow, die unter Arafats Schreibtisch montiert ist – für ihm ungebetene Gäste.

Wir werden in Arafats Arbeitsvilla in seinem Hauptquartier in Tunis herzlich empfangen – in der Nacht von Sonntag auf Montag, dem 27. auf den 28. Oktober 1991. Das löst unsere Anspannung, denn den ganzen Sonntag ab dem frühen Abend haben wir in der Lobby des Intercontinental Hotel in Tunis auf unsere Abholung zum Interview gewartet; ein exklusives Interview ist uns versprochen. Plötzlich taucht ein Pulk von spanischen Journalist:innen auf. Wir sind verwirrt, noch mehr Interviews mit dem Palästinenserführer vor der Politikerkonferenz in Madrid? Die spanischen Medienvertreter:innen werden wenig später alle in einem Bus zu einer Pressekonferenz mit Arafat abgeholt. Uns lässt man weiter schmoren. Es lohnt sich. Wir sprechen 20 Minuten exklusiv für das deutsche Fernsehen mit Arafat über den israelisch-palästinensischen Konflikt und seine mögliche Lösung auf der Madrider

Friedenskonferenz. Wir sprechen in Englisch, wodurch Gesprächsinhalte schnell über die Nachrichtenagenturen laufen und der amerikanische TV-Sender NBC das Interview kauft. Ich bin Volontär im ersten Lehrjahr beim deutschen TV-Kanal SAT.1, habe das Interview mit dem PLO-Vorsitzenden allein organisiert, dankbar, dass die Redaktion meiner jungen Nahostexpertise vertraut und mich nach Tunis geschickt hat. Im nordafrikanischen Tunesien harrt der Palästinenserführer seit seiner Vertreibung aus Beirut 1982 aus, wartet auf einen Einzug nach Palästina. Gibt Madrid ihm eine Chance? Während ich nach dem Interview mit der Kassette von Tunis über Rom zu meinen Kolleg:innen in die spanische Hauptstadt zur Nahostkonferenz fliege, bleibt Arafat in Tunis zurück. Er ist nicht eingeladen.

Der US-amerikanische Präsident George Bush und sein russischer Amtskollege Michail Gorbatschow eröffnen tags darauf am Mittwoch, den 30. Oktober 1991, im spanischen Königspalast die Madrider Nahostkonferenz. Spanien ist Gastgeber, die USA führen Regie. Zum ersten Mal sitzt ein israelischer Ministerpräsident mit einem ägyptischen, einem libanesischen, einem syrischen und einem jordanischen Außenminister gemeinsam an einem Verhandlungstisch – Israel mit allen seinen arabischen Nachbarn. Nicht ganz. Die palästinensische Befreiungsorganisation PLO mit ihrem Vorsitzenden Jassir Arafat nicht. Für die USA und Israel ist sie aus vielen Gründen – wegen Terroranschlägen in Israel und Flugzeugentführungen – keine anerkannte Gesprächspartnerin, für fast alle Palästinenser:innen aber ihre legitime Interessenvertretung. Mit einem diplomatischen Kniff bringt der US-amerikanische Außenminister James Baker vier anerkannte palästinensische Vertreter:innen aus dem Nahen Osten, einen Arzt aus Gaza, einen Politiker aus Ostjerusalem sowie einen Politiker und eine NGO-Vertreterin aus der Westbank als Teil der jordanischen Regierungsdelegation unter. Uns Medienvertreter:innen gegenüber agiert Hanan Ashrawi eigenständig als Sprecherin der palästinensischen Sache – ihr Gegenspieler ist der spätere langjährige israelische Ministerpräsident Benjamin Netanyahu, der in Madrid vor uns Presseleuten die israelische Position vertritt. Mit zum Teil harschen Worten wird über den Konferenztisch hinweg gerungen, besonders zwischen der israelischen und der syrischen Delegation. Wenn es nicht in Polemik ausartet, wie zum Konferenzende, als der syrische Außenminister Farouk al-Sharaa ein Plakat des israelischen Ministerpräsidenten Jitzchak Shamir hochhält, nachdem dieser den Saal verlassen hat. Das Fahndungsplakat der britischen Mandatsbehörden zeigt Shamir als gesuchten Terroristen – dieser hatte in den 1940er Jahren im Untergrund gegen Palästinenser und die britische Mandatsmacht gekämpft. Harte Worte sind besser als die blutige Geschichte, die diese erste Nahostfriedenskonferenz Israels mit allen seinen verfeindeten arabischen Nachbarn endlich beenden soll. Seit der Gründung des Staates Israel 1948 sind bis zu diesem denkwürdigen Oktober 1991 fünf Nahostkriege geführt, zigtausende Israelis und Araber getötet, hunderttausende Palästinenser vertrieben worden. Vier Militärzüge hat Israel gewonnen und Land seiner Gegner besetzt. Wie in Kapitel 1 bereits beschrieben, erwirkte der US-amerikanische Präsident Jimmy Carter 1979 einen israelisch-ägyptischen Friedensvertrag, der nach der Formel „Land für Frieden" ausverhandelt wurde, sprich: Israel gab die besetzte ägyptische Sinaihalbinsel an Kairo zurück und erhielt dafür von Ägypten Sicherheit an der gemeinsamen Grenze und diplomatische Beziehungen. Diese „Land für Frieden"-Logik soll nach US-Regie jetzt mit dem Konferenzauftakt in Madrid Frieden für Israel bringen mit dem Libanon, Syrien und Jordanien – und den Palästinensern? Mit ihnen ist Frieden für Israel eine besondere Herausforderung, denn gerade mit ihnen streitet es um dasselbe Land zwischen Mittelmeer und Jordanfluss.

Die USA leiten das nahöstliche Geschehen, Spanien ist Gastgeber

Die Herausforderung „Frieden" ist Ende Oktober 1991 in Madrid zu spüren, für uns Journalist:innen ist es leicht, von der israelischen und palästinensischen Seite Statements zu erhalten. Meinem Tagebuch vertraue ich an, dass die Syrer sich sehr zurückhalten, mit der Presse zu sprechen, dafür beäugen sie sich mit den Israelis, welche Regierungsdelegation zuerst am Königspalast vorfährt. Obwohl der Nahe Osten direkte Nachbarregion Europas ist, richtet Europa in Form der spanischen Regierung diese Nahostkonferenz nur aus und ein Beobachter der EU sitzt mit im Verhandlungssaal, nicht mit am Tisch. Die Rangordnung ist klar, Washington leitet das nahöstliche Geschehen, Moskau zieht sich aus dieser Weltgegend seit 1988 zurück. Die Sowjetunion distanziert sich sogar von ihrem wichtigsten Verbündeten Syrien und reduziert die Militärhilfe. Das verkündet der sowjetische Außenminister Eduard Schewardnadse dem syrischen Präsidenten Hafiz al-Assad bei seinem Besuch im Februar 1989 in Damaskus. So löst das Ende des Ost-West-Konfliktes auch im Nahen Osten Konfrontationen langsam auf, die ich während meines Studienaufenthaltes in Syrien 1988/89 und über Reisen nach Jordanien und Ägypten vor Ort verfolge.

Der jordanische König gibt im Juli 1988 seinen Anspruch auf die von Israel besetzte Westbank zugunsten der Palästinenser auf. Die PLO ruft auf ihrem Kongress in Algier im November 1988 ihren palästinensischen Staat an der Seite Israels aus – auf Grundlage der Resolutionen 242 und 338[23] der Vereinten Nationen, die für eine Zweistaatenlösung plädieren. Diese PLO-Position wird auf dem außerordentlichen Gipfel der Arabischen Liga in Casablanca Ende Mai 1989 gestärkt. Dank auch der Rückkehr Ägyptens in den Staatenbund – Kairo war zehn Jahre ausgeschlossen aufgrund seines Friedens mit Israel von 1979. Im Oktober 1989 wird mit dem Abkommen von Taif ebenfalls der seit 1976 andauernde libanesische Bürgerkrieg für beendet erklärt. Doch erst die militärische Befreiung Kuwaits von der irakischen Besatzung unter Führung der US-amerikanischen Armee im Februar 1991 zeigt allen Herrschenden im Nahen Osten, dass nach diesem Kriegszug und dem Mauerfall die USA die alleinige Hauptrolle im Nahen Osten spielen. Für die militärische Unterstützung der Befreiung Kuwaits hatte US-Außenminister Baker Kairo, Amman und Damaskus versprochen, nun in einen Nahostfrieden zu investieren.

Doch Washington und seine Madrider Friedenskonferenz erbringen keinen weiteren israelisch-arabischen Friedensvertrag. Jordanien würde gerne offiziell mit Israel kooperieren, doch die Regierung in Amman zögert, vor den Palästinensern ein Abkommen mit Israel abzuschließen. Über die Hälfte der jordanischen Bevölkerung besteht aus Palästinensern, meist Geflüchtete und Nachkommen von Geflüchteten – auf die Befindlichkeiten muss der jordanische König achten. Die syrische Führung ist noch zurückhaltender, denn sie hat sich jahrzehntelang als sogenannte Speerspitze des Widerstandes stilisiert und daher dem PLO-Vorsitzenden Arafat bis zu dessen Besuch bei Staatschef Hafiz al-Assad 1988 jede Legitimation in dieser Angelegenheit abgesprochen. So verhandeln die Vertreter der Palästinenser aus den von Israel besetzten Gebieten, die in Madrid noch in der gemischten jordanisch-palästinensischen Delegation fast versteckt waren, als eigenständige Delegation mit israelischen Diplomaten unter US-Leitung in Washington weiter. Monate über Monate, vom Dezember 1991 bis zum Januar 1994, verlaufen zwölf Gesprächsrunden ergebnislos unter den Augen der Weltpresse.[24] Ich erinnere mich, dass ich immer wieder Berichte für die SAT.1-Nachrichten über diese Verhandlungen erstellt habe, die Bilder der beiden Delegationen auf den Fluren des State Department zeigen. Die palästinensischen Vertreter:innen Hanan Ashrawi, Faisal al-Husseini, Saeb Erekat und Haidar Abdel-Shafi telefonieren zwar immer wieder mit Arafat in Tunis, um sich mit dem PLO-Vorsitzenden abzustimmen. Doch es wird immer klarer, dass nichts vorankommt, wenn sich der Palästinenserführer vom Madrider Prozess der USA ausgeschlossen fühlt, im tunesischen Exil abgeschoben vorkommt, die Weltpresse über israelisch-palästinensische Verhandlungen berichtet und er immer weniger genannt wird. Das israelisch-amerikanische Verbot, offiziell Kontakte zu Arafat, dem kleinen Mann in Militäruniform, mit der Kufiyah, dem traditionellen palästinensischen Kopftuch, Pistole am Halfter und seiner PLO-Garde zu verbieten, wird sich als Hindernis erweisen.

Norwegen trägt nicht nur Nachrichten hin und her

Denn im Windschatten von Washington ist Europa nicht nur einfach Gastgeber. Ein entscheidendes Geheimgespräch[25] findet im August 1993 im Gästehaus der schwedischen Regierung in Stockholm statt. Der norwegische Außenminister Johan Holst ruft den PLO-Vorsitzenden Jassir Arafat in Tunis direkt selbst an, im Nebenzimmer sitzt der israelische Außenminister Schimon Peres. Die ganze Nacht hindurch trägt Holst Nachrichten zwischen Peres vor Ort und Arafat am Telefon hin und her. Es geht um die gegenseitige Anerkennung von Israel und der PLO, die Einstellung des Terrors und den Einstieg in palästinensische Autonomie in von Israel besetzten palästinensischen Gebieten. Später wird Holst berichten, ihm als Norweger habe besonders viel Vergnügen bereitet, dass die Rechnung für das achtstündige Telefonat mit Tunis an die Schweden gegangen sei. Nach dieser Telefonnacht fliegt Holst zu Arafat nach Tunis und holt bei ihm persönlich die Unterschrift für die Vereinbarung der gegenseitigen Anerkennung ab. Der israelische Außenminister Peres überzeugt seinen Regierungschef Jitzchak Rabin. Zuletzt holt Holst im Privatjet Peres in Israel ab, die beiden fliegen in die USA, um den wohl überraschten US-amerikanischen Außenminister Warren Christopher einzuweihen. Der Abschluss dieses geheimen israelisch-palästinensischen Verhandlungsprozesses findet am 13. September 1993 als öffentliche Zeremonie vor dem Weißen Haus in Washington statt. US-Präsident Bill Clinton drängt den israelischen Ministerpräsident Jitzchak Rabin zum Händeschlag mit dem PLO-Chef. Arafat mag kaum aufhören, Rabins Hand heftig zu schütteln.

Das Oslo-1-Abkommen[26] wird unterzeichnet. „Oslo", weil dieser europäische Geheimdialog in der norwegischen Hauptstadt im Jahr zuvor als ein Studientreffen weniger israelischer und palästinensischer Wissenschaftler:innen über die soziale Lage der Palästinenser im Gazastreifen begann. Die Frau des norwegischen Außenministers Holst, Marianne Heiberg, selbst Sozialwissenschaftlerin, hat ins Osloer Institut für Sozialstudien geladen. Sie moderiert den Workshop – ein heikles Thema, das sich vor dem Hintergrund des Aufstandes der Palästinenser, der sogenannten ersten Intifada, abspielt. Bekannt wird die Intifada als Protest Steine werfender palästinensischer Jugendlicher gegen israelische Soldaten, die mit Gummikugeln schießen, insbesondere im israelisch besetzten Gazastreifen ab Dezember 1987. Aus dem Gespräch der Wissenschaftler:innen, die Kontakt zur PLO-Führung bzw. zur israelischen Regierung hielten, entwickeln sich politische Verhandlungen – unterstützt von Rabin und Arafat. Wenn die Emotionen hochkochen, laden der norwegische Außenminister Holst und seine Frau die Kontrahenten in ihr Privathaus zum Abendessen ein. Diese europäische Art, Brücken zu bauen, erweist sich als erfolgreich, da die Konfliktparteien gesprächsbereit sind, die norwegischen Gastgeber:innen die geeignete Gesprächsatmosphäre herstellen und alle die Geheimhaltung wahren. Hilfreich ist auch, dass alle Beteiligten in Parteien mit sozialem Programm engagiert sind, die sich aus der Arbeit in der Sozialistischen Internationale kennen. Zudem sind sämtliche Augen in Sachen Israel-Palästina auf das US-amerikanische Außenministerium und dessen Hard-Power gerichtet, und niemand kann sich 1993 vorstellen, dass ein kleines europäisches Land die entscheidende Brücke baut, die zum Verhandlungserfolg führt.

Gaddafi lehnt eine Israel-Palästina-Zweistaatenlösung ab

Als der Oslo-Verhandlungsprozess Ende August 1993 publik wird, befinde ich mich auf einer TV-Reportagereise in Libyen. Auf dem Hinweg über Tunis habe ich mich vergeblich um ein Interview mit dem PLO-Vorsitzenden Arafat bemüht. Ich bin eigentlich zuversichtlich, da Arafats Berater mich aus dem Gespräch vom Oktober 1991 noch kennen. Vielleicht ist das auch ein Aspekt der Geheimhaltung. So ergibt sich nach der Bekanntwerdung der Geheimgespräche von Oslo die Gelegenheit, den libyschen Staatschef Muammar al-Gaddafi nach seiner Einschätzung zu diesem diplomatischen Coup zu befragen. Der Qaid al-Ach („brüderlicher Führer"), wie ihn seine Anhänger nennen, lehnt eine Zweistaatenlösung Israel-Palästina ab, hält einen arabischen Staat für beide Völker für angebracht.[27] Ich treffe ihn am Sonntag, den 5. September 1993, in seinem Repräsentationszelt in der Wüste nahe der ostlibyschen Großstadt Bengasi. Seit kurzem lässt Gaddafi westliche Journalist:innen ins Land, er nutzt dazu den Jahrestag seines Militärputsches gegen den libyschen König vom 1. September 1969. Er scheint sich aus seiner offensiven antiamerikanischen Haltung lösen zu wollen, anerkennend, dass die USA und nicht mehr die Sowjetunion externer Hauptakteur im Nahen Osten sind. Gaddafi will auch die US-amerikanischen Sanktionen loswerden, die er sich selbst eingehandelt hat für Terroranschläge gegen US-Amerikaner – von dem Bombenattentat auf eine Westberliner Diskothek im April 1986 bis zur Explosion einer PanAm-Passagiermaschine über Schottland im Dezember 1988. Hätte er sich jedoch tatsächlich dem Westen annähern wollen, hätte er mir mindestens Positiveres zu dem israelisch-palästinensischen Verhandlungserfolg von Oslo in die Kamera sagen sollen.

Arafat und palästinensische Orangen

Arafat, der wie Gaddafi über Jahrzehnte zu den arabischen Schrecken des Westens zählte, hat sich über den Oslo-Friedensprozess schneller als der libysche Staatschef in die westliche Politikarena katapultiert. Nach der Friedenszeremonie vor dem Weißen Haus in Washington holt er sich auch Unterstützung in Europa, wird von europäischen Staats- und Regierungschefs als offizieller Vertreter der Palästinenser empfangen. So auch in Bonn, eine Woche, nachdem Jitzchak Rabin bei Bundeskanzler Helmut Kohl um finanzielle Unterstützung angefragt hat. Anfang Dezember 1993 gibt es einen Empfang in der Bonner Beethovenhalle, ich bin unter den geladenen Gästen, die Halle ist randvoll, Arafat wirft von der Bühne aus Orangen aus Jericho in die Zuschauermenge. Ein Vorgeschmack auf den Start palästinensischer Autonomie in der Westbank-Stadt Jericho im Jordantal. Ich selbst werde mir von der palästinensischen Autonomie in Jericho ein Bild machen – zusammen mit einem Bekannten, einem israelischen Journalisten. Wir fahren von Jerusalem aus runter ins Jordantal. Wir machen Fotos von uns mit den ersten palästinensischen Polizisten, Hoheitszeichen der Autonomie, und sprechen mit dem stolzen Polizeichef der Stadt. Zuvor im Juli 1994 ist der Palästinenserführer selbst mit seiner Entourage aus Tunis über Ägypten in den nun autonomen Gazastreifen eingezogen, mit großem Pomp. Wer hätte das gedacht, als ich drei Jahre zuvor mit Arafat in seinem Exil in Tunis ein Interview führte, ohne zu wissen, dass eine Kalaschnikow auf mich gerichtet war.

Der israelisch-palästinensische Friedensprozess entfaltet neben positiver Öffentlichkeitswirkung auch eine politische Dynamik. Das zeigen die zahlreichen Staatsbesuche von Arafat sowie Rabin und Peres in europäischen Ländern, um bei dortigen Regierungen politische und finanzielle Unterstützung einzuwerben. Eine Reihe weiterer Abkommen schließt sich an die Oslo-1-Vereinbarung vom September 1993 an. Während Oslo-1 („Prinzipienerklärung beider Seiten über die vorübergehende Selbstverwaltung") die gegenseitige Anerkennung von PLO und Staat Israel, den Gewaltverzicht der PLO – die erste Intifada endet – und die Gründung der palästinensischen Autonomiebehörde vereinbart, wird beim ersten Arbeitstreffen von Rabin und Arafat im Oktober 1993 in Kairo verabredet, dass die Autonomie im Gazastreifen und der palästinensische Staat Jericho im Jordantal startet und spätestens nach fünf Jahren, also 1999, das finale israelisch-palästinensische Abkommen beschlossen wird. Die Regelung der wirtschaftlichen Beziehungen im Paris-Protokoll vom April 1994[28] läuft darauf hinaus, dass die palästinische Wirtschaft in die israelische integriert wird. Am sichtbarsten wird dies, indem die israelische Währung Schekel auch weiter als Zahlungsmittel in den palästinensischen Gebieten fungiert. Das bedeutet im Streitfall, dass die Autonomiebehörde von der israelischen Seite abhängig ist. Erst später wird der palästinensischen Seite bewusst, wie sehr sie in den Verhandlungen ihre wirtschaftliche Entwicklung vernachlässigt hat.

Tausende Luftballons fliegen übers Jordantal

Diese Dynamik in der Palästinafrage nutzen Jordanien und Israel, um ihren bilateralen Frieden zu schließen. Unbemerkt und innerhalb nur weniger Monate werden die Streitfragen schnell und umfassend gelöst. Grundlage sind politische Interessen: Israel will seine lange östliche Grenze absichern, Jordanien seine Wasserversorgung sichern und das herrschende haschemitische Königtum seine religiöse Oberaufsicht über die muslimischen heiligen Stätten auf dem Jerusalemer Tempelberg (Haram al-Sharif) bestätigt haben. Ich berichte für SAT.1 über das Friedensereignis. „Shalom, Salam, Peace", ruft der israelische Ministerpräsident in seiner kurzen Ansprache vor der Unterzeichnung des Friedensvertrages mit Jordanien im Oktober 1994 aus. Die Zeremonie findet vor 5000 geladenen Gästen auf einer Bühne statt, die auf der israelisch-jordanischen Grenze eigens für das Ereignis aufgebaut wird. Ein israelisches und ein jordanisches Mädchen, die ihre Großväter im Krieg von 1967 verloren haben, überreichen Rabin und dem jordanischen König Hussein Blumen. Der US-amerikanische Präsident Bill Clinton steht, wie in Washington bei Rabin und Arafat im Jahr zuvor, auch hier bei Rabin und Hussein Pate. Nach der Vertragsunterzeichnung steigen tausende blaue, weiße, rote, grüne und schwarze Luftballons in den Farben der beiden Staatsflaggen in den Himmel auf. Man kann spüren, dass der Ministerpräsident und der König sich schätzen und Vertrauen ausstrahlen. Vielleicht liegt es auch an dem militärischen Hintergrund der beiden: Rabin hat als General 1967 den Ostteil Jerusalems erobert, Hussein wurde an der britischen Militärakademie ausgebildet, er ist ein leidenschaftlicher Pilot. Für die enge Beziehung, die beide pflegen, stehen die Fotos; an eines erinnere ich mich besonders: König Hussein steuert das erste jordanische Flugzeug, das über Israel nach Jordanien einfliegen darf, telefoniert über Israel aus dem Cockpit mit Rabin, der quasi unter ihm an seinem Schreibtisch im Ministerpräsidentenamt sitzt.

Europa findet sich im Namen „Oslo" wieder

Durch den jordanisch-israelischen Friedensvertrag ist Ägypten nunmehr nicht mehr das einzige arabische Land mit einer bilateralen Vereinbarung mit dem jüdischen Staat. Israel verhandelt mit den Palästinensern. US-Präsident Clinton ist der starke externe Partner im Nahen Osten. Europa hat bis dato zwar über seinen Oslo-Geheimdialog zum entscheidenden Durchbruch beigetragen, aber bei den offiziellen PR-trächtigen Ereignissen steht kein europäischer Politiker im Rampenlicht. Im Gegenteil, bei dem nächsten wichtigen Nahost-Event im September 1995 stehen Palästinenserführer Arafat, der jordanische König Hussein, der ägyptische Präsident Mubarak und Israels Ministerpräsident Rabin wieder mit US-Präsident Clinton vor den Kameras der Weltpresse. Dieser Fünfer-Gipfel geht als Oslo-2-Abkommen[29] in die Nahost-Geschichte ein. Der einzige Hinweis auf Europa findet sich im Namen „Oslo". Dieser israelisch-palästinensische Übergangsvertrag (der endgültige soll spätestens 1999 geschlossen werden) regelt, welche Städte nach Gaza und Jericho als nächste in die palästinensische Selbstverwaltung übergehen; sie liegen in der sogenannten A-Zone der Westbank. Die B-Zonen-Gebiete sollen beide Seiten gemeinsam verwalten und die C-Zone, Gebiete an der Grenze zu Jordanien und die jüdischen Siedlungen, bleibt vorerst unter alleiniger israelischer Kontrolle. Die komplexen Regelungen und Provisorien gehen ein wenig in der Euphorie des Gipfels unter, denn zum ersten Mal trifft ein israelischer Regierungschef mit drei arabischen Counterparts öffentlich zusammen. Von diesem Treffen in Washington bleibt mir das Foto im Gedächtnis, auf dem Arafat – in Militäruniform und Kufiyah-Tuch – Mubarak, Hussein, Rabin und Clinton dabei beobachtet, wie sie ihre Krawatten binden; dann treten alle in den Garten des Weißen Hauses vor die geladenen Gäste zur Ansprache und Unterzeichnung des Abkommens.

Europäische Zivilgesellschaft stärkt die Verständigung

Auch wenn Europa bei diesem Washingtoner Gipfel nur im Kennwort „Oslo“ des Abkommens vorkommt, sind europäische Regierungen, Unternehmen und Zivilgesellschaftsorganisationen bereits engagiert, die politische Dynamik mit Investitionen in Entwicklung, Wirtschaft und Dialog zu verstetigen. Drei Beispiele: (1) Die technische und finanzielle Unterstützung seitens der Europäischen Kommission[30] in Brüssel ermöglicht die Umsetzung von politisch Verabredetem. Sei es die Vorbereitung und Umsetzung der ersten freien Wahlen eines palästinensischen Präsidenten und Parlaments im Januar 1996, sei es die Unterstützung für den Aufbau einer funktionierenden palästinensischen Verwaltung, sei es die Förderung israelisch-palästinensischer Kooperationsprojekte, die der deutsche EU-Beamte und Leiter der Nahostabteilung in der EU-Kommission, Eberhard Rhein, pushte. (2) Das in der Schweiz ansässige World Economic Forum, bekannt durch seine jährlichen Wirtschaftstreffen in Davos, organisiert eine Reihe von Foren, die den politischen Frieden zum wirtschaftlichen Nutzen aller im Nahen Osten ummünzen solle; dabei mögen auch westliche Firmen für Investitionen in der Region gewonnen werden. Ich erinnere mich an eine Diskussion mit israelischen, jordanischen und palästinensischen Unternehmern über die Umsetzung eines gemeinsamen Infrastrukturprojektes – eines Kanals vom Toten zum Roten Meer. Dieser solle Landwirtschaft, Handel und Tourismus so befördern helfen, dass alle drei Länder gleichermaßen profitieren und damit weitere Schritte zur friedlichen Vertiefung ihrer Beziehungen unternehmen werden. (3) Die Kronberger Nahostgespräche der Bertelsmann Stiftung sind ein Beispiel für den zivilgesellschaftlichen Dialog zwischen Europa und dem Nahen Osten, um die Bande der Entscheider:innen durch Gespräche über die Zukunft der Region mit Vertreter:innen aus der Welt der Wissenschaft, der Nichtregierungsorganisationen und der Wirtschaft zu verbreitern und zu vertiefen. Über Jahrzehnte gab es kaum Plattformen für Israelis, Araber, Türken und Iraner, sich untereinander und mit Europäern auszutauschen. Selbst zu den euphorischen Zeiten der Oslo-Verträge ist es nicht einfach, nur allein Israelis und Palästinenser zusammenzubringen. Schon zu unseren ersten Kronberger Nahostgesprächen im Januar 1995 muss ich diverse diplomatische Kanäle bemühen, damit unsere palästinensischen Gäste von den israelischen Behörden eine Durchreiseerlaubnis erhalten. Das Schlosshotel Kronberg nahe Frankfurt am Main am Taunus bietet den Rahmen für eine inspirierende Gesprächsatmosphäre. Um Vertrauen zu schaffen, sind die Teilnehmerlisten nicht öffentlich. Wir bieten rund 50 Manager:innen, Denker:innen und Entscheider:innen aus Nahost, Nordafrika und der Golfregion regelmäßig im Zwölf- bis 18-Monatsrhythmus Gespräche, in denen sie gemeinsam mit Europäern, sogar EU-Kommissar:innen und Außenminister:innen, über die Zukunft der europäischen Mittelmeerpolitik nachdenken und Sichtweisen der jeweils anderen kennenlernen können. Gleichzeitig lernen unsere Gäste aus dem Süden Vertreter:innen unterschiedlicher europäischer Institutionen kennen und damit, wie die EU als multilaterales Gebilde funktioniert.

Europa führt Regie im Mittelmeerraum: Frieden und Wandel durch Dialog und Handel

Die Zivilgesellschaft spielt eine große Rolle, als die europäische Politik nach ihrem kleinen, aber wirkungsvollen Beitrag mit den israelisch-palästinensischen Geheimgesprächen von Oslo im November 1995 eine eigene große Tür in die gesamte südliche Nachbarregion jenseits des Mittelmeeres vom Nahen Osten bis rüber nach Nordafrika öffnet. Über 1500 Vertreter:innen von Denkfabriken und Nichtregierungsorganisationen tummeln sich im Kongresszentrum von Barcelona auf dem Forum Civil EuroMed, dem euro-mediterranen Marktplatz für die Zivilgesellschaft. Sie kommen aus der EU und allen südlichen Mittelmeerländern, von Marokko bis Syrien, von Israel bis zur Türkei. Ein wahrer Schatz zum Networken, ich fühle mich wie ein Fisch im Wasser, bringe Israelis mit Arabern aus Ländern zusammen, zu denen noch keine diplomatischen Beziehungen bestehen, wie Algerien, Marokko und Syrien. Das Kontakten ist aber ein großer Zufall, denn Nachrichten über die Rezeption oder die Pinnwände zu hinterlassen funktioniert nicht; also mit Adleraugen im Vorbeigehen die Badges lesen, schnell schalten und freundlich ansprechen. Ich freue mich, dass ich bis heute mit einigen dieser Menschen noch befreundet bin.

Parallel wird in Dutzenden Workshops über Themen diskutiert, die tags zuvor die Außenminister:innen der 27 Länder in ihrer gemeinsamen Erklärung von Barcelona[31] beschlossen haben. Das Themenspektrum erstreckt sich über die drei deklarierten Partnerschaftskörbe: Sicherheit, Wirtschaft und Gesellschaft – die uns auch begegnen werden, wenn ich später von einer Konferenz für Sicherheit und Zusammenarbeit in der Golfregion (KSZ-Golf) ab 2003 spreche. In den Jahren nach 1995 werden die Mittelmeerforen für die Zivilgesellschaft den Außenministertreffen vorgeschaltet, sodass die Debattenergebnisse der Denker:innen und NGOs den Minister:innen vorgetragen werden können. Sie erinnern die Diplomat:innen immer wieder daran, dass engagierte Bürger:innen und Wissenschaftler:innen garantierte Freiräume brauchen und ihre Aktivitäten für die Gesellschaft nicht durch autokratische Regierungen eingeschränkt werden dürfen oder sie im Gefängnis landen. Auch wenn sich das erste euro-mediterrane Zivilgesellschaftsforum unmittelbar an die erste Konferenz der 27 Außenminister:innen der euro-mediterranen Partnerschaft anschloss, wird in Barcelona unter der Ägide der spanischen EU-Ratspräsidentschaft und ihres Chefdiplomaten Javier Solana Ende November 1995 ein neues Kapitel europäischer Außenpolitik aufgeschlagen. Die noch 15 EU-Mitgliedstaaten (EU-15) begründen mit den zwölf (Malta und Zypern sind da noch nicht EU-Mitglieder) südlichen Mittelmeeranrainern eine umfassende Partnerschaft, die den Mittelmeerraum visionär in einen gemeinsamen Raum des Friedens, der Stabilität und des Wohlstandes verwandeln soll. Da der Vorsitzende der palästinensischen Autonomiebehörde Jassir Arafat und der israelische Außenminister Ehud Barak gleichberechtigt mit am Ministertisch sitzen, ist das Eis im Mittelmeer so weit gebrochen, dass auch Außenminister von Algerien bis Syrien, die keine diplomatischen Beziehungen zu Israel unterhalten, mit von der Partie sind. Europa ist ihr wichtigster Handelspartner und Geldgeber, Europa ist nah und Europa will helfen, das Wohlstandsgefälle zwischen dem südlichen und dem nördlichen Ufer des Mittelmeeres zu reduzieren.

1995 ist die EU durchschnittlich zehnmal reicher als der südliche Mittelmeerraum; 2022 ist Letzterer durchschnittlich immer noch sechsmal ärmer. Das Format der euro-mediterranen Zusammenarbeit stellt zum ersten Mal auch heikle Themen auf die gemeinsame Arbeitsagenda: Demokratie, Menschenrechte und Rechtsstaatlichkeit – eine besondere Herausforderung für die arabischen Partnerländer, die 1995 allesamt eher autokratisch regiert werden. Regionale Sicherheit und Abrüstung von Massenvernichtungswaffen – eine besondere Herausforderung für Israel als einzigen Besitzer von Atomwaffen im südlichen Mittelmeerraum, für Syrien als Besitzer von Chemiewaffen und für die diversen Regionalkonflikte von Westsahara über Zypern bis zum arabisch-israelischen Konflikt. Dagegen scheint die wirtschaftliche und finanzielle Zusammenarbeit noch am wenigsten konfliktgeladen, auch wenn die EU sich selbst mit verstärktem Mittelmeerhandel Hausaufgaben auferlegt,[32] ggf. auch bereit sein muss, ihren geschützten Binnenmarkt für Importe aus dem südlichen Mittelmeerraum zu öffnen. Am symbolträchtigsten ist die Abschottung des europäischen Agrarmarktes gegen die Einfuhren landwirtschaftlicher Produkte wie Olivenöl, Tomaten und Orangen aus Nordafrika und dem Nahen Osten.

Attentäter gegen den Frieden

Diese Entwicklungsperspektiven vom Mittelmeerraum bis zum israelisch-palästinensischen Friedensprozess passen längst nicht allen Betroffenen. Die Geschäftigkeit und die sich ankündigenden Veränderungen rufen die Störer und Blockierer auf den Plan. Sie melden sich bereits ein halbes Jahr, nachdem in Oslo die Türen für eine israelisch-palästinensische Verständigung aufgestoßen wurden. Am 25. Februar 1994 dringt der 37-jährige israelische Siedler Baruch Goldstein mit einem Sturmgewehr von der jüdischen Seite der Grabstätte Abrahams in Hebron in die muslimische Seite ein, tötet 29 und verletzt 150 betende Palästinenser; bei dem Attentat wird er von Überlebenden mit einem Feuerlöscher erschlagen.

Die Grabstätte von Abraham ist Juden und Muslimen gleichermaßen heilig. Abraham gilt als Stammvater beider monotheistischen Religionen. Synagoge wie Moschee sind nebeneinandergebaut über dem Grab Abrahams. Dass ein religiöses Heiligtum Ort eines Attentats und betende Menschen dessen unschuldige Opfer werden, ist mehr als ein trauriger Rückschlag. Israels Ministerpräsident Rabin verurteilt den Anschlag Goldsteins scharf gegenüber Palästinenserpräsident Arafat. 18 Monate später, am 21. September 1995, bin ich am Ort des Attentats. Ich erlebe starke Sicherheitsmaßnahmen israelischer Polizei rund um das Heiligtum, kaum Tourist:innen in Hebron. Dies ist die zweitgrößte palästinensische Stadt im Westjordanland. Hier ist der Konflikt nochmals mehr zu spüren, da sich inmitten der Altstadt einige Häuserkomplexe befinden, in denen rund 400 israelische Siedler unter 200.000 Palästinensern wohnen. Ich laufe dort 1995 und 2022 durch, empfinde die Atmosphäre als gespenstisch. Unmittelbar vor Hebron befindet sich die Siedlung Qiryat Arba, in der Baruch Goldstein wohnte. Sie wurde 1971 von 120 Siedlern auf einer israelischen Militärbasis gegründet. Heute leben dort fast 8000 Menschen. Ich fahre am 20. September 1995 mit dem Linienbus aus Jerusalem dorthin, die Scheiben des Busses mit Gittern geschützt, da immer wieder palästinensische Jugendliche diese Omnibusse mit Steinen bewerfen. Bevor der Bus in die Siedlung fährt, wird ein riesiges Gittertor geöffnet, die Häuseransiedlung ist mit einem hohen Zaun geschützt, liegt auf einem Hügel. Tourist:innen verirren sich eher nicht hierher, ich frage mich durch, aber niemand zeigt mir das Grab des Attentäters Goldstein. Ich bin überrascht, wie schön es sich hier wohnt, jede Familie hat ein kleines Häuschen, ein Siedler wäscht sein Auto. Alles gepflegt und grün, die Rasenflächen werden bewässert. Hinter dem Zaun ist der Boden karg, leben Palästinenser eher in bescheideneren Verhältnissen –

ein bizarrer Gegensatz. Radikale israelische Siedler mit nationalistischer und religiöser Überzeugung vom Schlage des Baruch Goldstein sind der Überzeugung, „im Auftrag Gottes biblisches Stammland zu besiedeln";[33] so haben sie Angst, dass sie ihre Siedlungen für einen Frieden mit den Palästinensern aufgeben müssen oder ihre Orte unter palästinensische Verwaltung kommen. Das wollen viele unbedingt verhindern.

Einen Ausgleich mit den Israelis wollen auch Radikale auf palästinensischer Seite verhindern. Meine Frau Meike und ich lieben den Saftladen an der geschäftigen Dizengoff Street im Herzen von Tel Aviv, oft haben wir auf unserem Einkaufsbummel einen frisch gepressten Saft mitgenommen. Im September 1995 entdecken wir dort an der Wand eine Gedenktafel. Sie erinnert daran, dass sich auf dieser Straßenhöhe elf Monate zuvor am 20. Oktober 1994 der Palästinenser Saleh Abdel Rahim al-Souwi in einem Linienbus selbst in die Luft sprengte, 22 Israelis tötete und weitere 50 verletzte. Die radikale palästinensische Organisation Hamas bekennt sich zu diesem Anschlag, wie auch zu mehreren anderen Selbstmordattentaten auf israelische Omnibusse, die seit dem Angriff Baruch Goldsteins verübt wurden. Diese Selbstmordattentate der Hamas sollen den von Arafat geleiteten Ausgleich mit Israel torpedieren. Die Hamas begreift sich als religiös legitimierte „Widerstandsbewegung" und Konkurrenz zur eher säkularen palästinensischen Befreiungsorganisation PLO, der Jassir Arafat selbst vorsitzt. Hamas lehnt eine Teilung des Landes zwischen Mittelmeer und Jordanfluss mit Israel ab. Ihre Selbstmordattentäter begehen zwischen April 1994 und März 1996 sieben schwere Angriffe. Sie zielen darauf ab, dass die Stimmung in Israel für eine Versöhnung mit den Palästinensern kippt.

Nationalreligiöser Israeli erschießt Ministerpräsident Rabin

Damit sie nicht kippt, organisieren die Anhänger:innen von Rabin und Peres in Tel Aviv am Samstag, dem 4. November 1995, abends eine Friedenskundgebung auf dem großen Platz der Könige Israels vor dem Rathaus. Zehntausende kommen. Friedenslieder werden gesungen, Ermunterungsreden gehalten. Rabin ist sichtlich gerührt von der öffentlichen Unterstützung. Als der Ministerpräsident über eine Seitentreppe die Empore des Rathauses Richtung Parkplatz verlässt, feuert der nationalreligiös eingestellte 27-jährige jüdische Jura-Student Jigal Amir drei tödliche Schüsse auf Rabin ab. „Rabin war für mich wie ein Vater. Er wollte etwas tun, was sich bis dahin niemand getraut hatte. Sogar ich war entsetzt, als er Arafat die Hand geschüttelt hat. Aber manchmal muss man eben schwere Entscheidungen treffen“, so ein Augenzeuge, und eine weitere Stimme sagt: „Wir hatten das Gefühl, wir seien bei Rabin gut aufgehoben, behütet. Und dann ist unser Ministerpräsident ermordet worden von einem Juden! Das ist ein unverzeihlicher Bruch.“[34] Am 29. März 1996 besuche ich den Anschlagsort mit einem israelischen Freund, lege Blumen nieder. Der Mord an Rabin ist ein einschneidendes Ereignis und signifikanter Rückschlag für einen israelisch-palästinensischen Ausgleich.

Außenminister Peres folgt Rabin als Ministerpräsident, doch Peres kann nicht das Vertrauen in einen Verhandlungsprozess mit Arafat mobilisieren. Likud-Chef Benjamin Netanyahu gewinnt das Ministerpräsidentenamt 1996 zum ersten Mal – er wird der am längsten regierende Ministerpräsident Israels werden –, und dabei meistens Koalitionen mit nationalistischen und religiösen Parteien anführen. Die Zweistaatenlösung Israel-Palästina strebt er nicht an. Schon 1996 hält Netanyahu Arafat für keinen Kooperationspartner und gibt dem Drängen der Siedlerlobby auf den Ausbau der Siedlungen in den palästinensischen Gebieten nach. Im März 1997 genehmigt Netanyahus Regierung den Ausbau der kleinen Siedlung Har Homa auf einem annektierten palästinensischen Hügel zu einem großen israelischen Häuserkomplex. Der

Hügel liegt wie ein Keil zwischen dem palästinensischen Ostjerusalem und der palästinensischen Stadt Bethlehem. Die Ankündigung platzt in unsere Debatten der 3. Kronberger Nahostgespräche im März 1997, trübt die politische Zuversicht erheblich ein. Die Siedlung Har Homa wird zum Symbol, dass immer weniger Land für einen zukünftigen palästinensischen Staat zur Verfügung stehen und die Jerusalemfrage ausgespart werde.

Feuerwehrmann gesucht: Ein Europäischer Sondergesandter für Nahost

Palästinenser empfinden den Siedlungsbau als strukturelle Gewalt. Israelis verweisen auf den Terror der Hamas. Die Europäer sind alarmiert, sehen die israelisch-palästinensische Friedensdynamik und ihre neue Mittelmeerinitiative gefährdet. Die 15 Mitgliedstaaten der Europäischen Union (EU-15) ernennen 1996 einen eigenen Vertreter für den Nahostkonflikt („Special representative of the EU for the Middle East“). Der spanische Diplomat Miguel Moratinos soll nun die politische Rolle der Europäer im Nahostkonflikt verkörpern, das Feuerwehrspielen nicht allein den US-Amerikanern überlassen. Moratinos war Spaniens Botschafter in Israel und hat Javier Solana bei der Euro-Med-Konferenz in Barcelona 1995 unterstützt, kennt beide Dimensionen der europäischen Südpolitik. Moratinos erreicht, dass das europäische Engagement im Nahen Osten mehr wahrgenommen wird, doch liefert seine Leistung wenige „harte“ Ergebnisse.

Denn wie schnell ein Aufflammen des Nahostkonfliktes die Mittelmeerinitiative der EU blockieren kann, wird auf dem seit 1995 dritten Außenministertreffen der EU mit ihren südlichen Mittelmeernachbarn deutlich. Diese dritte EuroMed-Konferenz[35] findet unter deutscher EU-Ratspräsidentschaft am 15. und 16. April 1999 in Stuttgart statt. Ich bin bereits zwei Tage vorher da; diverse deutsche Stiftungen und Institutionen veranstalten ein Treffen der Zivilgesellschaft, um über die Debatten von Menschenrechten bis Handelsbeziehungen auf die Bedeutung der Entwicklung des Mittelmeerraums hinzuweisen, der von Deutschland aus gesehen geografisch eher weiter weg liegt. So gilt es auch, interessierten Journalist:innen, die von diesem Politikertreffen berichten, die europäische Mittelmeerpolitik zu erklären; dazu halte ich mich öfter im Pressezentrum auf. Am letzten Konferenztag, dem 16. April 1999, warten wir auf die abschließende Pressekonferenz von Außenminister Joschka Fischer, dem syrischen Außenminister Farouk al-Sharaa und seinem israelischen Amtskollegen Ariel Sharon, ein Parteigänger von Ministerpräsident Netanyahu und Anhänger der Siedlerbewegung. Ich warte vergeblich, gemeinsam mit dem deutschen Diplomaten Christoph Heusgen, seinerzeit im Auswärtigen Amt für die EU-Außenbeziehungen und somit maßgeblich für die Vorbereitung der Stuttgarter Mittelmeerkonferenz verantwortlich. Heusgen hat sich immer wieder diplomatisch um die europäische Nahostpolitik gekümmert, so auch als rechte Hand des EU-Sonderbeauftragten Javier Solana und als Außenpolitikberater von Bundeskanzlerin Angela Merkel – ein schwieriges Außenpolitikportfolio, wie bereits das Gerangel zum Ende der Stuttgarter Mittelmeerkonferenz zeigt. Die erwartete Pressekonferenz von Fischer, Sharaa und Sharon fällt aus. Streit zwischen Sharon und arabischen Ministern um Israels Siedlungsbau in palästinensischen Gebieten, Gewalt zwischen beiden Seiten und ein zunehmendes israelisch-palästinensisches Nichtverhältnis in den bilateralen Verhandlungen haben die Debatten um die europäische Mittelmeerpolitik bestimmt. Eigentlich sollen sich beide Prozesse gegenseitig befruchten; nun wird die euro-mediterrane Agenda vom Stillstand im Nahostkonflikt in Geiselhaft genommen. Dabei ist EuroMed mehr als der israelisch-palästinensische Konflikt.[36]

Zwei Streithähne blockieren ein EuroMed von 27 Ländern

Bei dem Aufbau der transmediterranen Zusammenarbeit EuroMed geht es um die Kooperation von 27 Ländern bei Sicherheit, Wirtschaft und gesellschaftlichen Beziehungen, zu denen auch Israel und die palästinensische Autonomiebehörde gehören. Zwei Streithähne können nicht die gesamte Zusammenarbeit von 27 Staaten blockieren. Sicherlich nutzen auch EuroMed-Mitglieder wie Syrien die Debatte um den israelisch-palästinensischen Konflikt, um sich als sogenannte wahre Vertreter der Interessen der Palästinenser zu profilieren. Sie haben es auch leicht, denn eigentlich sollte im Jahr 1999 der Nahostkonflikt mit einem unterzeichneten israelisch-palästinensischen Friedensvertrag abgeschlossen sein – das ist nicht in Sicht. Die deutsche EU-Ratspräsidentschaft betont zwar, dass sie mit der Erklärung des Europäischen Rates von Berlin vom März 1999[37] ihre eigene Rolle zur Unterstützung des Nahostfriedensprozesses stärken will, doch Fortschritte stellen sich nicht so ein, dass die euro-mediterrane Zusammenarbeit davon profitieren kann. Im Gegenteil, die so wichtigen regionalen Projektvorhaben, die insbesondere Israelis und Palästinenser einschließen würden, bleiben Papiertiger. Die europäische Mittelmeerpolitik kommt nur bei den bilateralen Handelsabkommen der EU mit einzelnen Südpartnern voran, schließt ein Assoziationsabkommen nach dem anderen ab, EU mit Tunesien, EU mit Ägypten, EU mit Jordanien, EU mit Israel, EU mit den Palästinensern,[38]...ein gemeinsames Handelsabkommen Ägyptens und Jordaniens mit Israel und der palästinensischen Autonomiebehörde zum Beispiel untereinander bleibt jedoch noch Zukunftsmusik – dabei könnte grenzüberschreitende regionale Kooperation die Wirtschaft schneller voranbringen, mehr Arbeitsplätze schaffen und schließlich das Wohlstandsgefälle zum reicheren Europa verringern.

Die Hausaufgabenliste Brüssels ist aber auch länger als nur Nahost und Mittelmeer. Die Balkankriege sind gerade vorüber und Europas Rolle bei Friedenserhaltung und Wiederaufbau ist auch in Südosteuropa gefragt, die Türkei strebt eine EU-Mitgliedschaft an, die Vorbereitungen der Einführung der Gemeinschaftswährung Euro und der EU-Osterweiterung sind in den finalen Zügen.

Wissenschaftlicher Testlauf beflügelt EU-Mittelmeerstrategie

Nicht alle 15 EU-Mitgliedstaaten setzen sich aktiv dafür ein, dass die Gemeinsame Europäische Außen- und Sicherheitspolitik mit dem Hohen Vertreter Javier Solana mehr sein kann als das prominente Gesicht des ehemaligen spanischen Außenministers und Nato-Generalsekretärs. Die skeptischen Europapolitiker:innen fordern gemeinsame Außenpolitikkonzepte ein. Gemeinsames auswärtiges Handeln braucht auch außenpolitische Strategien. Die südliche Nachbarschaftsregion Mittelmeer soll die erste regionale Strategie sein. Nach dem hoffnungsvollen Auftakt von EuroMed in Barcelona 1995 unter der Leitung von Solana, damals noch als spanischer Außenminister, und dem ernüchternden Abschluss des dritten Meetings in Stuttgart 1999 eine große Herausforderung. So ist die portugiesische Regierung zurückhaltend, unter ihrer EU-Ratspräsidentschaft im ersten Halbjahr 2000 eine EU-Mittelmeerstrategie zu entwickeln und zu verabschieden. Gefragt ist eine Blaupause für ein Konzept. Diesen unabhängigen wissenschaftlichen Testlauf offeriert das Nahostprojekt im Europaprogramm der Bertelsmann Stiftung. Mein Kollege Sven Behrendt, Mitarbeiter bei unserem wissenschaftlichen Partner am Centrum für angewandte Politikforschung der Universität München, und ich bringen zehn der profilierten europäischen Nordafrika- und Nahostexpert:innen mit zehn mit dem Dossier „Europa-Mittelmeer" befassten Diplomat:innen aus EU-Mitgliedstaaten, Kommission und Rat zusammen. Die gemischte Expertenrunde trifft sich von Januar bis März 2000 viermal in der Münchner Villa Faber und schreibt als eigenständige Gruppe eine eigene Mittelmeerstrategie. Brainstormings, Pinnwände mit Karteikarten,

Computer fahren hoch, Beamer surren, Finger hauen in die Tasten, die Gruppe ist hoch motiviert und engagiert. Zwischendurch bringen die Diplomaten Ideen aus den „Villa-Faber-Discussions" in ihre offiziellen Verhandlungsrunden in Brüssel ein. Eine Dynamik entsteht, das portugiesische Außenministerium sieht Substanz, dass die Skeptiker unter den EU-Mitgliedstaaten überzeugt werden können. Lissabon will die EU-Mittelmeerstrategie nun doch unter ihrer Ratspräsidentschaft verabschieden.

Mit der Deklaration V verabschiedet der EU-Rat auf seinem Gipfel im portugiesischen Feira am 23. Juni 2000 die EU-Mittelmeerstrategie, definiert seine eigenen europäischen Ziele gegenüber den südlichen Nachbarn des Mittelmeeres: „Der Mittelmeerraum ist für die EU von strategischer Bedeutung. Eine wohlhabende, demokratische, stabile und sichere Region mit einer offenen Perspektive gegenüber Europa liegt im besten Interesse der EU und Europas insgesamt [...] Die EU wird mit ihren Mittelmeerpartnern zusammenarbeiten, um: gutnachbarliche Beziehungen aufzubauen; Wohlstand zu verbessern; Armut zu beseitigen; alle Menschenrechte und Grundfreiheiten, Demokratie, verantwortungsvolle Staatsführung und Rechtsstaatlichkeit zu fördern und zu schützen; kulturelle und religiöse Toleranz zu promoten; und Entwicklung der Zusammenarbeit mit der Zivilgesellschaft [...] Sie wird dies tun, indem sie die Bemühungen der Mittelmeerpartner unterstützt, die in der Europa-Mittelmeer-Partnerschaft festgelegten Ziele zu erreichen, indem sie ihre bilateralen Beziehungen nutzt, um diese Ziele zu verfolgen, und indem sie zur Schaffung eines friedlichen Umfelds im Nahen Osten beiträgt."[39] Expertenwissen Dritter hat geholfen, Inhalte für diese Strategie zu generieren; unsere „Villa-Faber-Diskussionsgruppe" hat besonders die Aspekte Demokratie, Rechtsstaatlichkeit, Zivilgesellschaft und fairer Handelsbedingungen betont, die Eingang in den offiziellen Politiktext gefunden haben. Sven Behrendt und ich erfahren von dem Gipfelbeschluss in Jerusalem während einer Dienstreise nach Israel-Palästina, freuen uns. Unser Plädoyer, die sechs ressourcenreichen arabischen Länder der Golfregion von Saudi-Arabien bis zu den Vereinigten Arabischen Emiraten, die vielfältige Beziehungen zum Mittelmeerraum unterhalten, in die europäische Mittelmeerstrategie mit einzubeziehen, wurde nicht berücksichtigt. Für uns war es besonders hilfreich zu sehen, was Denkarbeit in der Praxis bewirken kann.

Jetzt gibt es eine eigene Mittelmeerstrategie für den Hohen Vertreter und Quasi-EU-Außenminister Javier Solana, ein euromediterranes Zusammenarbeitsformat der EU mit Israelis, Arabern und Türken, den Willen zu mehr politischem Engagement im Nahostkonflikt und einen eigenen EU-Sonderbeauftragten für diese Krise – dieses Potenzial wird leider nicht ausreichen bzw. ausreichend genutzt, um die kommende Phase von Gewalt und Krieg zu verhindern oder entscheidend abzumildern. Es wäre möglich gewesen, hätten EU und USA ihr unterschiedliches Potenzial gemeinsam in die nahöstliche Waagschale geworfen.

Die Zeit der Friedenschancen schwindet

Einen Monat nach dem Europäischen Gipfel von Feira im Juli 2000 scheitert der Clinton-Barak-Arafat-Gipfel in Camp David. Wieder findet ohne europäische Beteiligung unter alleiniger US-Regie ein entscheidendes Israel-Palästina-Treffen statt. Seit einem Jahr ist nach den Abmachungen von Oslo der finale Israel-Palästina-Vertrag überfällig. US-Präsident Clinton bringt Palästinenserführer Jassir Arafat und den israelischen Ministerpräsident Ehud Barak auf seinem Feriensitz zu Gesprächen zusammen. Die Erwartungen an ein positives Ergebnis unter den Augen der Weltpresse sind groß. Minutenlang feixen Arafat und Barak, wer nach Clinton zuerst in den Pavillon eintritt. Die Verhandlungen beißen sich fest an Details zum künftigen Status der von beiden Seiten als Hauptstadt beanspruchten Metropole Jerusalem, insbesondere dem Juden und Muslimen gleichermaßen als heilig geltenden Bezirk des Tempelberges sowie zum Umgang mit den israelischen Siedlungen in den von Palästinensern beanspruchten Gebieten. Gegensätzliche Ansichten zum Umgang mit dem von Arafat gewünschten Rückkehrrecht von Palästinensern aus den Nachbarländern in einen zukünftigen palästinensischen Staat brechen auf. Nach dreizehn Tagen verkündet der US-Präsident am 25. Juli 2000 das Scheitern der Gespräche; kein Vertrag, der Vermittler Clinton gibt Arafat die Schuld am ergebnislosen Treffen. Arafat hätte zu allen Vorschlägen nur „nein" gesagt und keine Gegenvorschläge unterbreitet.

Die unterschiedlichen Bewertungen des Verlaufs der Geheimverhandlungen hinterlassen einen Scherbenhaufen. Eine viereinhalbjährige Negativspirale schraubt sich hoch. Provokationen, Selbstmordattentate, Siedlungsbau, Militäraktionen – Gewalt und Krieg bestimmen das Geschehen von September 2000 bis zum Februar 2005, das die Zweite Intifada, der zweite Palästinenseraufstand, genannt wird. In seinem Wahlkampf gegen den amtierenden Ministerpräsident Barak betritt Oppositionsführer Ariel Sharon am 28. September 2000 den für Muslime heiligen Bezirk von al-Aqsa, das Plateau auf dem Tempelberg, und provoziert palästinensische Ablehnung und Wut. Unterschiedliche militante palästinensische Gruppen von der islamistischen Hamas bis zu Arafats eigener Al-Aksa-Brigade schicken Selbstmordattentäter in Busse, Restaurants, auf belebte Märkte und mitten in eine jüdische Pessah-Feier in ein Hotel in Netanya. Im März 2003 befiehlt Ministerpräsident Sharon den militärischen Einmarsch in die palästinensischen Hoheitsgebiete, setzt Arafat fest und zerstört dessen Amtssitz. Der Siedlungsbau in der Westbank und Ostjerusalem wird forciert. Eine fast 800 Kilometer lange Absperrung in Form von Mauer und Zaun um und zu palästinensischen Gebieten entsteht. Über 1000 Israelis und über 3000 Palästinenser werden getötet, der politische, ökonomische und emotionale Schaden ist immens. Das wenige Vertrauen zwischen Israelis und Palästinensern ist fast komplett zerstört, direkter Dialog findet nur noch selten statt. Die Europäer bemühen sich, Gesprächskanäle offenzuhalten und der Diplomatie trotz aller Schwierigkeiten einen Push zu geben.

Europa hilft, Gesprächskanäle offenzuhalten

Es gibt palästinensische und israelische Denker:innen und Entscheider:innen, die trotz Gewalt und Krieg auf neutralem Grund miteinander reden wollen. Die Kronberger Nahostgespräche der Bertelsmann Stiftung sind ein Beispiel, diese wichtige Gesprächsplattform zu offerieren – regelmäßig, die ganze Kriegszeit hindurch. So stapfe ich durch den hohen Schnee im Februar 2003 in Jerusalem, vom American Colony Hotel bis zur Knesset, um bei israelischen Abgeordneten Konferenzeinladungen persönlich abzugeben, stehe lange an israelischen Checkpoints zwischen Jerusalem und Al-Bireh im Regen, um in Ramallah Palästinensern die Einladungen zu bringen. Mein Kollege Felix Neugart stellt sicher, dass sie auch über Israel ausreisen kann, und holt unsere Gäste persönlich ab. Bei den Kronberger Nahostgesprächen wird sachlich und konzentriert diskutiert, sodass jede:r alle unterschiedlichen Standpunkte hören und über ihre Aktivitäten reflektieren können. Wenn die Analytiker Yossi Alpher aus Herzliya und Ghassan al-Khatib aus Ramallah in die Thematik des israelisch-palästinensischen Konfliktes einführen, ist eine sachliche Debatte garantiert. Wir tagen in der Hochzeit der sogenannten Zweiten Intifada vor Ort in Jerusalem, bringen Europäer mit, und eine gleiche Zahl von Palästinensern und Israelis kommt dazu. Wir können die Akteure zusammenbringen und für eine inhaltsreiche Debatte sorgen – das Schießen können wir nicht verhindern. Gegen diese konfrontative Atmosphäre setzten Yossi Alpher und Ghassan al-Khatib „Bitterlemons", quasi einen israelisch-arabischen Blog. Sie laden jede Woche zu einem Konfliktthema je zwei Israelis und Araber ein, ihre Analyse und Meinung zu schreiben – über zehn Jahre und Hunderte von Posts mussten die beiden Chefredakteure nur dreimal zensierend eingreifend, um Schimpfworte zu entfernen – auch europäische Steuergelder haben dieses Online-Informationsforum viele Jahre finanziert.

Als ein drittes Beispiel europäischer Hilfestellung in der Kriegszeit möchte ich die Genfer Initiative nennen, die im Dezember 2003 sogar einen von israelischen und palästinensischen Politiker:innen und Denker:innen wie dem früheren Knesset-Abgeordneten Yossi Beilin und dem ehemaligen palästinensischen Kulturminister Yasser Abed Rabbo ausgearbeiteten Friedensvertrag vorlegen kann. Sie sind in der Lage, praktische Lösungen für die seit Jahren – auch beim Clinton-Gipfel von Camp David umstrittenen – zentralen Streitpunkte wie die israelischen Siedlungen, den Grenzverlauf, den Status von Jerusalem und die palästinensische Flüchtlingsfrage anzubieten. Der Genfer Entwurf notiert zum Beispiel einen detaillierten Landtausch entlang der Waffenstillstandsgrenze von 1967, um einige Siedlungen bei Israel zu belassen, wenn die Palästinenser gleichwertiges Land von Israel zugeschlagen bekämen. Der Kompromiss zeigt, dass die Alles-oder-nichts-Logik überwunden werden kann, dass eine finale Lösung in einem Zweistaatenmodell möglich ist. Diesen Aushandlungsprozess der Genfer Initiative hat auch die Friedrich-Ebert-Stiftung unterstützt. Wer meint, der Nahostkonflikt sei nicht lösbar, möge dieses Dokument studieren. Der Genfer Entwurf für ein Endstatusabkommen wurde ins Hebräische und Arabische übersetzt und an Hunderttausende Haushalte in Israel und den palästinensischen Gebieten verteilt – wichtig und richtig, auch wenn diese Aktion den Krieg nicht beendet hat.

Auf diplomatischer Ebene sind sich mit europäischer Vermittlung israelische und palästinensische Politiker:innen – unter dem Eindruck kriegerischer Auseinandersetzungen in der „Zweiten Intifada“ 2000 bis 2005 – bei der Lösung der Streitpunkte ebenfalls sehr nahegekommen. Der EU-Sondergesandte Miguel Moratinos verhandelt im Januar 2001 sieben Tage allein mit Barak und Arafat im Hilton Hotel am Roten Meer im ägyptischen Badeort Taba. Moratinos hält die Verhandlungsergebnisse in einem inoffiziellen Ergebnispapier fest – „EU non paper“ „Moratinos Document“.[40] Die Einigungspunkte unter EU-Vermittlung reichen weiter als die Übereinkünfte von Camp David zwischen Barak und Arafat unter US-amerikanischer Leitung von Präsident Clinton. Wie in Camp David fehlt auch in Taba der letzte Schritt zur gemeinsamen Unterschrift. Krieg und Terror der „Zweiten Intifada“ sorgen für eine Verhärtung der Sichtweisen von Israelis und Palästinensern aufeinander, und Israel steckt im Wahlkampf; da wird Barak ein mangelndes Verhandlungsmandat aus politischen Kreisen in Israel vorgehalten. Festzuhalten gilt, dass in Camp David die europäischen Fähigkeiten und in Taba die amerikanische Autorität fehlten. Eine Einheit der Vermittler im Nahostkonflikt, eine Bündelung der unterschiedlichen Fähigkeiten der Brückenbauer war seit 1991 überfällig.

Der US-amerikanisch-europäische Gleichschritt kommt zu spät

Erst ab April 2002 gründen alle Vermittler:innen einen koordinierten Mechanismus. In Madrid unter spanischer EU-Ratspräsidentschaft wird das sogenannte Nahostquartett gegründet, in dem sich die USA, die EU, die Vereinten Nationen und Russland zu einer Vermittlungsinstitution formieren. Als Idee des deutschen Außenministers Joschka Fischer und dann auf Initiative des EU-Außenministerrates entwickelt das Quartett einen Fahrplan für einen Ausweg aus der israelisch-palästinensischen Konfrontation und den Wiedereinstieg in Verhandlungen – die sogenannte „Roadmap for Peace", die auch im November 2003 zur Resolution 1515 des Sicherheitsrates der Vereinten Nationen[41] wird. Eckpunkte dieses Nahost-Friedensplanes sind ein Ende der Gewalt der sogenannten Zweiten Intifada, die Forderung an Israel, die Siedlungsaktivitäten einzustellen, und mitzuhelfen einen lebensfähigen, souveränen palästinensischen Staat zu schaffen, die Forderung an die Palästinenser, ihre Autonomiebehörde nach demokratischen und rechtsstaatlichen Normen zu reformieren, und die Aufforderung an alle Palästinensergruppen, das Existenzrecht Israels wirklich anzuerkennen. Doch schnell bricht ein Streit über den Siedlungsstopp und die Reform der palästinensischen Sicherheitsbehörden aus, der die Umsetzung des Friedensplans von USA, EU, Vereinten Nationen und Russland bremst. Trotzdem ist eine gemeinsame, vor allem transatlantische Herangehensweise an den Nahostkonflikt mit einem Arbeitsplan richtig. Sie kommt jedoch zu spät – was leicht, aber notwendigerweise in der Retrospektive festzustellen ist. In den Jahren nach 1991 hätte ein institutionalisierter EU-US-Gleichschritt erfolgen müssen, als die Aufmerksamkeit und Dynamik auf einen Nahostfrieden gerichtet waren. Seit 2001, so wird das nächste Kapitel schmerzhaft zeigen, konzentrieren die USA und Teile der EU sich und ihre Ressourcen auf den Kampf gegen den Terrorismus mit Kriegen in Afghanistan und dem Irak – Nahost wird zum Nebenschauplatz.

Frankreich holt den schwer kranken Arafat nach Paris

Der israelisch-palästinensische Krieg, die sogenannte Zweite Intifada, endet erst, als eine Reizfigur stirbt. Während auf den Kölner Straßen mit Umzügen der Narren die fünfte Jahreszeit beginnt, sitze ich am 11. November 2004 in Köln im Studio des Nachrichtensenders n-tv und wirke an der Erklärung und Bewertung des Todes von Palästinenserpräsident Jassir Arafat mit. 2003 hatte sein Gegenspieler, Israels Premier Sharon, den kleinen Mann mit seiner Militäruniform und seinem Palästinensertuch in seinem zerstörten Amtssitz, der Muqataa festgesetzt. Als dieser schwer erkrankte, holte ihn die französische Regierung von Ramallah nach Paris. Dort starb er. Arafats genaue Todesursache ist bis heute ungeklärt. Die französische Justiz hat 2015 die Ermittlungen endgültig eingestellt. Die Witwe des Palästinenserführers, die in Paris wohnte, Suha Arafat, hatte eine Anzeige wegen Mordes erstattet. Es wurde spekuliert, Arafat sei vergiftet worden. Die Beweise fehlen. Über Jahre bleibt Misstrauen im Raum, viele Palästinenser verdächtigen Israel der Ermordung Arafats, Israel weist das zurück.[42] Arafats Leichnam wird am 12. November 2004 in den Nahen Osten zurückgeflogen. Ein Hubschrauber bringt den Sarg auf das Gelände seines zerstörten Amtssitzes im Herzen von Ramallah, der Helikopter kann kaum landen, da Massen Trauernder den Platz und die Zufahrten blockieren. Eine befürchtete Massenpanik mit Toten und Verletzten bricht nicht aus. Heute gibt es ein kleines Mausoleum über Arafats Grab auf der wiederaufgebauten Muqataa. Am 18. April 2022, tags zuvor war ich am Grab von Jitzchak Rabin, bin ich zum letzten Mal dort gewesen. Jassir Arafat ist eine schwierige Persönlichkeit, hat Terror befehligt und Terror geduldet, hat der Palästinenserfrage internationale Aufmerksamkeit gegeben, Israel anerkannt und ist bereit gewesen, in den Frieden zu starten. Er trägt Verantwortung dafür, dass die palästinensische Autonomiebehörde sich zu einem Organ mit Korruption und Vetternwirtschaft statt zu einer Dienstleistungsinstitution für die Palästinenser entwickelt hat. Hätte Arafat bei seinem triumphalen Einzug in Gaza im Juli 1994 die Regierungsgeschäfte in professionelle Managerhände gelegt, so meine Einschätzung, hätte es erheblich bessere Chancen gegeben, die palästinensischen Behörden und Sicherheitskräfte nach fachlicher Kompetenz und rechtsstaatlichen Prinzipien effektiver aufzubauen. Nach Arafats Tod beruhigt sich die Lage schnell, im Februar 2005 konferiert Israels Premier Sharon mit Arafats Nachfolger im palästinensischen Präsidentenamt, Mahmud Abbas, im ägyptischen Badeort Sharm el-Shaikh; der Krieg, die Zweite Intifada, endet. Im Juli 2005 lässt Sharon die 21 israelischen Siedlungen mit Hunderten Siedlern aus dem autonom regierten palästinensischen Gazastreifen räumen (Sharons Abkopplungsplan).[43] Ab dann wechseln sich Phasen der Kriege und der Abkühlung ab, die aber die israelisch-palästinensische Konfliktlösung nicht voranbringen. 2006 findet der August-Krieg der israelischen Armee gegen die Milizen von Hisbollah im Südlibanon und Hamas im Gazastreifen statt . Im November 2007 lädt die US-Administration zu einer Nahostkonferenz nach Annapolis.[44] Europa unterstützt diese US-Initiative mit einem Programm zur Ausbildung palästinensischer Grenzbeamter und Polizisten. Die israelisch-palästinensische Kooperation gerade im Sicherheitsbereich ist nach der zweiten Intifada ein Hoffnungsschimmer, weil Palästinenserpräsident Abbas und der neue israelische Ministerpräsident Ehud Olmert direkt zusammenarbeiten.

Eine Mittelmeerunion zwischen französischer Vision und deutschem Pragmatismus

In dieser etwas beruhigten Nahostlage bekommt auch die europäische Mittelmeerinitiative EuroMed einen Schub. Diesmal ist es der französische Präsident, der die Hände der Führer Israels und Palästinas übereinanderhält. Paris, 2008, am Vortag der Feiern zum Jahrestag der Französischen Revolution versammelt Sarkozy nicht nur Abbas und Olmert, sondern alle Staats- und Regierungschefs der Euro-Mediterranen Familie um sich. EuroMed soll nun als „Union für das Mittelmeer" mehr werden als nur ein Barcelona-Prozess der EuroMed-Außenminister. Bei der Gründung mit von der Partie sind nun auch Reizpersonen und Autokraten wie der syrische Präsident Baschar al-Assad, der türkische Präsident Recep Tayyib Erdogan, der Ägypter Husni Mubarak, der Tunesier Zine el-Abidine Ben Ali und der Algerier Abd al-Aziz Bouteflika, die in der Zeitenwende von 2011 von ihren eigenen Bevölkerungen verjagt oder herausgefordert werden. Den französischen Präsidenten treibt die Vision einer Mittelmeerunion an. Sarkozy hat auch, und das finde ich richtig, die Mittelmeeranrainer der Adria sowie Vertreter der reichen arabischen Golfstaaten zum Gipfel eingeladen. Doch eine Vision und ein schönes Familienfoto sind das eine, gemeinsame wirksame Projekte das andere. So ist das Foto von Nicolas Sarkozy und Angela Merkel, das die deutsche Bundeskanzlerin und den französischen Präsidenten am 13. Juli 2008 zeigt, wie beide mit ihren rechten Händen und Zeigefingern in eine Richtung in die Luft deuten, eine bezeichnende Geste für diese beiden Seiten der Medaille der frischen Mittelmeerunion: französische Vision und deutscher Pragmatismus. Denn Berlin war erst gar nicht von der Pariser Idee einer Mittelmeerunion begeistert.

Im Prinzip ist die Mittelmeerunion, „UfM" genannt, eine Bekräftigung des Mittelmeerarbeitsprogramms von Barcelona vom November 1995 – aber mit feinem Unterschied: In Paris segnen die Staats- und Regierungschefs die Mittelmeer-Erklärung[45] ab, die Mitgliedstaaten und ihre Regierungen, also die Offiziellen, sollen eine stärkere Rolle bei Entscheidungen spielen, welche Projekte finanziert werden – nicht die Europäische Kommission und die Zivilgesellschaft. Das wird sich noch einrenken, weil die Zivilgesellschaft über die Anna-Lind-Stiftung ein starkes transmediterranes Netzwerk bildet, das Projekte vorantreibt, und weil die technokratische Expertise der Brüsseler EU-Kommission mit ihren Vertretungsbüros in allen Nachbarländern am Ende für die Umsetzung unentbehrlich ist. Die Neuerungen im europäischen Mittelmeerdesign UfM, das Familienfoto mit den Chefs aller Länder inklusive Hände schüttelnder Palästinenser und Israeli machen auch diese EU-Nachbarschaftsinitiative Süd nicht immun gegen die Blockadewirkung des Nahostkonfliktes. Seit dem 13. Juli 2008 haben sich die Staats- und Regierungschefs der Europäischen Union nicht mehr mit ihren Counterparts aus Nordafrika und dem Nahen Osten getroffen. Vier Gazakriege, 2008, 2012, 2014 und 2021, haben die Wunde des israelisch-palästinensischen Dauerkonfliktes immer wieder aufgerissen.

Ein Kleeblatt gegen den Trump-Peace-Plan

Die USA versuchen sich – wieder ohne die EU – noch zweimal in der Rolle der Feuerwehr im Nahen Osten. 2014 reaktiviert der US-amerikanische Außenminister John Kerry mit intensiver Pendeldiplomatie zwischen Palästinenserpräsident Mahmud Abbas in Ramallah und Israels Regierungschef Benjamin Netanyahu in Jerusalem den Verhandlungsprozess. Er scheitert, weil Netanyahus Regierung den Bau israelischer Siedlungen fortführt, und weil die islamistische Hamas dem Chef der palästinensischen Autonomiebehörde Abbas jegliche Legitimation, für die Palästinenser zu entscheiden, abspricht. US-Präsident Donald Trumps Schwiegersohn Jared Kushner erarbeitet mit Benjamin Netanyahu einen detaillierten israelisch-palästinensischen Friedensplan, den beide im Januar 2021 als „Trump Peace Plan“[46] in Washington präsentieren.

Der Plan notiert alte, richtungsweisende Ideen aus vorzeitigen Friedenskonferenzen, wie den Landtausch. Doch diese gehen unter, weil der Plan nur ein israelisch-US-amerikanischer ist. Palästinenser sind nicht konsultiert worden, die Europäer und die reichen Golfstaaten hat Trumps Regierung bei Konferenzen in der polnischen Hauptstadt Warschau und der bahrainischen Hauptstadt Manama zur finanziellen Beteiligung bei der Umsetzung seines Plans aufgerufen.

Der Trumpschen Nahostinitiative haben Deutschland und Frankreich ein „Kleeblatt" entgegengesetzt, ein regelmäßiges Treffen des französischen und des deutschen Außenministers mit ihren Amtskollegen aus Ägypten und Jordanien, den beiden arabischen Ländern, die seit 1979 bzw. 1994 einen Friedensvertrag und diplomatische Beziehungen mit Israel unterhalten. Die vier Diplomatenchefs, das Kleeblatt, will die fast vergessene Ursprungsidee der Nahostkonfliktlösung, die Zweistaatenlösung „Israel-Palästina" ins Gedächtnis zurückrufen – ohne sichtbaren Effekt vor Ort, sodass man fast geneigt ist, von einem Feigenblatt zu sprechen.

Jerusalem zu Ostern 2022 – aufgeheizte Stimmung

Vor Ort in Israel-Palästina können Besucher:innen die ungelösten Streitfragen fast auf Schritt und Tritt spüren. Ich wohne mit meiner Familie im April 2022 im österreichischen Hospiz zur Heiligen Familie, das sich an der 3. Leidensstation Christi an der Via Dolorosa befindet, mitten in der Altstadt von Jerusalem, dem Ort, der drei Weltreligionen heilig ist. Zeitlich fallen der muslimische Fastenmonat Ramadan, das jüdische Passah Fest und die christlichen Osterfeierlichkeiten zusammen. Die Stimmung ist gereizt, wenn am Karfreitag durch die engen Gassen der Altstadt singende christliche Gruppen mit ihren Kreuzen zur Grabeskirche pilgern, während Tausende palästinensische Muslime zur Al-Aksa-Moschee zum Mittagsgebet ziehen und orthodoxe Juden zum Gebet zur Klagemauer laufen. An den Dollpunkten stehen viele bewaffnete israelische Soldaten. Es kommt immer wieder zu Zusammenstößen zwischen israelischen Sicherheitskräften und palästinensischen Jugendlichen.

Dreißig Jahre nach dem Beginn der Friedensverhandlungen von Madrid ist zwischen Mittelmeer und Jordanfluss keine der finalen Streitfragen zwischen Israelis und Palästinensern vertraglich geklärt, auch nicht der Status von Jerusalem mit seinen heiligen Stätten, wie Ostern 2022 spürbar. Überall wird gebaut, sei es in Tel Aviv, in Ramallah, in Gaza oder in den jüdischen Siedlungen. Die Bevölkerung wächst und wächst auf beiden Seiten; da werden Grenzziehung und die Zukunft der Siedlungen in Palästinensergebieten immer schwieriger zu klären sein. Paradoxien begegnen den Besucher:innen an vielen Stellen: Palästinensische Arbeiter bauen Straßen, die ausschließlich Siedlern vorbehalten sind, weil sie Beschäftigung brauchen und ihre Familien ernähren müssen; eine islamische Partei in Israel, die von palästinensischen Israelis gegründet und gewählt wird, namens „Raam", beteiligt sich ab Januar 2021 eineinhalb Jahre an einer Koalitionsregierung, in der Vertreter:innen der Siedlerinteressen engagiert sind, weil sie Lebensverbesserungen für ihre lokale Community erreichen wollen. Eine Beschäftigung mit der Palästinafrage ist im Koalitionsvertrag ausgeschlossen.

„Wir schlittern in eine ungesunde quasi Einstaatenrealität hinein, weil wir eine Zweistaatenlösung aktiv nicht erreicht haben", so der israelische Denker Yossi Alpher, als ich ihn im April 2022 in seinem Haus in Herzliya besuche. „Wir brauchen gegenseitigen Respekt und eine Form von Koexistenz", ergänzt der palästinensische Wissenschaftler Ghassan al-Khatib, als wir in seinem Büro in Ramallah zusammensitzen. Alpher und al-Khatib haben über Jahre den unterschiedlichen israelischen und ausländischen Sichtweisen auf den Konflikt mit „Bitterlemons" eine neutrale Diskussionsplattform geboten. Alpher bedauert, dass die Europäer ab 2010 ihre Anstrengungen für Nahostgespräche aufgegeben haben, er verstehe, dass die Wirkung von Konferenzen schwierig zu messen sei, wenn die Konflikte nicht sichtbar enden. Auch die Bertelsmann Stiftung hat nach elf Begegnungen im Januar 2008 ihre Nahostgespräche im Schlosshotel Kronberg eingestellt. Al-Khatib bemängelt, dass die Europäer trotz wichtiger Dienstleistungen für den Friedensprozess von Madrid mit Oslo, Barcelona, Genf, Quartett und Roadmap sich zu schnell auf ihre Geldgeberrolle beschränkt und das politische Terrain allein den USA überlassen haben. Mein Interview mit Yossi und Ghassan[47] vom September 2018 zum 25. Jahrestag der Unterzeichnung des Oslo-1-Abkommens ist mit den vielen darin enthaltenen Gedanken noch heute aktuell.

Wenn ich im April 2022 auf dem Herzlberg in Westjerusalem am Grab von Israels Ministerpräsident Jitzchak Rabin stehe, der im November 1995 von einem nationalreligiösen Landsmann erschossen wurde, und einen kleinen Stein zum Gedenken obenauf lege, wenn ich tags darauf in Ramallah am Sarg von Palästinenserführer Jassir Arafat stehe, wenn ich mit Palästinensern in der Schlange am israelischen Checkpoint von Qalandiya warte, die von Ramallah nach Ostjerusalem wollen, wenn ich durch die israelische Siedlung von Har Homa fahre, Stein des Anstoßes 1997, und heute dort eine israelisch-jüdische Stadt auf palästinensischem Gebiet zwischen Bethlehem und Jerusalem vorfinde, wenn ich in Hebron im Westjordanland die Grabstätte von Abraham besichtige, wo seit dem Angriff des jüdischen Siedlers auf palästinensische Gläubige 1994 nur noch durch Trennung der Konfessionen ein praktikables Gebetsmanagement organisiert werden kann, wenn ich für einige Tage in der israelischen Hightech-Stadt Herzliya weile, die im Bauboom mit Tel Aviv zusammenwächst, und wenn ich dort im Supermarkt feststelle, dass die Mitarbeiter:innen an den Kassen und Tresen Arabisch miteinander sprechen, glaube ich, dass eine klug organisierte Zweistaatenlösung immer noch möglich ist. Dafür braucht es den Willen zur respektvollen und aktiven Zusammenarbeit, zum gemeinsamen pragmatischen Management von Straßen bis zu heiligen Stätten. Die Denker der Genfer Initiative sprechen nun von einer „israelisch-palästinensischen Konföderation", weil sie Grenzziehungen für immer schwieriger halten. Anlass zur Hoffnung gibt „Bitterlemons". Als der Lemontree in Yossi Alphers Garten 2012 verdorrte, fanden Ghassan und er für die Wissensplattform „Bitterlemons" keine Sponsoren mehr, sie mussten das israelisch-palästinensische Online-Debattenforum einstellen. Als ich ihn am 12. April 2022 wieder besuche, steht ein neuer Zitronenbaum in voller Blüte.

Europa im Nahostkonflikt: Von mangelnder Dynamik und helfender Hand

Europa hat die politische Dynamik der 1990er Jahre im Nahen Osten zu wenig genutzt und das Entscheidungsfeld zu sehr den USA überlassen. Die Madrider Nahostkonferenz im Oktober 1991 hätte mehr Erfolg gehabt, hätten die USA die EU, deren Geld sie für den Friedensaufbau brauchten, gleichberechtigt mit an den Verhandlungstisch geholt und hätte die EU von vornherein eine politische Rolle eingefordert. Zu mehr Erfolg hätte auch beigetragen, wenn US-Präsident Bush und sein Außenminister Baker 1991 die Palästinenser als eigenständige Delegation mit ihrem Führer Arafat neben die Israelis, Jordanier, Ägypter, Syrer und Libanesen gesetzt hätten. Arafat hätte für die diplomatische Erhöhung seiner Person wie in den israelisch-palästinensischen Geheimverhandlungen von Oslo im Sommer 1993 auf Gewalt verzichtet und Israel anerkannt. Der Oslo-Prozess hat pragmatische Übergangslösungen geschaffen, aber die wichtigen Streitfragen, wie Jerusalem, Siedlungen und Flüchtlinge, zu lange im Unklaren gelassen. „Oslo" hatte anfangs nur Erfolg, weil Arafat mit ihm eine Chance sah, auf der Weltbühne anerkannt zu werden, und dafür bereit war, mit einem Provisorium zu starten. Die separate Lösung für den Gazastreifen und die Stadt Jericho erschien als vielversprechender Start für weitere Verhandlungen mit Israelis und US-Amerikanern über die schwerwiegenden Streitfragen. Die Gegner eines Friedens nutzten allerdings den endlosen Prozess, um ihn über Terror und Siedlungsbau zu stoppen.

Das transatlantische Tandem hat im Nahostkonflikt besser funktioniert, als mit dem Quartett der Vermittler aus USA, EU, Vereinten Nationen und Russland 2002 die Moderatorenkraft gestärkt wurde. Das Quartett hätte ab 1991 in der Dynamik des Nahostfriedensprozesses mehr erreicht als nach seiner offiziellen Gründung 2002 – zu spät, denn die transatlantische Aufmerksamkeit richtete sich bereits auf den Kampf gegen den islamistischen Terror und den Krieg in Afghanistan und Irak.

Eine für die Europäische Union so wichtige, umfassende Mittelmeerpartnerschaft in ihrer unmittelbaren südlichen Nachbarschaft von EuroMed in Barcelona 1995 bis zur Union fürs Mittelmeer (UfM) von 2008 braucht einen israelisch-palästinensischen/arabischen Frieden, um erfolgreicher zu sein. Über dessen Gelingen hat der Verlauf des Nahostkonfliktes und die Bereitschaft der USA, sich dort zu engagieren, erheblich mitentschieden. Die EU hat kluge politische Positionen zum Nahostkonflikt formuliert. Statt diese aber zu aktivieren, hat sie sich darauf beschränkt und eingerichtet, den israelisch-palästinensischen Status quo zu finanzieren, sprich insbesondere die palästinensische Autonomiebehörde am Leben zu erhalten. So mobilisieren die Europäer fast eine Milliarde Euro jährlich; pro Kopf leistet die europäische Union keinem anderen Land so viel finanzielle Unterstützung wie den Palästinensern.[48] Finanzhilfen bleiben ein Hebel, von Israelis und Palästinensern politische Zugeständnisse und von der palästinensischen Autonomiebehörde sichtbare Fortschritte bei der Entwicklung von Demokratie und Rechtsstaatlichkeit einzufordern.[49]

Die europäische Passivität seit den späten 1990er Jahren lässt sich nicht allein mit den kräftezehrenden Projekten der EU-Osterweiterung, der Befriedung des Balkans und der Einführung des Euro erklären, denn die seinerzeit 15 EU-Mitglieder versprachen sich ja Erfolg, als sie dem Nahostkonflikt ihren ersten Sondergesandten (ab November 1996) und der Mittelmeerregion ihre erste außenpolitische Strategie (Gipfel von Feira Juni 2000) widmeten. „Tatsächlich besteht der Löwenanteil der europäischen Außenpolitik in Bezug auf den Nahostkonflikt aus gemeinsamen Erklärungen und Standpunkten. Hinzu kommt, dass die EU nicht über militärische Handlungsmöglichkeiten und nicht über das politische Gewicht verfügt, diese Erklärungen durchzusetzen", so Isabell Schäfer 2004 in einem Artikel zur Beilage der Wochenzeitung *Das Parlament*.[50] Grund dafür seien in erster Linie nationalstaatliche Befindlichkeiten. Zur politischen Zurückhaltung gegenüber israelischen und palästinensischen Interessen dräng(t)en nicht nur Deutschland, das aus seiner Vergangenheit eine besondere Verantwortung für die Existenz eines jüdischen Staates Israel ableite, sondern auch viele neue mittel- und osteuropäische EU-Mitglieder. Mit ihrer Transformation zur Demokratie entdeckten sie ihre historischen, auch jüdisch geprägten Wurzeln wieder.

Dazu kommen EU-Mitgliedstaaten wie Frankreich und Belgien, in deren Meinungsbildungsprozessen arabische Migrationsgemeinschaften eine Rolle spielen. In Italien, Irland, Griechenland, Bulgarien und auf Zypern sind die katholische und orthodoxe Kirche, die Interessen im Heiligen Land wahren wollen, ein Machtfaktor. Nicht zu vernachlässigen ist auch die Rolle Großbritanniens, das vor der Gründung des Staates Israel als Mandatsmacht im Gebiet zwischen Mittelmeer und Jordanfluss fungierte. Auch Frankreich, das gemeinsam mit Großbritannien als ehemalige Kolonialmacht im Nahen Osten noch im zweiten Nahostkrieg von 1956 militärisch auf Seiten Israels gegen Ägypten beteiligt war, ist nicht ohne nationalstaatliche Interessen im Nahostkonflikt. In der Gegenwart führen nationalstaatliche Interessen ebenfalls zu einer Asymmetrie in den EU-Nahost-Beziehungen: Israel ist aufgrund seiner innovativen Digitalwirtschaft ein gesuchter Partner für europäische Firmen und Institutionen, deren Interessen man nicht offen zu verletzen wagt.

Diese nüchterne Betrachtung möge die Wichtigkeit europäischer Diplomatie und Zivilgesellschaft, Konfliktparteien neutrale Plattformen zu Dialog und Verhandlungen anzubieten, auch für die Zukunft nochmals unterstreichen – wie wir es u.a. mit den israelisch-palästinensischen Geheimgesprächen in Oslo, den Villa-Faber-Discussions zur EU-Mittelmeerstrategie, den Kronberger Nahostgesprächen oder „Bitterlemons“ von Yossi Alpher und Ghassan al-Khatib kennengelernt haben. So rettete die geschickte Diplomatie des schweizerischen Außenministeriums im Oktober 2004 israelisch-syrische Geheimgespräche vor einem frühzeitigen Ende. Und das kam so:

Im Januar 2004 bittet der syrische Autokrat Baschar al-Assad den türkischen Präsidenten Recep Tayyib Erdoğan um eine Vermittlung bei Verhandlungen Syriens mit Israel. Assad fühlt sich von der US-amerikanischen Invasion im Irak bedroht und sucht über Israel einen Fürsprecher in Washington. Erdogan sieht seine Chance, sich als Regionalmacht im Nahen Osten zu profilieren, seine diplomatischen Beziehungen zu Israel zu nutzen und Assad für seine Kurdenpolitik einzuspannen. Eine zentrale Rolle spielen auf israelischer Seite Alon Liel, Denker und Diplomat, der in den 1980er Jahren an der israelischen Botschaft in Ankara arbeitete, und auf syrischer Seite Ibrahim Soliman, ein in Washington ansässiger Geschäftsmann mit exzellenten Beziehungen zur Assad-Familie. Liel und Soliman können nicht gleich mit ihren Regierungen in Verbindung gebracht werden, wenn der Geheimdialog auffliegen sollte, dennoch halten sie ständig Rücksprache. Solche inoffiziellen Gespräche schaffen Spielraum für Sondierungen. Beide suchen insbesondere einen Kompromiss für das von Israel besetzte syrische Territorium der Golanhöhen. Nach wenigen Monaten stocken die Verhandlungen, weil Israels Ministerpräsident Sharon das Syrien-Thema nicht anpacken möchte, da er sich auf die Palästinafrage mit der Auseinandersetzung in der „Zweiten Intifada" und den anstehenden Gaza-Abzug konzentrieren wolle; dagegen drängen türkische Diplomaten auf Tempo. Die Schweiz rettet und schafft einen geheimen Rahmen, damit Liel und Soliman ihre Verhandlungen fortsetzen können. Liels Draht zur israelischen Regierung besteht darin, dass er begleitet wird vom außenpolitischen Berater des israelischen Parlaments und einem ehemaligen Geheimdienstchef. Soliman hält telefonisch Kontakt mit Assads Berater, zusätzlich wird er von einem US-amerikanischen Experten unterstützt. Als Gastgeber und Moderator fungiert Nicolas Lang, der damalige Leiter der Nahostabteilung im Schweizer Außenministerium. Er und seine Mitarbeiter:innen sorgen von Tarnnamen für die Beteiligten bis zu professionellen Landkarten und neutralen Protokollen für erstklassiges Handling. Zwischen August 2004 und Juni 2006 kann ein Kompromiss zu Papier gebracht werden,[51] sogar für die Reizfrage Golanhöhen. Die Einigung sieht vor, die Golanhöhen zu entmilitarisieren, zwei Drittel des von Israel besetzten Gebietes an Syrien zurückzugeben und das dritte Drittel als gemeinsamen Nationalpark zu verwalten. Als Ehud Olmert im israelischen Ministerpräsidentenamt

Ariel Sharon nachfolgt, und Olmert und Erdogan sich gut verstehen, nimmt das Berner Israel-Syrien-Abkommen diplomatisch Fahrt auf. Olmert, Erdogan und Assad sind an der Realisierung des Berner Kompromisses interessiert. So besucht Ibrahim Soliman 2007 die Holocaust-Gedenkstätte Yad Vashem in Jerusalem und spricht vor dem Außenpolitikausschuss des israelischen Parlaments, der Knesset.

Zur israelisch-syrischen Vertragsunterzeichnung wird es dennoch nicht kommen, der erste Gazakrieg vom Dezember 2008 stoppt das Vorhaben. Drei Tage vor dem Start der israelischen Militäraktion gegen die Hamas in Gaza trifft Olmert mit Erdogan zusammen, informiert ihn nicht von der anstehenden Militäroperation, Erdogan fühlt sich brüskiert, bricht alle Kontakte ab. Der Berner Kompromiss Nationalpark Golan bleibt eine gute Idee, auch dank Schweizer Diplomaten. Mit Unterstützung der Friedrich-Ebert-Stiftung können Liel und Soliman weiter für ihre Idee werben, und auch ich setze mich in Gesprächen mit europäischen Diplomaten für diese Friedensidee ein. Mit dem Aufstand der Syrer gegen das Assad-Regime und dem ab 2011 folgenden Bürgerkrieg ist ein israelisch-syrischer Frieden auf Eis gelegt. Ibrahim Soliman hat über seine Erfahrungen ein Buch geschrieben; er ist 2020 in Washington gestorben. Alon Liel habe ich 2022 in Herzliya und Berlin zum letzten Mal gesprochen. Ihr Golan-Naturpark-Kompromiss bleibt ein wichtiger Baustein für mögliche künftige israelisch-syrische Friedensverhandlungen. Hier sollte Europa eine helfende Hand ausstrecken und, wie 2004 das Schweizer Außenministerium, bei Anfrage der Konfliktparteien wieder unterstützen. Naturparks nutzen angesichts der zunehmenden Hitze und des mangelnden Trinkwassers allen Menschen im Nahen Osten.

KAPITEL 3
ZEITENWENDE 2001

Die Anschläge vom 11. September, der Krieg im Irak, die gespaltene EU und die Folgen

Um 8:46 Uhr New Yorker Zeit lenken Terroristen ein Linienflugzeug der American Airlines in den Nordturm des World Trade Center. Es ist 14:46 Uhr deutscher Zeit und ich sitze am Schreibtisch in meinem Büro in Gütersloh, wie immer ist mein Fernseher eingeschaltet, wie immer läuft ein Nachrichtensender. Knapp zwanzig Minuten später, um 9:03 Uhr, schlägt eine Passagiermaschine der United Airlines in den Südturm der berühmten Twin-Towers im Big Apple ein. Bilder der beiden brennenden Zwillingstürme flimmern live über den Bildschirm; ich bemerke diese allmählich in meinem linken Augenwinkel, realisiere die Dramatik, versuche sofort meine Frau Meike anzurufen, die für drei Monate in New York arbeitet und nahe dem World Trade Center wohnt. Ich erreiche sie. Glücklicherweise sei sie bereits vor acht Uhr, früher als sonst, mit der U-Bahn von der Station World Trade Center zum Times Square gefahren. Nun werde sie sich mit einer Arbeitskollegin vom Times Square in den Central Park begeben. Die Telefonverbindung bricht ab.

Eine dritte Maschine wird wenig später, um 9:37 Uhr, in das US-amerikanische Verteidigungsministerium, das Pentagon, in Washington stürzen. Ein viertes entführtes Passagierflugzeug soll in Washington in das Kapitol gelenkt werden, was mutige Passagiere verhindern, sodass sie alle mit den Terrorpiloten in ein Feld nahe Pittsburg in Pennsylvania in den Tod stürzen. Ich erreiche meine Frau telefonisch die nächsten 14 Stunden nicht mehr, bin aber abgelenkt, weil sich mit einem Kollegen einige Journalisten, die sich zu einer Konferenz in der Bertelsmann Stiftung befinden, in meinem Büro versammeln und die dramatischen Ereignisse in New York live mit mir am Fernseher verfolgen. Eine Stunde später stürzen in Lower Manhattan die beiden Bürohaustürme binnen Sekunden in sich zusammen, das World Trade Center liegt in Schutt und Asche. Bei voller Belegung aller Büros können bis zu 50.000 Menschen in den beiden Hochhäusern arbeiten. An diesem Septembermorgen sind zum Zeitpunkt des Anschlags dort noch nicht so viele Bürger:innen zur Arbeit eingetroffen.

Der schwerste Terroranschlag in den USA – die Täterspur führt nach Europa

2996 Menschen vieler Nationen sind bei den Terroranschlägen am 11. September 2001 in New York und Washington nach offiziellen Angaben ums Leben gekommen. „Die Welt wird nicht mehr so sein, wie sie war", titelt die Tagesschau angesichts der dramatischen Livebilder umgehend. Diese spektakulären Anschläge mit entführten Passagierflugzeugen als Terrorwaffen sind bis dato der schwerste Anschlag von Terroristen in den Vereinigten Staaten. Die Spur der 19 Attentäter führt nach Europa, genauer nach Deutschland zur „Hamburger Terrorzelle".

Fünf Terrorpiloten haben in Hamburg studiert. Kopf der Zelle war der in Ägypten geborene Mohammed Atta. Seine Mitverschwörer sollen ihn „Amir", „Anführer" auf Arabisch, genannt haben. Atta hatte eine Dreizimmerwohnung im Hamburger Süden, dem Harburger Stadtteil Eißendorf, gemietet. Dort wohnten mit dem „Amir" Atta der „Terrorplaner" Ramzi Binalshibh und der „Terrorlogistiker" Said Bahaji. Die drei gründeten mit vielen anderen die Hamburger Terrorzelle. Trotz Ausbildung und guter Studienergebnisse entwickelt sich bei den Attentätern aus Hamburg mit arabischen Wurzeln eine Terrormotivation. Diese folgt einem Radikalisierungsmuster: Anfangs genießen die arabischen Studenten das freizügige westliche Leben. Dann überkommt sie ein schlechtes Gewissen: Ist die Freizügigkeit noch vereinbar mit dem Bild eines „guten Muslim", das sie zu Hause in Saudi-Arabien und Ägypten in der Familie und der Schule vermittelt bekommen haben? Sie haben Angst vor der Hölle, vertrauen ihre Ängste einem Imam an, gehen regelmäßig in die Hamburger al-Quds-Moschee. Die Imame reden ihnen ein, Gott zu dienen, indem sie westliche Einstellungen zu Sexualität, Kleidung und Ausgehverhalten ablehnen und den „unterdrückten" Muslimen in der Welt beistehen. Die würden in Bosnien von den christlichen Serben, in Tschetschenien von den christlichen Russen und in Palästina von den jüdischen Israelis verfolgt.

Nach der Manipulation durch Hassprediger begeben sich die späteren Terrorpiloten aus Hamburg im November 1999 in ein militärisches Ausbildungslager ins afghanische Grenzgebiet zu Pakistan. Dieses Lager betreibt Al-Qaida, arabisch „die Basis", eine der ersten islamistisch-dschihadistischen Terrororganisationen. Al-Qaida nutzt das Machtvakuum in Afghanistan, die Terrorgruppe wird von den herrschenden Taliban, die sich auch dem islamistischen Extremismus verschrieben haben, toleriert. Al-Qaida-Gründer und -Chef Osama bin Laden plant einen aufsehenerregenden Terroranschlag gegen den „dekadenten" Westen. In seinem Militärlager wählt er Attentäter und ihre Ziele aus – seine Auswahl für den Anführer der Anschlagsgruppe fällt auf den Hamburger Mohammed Atta, Anschlagsziel sollen die USA sein. Der militärischen Übung in Afghanistan schließt sich eine Pilotenscheinausbildung in Deutschland und im US-Bundesstaat Florida an. Mit diesem Wissen verüben die Männer am 11. September 2001 die spektakulären Anschläge mit Passagierflugzeugen als terroristische Waffen, die Tausende unschuldigen Menschen das Leben kosten.

Meine Frau Meike hatte letztendlich Glück, der Anschlag traf sie nicht direkt, sie konnte aber erst drei Wochen später in ihre Wohnung zurück, fand alle ihre Sachen im Staub der zusammengebrochenen Zwillingstürme vor, kam Ende Oktober 2001 wohlbehalten von New York nach Gütersloh. Dann berichtete sie mir auch von ihren bedrückenden Gesprächen mit dem Besitzer ihres Kiosks um die Ecke, einem Libanesen: Er sei erschüttert, wie viele New Yorker im Schock nach den Terroranschlägen Araber und Muslime pauschal verurteilten, auch ihn schnitten. Die Terroristen vom 11. September 2001 haben mit ihrer Tat und den wirkmächtigen Bildern des Angriffs einem Kampf der Kulturen im öffentlichen Diskurs Vorschub geleistet.

Diese Kampfansage im Namen der Religion des Islam im Gewande des Terrorismus an eine vermeintlich westlich globalisierte Kultur überlagert ab dem Herbst 2001 die wichtigen politischen und ökonomischen Konflikte und Herausforderungen in den Beziehungen Europas und des Westens mit den arabischen und islamischen Ländern. Innere und äußere Sicherheit zu gewährleisten und den Terrorismus zu bekämpfen wird prioritär. Die Attentäter von 9/11 waren libanesischer, ägyptischer und emiratischer Herkunft – allein 15 von ihnen hatten saudische Wurzeln – eine tiefe Zäsur bahnt sich an für die Beziehungen Europas und des Westens insbesondere mit der Golfregion, speziell mit dem saudi-arabischen Königreich. In Saudi-Arabien befinden sich mit Mekka und Medina die beiden wichtigsten Heiligen Stätten des Islam, dort herrscht eine religiös besonders konservativ eingestellte Staatsführung und ein entsprechendes Gesellschaftsverständnis.

Drei Tage nach den Anschlägen, am 14. September 2001, steht auf den fast noch rauchenden Trümmern des World Trade Centers der US-amerikanische Präsident George W. Bush, in Windjacke, und klopft dem Feuerwehrmann Bob Beckwith entschlossen auf die Schultern – eine stellvertretende Anerkennung für die enormen Rettungsleistungen der Helfer:innen. Über ein Megaphon verkündet Bush Vergeltung für die Anschläge, einen Rachefeldzug gegen den Terrorismus mit dem Schlagwort „war on terror". Ziel ist zunächst Afghanistan, das unter der Herrschaft der islamistisch-extremistischen Taliban dem Terrornetzwerk Al-Qaida mit ihrem Drahtzieher Osama bin Laden Unterschlupf bietet.

Kampfansage im Namen der Religion

Ausgerechnet Osama bin Laden, der 2001 die Terrorattacke auf die USA initiierte, hatte nach dem sowjetischen Einmarsch in Afghanistan 1979 mit Unterstützung des US-amerikanischen Geheimdienstes CIA die Rekrutierung islamistischer Kämpfer aus diversen arabischen und islamischen Ländern von Algerien bis in den Jemen, organisiert. Der Spross einer wohlhabenden saudischen Familie von Bauunternehmern wollte selbst kein Unternehmer werden, sondern seinen religiösen Überzeugungen folgen.[52] Nach der Invasion der Sowjetunion in Afghanistan wurde er dort gebraucht. Im Ost-West-Konflikt suchte die US-Führung mit saudischem Geld und Unterstützung des pakistanischen Geheimdienstes sowie Helfern wie Osama bin Laden, den antiwestlich und antikommunistisch ideologisch indoktrinierten Kämpfern der Sowjetunion eine empfindliche Niederlage in den 1980er Jahren zu verpassen. Das gelang: Im Februar 1989 mussten die letzten sowjetischen Truppen Afghanistan verlassen.

Osama bin Laden gründete nach der Vertreibung der sowjetischen Armee 1988 seine Terrororganisation Al-Qaida („die Basis"). Wie viele der jetzt auftragslosen islamistischen Kämpfer kehrte auch bin Laden in sein Heimatland zurück. Während viele seiner Kampfgefährten in den Folgejahren für islamistisch-extremistisch motivierte Straftaten Terroranschläge und Konflikte mitverantwortlich zeichneten, wurde bin Laden wegen seiner extremistischen Umtriebe 1992 aus Saudi-Arabien verbannt. 1993 soll Al-Qaida schon den ersten Anschlag auf das World Trade Center verübt haben mittels Sprengstoffeinsatzes in der Tiefgarage, dann, 1996, musste bin Laden auf Druck des US-amerikanischen Geheimdienstes den Sudan verlassen, er zeichnete Verantwortung für Anschläge auf die US-amerikanischen Botschaften in Kenia und Tansania 1998 und siedelte dann nach Afghanistan über, wo er das Terrorausbildungslager einrichtete. Vom vermeintlichen Unterstützer westlicher Interessen zum Attentäter auf US-amerikanische Ziele: die Geister, die ich rief, so kommt es mir vor, wenn ich diese Entwicklung nachvollziehe. In Afghanistan selbst setzte sich nach dem sowjetischen Invasionskrieg der Bürgerkrieg fort, in dem Gotteskrieger unterschiedlicher Couleur geführt von den Taliban über Territorium und Menschen herrschen konnten. So bot sich im afghanisch-pakistanischen Grenzgebiet mit Al-Qaida ein Anlaufpunkt für Terrorwillige aus aller Welt, wie für die Attentäter vom 11. September 2001 aus der sogenannten Hamburger Islam-WG,[53] die im November 1999 in Osama bin Ladens Terrorlager militärisch geschult wurden.

Von „war on terror" bis „Sicherheit am Hindukusch verteidigen"

Diese Herausforderung des Terror-Drahtziehers Osama bin Laden und seiner Al-Qaida-Organisation sowie ihre territoriale Basis in Afghanistan erklärte die Bush-Administration als Reaktionsziel. Alle Nato-Mitgliedstaaten unterstützten das angegriffene Mitgliedsland USA nach Beistandsartikel fünf des Nato-Vertrags. Frankreichs Präsident Jacques Chirac ist der erste ausländische und europäische Staatschef, der am 18. September 2001 in New York das zerstörte World Trade Center besucht. Eine Woche nach den Anschlägen steigt immer noch Rauch über den Trümmern auf, über die der französische Präsident mit einem Hubschrauber fliegt. Wenig später spricht Chirac dem US-amerikanischen Präsidenten George W. Bush seine und die europäische Solidarität im Kampf gegen den Terrorismus aus: Die US-Amerikaner hätten die volle Solidarität des französischen Volkes. Chirac nennt die terroristischen Angriffe ein Beispiel für das „absolut Böse": Frankreich sei fest entschlossen, an der Seite der USA das Böse zu bekämpfen und zu zerstören.[54] Und so beteiligten sich alle Nato-Staaten, darunter viele europäische Mitgliedstaaten, ab 2001/02 auch militärisch am „war on terror". Legendär für die deutsche militärische Beteiligung wurde das Zitat des damaligen Verteidigungsministers Peter Struck: „Ich will jetzt nicht so weit bis zum Hindukusch gehen, aber theoretisch könnte man schon sagen, die Sicherheit der Bundesrepublik Deutschland wird auch am Hindukusch verteidigt", sagte er eher nebenbei in einer Pressekonferenz am 5. Dezember 2002.[55] Er kündigte der Öffentlichkeit eine Überarbeitung der „verteidigungspolitischen Richtlinien der Bundesrepublik" aus dem Jahre 1992 an und informierte, dass die Bundeswehr mit neuen Eurofightern und Transport-Hubschraubern ausgestattet werden solle, um in Krisengebieten außerhalb der Nato auch einsatzfähig zu sein.

Ein Jahr vorher, am 7. Oktober 2001, startet die Militäroperation „Enduring Freedom" unter US-amerikanischer Führung mit der Bombardierung von Stellungen der Taliban in Afghanistan.

Zu ihrer Vertreibung von den Schaltstellen der Macht und zur Verfolgung der Al-Qaida-Terrorzellen nutzt die Nato lokale Kämpfer, afghanische Milizen der „Nord-Allianz“, die den Taliban feindlich gegenüberstehen. Nato-Soldaten marschieren in das Land am Hindukusch ein und teilen es in Besatzungszonen auf. So hat die italienische Armee die Oberhoheit über Gebiete, die an Iran grenzen, und Deutschland hat Gebiete im Norden Afghanistans zu kontrollieren. Mit der Invasion 2001, in der Phase „eins“ des Krieges gegen den Terror, handeln die EU-Mitgliedstaaten noch einträchtig politisch und militärisch miteinander und an der Seite der USA. Über die Invasion Iraks zwei Jahre später, 2003, der von der Bush-Administration ausgemachten zweiten Phase des „war on terror“, spalten sich die EU-Mitgliedstaaten in nie dagewesener Weise in zwei Lager auf.

Tiefpunkt gemeinsamer europäischer Außenpolitik – wer macht mit beim Irak-Krieg?

Am 30. Januar 2003 veröffentlicht die New Yorker Tageszeitung *The Wall Street Journal* ein Op-Ed („Meinungsstatement“) acht europäischer Regierungschefs, in der diese unter dem Titel „united we stand“ („geeint stehen wir zusammen“) Europa auffordern, sich in der laufenden Phase der Auseinandersetzung mit Saddam Husseins Irak geschlossen hinter die USA zu stellen.[56] Unter Führung des britischen Premierministers Tony Blair und des spanischen Ministerpräsidenten José Maria Aznar verlangen sie, „die Welt von der Gefahr der Massenvernichtungswaffen Saddam Husseins zu befreien“ und dem UN-Sicherheitsrat mehr Glaubwürdigkeit zu geben, indem seine UN-Resolutionen umgesetzt würden. „Wir können einem Diktator nicht erlauben, systematisch die UN-Resolutionen zu verletzen. Wenn sie nicht befolgt würden, würde der Sicherheitsrat seine Glaubwürdigkeit verlieren und als Resultat der Weltfrieden leiden.“ Nicht der Inhalt dieses Op-Ed, sondern die Umstände und Begleiterscheinungen führen zu einem ernsthaften Streit im innersten Kreis der Europäischen Union und zu einem Tiefpunkt der gemeinsamen europäischen Außenpolitik.

Denn inhaltlich unterscheiden sich die Aussagen dieses öffentlichen Meinungsstatements der acht europäischen Spitzenpolitiker kaum von der drei Tage zuvor verabschiedeten gemeinsamen Erklärung der 15 EU-Außenminister zum Irak.[57] Der EU-Außenministerrat notiert sogar, dass Krieg nicht unausweichlich sei und Gewalt nur als letztes Mittel genutzt werden solle; es sei Sache des irakischen Regimes, diese Krise zu beenden, indem es die Anforderungen des UN-Sicherheitsrates befolge.

Dabei steht die EU 2003 selbst vor großen Herausforderungen und Anforderungen im Innern: Gerade ein Jahr zuvor, im Januar 2002, ist die Gemeinschaftswährung des Euro als sichtbares Bargeld eingeführt worden, eine erhebliche finanzielle und emotionale Herausforderung für viele EU-Bürger:innen und ihre Regierungen. Mit dem Silvesterfeuerwerk hielten die Menschen in zwölf EU-Staaten neue Münzen und neue Scheine in ihren Händen. Doch schnell machte sich beim Blick auf die Preisschilder Ernüchterung breit, weil viele den Eindruck hatten, die Preise vom Restaurantbesuch bis zum Lebensmitteleinkauf hätten sich mit der Euro-Umstellung beinahe verdoppelt. Ich erinnere mich an den geflügelten Satz im Freundes- und Bekanntenkreis: „eine Mark gleich ein Euro".

Zum 1. Mai 2004 steht für die EU-Bürger:innen die nächste große Neuerung an: die größte Erweiterungsrunde der Europäischen Union in ihrer Geschichte mit der Aufnahme von zehn mittelosteuropäischen und südlichen Mitgliedstaaten, eine große organisatorische und politische Herausforderung für das multilaterale Regierungssystem EU. Plötzlich arbeiten Beamte aus zehn neuen Mitgliedstaaten mit zehn weiteren Muttersprachen und ganz anderen historischen Erfahrungen mit den altgedienten Eurokraten in Brüssel, Straßburg und Luxemburg zusammen.

Viele Bürger:innen der alten EU treibt die Sorge um, aus den neuen, eher ärmeren Mitgliedsländern würden zu viele Arbeitsmigrant:innen einreisen und der Aufbau der Infrastruktur in den jungen Mitgliedsländern würde die Finanzkraft der alten westlichen EU-Staaten überlasten. Bei diesen neuen, für alle EU-Bürger: innen spürbaren innereuropäischen Herausforderungen wäre ein gemeinsames europäisches Handeln der 15 EU-Mitgliedstaaten, die sich zu einer Union der 25 Mitgliedstaaten (EU-25) aufzustellen begannen – gerade für die Außenpolitik – von Vorteil für den inneren Zusammenhalt der erweiterten Gemeinschaft. Doch ein Jahr vor dem offiziellen Beitrittstermin, am 30. Januar 2003, offenbart sich das Gegenteil, als die fünf Altmitglieder Großbritannien, Spanien, Italien, Portugal und Dänemark mit drei angehenden Neumitgliedern, Ungarn, Polen und Tschechien, unter der Führung des spanischen Regierungschefs Aznar und des britischen Premierministers Blair auf Anregung des *Wall Street Journal* ihren öffentlichen Aufruf initiieren. *The New York Times* stellt fest, dass mit der „Op-Ed-Diplomatie" eine neue Form der Staatskunst geboren sei, Meinungsverschiedenheiten zwischen befreundeten Regierungen nicht hinter verschlossenen Türen, sondern in aller Öffentlichkeit auszutragen.[58] So ist der eigentliche Skandal der Op-Ed vom 30. Januar 2003, dass dieses politische Statement ohne Abstimmung, Rücksprache oder wenigstens Vorabinformation der griechischen EU-Ratspräsidentschaft, des Hohen Vertreters der europäischen Außenpolitik, des spanischen Politikers Javier Solana, und der anderen 17 Alt- und angehenden Neumitglieder der Europäischen Union veröffentlicht wurde – insbesondere ohne die zwei Schwergewichte Deutschland und Frankreich. „Wir brauchen unsere unterschiedlichen Meinungen nicht zu verheimlichen", sagt Spaniens Ministerpräsident Aznar bei einer gemeinsamen Pressekonferenz mit Bundeskanzler Schröder am 12. Februar 2003 auf dem deutsch-spanischen Gipfel auf Lanzarote zu den Differenzen über die Irak-Politik. „Jeder sollte seine eigenen Konsequenzen daraus ziehen, worin die eigene Verantwortung besteht."

„Old and new Europe" – die sich erweiternde EU lässt sich leicht spalten

Diese Pressekonferenz und die „Op-Ed-Diplomatie" verdeutlichen der europäischen Öffentlichkeit die tiefe Kluft zwischen der skeptischen Haltung der Antikriegsposition, angeführt von Schröder und Chirac, und der Blair-Aznar-Allianz, die bereit war, einem US-amerikanischen Feldzug gegen Saddam Hussein militärisch zu folgen. US-Verteidigungsminister Rumsfeld plakatierte diese unterschiedlichen Auffassungen zwischen beiden europäischen Lagern mit „old and new Europe". Beide Zeigefinger hebt er demonstrativ in die Luft, um bei seiner Pressekonferenz im Pentagon am 23. Januar 2003 den anwesenden Journalist:innen zu erläutern, dass Deutschland und Frankreich nicht Europa seien, sogar die Minderheit bilden, und dass die Mehrheit der europäischen Staaten in der Nato mit den USA zusammenstünden. Rumsfeld ist ein prominenter Vertreter der neokonservativen Weltsicht der seit 2000 in Washington regierenden Republikaner, die von der allumfassenden Macht der US-Amerikaner in einer unipolaren Welt überzeugt sind – entsprechend werden sogar verbündete Staaten in Follower oder Gegner eingeteilt. In dieser Stimmungslage wollen viele europäische Regierungen sich lieber an der Seite des vermeintlich Stärkeren stehen sehen.

Es ist schon erstaunlich, dass nach intensiven Jahren innereuropäischer Zusammenarbeit so schnell ein so einschneidender Tiefpunkt in der gemeinsamen EU-Politik erreicht werden kann. Einen Höhepunkt gemeinsamen Handelns hat Europa noch im Juni 1999 erlebt. Der britische Premierminister Blair präsentiert mit dem deutschen Bundeskanzler Schröder ein viel beachtetes gemeinsames Aktionspapier: „Der Weg nach vorne für Europas Sozialdemokraten".[59] Mit einer Ausstrahlung von Tatkraft und Freundschaft stehen der britische Premier und der deutsche Kanzler vor der Tür von Downing Street Nr. 10 in London, dem Amtssitz Blairs. Veröffentlicht werden auch Bilder der beiden, wie sie sich im altherrschaftlichen Gebäude in roten Ohrensesseln eng nebeneinander vor dem Kamin sitzend lächelnd unterhalten.

Große Harmonie und Zeichen enger und vertrauensvoller Zusammenarbeit nicht nur zwischen London und Berlin, sondern auch zwischen London und Paris: Am 25. März 1998 spricht Tony Blair als erster britischer Premierminister überhaupt vor der französischen Nationalversammlung – auf Französisch – unter erstaunten und begeisterten Blicken der Abgeordneten. Blair lobt den sichtlich zufrieden zuhörenden französischen Staatspräsidenten Chirac. Das Bild großer britisch-französischer Harmonie wird weitergetragen: So strengen die beiden Politiker im Dezember 1998 nach einem britisch-französischen Gipfel in St. Malo eine gemeinsame verteidigungspolitische Initiative Europas an, als Lehre aus dem Kosovo-Krieg: Bis 2003 solle eine europäische Streitmacht von bis zu 60.000 Soldaten aufgestellt werden. Es ist bemerkenswert, dass sich zwei europäische Atommächte für eine gemeinsame europäische Verteidigungspolitik starkmachen – ein sensibles Politikfeld, das Chirac und Blair zusammen gestalten wollen. Es scheint kaum vorstellbar, dass die beiden europäischen Vetomächte im UN-Sicherheitsrat sich wenig später schier unversöhnlich über die Interpretation der Resolution 1441 gegenüberstehen.

Wer schützt Europa im Zweifel vor Russland – Frankreich und Deutschland ohne die USA?

Über die Frage, ob man dem wichtigsten transatlantischen Verbündeten, den USA, folgen solle, in letzter Konsequenz auch militärisch die Resolution 1441 des UN-Sicherheitsrates umzusetzen, treibt ab Sommer 2002 die Polarisierung innerhalb Europas voran. Disharmonie macht sich zwischen Chirac und Blair breit. Wenig später streiten London und Paris auch noch über die Zukunft der gemeinsamen EU-Agrarpolitik; der französische Staatspräsident sagt im Oktober kurzfristig den britisch-französischen Gipfel ab; beide Spitzenpolitiker kritisieren sich harsch – auf Englisch und Französisch. In diese Atmosphäre trifft das aufsehenerregende Op-Ed von Blair, Aznar und sechs weiteren EU-Regierungschefs am 30. Januar 2003. Sofort zieht sich der Riss tiefer und breiter, als am 5. Februar 2003 das Statement der sogenannten Vilnius-Gruppe folgt: Acht anstehende Neumitglieder der EU von Estland bis Slowenien sowie die Regierungschefs Albaniens und Mazedoniens bekräftigen die spanisch-britische Position, wie die UN-Resolution 1441 gegenüber dem Irak zu lesen sei. Sie verlautbaren, dass die Beweise, die die USA dem Sicherheitsrat der Vereinten Nationen über irakische Massenvernichtungswaffenprogramme vorgelegt haben, überzeugend seien.[60]

Die Solidarität vieler mittel- und osteuropäischer Staaten mit den USA folgt insbesondere ihrer Sorge vor einem militärisch wieder erstarkenden Russland unter dem seit 2000 amtierenden Präsidenten Wladimir Putin. Die Mittel- und Osteuropäer hatten sich gerade erst vor 13 Jahren aus dem Warschauer Pakt lösen können. Polen, Tschechien und Ungarn konnten bereits 1999 der Nato beitreten. Die baltischen Staaten sowie Slowenien, die Slowakei, Rumänien und Bulgarien sollen 2004 folgen und wollen ihren anstehenden Beitritt nicht durch einen Zwist mit Washington, der Führungsmacht der Nato, gefährden. Die neuen Nato-Mitglieder treten zudem für eine starke US-amerikanische Militärpräsenz in ihren Ländern zur Sicherheit vor Russland ein. Sie haben noch kein Vertrauen in eine eigenständige europäische Sicherheitsarchitektur, die sie umfassend gegen Bedrohungen aus dem Osten schützen könnte. Mit Sorge schauen sie auch auf den zweiten russischen Krieg gegen die Kaukasusrepublik Tschetschenien (1999–2009). Die Mittel- und Osteuropäer interpretieren das deutsch-französische Engagement zur Stärkung der gemeinsamen Außen- und Sicherheitspolitik der EU als antiamerikanisch und gegen die Nato gerichtet.

Außerdem verfolgen die Politiker:innen von Tallinn bis Warschau mit Argwohn, wie Chirac und Schröder auf der weltpolitischen Bühne mit Russlands Präsidenten Putin zusammenrücken und nicht mit dem westlichen Verbündeten US-Präsident Bush – auch wenn es „nur“ die unterschiedliche Interpretation der UN-Resolution 1441 ist, die Deutschland, Frankreich und Russland gegen die USA, Großbritannien und Spanien im UN-Sicherheitsrat aneinandergeraten lässt. Am Ende des Tages vertrauen die neuen EU- und Nato-Mitglieder auf den Schutz der US-amerikanischen Streitkräfte und deren Atomschirm, nicht auf deutsch-französische Rückendeckung. In diesem Sinne stärkt die Vilnius-Gruppe im Februar 2003 der „Falken"-Lesart der UN-Resolution 1441 den Rücken, wie sie Bush, Blair und Aznar öffentlich vertreten.

Saddam Hussein pokert – das Pentagon nimmt den irakischen Potentaten ins Visier

Die UN-Resolution 1441[61] fordert den irakischen Diktator Saddam Hussein auf, den Vereinten Nationen und der Internationalen Atomenergiebehörde (IAEO) alle Unterlagen und Programme über eine eventuelle ABC-Bewaffnung mit atomaren, biologischen und oder chemischen Kampfstoffen offen zu legen und freien Zugang zu sämtlichen Produktions- und Lagerungsstandorten zu gewähren. Dieser Aufforderung war der Herrscher von Bagdad schon in den 1990er Jahren nicht nachgekommen; seine Behörden lieferten sich ein ständiges Katz-und-Maus-Spiel mit den UN-Inspektoren.[62] 1998 ging Saddam Hussein weiter und verwies noch zu Zeiten des demokratischen US-Präsidenten Clinton die Waffeninspekteure der Vereinten Nationen des Landes; es folgte keine Reaktion aus Washington.

Die Neokonservativen nehmen mit dem republikanischen US-Präsidenten George W. Bush den Irak des Saddam Hussein wieder ins Visier. Vier Tage nach den Anschlägen vom 11. September 2001: In Camp David tagt der Krisenstab der US-amerikanischen Regierung und diskutiert über die Planung eines Militäreinsatzes gegen Afghanistan. Einer der führenden geistigen Vertreter der Neokonservativen, der stellvertretende Verteidigungsminister Paul Wolfowitz, spricht Präsident Bush darauf an, in die Vergeltungsaktionen gegen Afghanistan auch den Irak einzubeziehen. Seit der Vertreibung der irakischen Truppen aus Kuwait im Februar 1991 scheint die US-Präsidentenfamilie Bush zusätzlich noch eine persönliche Rechnung mit Saddam Hussein offenzuhaben. Dem damalige US-Kommandeur der Kuwait-Befreiung, Norman Schwarzkopf, wird nachgesagt, er habe 1991 gleich bis Bagdad durchmarschieren und den irakischen Diktator stürzen wollen; es wurde seinerzeit davon abgesehen, weil für eine weiterführende Militäraktion kein UN-Mandat bestand.[63] Das aber noch eine persönliche Rechnung offenstand, konnte man sogar beim Betreten des wichtigsten internationalen Hotels in Bagdad, dem Al-Rashid am Tigris, spüren: Besucher:innen mussten, so auch ich auf meiner besagten Irak-Reise im März 1993, auf dem Weg zur Rezeption über einen riesigen Teppich mit dem Konterfei des damaligen US-Präsidenten George Bush laufen, was einer Demütigung des Amerikaners gleichkam. Dank meinen zwei Metern Körpergröße konnte ich mit großen Schritten am äußeren Teppichrand vorbeigehen, ohne demonstrativ auf das abgebildete Gesicht treten zu müssen. Außer dem Hotelpersonal hat mich wohl niemand beobachtet, weil ich als einer der wenigen Gäste im Al-Rashid einkehrte.

Neue Waffeninspektionen der Vereinten Nationen – nur ein Feigenblatt?

Zunächst bringt das Weiße Haus das Thema Irak und Saddam Hussein wieder im Rahmen der Vereinten Nationen auf die internationale Bühne. Ab Februar 2002 stößt US-Präsident Bush vermehrt Drohungen gegen den irakischen Autokraten aus. Aus dem Weißen Haus heraus verkündet er, „Wenn Staaten mit nuklearen, chemischen oder biologischen Waffen gemeinsame Sache mit terroristischen Gruppen machten, wäre das verheerend, […] wir, die freie Welt, müssen diesen Ländern klarmachen, dass sie eine Wahl haben. Und ich behalte mir alle Möglichkeiten vor, wenn sie diese Wahl nicht treffen." Dies sei auch deutlich genug für Saddam Hussein. „Er muss begreifen, dass es mir ernst ist mit der Verteidigung unseres Landes."[64] Die verbalen Drohungen wirken. Im November 2002 wird eine neue UN-Inspektionsinitiative in New York auf den Weg gebracht – vier Jahre, nachdem Hussein die UN-Inspekteure des Landes verwies –, in Gestalt einer neuen UN-Resolution mit der Nummer 1441. Saddam Hussein lässt die neu gebildete UN-Inspekteure – die UNMOVIC (United Nations Monitoring, Verification and Inspection Commission, Überwachungs-, Verifikations- und Inspektionskommission der Vereinten Nationen) – einreisen. Geleitet wird diese Inspektion von dem in Europa hoch geschätzten schwedischen Politiker Hans Blix und dem ägyptischen Atomwissenschaftler Mohammed el-Baradei.

Doch es scheint, dass ihr Untersuchungsauftrag nur als Feigenblatt dienen solle.[65] Seit Sommer 2002 konstruieren Strategen des Weißen Hauses, des Pentagon und des US-amerikanischen Geheimdienstes CIA Argumente, die einen Irak-Krieg rechtfertigen sollen. Zwei Anschuldigungen werden herausgestellt: (1) Saddam Hussein habe angeblich Verbindungen zur Terrorgruppe Al-Qaida, die für die Anschläge am 11. September 2001 in New York und Washington verantwortlich war. Al-Qaida hat sich in Afghanistan festgesetzt und wird dort bereits seit Ende 2001 von den USA und ihren Verbündeten militärisch bekämpft und vertrieben. (2) Die irakische Führung habe sich im afrikanischen Niger angereichertes Atomwaffenmaterial beschafft. Der französische Geheimdienst kann dafür aber keine Beweise nach Washington übermitteln. Ein irakischer Chemie-Ingenieur, Rafid Ahmed Alwan, der in Deutschland Asyl beantragt hat, berichtet dem deutschen Auslandsgeheimdienst von einer angeblichen Chemiewaffenproduktion. Deutsche Agenten stufen die Schilderungen des Ingenieurs aber als unglaubwürdig ein. Der CIA dagegen nutzt diesen Wissensträger und schätzt ihn unter dem Codewort „Curveball" – im Englischen ein geflügeltes Wort und gleichzeitig im Baseball eine Strategie der Verteidigung, das Team im Angriff aus dem Konzept zu bringen – als glaubwürdige Quelle ein. Glaubwürdig auch, weil Diktator Saddam Hussein bereits im Krieg gegen Iran Giftgas verwendet hat und 1988 Giftgas gegen die eigene kurdische Bevölkerung im Gebiet von Halabjah einsetzte.

„Ich bin nicht überzeugt" – Ringen um die militärische Intervention in den Irak

Diese Argumentation zur Rechtfertigung einer Invasion will Washington in den Sicherheitsrat der Vereinten Nationen (UNSR) einbringen, um die Verstöße des Regimes von Saddam Hussein gegen die UN-Resolution 1441 zu belegen und vom höchsten Gremium der Vereinten Nationen die Legitimation für ein militärisches Aktionsmandat gegen den Irak zu erhalten. In Erinnerung bleibt, wie der US-amerikanische Außenminister Colin Powell am 5. Februar 2003 vor dem UNSR die Argumentation mit einer Präsentation unter dem Titel „Iraq – failure to disarm – denial and deception" („Irak – Versagen bei der Abrüstung – Leugnung und Täuschung") vorträgt, die auch Zeichnungen von angeblichen mobilen Chemiewaffenlaboren an die Leinwand wirft. Während Großbritannien als ständiges Mitglied des UN-Sicherheitsrates gemeinsam mit Spanien und Bulgarien als nicht ständige Mitglieder die Argumentation Colin Powells unterstützen, führen die beiden anderen europäischen Stimmen im Sicherheitsrat, Frankreich und Deutschland, die Gegenpositionen an (gemeinsam mit Russland, China und Syrien).

Sie argumentieren, dass Powells Darstellung einer irakischen Bedrohung nicht überzeugend sei und eine militärische Intervention nicht rechtfertige. Sie plädieren dafür, die Kontrollen der UN-Waffeninspekteure im Irak zu stärken, glauben, dass die Erfolgsaussichten des laufenden Afghanistankrieges leiden könnten und ein zusätzlicher Krieg im Mittleren Osten den islamischen Fundamentalismus befördern sowie die Staatenkonstruktion des Nahen Ostens destabilisieren würde. Sie weisen auf die hohen Folgekosten für Besetzung und Wiederaufbau nicht nur Afghanistans, sondern auch für den Irak hin.

In dieser entscheidenden Sitzung des UN-Sicherheitsrates führt Deutschland als nicht ständiges Mitglied, das einen Krieg gegen den Irak entschieden ablehnt, mit Außenminister Joschka Fischer den Vorsitz. Die Argumente seines US-amerikanischen Kollegen Powell für einen Einmarsch in den Irak überzeugen ihn nicht – legendär werden Fischers Worte „I am not convinced" („ich bin nicht überzeugt""), direkt gerichtet an den US-amerikanischen Verteidigungsminister Rumsfeld auf der wenige Tage später in München stattfindenden Sicherheitskonferenz. Leidenschaftlich wendet sich Fischer von seinem Redekonzept ab, gestikuliert mit beiden Armen und dreht sich vom Rednerpult nach rechts zu Rumsfeld, der mit versteinerter Miene hinter dem Blumendekors an der Wand sitzt. Fischer spricht weiter: „Ich kann nicht vor die Öffentlichkeit treten und sagen, wir ziehen in den Krieg, wenn ich nicht daran glaube." Joschka Fischer setzt sich mit den Fakten und Argumenten auseinander, denkt aber auch an die großen Antikriegsdemonstrationen in diesen entscheidenden Wochen des ersten Quartals 2003.

Wie groß die Ängste vor einem Krieg gerade in der Bevölkerung Europas sind, zeigen die Demonstrationen am 15. Februar 2003, dem Wochenende nach der Münchner Sicherheitskonferenz: Nach Angaben der Europäischen Bewegung sollen weltweit rund neun Millionen Menschen öffentlich protestiert haben. Auch das Europäische Parlament verabschiedet eine Resolution,[66] die sich für robustere UN-Kontrollen im Irak, aber gegen militärische Aktionen ausspricht. Somit können Washington und London im UN-Sicherheitsrat kein Mandat für eine militärische Durchsetzung der UN-Resolution 1441 erlangen. Daraufhin schmieden George W. Bush und Tony Blair mit anderen europäischen Regierungschefs, die Tage zuvor noch mit dem Op-Ed „united we stand" und dem Statement der Vilnius-Gruppe von Solidarität im transatlantischen Verhältnis gesprochen haben, eine „Koalition der Willigen". Dieses Militärbündnis startet in der Nacht zum 20. März 2003 seine Invasion in den Irak. Britische, spanische, polnische, italienische, portugiesische, niederländische, rumänische, dänische, ungarische und ukrainische Soldaten marschieren mit.

In diesen dramatischen Wochen pendele ich zwischen Gütersloh, Berlin, Köln und Bonn, um die Lage mit den Redaktionen und Zuschauer:innen von Phönix, n-tv und RTL zu analysieren, von meinen Erkenntnissen rund um den Irak und die Herrschaft Saddam Husseins zu berichten oder den Medien andere Expert:innen zu empfehlen. Ich persönlich bin hin- und hergerissen zwischen dem Wunsch für die Iraker:innen nach einer Zukunft ohne die angsteinflößende Autokratie des Saddam Hussein und der Sorge um die unkalkulierbaren Folgen einer westlichen Kriegsführung im Nahen Osten ohne internationale Legitimation.

Briten, Italiener, Spanier, Polen, Dänen und Niederländer marschieren mit …

Als eine Operation, die dem Irak die Freiheit bringen solle, „Operation Iraqi Freedom" wird diese militärische Eroberung des Irak bezeichnet, als „Irak-Krieg" oder auch als Dritter Golfkrieg, nach dem Iran-Irak-Krieg von 1980 bis 1988 und dem Feldzug zur Befreiung Kuwaits von 1991. Neben US-amerikanischen Soldaten besetzen ab dem 20. März 2003 auch Europäer, die Mehrzahl von ihnen Briten, nach 30 Tagen das Land an Euphrat und Tigris. Diktator Hussein taucht unter, die irakische Armee leistet kaum Widerstand. Die Waffeninspekteure der Vereinten Nationen und US-amerikanische Soldaten finden in den kommenden Monaten keine der vermuteten ABC-Waffen – diese wichtige Erkenntnis bringen sie zutage, die in der Öffentlichkeit angesichts der kriegerischen Ereignisse fast untergeht. Viele Iraker:innen, die besonders unter der Diktatur von Saddam Hussein gelitten haben, vor allem aus der ethnischen Gruppe der Kurden und der religiösen Gruppe der Schiiten, schöpfen Hoffnung auf einen Neuanfang im Irak.

Erste Ernüchterung macht sich breit, als viele Iraker das Machtvakuum nutzen, öffentliche Einrichtungen plündern – und die US-Soldaten in Bagdad einzig das Ölministerium schützen, Symbol für den Reichtum des Irak an fossilen Brennstoffen. Am 1. Mai 2003, viel zu früh, wie sich später herausstellt, erklärt US-Präsident George W. Bush die irakische Militärmission für erfüllt, der Tyrann Saddam Hussein sei gefallen und der Irak sei befreit. Ein Banner „Mission accomplished" in den Farben der US-Flagge prangt am Tower des US-amerikanischen Flugzeugträgers. Bush präsentiert sich im Anzug der Kampfflieger, dann hält er eine Parade ab und gibt ein kämpferisches Statement ab. Die Demokratisierung des Irak sei ein langer Weg, aber jeder Anstrengung wert. Die Militärkoalition werde im Irak bleiben, bis die Aufgabe erfüllt sei.

Vor Ort im Irak präsentieren sich die US-Truppen als Befreiungsarmee, im guten Glauben, den Irak von einem Diktator befreit und das Land seiner Bevölkerung zurückgegeben zu haben. Vielleicht hätte sich dieser emotionale Anspruch sogar realisieren lassen, hätte die US-amerikanische Besatzung und Verwaltungsmacht nicht durch ihr Verhalten die Befürworter:innen der Einzelherrschaft Saddam Husseins und die Gegner:innen der US-amerikanischen Militärinvasion im Irak indirekt gestärkt.

… die Entscheidungen aber trifft das Pentagon

Drei wichtige Fehlentscheidungen stürzen den Irak und seine 26 Millionen Menschen ab Sommer 2003 in eine lange konfliktreiche und kriegerische Phase. (1) Die US-Führung hört nur auf wenige Exil-Iraker in Washington und geht ohne Feingefühl und Kenntnisse der kulturellen, historischen und gesellschaftlichen Sensibilitäten des multiethnischen und multireligiösen Landes vor. Dieses Vorgehen verstärkt bei mehr und mehr Iraker:innen den Eindruck, die US-amerikanischen Befreier würden sich wie Besatzer aufführen. Die Vorgehensweise der US-amerikanischen Verwaltung beim Wiederaufbau unterstützt diesen Eindruck. Der Neuanfang steht unter der Leitung des Pentagon, also der Militärs, und US-Verteidigungsminister Rumsfeld sowie der ihm zugeordnete US-Sonderverwalter Bremer gehen mangels Erfahrung mit zivilem Wiederaufbau ohne klare Strategie und abgestimmten Fahrplan vor. Paul Bremer setzt seine Anweisungen per Dekret durch. Es wird davon gesprochen, dass Bremer der mächtigste US-amerikanische Sonderverwalter sei – seit den Generälen Douglas MacArthur in Japan und General Lucius Clay, der für die US-amerikanisch besetzte Zone in Deutschland 1945 nach dem Sieg im Zweiten Weltkrieg verantwortlich war. Diese Erfahrungen der US-amerikanischen Administration mit dem Wiederaufbau in Deutschland und Japan liegen weit zurück. Die Europäer dagegen haben, mit der Unterstützung der Mittel- und Osteuropäer nach dem Fall der Mauer ab 1990 und dem Wiederaufbau nach den Balkankriegen ab Ende der 1990er Jahre, jüngst praktische Kenntnisse auf diesem Gebiet gesammelt. Das europäische Know-how, mit konfliktreduzierenden und entwicklungspolitischen Maßnahmen Wiederaufbau zu betreiben – etwa mit Projekten zur Übergangsjustiz oder der Förderung von Zivilgesellschaft – wird von Washington nicht erkennbar konsultiert.

(2) Am 16. Mai 2003 lässt Bremer mit seinem ersten Dekret die staatliche Einheitspartei *baath*, „die Wiedergeburt", auflösen. Zwei Millionen Parteimitglieder, die überwiegende Zahl – wie Saddam Hussein – Anhänger der religiösen Gruppierung der Sunniten, verlieren Status und Arbeit. Es folgt eine radikale Entlassungswelle, sodass Staatsbedienstete, Saddam-Getreue und Mitläufer Privilegien und Einkommen verlieren. Viele von ihnen drücken ihre Enttäuschung darüber aus, indem sie sich dem militärischen Widerstand anschließen.

(3) Die US-amerikanischen Eroberer sind ratlos, wie sie mit der 375.000 Mann starken irakischen Armee, die zum Teil noch unter Waffen steht, aber keine Gehälter mehr bekommt, umgehen soll, insbesondere mit den Angehörigen der Republikanischen Garde, den Elitesoldaten Husseins. Die Garde und die Armee werden im Mai 2003 aufgelöst. Ein Teil der wütenden Offiziere und Soldaten unterstützt auch den militärischen Widerstand gegen die US-amerikanische Armee. „Ich sah Pistolenkugeln in ihren Augen", erzählt Ghassan Salame, politischer Berater des UN-Irak-Beauftragten, nachdem er sich 2003 erfolglos in Bagdad bei den US-Verwaltern dafür eingesetzt hatte, die Rentengelder der Offiziere der irakischen Armee zu sichern. „Da habe ich verstanden, dass ehemalige Regierungsmitglieder zu Terroristen werden können, wenn sie sich selbst überlassen werden".[67]

Die meisten Widerstandswilligen schließen sich dem bewaffneten „nationalen Widerstand" an. Ein anderer Teil stößt mit seinen Waffen und seinem Wissen zur Terrorgruppe Al-Qaida, die im Irak Fuß zu fassen beginnt, gestärkt durch die Vertreibung aus

Afghanistan. Al-Qaida bietet einen „Widerstand“ gegen die westliche Okkupation mit sunnitisch-islamistischer Rechtfertigung an. Ihr brutales Vorgehen ist gekennzeichnet durch Angriffe von Selbstmordattentätern in mit Sprengstoff beladenen Fahrzeugen – eine hinterhältige Taktik, die für die Soldaten und Helfer der „Koalition der Willigen“ besonders gefährlich ist.[68]

Die „Koalition der Willigen“ wird zum Angriffsziel

Ab Sommer 2003 starten Aufständische eine Kampagne mit Terrorangriffen und Selbstmordattentaten. Sie erfahren Unterstützung aus der Region: Todesbereite Menschen und Ausrüstung werden in den Irak eingeschleust. Nicht nur Al-Qaida profitiert von Kämpfern, die, aus Afghanistan vertrieben, im Irak ein neues Wirkungsfeld finden. Die Regime in Damaskus und Teheran unterstützen unter dem Radar der Wahrnehmung Gewaltaktionen gegen US-Truppen im Irak mit logistischer Hilfe. Syrien und Iran wollen die US-Armee im Irak gebunden halten. Sie befürchten, dass ein umfangreicher Sieg Washingtons das Weiße Haus veranlassen könnte, nach den militärisch geführten Regimewechseln in Afghanistan und Irak auch die Herrscher in Syrien und Iran ins Visier zu nehmen[69] – in diesen wichtigen Nachbarländern des Irak fürchten die Autokraten ebenfalls eine von außen militärisch eingeführte Demokratisierung.

Drastische Fehlentscheidungen und die folgenden Anschläge, Kämpfe und bürgerkriegsähnlichen Entwicklungen überlagern Ereignisse, die auch eine positive Lesart verdienen: Im Irak entwickelt sich eine seit vielen Jahrzehnten nicht gekannte politische Partizipationsmöglichkeit vielfältigster Bevölkerungsgruppen. Im Juli 2003 wird ein pluralistisch besetzter Übergangsrat aus den wichtigsten ethnischen und religiösen Gruppierungen, wie Schiiten, Sunniten, Kurden und Christen, Männern wie Frauen, eingesetzt, der erste Regierungsverantwortung übernimmt. Am 30. Januar 2005 finden die ersten freien Wahlen im Irak statt mit einer

Wahlbeteiligung von 60 Prozent, eine hohe Zahl angesichts der schwierigen Sicherheitslage. Das vom Volk frei gewählte Parlament bestimmt eine Regierung und einen Staatspräsidenten. Auf Fotos halten die Wähler:innen stolz ihren rechten, mit lila Farbe gekennzeichneten Zeigefinger in die Kameras, um der Öffentlichkeit zu zeigen, dass sie an der Wahl teilgenommen haben.

Das irakische Volk wählt frei – Saddam Hussein gefasst und angeklagt

Die letzten Fotos des vertriebenen Alleinherrschers Saddam Hussein zeigen ihn nicht mehr stolz, sondern zerlumpt und verwahrlost. Am 14. Dezember 2003, einem Sonntag, wird er von US-amerikanischen Soldaten in einem Erdloch auf einem verlassenen Bauernhofgelände in seiner Heimatregion Tikrit gefasst. Die Nachrichtenagenturen berichten über diese Gefangennahme, und ich erfahre davon während eines Sonntagsspaziergangs mit meiner schwangeren Frau, weil ein Journalist von Radio Gütersloh mich auf dem Handy anruft und in die Redaktion zu einer Einschätzung dieses Ereignisses einlädt. Saddam Hussein ist kaum wiederzuerkennen mit einem langen zerzausten Bart in verstaubter einfacher Kleidung. Diese Erscheinung nimmt dem gefürchteten Diktator den Nimbus – in meinen Augen. Ein halbes Jahr, nachdem seine Statue in Bagdad auf dem Paradiesplatz vor dem Hotel Palestine symbolisch vom Sockel gerissen wurde, wird Hussein wahrhaftig festgenommen und vor Gericht gestellt. Die Justiz klagt ihn und sieben weitere Personen aus seinem Führungskreis für Kriegsverbrechen sowie Verbrechen gegen die Menschlichkeit an. Eine seltene, aber wichtige Chance, autokratische Herrschaft gerichtlich aufzuarbeiten.

Das Verfahren selbst jedoch ist ambivalent. Der Prozess findet nicht vor dem für Kriegsverbrechen zuständigen Internationalen Strafgerichtshof in Den Haag, sondern vor einem nationalen Sondertribunal statt. Das kann als positives Signal des demokratischen Aufbruchs gewertet werden – als Zeichen dafür, dass der irakische Staat nun stark genug ist, um Kriegsverbrecher auf Grundlage des eigenen Rechts zur Rechenschaft zu ziehen. Die US-Amerikaner unterstützen diese Verfahrensweise, weil sie keinen Prozess vor dem Internationalen Gerichtshof wollen. Sie befürchten, dort selbst für ihre völkerrechtswidrige Invasion angeklagt zu werden. Entsprechend günstig erscheint Washington daher die Lesart, die Verurteilung Saddam Husseins sei für den Aufbruch in eine demokratische Zukunft von so entscheidender Bedeutung, dass Mängel des Verfahrens bei Rechtsstaatlichkeit und Legitimität dahinter zurücktreten würden. Europa trägt seinen Teil zur Bestätigung dieses Narrativs bei: In der europäischen Öffentlichkeit wird der Verlauf des Verfahrens kaum beachtet. Eigentlich hätten dessen Unregelmäßigkeiten Anlass geboten, die Vereinbarkeit des Tribunals mit von Europa vertretenen Grundwerten in Frage zu stellen.[70] So werden Hussein und seinen sieben Mitangeklagten Verteidiger zwangsweise zugewiesen, der Prozess wird weitergeführt, obwohl drei Beteiligte ermordet werden, und der urteilsprechende vorsitzende Richter ist nicht der, der das Hauptverfahren geführt hat.

Als besonders verhängnisvoll für die US-amerikanisch geführte Neuordnung des Irak erweist sich eine moralische Diskreditierung: Mit der Veröffentlichung der Folterfotos aus dem alten Gefängnis Saddam Husseins, Abu Ghuraib bei Bagdad, erfährt jetzt eine breite Öffentlichkeit, welche Foltermethoden die Soldaten einer demokratischen Führungsnation anwenden. Das Bild des mit Elektroschocks gefolterten Ali al-Qaisi wird zum Symbol des Skandals. Der gefangene Iraker steht, nur mit einem sackartigen schwarzen Stoffstück über dem Kopf, auf einer Kiste. An beiden Händen und im Genitalbereich sind Elektrodrähte befestigt. Die amerikanischen Wärter drohen ihm an, dass er durch Elektroschocks hingerichtet werde, falls er von der Kiste falle. Als das Foto an die Öffentlichkeit gelangt, behaupten US-amerikanische Behörden, dass die Kabel nicht stromleitend gewesen seien. Die weltweite Empörung ist so groß, dass US-Außenministerin Condoleezza Rice im Mai 2004 sich sogar im deutschen Fernsehen der Kritik an den Foltermethoden US-amerikanischer Soldaten stellen muss. Auf Nachfragen von Sabine Christiansen[71] verweist Rice immer wieder auf die noch andauernde Untersuchung und die mangelnde militärische Führung – ringt sich dann aber zu einer Entschuldigung bei den Opfern und deren Angehörigen durch.

Al-Qaida trägt „den Widerstand" nach Europa – Terroranschläge in London und Madrid

Die US-amerikanische Besatzungsmacht im Irak ist diskreditiert – und die Europäer, die mitmarschiert sind? Die europäischen Mitgliedstaaten, die die US-Invasion in der „Koalition der Willigen" unterstützt haben, übernehmen militärische Führung und Besatzungsaufgaben. Die drei zentral südlich von Bagdad gelegenen Provinzen werden unter polnischer Militärführung verwaltet, die vier südlichen irakischen Provinzen mit der Großstadt Basra sind unter britischer Führung. Spanische, italienische, niederländische, dänische und ukrainische Soldaten sind ihnen zugeordnet. Politisch haben die Europäer wenig Mitsprachemöglichkeiten; die zentrale Entscheidungsachse verläuft zwischen dem US-amerikanischen Verteidigungsminister Rumsfeld und dem ihm zugeordneten Sonderverwalter für den Irak Bremer. Die negativen Konsequenzen müssen die Europäer:innen aber genauso wie die US-Amerikaner:innen mittragen. Auch europäische Soldaten, Beamte und Hilfskräfte werden angegriffen. Terror und Anschläge töten rund 250 europäische und 4.500 US-amerikanische Soldaten. Insgesamt kosten Krieg und Besatzung von 2003 bis 2011 rund 823 Milliarden Dollar, 213 Millionen pro Tag.

Schwerer wiegt, dass der islamistisch motivierte Terrorismus drei Jahre nach den Anschlägen von New York und Washington nun auch Europa zur Zielscheibe macht und hier ebenfalls viele unschuldige Menschen tötet. Al-Qaida zielt zuerst auf Spanien und Großbritannien – mit verheerenden Terroranschlägen 2004 und 2005 in Madrid und London: Der bis dato schwerste Anschlag in Europa wird am 11. März 2004 in der spanischen Hauptstadt verübt. Zehn Bomben explodieren in Vorortzügen eines Madrider Bahnhofs und töten 191 Menschen. Eine von Al-Qaida inspirierte islamistische Terrorzelle wird als Tätergruppe identifiziert. Als die Polizei sie in ihrer Wohnung verhaften will, sprengen sich die Terroristen dort selbst in die Luft. Dieser Anschlag ist für Europa ein so einschneidendes Ereignis, dass der 11. März seit 2022 europaweit als Trauertag für die Opfer von Terroranschlägen begangen wird.

Auch die britische Hauptstadt wird getroffen: Am 7. Juli 2005 verüben vier islamistische Attentäter drei Bombenanschläge auf die Londoner U-Bahn und ein Selbstmordattentat auf einen Doppeldeckerbus mit 71 Toten und mehr als 700 Verletzten. Ich notiere in mein Tagebuch: „In London passieren schreckliche Terroranschläge, mein Computer ist tot, ich kann die aktuelle Nachrichtenentwicklung nicht verfolgen, ich sage Interviews ab, auch in Sorge, ich könne Spekulation und Panikmache befördern…" Zuerst braucht es Fakten, durch wen und warum diese Anschläge verübt werden, bevor über Täter und Motive spekuliert wird. Ich konzentriere mich darauf, im Angesicht des Scherbenhaufens, einen Beitrag zu einem gemeinsamen Neuanfang der Europäer mit dem Irak zu leisten – mit Blick auf Frieden. Eine überlebende Designerin, die ihre Beine beim Anschlag auf die Londoner U-Bahn verloren hat, fragt sich noch zehn Jahre nach dem Attentat in einem Kurzinterview[72] nach dem Sinn, unschuldige Menschen zu opfern; sie engagiert sich als Friedensaktivistin.

Der langen Schatten des europäischen Zwistes – wenig Engagement für den neuen Irak

Vernachlässigt und heruntergekommen wirkt auf mich schon im März 1994 die einst so stolze arabische Hafenstadt Basra am Ausgang von Euphrat und Tigris in den Persischen Golf. Die Bürger:innen berichteten von defekten Wasser- und Stromleitungen, nicht funktionierender behördlicher Versorgung – bei der Müllabfuhr, in der Schulbildung und dem Gesundheitswesen; es wurde kaum in die öffentliche Infrastruktur investiert. Gespenstisch gar mutete das damals wichtigste internationale Hotel, das Sheraton, an. Mit uns hielten sich dort wenige westliche Journalist:innen als einzige Gäste auf, ein immer gleiches klassisches Klavierstück von Mozart leierte kontinuierlich vom Band, die Iraker an der Bar machten den Eindruck vom Geheimdienst abgestellter Beobachter.

Eigentlich bräuchten der Irak und das irakische Volk – nach acht Jahren Krieg gegen den Iran, 30 Jahren Alleinherrschaft von Saddam Hussein und militärischer Besetzung unter Führung der Amerikaner – die tatkräftige Unterstützung europäischer Transformationserfahrung beim Aufbau von Wirtschaft, Institutionen und Zivilgesellschaft. Öffentliche und private Träger sammelten ihre Erfahrungen nach dem Fall der Mauer bei der Entwicklung der mittel- und osteuropäischen Länder auf dem Weg zu Demokratie und Marktwirtschaft sowie nach den Balkankriegen bei der Neuordnung von Wirtschaft und Gesellschaft in den sechs Nachfolgestaaten des ehemaligen Vielvölkerlandes Jugoslawien. Doch der lange Schatten des innereuropäischen Zwistes 2002/2003 um die Rechtmäßigkeit und Sinnhaftigkeit der Invasion in den Irak wirkt lähmend: Die daraus resultierende tiefe Spaltung zwischen den Regierungen der EU-Mitgliedstaaten verdunkelt die europäische Perspektive auf die Zukunft dieses wichtigen, ressourcenreichen Landes an Euphrat und Tigris.

Die Invasionskritiker Deutschland und Frankreich distanzieren sich von einem Engagement im Irak mit dem Argument, dies sei der Verantwortungsbereich von US-Amerikanern und Briten. Berlin und Paris werden von großen Aufbauaufträgen im Irak durch die US-Regierung ausgeschlossen.[73] Sie setzen sich als Gegengewicht zur dominanten US-Administration in Bagdad für eine gestärkte Rolle der Vereinten Nationen im Wiederaufbauprozess ein, werden aber – auch als Kriegsablehner – vom Terror indirekt getroffen. Die Angriffe des bewaffneten „nationalen Widerstandes“ und des islamistischen Terrors richten sich nicht nur gegen US-amerikanische Soldaten und Einrichtungen, sondern sogar gegen die Vereinten Nationen. Obwohl die UN durch ein einstimmiges Votum des Sicherheitsrates mit der Führung des irakischen Neustarts beauftragt wurden, wird ihr Hauptquartier mit einem verheerenden Anschlag attackiert.

„Ein Glück, er hat überlebt …“

Angesichts der deutlichen Überforderung bei der Befriedung und dem Wiederaufbau des Irak scheinen selbst die Neokonservativen in Washington bereit, den Vereinten Nationen mehr Verantwortung bei diesen Aufgaben zu übertragen und auf die Expertise multilateraler Institutionen zu setzen. Umgehend schickt der Generalsekretär der Vereinten Nationen Kofi Annan ausgewiesenes Personal nach Bagdad unter Leitung des hochrangigen brasilianischen Diplomaten und UN-Flüchtlingskommissars Sergio de Mello und dessen politischen Beraters, dem französisch-libanesischen Transformationsexperten Ghassan Salamé. Doch nur knapp drei Monate nach ihrer Ankunft in der irakischen Hauptstadt wird der neue Aufbruch jäh gestoppt: Bereits am 19. August 2003 schickt Abu Musab az-Zarqawi, Führer der terroristischen sunnitisch-islamistischen Organisation Jama'at al-Tawhid wal-Jihad („Gruppe des Monotheismus und des Jihad“), ein mit Sprengstoff beladenes Täterfahrzeug in das Hauptquartier der Vereinten Nationen Bagdad. Einer der 21 toten UN-Vertreter:innen ist der Sondergesandte selbst, Sergio de Mello; auch UN-Mitarbeiter:innen mit europäischer Staatsangehörigkeit sind unter den Opfern. Ghassan Salamé wird verletzt; mein Schock liest sich in den Zeilen meines Tagebucheintrags: „ein Glück, er hat überlebt“. Ich kenne und schätze den Pariser Politikprofessor, der seit 1995 unsere Denkarbeit unterstützt.

Ghassan Salamé erzählt mir später, dass er diesen Autobombenanschlag nicht vergessen könne. Er hätte in dem Chaos US-amerikanischen Rettern geholfen, die Opfer zu finden und zu identifizieren, Sergio de Mello hätte noch gelebt, er konnte aber nicht mehr lebend aus den Trümmern geborgen werden. Der Anschlag auf das Hauptquartier der Vereinten Nationen im Irak war so einschneidend,[74] dass die UN in den darauffolgenden Wochen 600 ihrer Mitarbeiter:innen abziehen und aufgrund der verschärften Sicherheitslage ihre Arbeitsaufträge nur beschränkt weiter ausführen können – ein tragischer Rückschlag für eine sinnvolle externe Unterstützung beim Wiederaufbau von Gesellschaft, Verwaltung und Wirtschaft. Tragisch auch, weil im Irak aufgrund der jahrzehntelangen Propaganda den Vereinten Nationen das schlechte Image anhing, für die Sanktionen und damit für die schlechte Wirtschaftslage in den 1990er Jahren verantwortlich gewesen zu sein. Die EU als außenpolitische Akteurin hingegen war frei von dieser Hypothek. Wenn die EU trotz der herrschenden internen Spannungen bereit gewesen wäre, mit ihrer Expertise eine prominentere Rolle im irakischen Wiederaufbauprozess zu übernehmen – vielleicht wäre sie auf mehr Akzeptanz gestoßen.

Meist nutzen die Terroristenanschläge eine perfide Taktik: Selbstmordattentäter lenken mit Sprengstoff bestückte Autos oder Lastwagen in Menschenmengen oder belebte Einrichtungen der Ausländer. Bei den Attentaten sind auch viele unschuldige Iraker: innen unter den Toten und Verletzten. Bereits wenige Monate nach Beginn der Invasion werden auch Menschen aus Italien, Spanien und Polen Opfer terroristischer Anschläge – nicht nur US-Amerikaner und Briten, die als Vorreiter der „Koalition der Willigen" gelten. Die Europäer wollten die Vereinigten Staaten im Irak eher symbolisch unterstützen; nun müssen sie tragischerweise auch einen Blutzoll zahlen. Besonders verlustreich für die Europäer ist der November 2003.

Abzug nach Anschlägen – Italien, Spanien und Polen holen ihre Soldaten aus dem Irak

Italien ist schockiert. Am 12. November 2003 unterbrechen selbst Rundfunk- und Fernsehsender ihre Programme und berichten über den schlimmsten Anschlag gegen italienische Soldaten seit deren Beteiligung an der Irakinvasion. Bei diesem Selbstmordattentat auf das Hauptquartier der italienischen Polizei in der südirakischen Stadt Nassiriyya, wo sie unter dem Oberkommando der britischen Streitkräfte steht, kommen 14 Polizisten und Soldaten ums Leben, das Gebäude bricht unter der Detonation des Sprengstoffs zusammen. In der Provinzhauptstadt Nassiriyya sind rund 2700 italienische Polizisten und Soldaten stationiert.

Es folgt ein für die Opfer trauriges und für die Terroristen kalkuliertes Ritual. Mit jedem Anschlag auf europäische Soldaten, Polizisten und Hilfskräfte für den Aufbau sinkt die Bereitschaft in der Heimat, weitere Soldaten oder Zivilkräfte in den Irak zu schicken. Es wird die Forderung laut, diese eher ganz abzuziehen. Oppositionspolitiker rufen den italienischen Ministerpräsidenten Berlusconi dazu auf, die Soldaten aus dem Irak zurück nach Hause zu holen. Dem populistischen Machtpolitiker und Lebemann Silvio Berlusconi behagt die Rechtfertigung solcher Opfer nicht; er ist eher auf die Verkündigung guter Nachrichten eingestellt. Die gibt es aus dem Irak aber nicht zu berichten, sodass er sich auf die diplomatische Formulierung zurückzieht, dass die Anschläge auf italienische Soldaten im Irak das Engagement seines Landes an der Seite der USA nicht beeinträchtigen werden; man lasse sich nicht einschüchtern. Die negativen Folgen von Berlusconis Irak-Entscheidung werden die italienischen Wähler:innen ihm später anlasten: Im Mai 2006 löst der sozialistische Regierungschef Romano Prodi seinen konservativen Vorgänger Silvio Berlusconi ab. Einen Tag nach seinem Amtsantritt, am 18. Mai 2006, kündigt Prodi den Abzug aller italienischen Soldaten aus dem Irak an.

Nur wenige Monate später, im November 2003, geraten acht spanische Geheimdienstmitarbeiter in einen Hinterhalt in der südlich gelegenen, unter polnischer Hoheit stehenden Provinz Diwaniyya und kommen ums Leben. Spanien ist schockiert – mit einem Anschlag ist das gesamte spanische Geheimdienstteam getötet. Als ihre Särge auf dem Madrider Militärflughafen aufgebahrt werden, stimmen laut einer Umfrage 85 Prozent der Spanier:innen der Aussage zu, der Krieg im Irak habe sich nicht gelohnt, immer mehr kritisieren damit den US-amerikatreuen Irak-Kurs ihres Ministerpräsidenten José Maria Aznar. Aznar wird sicher auch aufgrund der als gescheitert angesehenen spanischen Irak-Politik 2004 vom sozialistischen Politiker Zapatero abgelöst. Dieser zieht die verbliebenen spanischen Soldaten noch im ersten Jahr seiner Amtszeit aus dem Irak ab.

In Polen, das mit 2500 Soldaten die militärische Oberhoheit über die drei südlich von Bagdad gelegenen Provinzen hat, startet die kritische öffentliche Debatte über den polnischen Irak-Einsatz ebenfalls im November 2003. Als erster polnischer Soldat wird Major Hieronim Kupczyk in der Nähe der heiligen schiitischen Stadt Kerbela getötet, als sein Convoy von Terroristen mit automatischen Waffen beschossen wird. Polen beklagt insgesamt mehr als 20 tote Soldaten. Bereits ab dem Mai 2005 beginnt die polnische Regierung unter Alexander Kwasnewski mit dem Abzug ihrer Soldaten aus dem Irak.

Die Briten bleiben militärisch an der US-amerikanischen Seite im Irak – bis 2011

Unter den ständigen Anschlägen und Angriffen bleiben Sicherheit und Aufbau mehr und mehr alleinige US-amerikanische Verantwortung; nur Großbritannien bleibt involviert. Vier Jahre nach dem Einmarsch beginnen die Briten ab Februar 2007 mit dem Abzug ihrer Soldaten weit vor den Amerikanern, der letzte britische Armeeangehörige verlässt über Basra 2011 den Irak. Bis 2011 sterben 179 Brit:innen und 4500 US-Amerikaner:innen bei Anschlägen im innerirakischen Bürgerkrieg. Schätzungsweise werden 114.000 Iraker:innen getötet. Finanzfachleute beziffern die Kosten von Invasion, Besatzung bis zu Invalidenrenten von 2003 bis 2020 auf knapp zwei Billionen Dollar.[75] Die erste Phase des sogenannten „war on terror“, der 20 Jahre andauernde Einsatz in Afghanistan, kostete nach Schätzungen rund 2,3 Billionen Dollar[76] und 7900 westliche Soldat:innen und Helfer:innen verloren ihr Leben.

Die lang anhaltende Herrschaftszeit von Saddam Hussein, die umstrittene Invasion, die Fehlentscheidungen der US-Amerikaner mit der Auflösung der Einheitspartei *baath* und der irakischen Armee, der Terror und die Anschläge des bewaffneten „nationalen Widerstandes“ sowie des islamistischen Terrors und der folgende innerirakische Bürgerkrieg – all dies wird auf dem Rücken der irakischen Bevölkerung ausgetragen. Hätte die Sicherheitslage es erlaubt, dann hätten die Transformationserfahrungen der Europäer, die sie nach dem Fall des Eisernen Vorhangs in Ost- und Südosteuropa gesammelt hatten und international anerkannt wurden, dem irakischen Volk graduell Fortschritte gebracht: beim Aufbau politischer und zivilgesellschaftlicher Institutionen und Organisationen sowie der Etablierung einer vielfältigen Wirtschaft und umfassender Handelsbeziehungen. Der schwerwiegende innereuropäische Zwist, der sich an der umstrittenen militärischen Invasion entzündete, hat die Umsetzung einer gemeinsamen europäischen Irak-Politik behindert.

Der neue Irak: Europas Transformationserfahrung einbringen

Dass der erste Schritt dazu, die Entwicklung einer gemeinsamen europäischen Irak-Strategie, sogar schon im Invasionsjahr 2003 hätte funktionieren können, zeigt eine gemeinsame Thinktank-Initiative des Robert Schuman Centre am European University Institute in Florenz und des Europa-Programms der Bertelsmann Stiftung in Gütersloh. Ich habe gemeinsam mit den Politikwissenschaftlern Felix Neugart, Giacomo Luciani und Toby Dodge vom Herbst 2003 bis zum Frühjahr 2004 Diplomat:innen und Fachleute beider europäischer Lager mit irakischen Praktiker:innen und Denker:innen zusammengebracht, um in mehreren Sitzungen in Florenz und München Vorschläge für eine gemeinsame europäische Irak-Politik zu erarbeiten.

Den Anstoß für diese Initiative bringt die Debatte zwischen Befürworter:innen und Gegner:innen der Irak-Invasion im Juli 2003 auf den achten Kronberger Nahostgesprächen. Prominente beider europäischer Lager sind der deutsche Außenminister Joschka Fischer und seine spanische Amtskollegin Anna Palacio. Die vertrauliche Atmosphäre am runden Tisch und die konstruktive Diskussionskultur animieren uns zu der Thinktank-Initiative mit den Italienern. Um möglichst viele umfassende Erkenntnisse gewinnen zu können, müssen alle Seiten aus dem Irak, aus Europa und Amerika gehört werden und in Workshops zusammenarbeiten. Das gelingt, aber die Stimmung ist immer wieder angespannt, die Amerikaner wollen die Initiative an sich ziehen, zwischendurch müssen wir nach Paris und London reisen, um die dort verantwortlichen Diplomaten in unserer Arbeit engagiert zu halten, Exil- und Nichtexiliraker:innen beäugen sich skeptisch, ebenso Vertreter:innen mit schiitischem, sunnitischem und kurdischem Hintergrund. Eine konstruktive Gesprächsatmosphäre zu erhalten ist eine große emotionale Herausforderung, vor allem für meine Moderation und das Zusammenkommen in den Pausen. Kein:e Teilnehmer:in verlässt wegen anderer Ansichten verärgert den Raum – so kann der Brückenschlag gelingen.

Wenige Monate später, im Juni 2004, liegt eine wissenschaftlich erarbeitete und mit Diplomat:innen diskutierte Blaupause für eine neue Irak-Strategie der EU vor: „Der Irak auf dem Weg in die Souveränität – gemeinsame Handlungsoptionen für die EU".[77] Das Arbeitsergebnis wird auch öffentlich bekannt gemacht und am 24. Juni 2004 in Brüssel vorgestellt.

Brückenbauerin und Zivilmacht – auf europäische Kernkompetenzen besinnen

Unsere parteiübergreifende Arbeitsgruppe hat vier zentrale Prinzipien ausgearbeitet, die bis heute die EU-Politik gegenüber dem Irak in der Golfregion leiten: (1) dass der Irak demokratisch regiert werden, (2) als territoriale Einheit bestehen bleiben, (3) im politischen System dezentral aufgestellt sein (4) und in Frieden und Kooperation mit seinen Nachbarn wirken solle. Der politische und wirtschaftliche Umbau und Neubeginn ist in der irakischen Gesellschaft umstritten. Die USA werden von einem Teil der Gesellschaft als Invasoren wahrgenommen; die von den USA eingesetzten irakischen Politiker sind bei vielen als Handlanger einer Invasionsmacht verpönt. Die EU ist aufgrund ihrer inneren

Meinungsverschiedenheiten noch immer nicht in der Lage, in der Irak-Frage mit einer Stimme zu sprechen. Vor diesem Hintergrund schlagen wir vor – trotz des Imageproblems der Vereinten Nationen im Irak –, dass die US-Administration den politischen Prozess vollständig in UN-Verantwortung übertrage. Die UN, so unsere Einschätzung, werde trotz des Anschlags auf ihr Hauptquartier im September 2003 am ehesten als neutrale Garantin für die Mitwirkungsmöglichkeiten aller gesellschaftlichen Gruppen angesehen.

Der Sicherheitsrat überträgt am 8. Juni 2004 mit der Resolution 1546[78] der UN-Vertretung in Bagdad mehr Zuständigkeiten bei der Organisation des politischen und wirtschaftlichen Übergangs im Irak. Für konkrete Maßnahmen vor Ort, in die die EU sich mit ihren Fähigkeiten als Brückenbauerin und Zivilmacht einbringen könne, hat unser Empfehlungspapier Vorschläge gemacht, insbesondere mit Blick auf die kommunale Selbstverwaltung. Auf Gemeindeebene, so argumentieren wir, solle im Sinne der demokratischen Legitimation zuerst mit Wahlen begonnen werden – vor Ort in den Städten und Dörfern sind die Wähler:innen den Gewählten am nächsten. In der Praxis wird allerdings entschieden, zuerst auf nationaler Ebene zu wählen, erst später kommunal.

Die Erfahrungen in Osteuropa und auf dem Balkan haben gezeigt, dass der Wahlgang allein nicht reicht, um die politische Teilhabe aller Bürger:innen auf eine breitere Basis zu stellen. Die Möglichkeit, zivilgesellschaftliche Organisationen zu bilden und sich auf die Durchsetzungskraft des Rechts verlassen zu können, gehören zu einem erfolgversprechenden Übergangsprozess. Praktisch bedeutet das, dass die Ausbildung von Polizisten, Rechtsanwälten, Richtern und Strafvollzugsbeamten im Respekt vor und in der Umsetzung von Recht und Gesetz eine zentrale Bedeutung hat, um das Vertrauen der Bürger:innen in neu gefasste Institutionen zu stärken. In der Regel empfinden Menschen, die in autokratischen Strukturen sozialisiert wurden, tiefes Misstrauen gegenüber den Behörden und denjenigen, die dort arbeiten. So hat die EU-Kommission, als sie ihre Arbeit im Irak aufnahm, richtigerweise mit einer Projektinitiative begonnen, die sich hinter den Abkürzungen EUJust LEX verbirgt und der Förderung von Rechtsstaatlichkeit dienen sollte. Die Sicherheitslage war auch für europäische Beamte und Helfer schwierig. Aus diesem Grund hat die EU-Kommissionsvertretung für den Irak zunächst in den Räumen der britischen Botschaft in Bagdad gearbeitet – Großbritannien war zu dieser Zeit der wichtigste EU-Mitgliedstaat im Irak. In der öffentlichen Wahrnehmung untergrub diese praktisch gedachte Lösung den neutralen Charakter des EU-Engagements: Nach außen ließ sich schwer vermitteln, dass eine solche Zweckgemeinschaft nicht mit einer gewissen Präferenz für die Positionen einzelner EU-Mitgliedstaaten einherging.

Aufgeschreckt vom Terror im Irak – europäisches Militär gegen den IS

Durch den innereuropäischen Zwist um die schwierige Sicherheitslage konnten die europäischen Institutionen im Irak ihre Expertise auch später nicht voll ausspielen. Über Jahre erzielen die wenigen durchgeführten Projekte eine entsprechend geringe Wirkung. Der Irak aber bleibt ein bedeutendes Land im Nahen Osten. Entscheider:innen in den europäischen Ländern, auch in Deutschland, haben diese Tatsache nach der Invasion durch die US-Amerikaner und Briten weitgehend ausgeblendet. Die Bedeutung wird ihnen erst wieder bewusst, als 2015 der sogenannte „Islamische Staat“ (IS) auftaucht und seine Kämpfer in wenigen Wochen weite Teile des nördlichen und westlichen Irak militärisch unter ihre Kontrolle bringen. Die Bewaffneten rufen kurz darauf die zweitgrößte Stadt des Landes, Mosul, zu ihrer Hauptstadt aus.

Erst als die Kämpfer des „IS“ Minderheiten wie Christen und Jesiden brutal verfolgen, engagieren sich Deutschland und viele europäische Länder militärisch gegen den „Islamischen Staat“. Zusätzlich ergreifen sie ab 2016 umfassende Stabilisierungs- und Wiederaufbaumaßnahmen. Ihre Unterstützung trägt dazu bei, dass Stromnetze, Wasserversorgung, Schulen und Behörden wieder einigermaßen funktionieren – wichtige Bausteine, um den Irak zu befrieden. Diese reichen jedoch nicht aus, um das Potenzial des Landes und das seiner Bürger:innen in den Nahen Osten zu integrieren und tragfähige Kontakte nach Europa zu etablieren.

Europäische Versöhnungserfahrungen mit Iraker:innen diskutieren

Noch heute können Vorschläge aus unserem Thinktank-Politikpapier von 2004 für eine neue Irak-Politik als Blaupause einer Verstärkung europäischen Engagements im Irak dienen. Zwei Beispiele: (1) Wir notierten 2004, dass die Unfähigkeit, einen echten Dialog mit der irakischen Gesellschaft zu führen, das größte Problem der USA und der neuen irakischen Regierung sei. Ein Versöhnungsprozess zwischen den verschiedenen multireligiösen und multiethnischen Gruppierungen über die Grobeinteilung Kurden, Sunniten und Schiiten hinaus hat nie wirklich stattgefunden. Darin liegt ein wichtiger Grund für die stetig sinkende Wahlbeteiligung seit 2005 und die Unfähigkeit der gewählten Parlamentarier und politischen Führungspersönlichkeiten, handlungsfähige inklusive Regierungen zu bilden, die im gesamtirakischen Interesse die Probleme der Bürger:innen lösen und nicht auf die Interessen der eigenen Klientel ausgerichtet sind. Ernsthaft wird, unterstützt von Deutschland seit 2019, in Form eines irakischen nationalen Dialoges an gemeinsamer innergesellschaftlicher Verständigung gearbeitet: Die zivilgesellschaftliche irakische Organisation EGRD führt unter Beratung der deutschen Nahostexperten Daniel Gerlach und Naseef Naeem vom Berliner Zenith Council in verschiedenen irakischen Städten und in Berlin wichtige Vertreter:innen der irakischen Politik und Gesellschaft, sogenannte Stakeholder, zusammen. Um die Meinungsfronten aufzulösen, sorgen europäische Fachleute für Ideenreichtum im innerirakischen Dialog.

Als besonders hilfreich erweist sich, wenn europäische Denker:innen in den Debatten mit irakischen Politiker:innen über eigene Erfahrungen berichten. So kann der Schweizer Politiker und Diplomat Tim Guldimann über das Modell der direkten Demokratie in einer Gesellschaft berichten, in der drei Muttersprachen gleichberechtigt nebeneinander existieren. Ich freue mich über die positive Rückmeldung, wenn ich in den Diskussionen von der schwierigen, aber respektvollen Konsensbildung innerhalb der europäischen Institutionen von Parlament, Kommission und Rat berichte. Gedankenhorizonte lassen sich erweitern, indem man beobachtet, wie in anderen Ländern Gesellschaften versuchen, sich zu einigen und im Sinne des Gemeinwohls zu handeln. Die örtlichen Entscheidungsträger:innen schätzen diese nationalen Dialoge, weil die vermittelnde ausgleichende Rolle von Europäern – speziell der Deutschen, die nicht militärisch an der Invasion 2003 beteiligt waren – Vertrauen schafft. Die Glaubwürdigkeit solcher Initiativen macht sich auch an ihrer Finanzierung fest: Vor diesem Hintergrund ist eine konstante Bereitstellung von Geldmitteln durch die EU-Vertretung in Bagdad und einzelne EU-Mitgliedstaaten besonders sinnvoll. Es ist in unserem europäischen Interesse, dass eine vielfältige irakische Gesellschaft ein legitimiertes repräsentatives Regierungssystem entwickelt. An diesem Beratungsbeispiel zeigt sich, wie europäische Brückenbauerfahrung wirksam eingesetzt werden kann. Aus heutiger Sicht hätte eine effektive Initiative bereits nach dem Sturz von Saddam Hussein 2004 starten müssen.

(2) Ein zweites Beispiel für die langfristige Bedeutung unserer Politikvorschläge aus dem Jahr 2004 ist die Idee, dass die Europäer sich neben innerstaatlichen Gesprächsinitiativen für einen regionalen Dialog zu Kooperation und Sicherheit engagieren, in den sowohl der Irak selbst als auch seine Nachbarländer eingebunden werden. Die EU solle, gemeinsam mit Iran, der Türkei, Syrien, Jordanien und den Staaten des Golf-Kooperationsrates, einen intensiven Meinungsbildungsprozess über die Zukunft des Irak führen, mit dem Ziel, Schritt für Schritt eine multilaterale Sicherheitsstruktur in der Golfregion zu etablieren. Ein Vorschlag, der dieses Kapitel noch weiter begleiten wird.

Tragischerweise behalten die mittel- und osteuropäischen Neumitglieder der EU recht

Zwei indirekte Folgen wirken aus dem innereuropäischen Zwist um die Beteiligung an der US-amerikanisch geführten militärischen Invasion in den Irak und dem Sturz der Diktatur mit all ihren Verwerfungen und Chancen nach: Sicherheit und Terrorabwehr werden ein bestimmendes Element in der europäischen Innen- und Außenpolitik. Diese Entwicklung hat auch zur Folge, dass europäische Regierungen zur Abwehr von islamistisch motiviertem Terror und von Migration aus der arabischen Welt ab 2001 intensiver mit den autoritären Führern zusammenarbeiten: von Tunesiens Präsident Ben Ali bis zu Syriens Staatschef Assad. Die tiefen Meinungsverschiedenheiten über die Legitimation und die Beteiligung am Irakkrieg haben die von den europäischen Staats- und Regierungschefs nach den Erfahrungen des Kosovo-Krieges dynamisierte gemeinsame Außen- und Sicherheitspolitik ausgebremst. Das britisch-französische Vorhaben des Gipfels von St. Malo, eine gemeinsame europäische Verteidigung aufzubauen, scheint vergessen.

Mit der Erweiterung der Europäischen Union um zehn neue Mitgliedstaaten ab 2004 erhält der Blick auf Sicherheit und das transatlantische Verhältnis von EU und USA eine neue Bedeutung. Bis heute ist es ausschließlich die amerikanische Militärmacht, der die Mittel- und Osteuropäer hinsichtlich ihrer Sicherheit vertrauen – gerade vor einer möglichen Bedrohung aus Russland.

Tragischerweise sollen sie recht behalten: Der Kreml beginnt mit Präsident Putin ab 2008, seine Macht über die ehemaligen Sowjetrepubliken, die in den 1990er Jahren ihre Unabhängigkeit errungen haben, auszudehnen. Die Besetzung georgischen Gebiets 2008 ist der erste Hinweis, die Besetzung der zur Ukraine gehörenden Halbinsel Krim 2014 ist das zweite Beispiel, und der kriegerische Überfall auf die Ukraine im Frühjahr 2022 das dritte, bisher drastischste Beispiel dafür, dass die Ängste der mittel- und osteuropäischen Neumitglieder der EU, ihre Eigenständigkeit wieder zu verlieren, berechtigt waren und sind.

Diese Sorge, letztlich von der US-amerikanischen Militärmacht bezüglich eigener Sicherheit abhängig zu sein, leitete die Regierungen von Warschau bis Bukarest und von Vilnius bis Bratislava in ihrer Entscheidung, um den Preis eines Krieges im Irak und einer Spaltung innerhalb der EU an der transatlantischen Beziehung festzuhalten, sich Bush, Blair und Aznar anzuschließen und dem verhängnisvollen Militärzug in den Irak 2003 zu folgen. Das bedeutete auch, den Gegnern der Invasion, Schröder und Chirac, bei aller Richtigkeit ihrer Argumente die Stirn zu bieten. Paris und Berlin hat dabei sicher nicht geholfen, dass der französische Präsident im Februar 2003 die angehenden EU-Neumitglieder öffentlich an den Pranger stellte mit der Aussage: „Ich glaube, dass sie eine gute Gelegenheit verpasst haben, den Mund zu halten".[79]

Die EU und der GCC: Verlockend fremd – Europa entdeckt die reichen arabischen Golfstaaten

Auch die südöstlichen Nachbarn des Irak stellten sich im Ernstfall an die Seite der USA, obwohl sie die US-amerikanisch geführte Irak-Invasion nicht begrüßten. Aber die sechs Mitgliedstaaten des Golfkooperationsrates (englisch: „Gulf Cooperation Council", GCC), die öl- und gasreichen Königs- und Fürstentümer (Emirate) Saudi-Arabien, die Vereinigten Arabischen Emirate, Katar, Kuwait, Bahrain und Oman, sind vom militärischen Schutz der US-Amerikaner abhängig. Schutz vor den mächtigen Nachbarn im Norden und Westen, Irak und Iran: In erster Linie fühlen sie sich seit der islamischen Revolution 1979 in Teheran von der iranischen Regionalmacht, die ihr theokratisches System zu exportieren proklamierte, bedroht – so sehr, dass sie im Iran-Irak-Krieg zwischen 1980 und 1988 Saddam Hussein umfassend finanziell unterstützen.

Schockiert sind die sechs GCC-Staaten, als sie, statt einen Dank zu erhalten, im August 1990 mit ansehen müssen, wie Saddam Hussein ihr Mitgliedsland Kuwait besetzen lässt. Es könnte auch ihnen so ergehen, scheinen die royalen Clans am Golf zu glauben, als irakische Hubschrauber im Morgengrauen des 2. August 1990 die drei Wassertürme umkreisen, die berühmten Wahrzeichen des Emirates an der Spitze von Kuwait City. Ohne sich verteidigen zu können, muss die Familie des kuwaitischen Emirs Dschabir al-Ahmad as-Sabah nach Saudi-Arabien fliehen. Die irakischen Besatzer plündern den kleinen Nachbarn, rauben seine Reichtümer. Die irakischen Soldaten können erst mit militärischer US-Hilfe ein halbes Jahr später, im Februar 1991, vertrieben werden. Die Führungen der sechs GCC-Staaten spüren, wie sehr sie auf den militärischen Schutz der Vereinigten Staaten angewiesen sind.

Sie sind sicher keine Freunde Saddam Husseins, aber sie halten 2002/2003 seinen Sturz und eine Besetzung ihres nordwestlichen Nachbarn Irak durch die US-amerikanischen Truppen für einen Fehler, weil sie ein Sicherheitsvakuum befürchten, in das ihr nördlicher regionaler Rivale Iran stoßen könnte. Sie sollen recht behalten, nehmen sich aber mit ihrer Kritik an Washington zurück, denn in den USA ist man zusätzlich nun auch nicht gut auf sie, insbesondere auf Saudi-Arabien, zu sprechen. Vor den Anschlägen vom 11. September 2001 konnten sich die Saudis auf die US-Garantie für ihre regionale Sicherheit in der Golfregion fest verlassen. Nach den Terrorattacken aber nimmt die US-amerikanische Öffentlichkeit die autoritär regierten islamistisch inspirierten Golfstaaten als Hort wahr, der Terroristen in die Welt exportiert, denn 15 der 19 Attentäter vom 11. September sind saudischer und emiratischer Nationalität. Die reichen Golfstaaten, allen voran Saudi-Arabien, stehen bei ihrem wichtigsten westlichen Verbündeten – gerade bei ihrer wichtigsten sicherheitspolitischen Schutzmacht USA – heftig in der Kritik.

Im Sommer 2002 kursiert ein Strategiepapier der Washingtoner Denkfabrik RAND, die den neokonservativen Politikern nahesteht, in dem auf die radikal islamische wahhabitische Ideologie der saudischen Führung verwiesen wird mit der Schlussfolgerung, diese würde US-amerikanischen Interessen schaden und Washington solle deshalb saudische Vermögen einfrieren und kein Öl von dort importieren.[80] Die saudische Führung ist dementsprechend stark verunsichert, ob sie sich im Ernstfall wirklich auf den militärischen Schutz ihres Landes und ihres royalen Stammes der Al Saud durch die USA verlassen könne. Riad empfindet Schamgefühl ob der saudischen Beteiligung an den Terroranschlägen auf die USA. Zuerst will man von dieser Tatsache ablenken, und der damalige saudische Innenminister Prinz Naif vermutet eine „jüdische Verschwörung" hinter den Anschlägen.[81] Dann vermeidet Riad Widerworte in Washington zu den Angriffsplänen von Präsident Bush auf den Irak. Weiterhin verschließt man sich der Tatsache, dass saudische Islamisten eine prominente Rolle bei Al-Qaida spielen. So ist die saudische Staatsführung unvorbereitet, als Al-Qaida selbst in Saudi-Arabien mit einer Terrorserie gegen Ausländer und Vertreter des saudischen Staates zuschlägt. Die Anschläge starten parallel zur amerikanischen Besetzung des Irak im Mai 2003 und versetzen Saudi-Arabien über zwei Jahre in Schockstarre. Nach Washington meldet man, Saudi-Arabien sei wie die USA Opfer von Terroranschlägen. Nur mithilfe des US-amerikanischen Geheimdienstes gelingt es, die Anschläge nach zwei Jahren zu beenden. Dabei setzt die CIA-Führung auf den Sohn von Prinz Naif, Mohammed bin Naif, und seine Netzwerke im Innenministerium, dem sein Vater vorsteht. Sichtbare Antiterrormaßnahmen können Besucher wie ich in Riad bemerken in Form von verschärften Sicherheitskontrollen und dem sehr langsamen Umfahren großer Betonblöcke, die zum Schutz vor terroristischen Angriffen mit Sprengstofffahrzeugen vor den Zufahrten zu Hotels, Ministerien und dem Botschaftsviertel aufgestellt sind.

Absatzmarkt für europäische Produkte – Kritikchancen verpasst

Wie groß die Unsicherheit bei der saudischen Führung verankert ist, wird mir im März 2004 bei einer Unterredung mit dem saudischen Außenpolitiker Prince Turki Al Kabir in Riad sehr deutlich. Ein Jahr nach der amerikanischen Invasion in den Irak führe ich mit Professor Werner Weidenfeld, seinerzeit Vorstand bei der Bertelsmann Stiftung, Gespräche in Riad, Dubai und Kuwait. Die saudischen Gesprächspartner fragen uns Europäer um Rat, wie sie in Washington glaubhaft vermitteln könnten, dass sich der saudische Staat intensiv um die Vermeidung extremistischer Tendenzen in seiner Gesellschaft kümmern würde, ein verlässlicher Partner des Westens sei und sich die USA auch weiterhin darauf verlassen könnten, dass Saudi-Arabien in der Organisation erdölexportierender Länder OPEC für akzeptable Preise und ein ausreichendes Erdölangebot auf dem Weltmarkt sorge. Den auf Konsens und Konsultation bedachten Golf-Arabern ist die harsche Konfrontationsrhetorik der neokonservativen Politiker fremd. Man wolle ab jetzt intensiver mit den Europäern arbeiten, so Prince Turki Al Kabir. Am Golf öffnet man die Fenster für eine stärkere Kooperation mit den Europäern.

Vermehrte Chancen auf steigende Exporte europäischer Produkte in die reichen arabischen Golfstaaten sollen nicht die einzige Triebfeder verstärkten europäischen Engagements im GCC sein; auch am Bauboom sollen Firmen aus Europa teilhaben. Die Wolkenkratzer schießen wie Pilze aus dem Boden. 1994 war das Sheraton Hotel in Doha, der Hauptstadt des Golfemirats Katar, das die Herrscher der Al Thani für eine arabische Gipfelkonferenz gebaut hatten, von überall aus weit sichtbar als höchstes Gebäude der ganzen Gegend. Bei einem Besuch 2016 kann ich das Sheraton überhaupt nicht mehr sehen, es wird verdeckt von einem Meer an Wolkenkratzern. Ich stehe auf der Promenade, das neu gebaute islamische Museum im Hintergrund, schaue über die Bucht von Doha, suche das Sheraton, kann es nicht am Horizont sichten, zähle aber über 60 Hochhäuser. Ein kleiner persönlicher Eindruck und Blick auf die enorme Wirtschaftsdynamik, die sich trotz der Golfkriege in den sechs Staaten des Golfkooperationsrates entwickelt. Glanz und Glamour im Schatten der Irak-Kriege, der Terrordrohungen, des iranischen Atomprogramms und des Armenhauses und Bürgerkriegsnachbarn Jemen. Dieser rasante Modernisierungsschub sorgt auch für ein großes Selbstbewusstsein der Herrschenden. Sie streben nach Weltgeltung: Katar investiert über 200 Milliarden Euro, um Ende 2022 die Fußballweltmeisterschaft auszurichten, die Emirate starten im Juli 2020 mit der Raumsonde „Al-Amal" („Hoffnung") eine eigene Weltraummission zum Mars, Saudi-Arabien stampft mit „Neom" eine komplett auf neueste Technologien ausgerichtete Zukunftsstadt aus dem Boden und Kuwait wird wichtiger Sponsor von Hilfsaktionen der Vereinten Nationen.

Es bietet sich an, umfassend und intensiv auf viel mehr politischen, gesellschaftlichen und wirtschaftlichen Feldern mit den Herrschern am Golf zu kooperieren, als nur den Handel und die Exporte zu steigern. Zusammenarbeit schafft Einfluss, auch Verständnis und öffnet Ohren. Denn europäische Interessen und Politiken decken sich nicht mit den Führungen der sechs GCC-Staaten, vor allem nicht mit den drei politischen Schwergewichten Saudi-Arabien, Vereinigte Arabische Emiraten und Katar. Das wird besonders deutlich werden mit dem Ausbruch der Arabellion ab 2011, als die Europäer sich für Demokratie und Rechtsstaatlichkeit in den arabischen Umbruchländern von Ägypten bis Jemen einsetzen und die Führungen in Riad und Abu Dhabi offensichtlich dagegen arbeiten und eine Wiedereinsetzung bzw. Sicherung autoritärer Herrschaft von Kairo bis Manama betreiben oder wie Katar islamistische Gruppierungen fördern. Wahrscheinlich haben europäische Entscheidungsträger zu wenig versucht, über die widerstreitenden Interessen beider Seiten in der gemeinsamen Nachbarschaftsregion Nahost und Nordafrika rechtzeitig mit Saudi-Arabien, den Vereinigten Arabischen Emiraten und Katar offen zu debattieren. Das unterschiedliche Verständnis von individuellen Bürgerrechten wird nochmals öffentlich deutlich: Während bei der Fußballweltmeisterschaft 2022 viele Europäer:innen auf die Grundsicherung von Fremdarbeitern und die Freiheiten von Menschen mit unterschiedlicher sexueller Orientierung pochen, fühlen die Kataris sich bevormundet.

Gehör verschaffen ist möglich – Europa hat Expertise anzubieten

Auf offene Ohren kann man dort stoßen und konfrontative Aspekte ansprechen, wenn man als Europäer glaubwürdig auftritt und über eine Zeit Vertrauen aufbaut: Selbst ein Mitglied der europäischen Zivilgesellschaft, ein Denker und Berater wie ich wurde in Saudi-Arabien, je öfter ich kam, mit immer offeneren Armen empfangen. Richtig überrascht bin ich im Oktober 2000, als ich zu einem Gespräch mit Prinz Mamdouh in sein Forschungs-Center nach Jeddah eingeladen werde. Der Prinz hat aus der Hauptstadt Riad gehört, dass ich dort als kompetenter und interessanter Gesprächspartner gelte. Vom Flugplatz abgeholt, bringt mich der Fahrer statt ins Büro zum Privathaus des Prinzen. Dieser hat anlässlich meines Besuches über hundert Würdenträger eingeladen zu einem Mittagessen an einer riesigen Tafel, die überquillt von den leckersten Speisen. Direkt vor Augen habe ich noch das Bild einer riesigen, reich verzierten Schale, auf der ein ganzer gegrillter Hammel eingebettet in Reis präsentiert wird. Mir selbst wird nur wenig Zeit und Muße gelassen, von den Köstlichkeiten zu probieren, weil ich umfassend und lange befragt werde vom Prinzen und seinen Gästen zur Weltlage, zu der Zukunft Europas, den Beziehungen zu den USA und meinen Einschätzungen der Entwicklungen im Nahen Osten, auch in Israel und Palästina. In meine Antworten kann ich Vorschläge für Verhaltensänderungen einbauen, so mein Hinweis, sich die Lage in Israel und Palästina besser nicht von Europäern beschreiben zu lassen, sondern selbst einmal dorthin zu reisen und sich ein Bild über den Nahostkonflikt zu verschaffen.

Die Politikdiskussion, gemeinsame Forschung und Dialog, Bildung und Studierenden-Austauschprogramme, Kooperation in den Bereichen internationale Finanzen, Handel, Rohstoffversorgung, gemeinsames Engagement im Israel-Palästina-Konflikt und in internationalen Organisationen sowie bei der Sicherung der Transportwege im Persischen Golf und im Golf von Aden: Eine breite Palette von konkreten Ideen für weitere Kooperationsfelder entwickelt eine Expertengruppe unter Federführung des Europaprogramms der Bertelsmann Stiftung und des Robert Schuman Centre am Europäischen Universitätsinstitut in Florenz unter dem Titel „The EU and the GCC – for a New Partnership".[82] Diese Gruppe europäischer Wissenschaftler:innen und Praktiker:innen hat im Mai 2002 ihr Vorschlagspapier in Abu Dhabi, der Hauptstadt der Vereinigten Arabischen Emirate, am dortigen Forschungsinstitut ECSSR präsentiert. „Eine Premiere", betitele ich in meinem Tagebuch am 21. Mai 2002 diesen europäisch-golfarabischen Dialog.

Diese wissenschaftliche Denkinitiative hat dazu beigetragen, dass viele europäische Entscheidungsträger:innen einen ernsthafteren Blick auf die GCC-Staaten werfen, jenseits des landläufigen Images von ölreichen Scheichs, die europäische Waren zu hohen Preisen einkaufen. Das Netzwerk hat eine breite Palette möglicher Felder für eine stärkere Zusammenarbeit zwischen den beiden Regionen aufgezeigt. Auch das hat vielleicht dazu beigetragen, dass die Europäische Union entscheidet, in den Folgejahren zuerst in Riad eine Vertretung der EU zu gründen, am Sitz des Generalsekretariates der sechs GCC-Staaten, und dann Schritt für Schritt in allen Mitgliedstaaten des Golfkooperationsrates. Wir haben in unserem Vorschlagspapier auch darauf hingewiesen, dass es wichtig ist, Institutionen der Forschung und Zivilgesellschaft miteinander zu verknüpfen, um das gegenseitige Verstehen und Lernen zu befördern. Ein wichtiger Schritt in diese Richtung wird 2008 unternommen, als für die Verknüpfung dieser Institutionen das Netzwerk „al-Jisr – die Brücke" gegründet wurde. Bemerkenswert ist, dass Entscheidungsträger in den GCC-Staaten, die sehr auf formale Regierungszusammenarbeit und Strukturen setzen, einer zivilgesellschaftlichen Initiative zugehört und ihre Zusammenkünfte sowie Projektinitiativen in ihren Mitgliedstaaten erlaubt und befördert haben. Engagiert bleiben, Vertrauen schaffen, Inhalte – auch unbequeme – einbringen.

„Al-Jisr": eine Brücke der Zivilgesellschaft zwischen EU und GCC

Beispiel Bildungsqualitätsdefizite – April 2009, Universität von Kuwait: Europäische Bildungsexpert:innen treffen sich mit Counterparts aus den GCC-Staaten zu einem Workshop. Wie funktioniert Aus- und Fortbildung und internationales Studium in kontinental-europäischen Ländern und wie in den Golfstaaten, die traditionell ihre Kinder an US-amerikanische oder englische Universitäten schicken, weil sie mit ihren heimatlichen Lernorten nicht zufrieden sind? Die Vielfalt europäischer Ausbildungsmöglichkeiten von Erasmus bis zur dualen Ausbildung wecken bei golfarabischen Bildungsexpert:innen Interesse. Wir thematisieren den Vorschlag, an Universitäten der GCC-Länder ein akademisches Programm für europäische Studien einzurichten; und umkehrt, an ausgewählten europäischen Universitäten Studien über die Golfregion anzubieten. Auch Bildungsthemen haben Potenzial, eine Vertrauensbasis zu schaffen. Diese kann genutzt werden, um auch ernsthaft über gegensätzliche Ansichten zu reden, insbesondere über kontroverse Themen wie die von Demokratie, Menschenrechten, Rechtsstaatlichkeit, Pluralität und Frauenfragen. Rückblickend ist wohl nicht früh und hartnäckig genug auf offizieller Regierungsebene über diese Kontroversen gesprochen worden. Sonst hätten sich möglichweise die Standpunkte zum Verhalten gegenüber den Demokratiebewegungen der Arabellion ab 2011 und die unterschiedlichen Ansichten zu Menschen- und Arbeitnehmerrechten rund um die Fußballweltmeisterschaft in Katar 2022 nicht so konfrontativ entwickelt.

Haltung statt Herabwürdigung

27. Februar 2005, eine weitere Premiere: Ein europäischer Regierungschef bricht zu einer Gesprächsreise in den Golf auf und besucht über sechs Tage alle sechs GCC-Staaten nacheinander. Über diese Reise des damaligen deutschen Bundeskanzlers Gerhard

Schröder wird noch heute in den Golfstaaten geredet. Das letzte Mal nahm ich davon Notiz bei der Diskussion mit einem saudischen Diplomaten am Rande eines Workshops der Deutsch-Arabischen Freundschaftsgesellschaft und des King Faisal Centers für Islamische Studien in Riad im März 2022. Die Wahrnehmung aller auf Augenhöhe hat Türen geöffnet. Leider ist seitdem nicht wieder an diese Reisediplomatie, alle regelmäßig gemeinsam zu besuchen, angeknüpft worden. Dabei schaut der GCC unter dem Radar der Wahrnehmung interessiert darauf, wie die EU praktisch funktioniert. Jedes Mal, wenn ich nach Saudi-Arabien gereist bin, habe ich Freunde im Hauptquartier des Golf-Kooperationsrates in Riad besucht. Mein Wissen über die Politiken und das Funktionieren der EU wurde aufgesogen. Einmal stellte ich erfreut fest, dass Experten der Europäischen Zentralbank in die Finanzabteilung des GCC eingeladen waren, um die dortigen Beamten bei ihrem Vorhaben zu beraten, eine Harmonisierung der Währungssysteme der sechs GCC-Staaten zu entwickeln. Diese Art der Konsultation mit Europäern, die ihr Wissen und ihre Erfahrung teilen, ohne sich als Besserwisser aufzudrängen, bleibt vorbildhaft, ist meine Bilanz.

Christoph Ehrhardt bilanziert zu dem deutsch-katarischen Scherbenhaufen der FIFA-WM 2022 rund um die symbolhafte „One-Love-Binde“: Wenn wir als Europäer glaubwürdig Haltung zeigen und nicht die Golfaraber öffentlich herabwürdigen, wenn es um die Diskussion gegensätzlicher Ansichten geht, können wir in der Sache mehr erreichen.[83] So hat sich in Ansätzen die Lage der Wanderarbeiter auf den Baustellen in Katar verbessert. Immerhin, bedenkt man, dass einige unserer europäischen Firmen vom Bauboom und letztendlich wir von deren Gewinnen profitiert haben. Das bedeutet im Umkehrschluss: Bauaufträge aus dem Golf annehmen, gute Löhne zahlen, vorbildlich Umwelt und Sozialstandards vor Ort einhalten, weniger Gewinne einfahren, aber mehr Haltung zeigen, glaubwürdiger sein.

Ein französisches „Friedenscamp“ in Abu Dhabi

Bei allem Potenzial für intensiveres Engagement im Bereich von Bildung bis Wirtschaft, von soft power, also nicht-militärischen Themen – am Ende des Tages kann die EU nicht für die militärische Sicherheit sorgen, die sich die Herrscher am Golf wünschen, gar den US-amerikanischen Sicherheitsschutzschirm ersetzen. Sie wissen das und trotzdem gehen sie nach den Erfahrungen mit den Anschlägen vom 11. September 2001 und der US-amerikanisch geführten Invasion in den Irak ab 2003 auf andere Staaten zu, die ihnen militärische Sicherheit bieten können, so auf einzelne EU-Mitgliedstaaten. Frankreich und Großbritannien sind es, auch Atommächte und Veto-Staaten des UN-Sicherheitsrates wie die USA, die in begrenzten Initiativen bilaterale Sicherheitspakte insbesondere mit den Vereinigten Arabischen Emiraten abgeschlossen haben. Seit 2009 unterhält Frankreich in Abu Dhabi einen Militärstützpunkt, „Abu Dhabi Basis“ oder auch „Friedenscamp“ genannt, mit 280 Soldaten und Kampfflugzeugen. Britische Kriegsschiffe unterstützen seit 2019 eine amerikanische Mission zur Sicherung der internationalen Transportwege zwischen Iran und den Vereinigten Arabischen Emiraten in der Straße von Hormuz. Durch diese Meerenge erreichen 20 Prozent der globalen Erdölversorgung ihre Käufer, in rund 30 Supertankern.

Nachdem im Juli 2019 maskierte Spezialeinheiten der iranischen Revolutionsgarden den Öltanker „Stena Impereo“ gekapert haben, sehen auch andere europäische Importländer ihre Energiesicherheit bedroht und schicken zum Schutz von Erdöltankern Kriegsschiffe in den Golf. Die US-amerikanische maritime Überwachungsmission wird seit 2020 durch eine europäische Komponente unter dem Namen EMASOH[84] unterstützt – unter der Führung Frankreichs mit maritimen Kräften aus Belgien, Dänemark, Deutschland, Griechenland, Italien, den Niederlanden und Portugal. Die stärkste externe maritime Militärpräsenz im Golf unterhalten weiterhin die US-Amerikaner mit ihren Flotten-Stützpunkten in Bahrain und Katar – die aufstrebende Regionalmacht

Iran im Blick, die im Golf Mittelstreckenraketen testet und ein Atomprogramm unterhält, das nicht nur die direkten Nachbarn im GCC beunruhigt.

Weiter keine Stabilität im Golf: Zur Herausforderung Irak auch noch der Iran

Die Sorgen der arabischen Golfstaaten sind berechtigt. Während sich die Aufmerksamkeit der Welt ab Sommer 2002 auf die Suche nach vermuteten irakischen Massenvernichtungswaffen konzentriert und Washington die Vorbereitungen für eine militärischen Entwaffnung Saddam Husseins trifft, finden Inspekteure der Internationalen Atomenergiebehörde (IAEO) im Iran an zwei Stellen in den Anlagen Natanz und Arak Spuren von waffenfähigem Uran. Mit diesem Fund wird das iranische Atomprogramm weltweit bekannt. Die lange Verheimlichung durch die religiösen Führer in Teheran nährt die Befürchtung, dass das Atomprogramm nicht nur zivilen, sondern auch militärischen Zwecken dienen solle. „Der Iran strebt aggressiv nach diesen Waffen und exportiert Terror, während einige wenige, die niemand gewählt hat, die Hoffnung des iranischen Volkes auf Freiheit unterdrücken", sagt US-Präsident George W. Bush[85] ein halbes Jahr vor dem brisanten Fund der internationalen Atominspekteure. Am 29. Januar 2002 hält er seine Rede zur Lage der Nation vor beiden Häusern des Kongresses im Beisein des afghanischen Präsidenten Karsai, der neben Bushs Frau Laura steht. Der Krieg gegen den Terror habe gerade erst in Afghanistan begonnen, aber es gebe noch zwei weitere Staaten, die heimlich Massenvernichtungswaffen herstellten und Terrorismus förderten. Bush prägt das politische Schlagwort von der „Achse des Bösen" und nennt Irak, Nordkorea und Iran im gleichen Atemzug. Während Saddam Hussein und der Irak als klares nächstes militärisches Ziel postuliert werden, dessen Konsequenzen wir hier nachgezeichnet haben, hält sich die neokonservative US-Regierung die Option einer militärischen Bewältigung der iranisehen Nuklearkrise offen.

Internationale Kontrollen der IAEO bringen iranisches Atomprogramm ans Licht

Die islamische Republik Iran soll auf dieser Gegnerliste bleiben, wird aber noch nicht militärisch attackiert, weil die US-amerikanischen und britischen Truppen nach der Militärintervention im Irak 2003 vor Ort stärker gebunden sind als geplant. Um selbst dafür zu sorgen, dass US-Soldaten nicht vom Irak aus in den Iran einmarschieren, nutzen die iranischen Revolutionsgarden ihre Kontakte im Irak, um schiitische Milizen zu unterstützen, die auch bewaffneten Widerstand gegen die US-Armee betreiben.[86] Gleichzeitig baut der Iran sein Netzwerk zu schiitischen Politikern in Regierung und Parlament in Bagdad aus, um seinen politischen und wirtschaftlichen Einfluss im Gebiet des ehemaligen Kriegsgegners aus den 1980er Jahren zu festigen, bildet eine Art Pufferzone aus und soll die USA nicht offensichtlich provozieren. Sicherlich ist die Sorge, von den USA trotzdem militärisch angegriffen zu werden, ein Argument innerhalb der iranischen Führung, das Atomprogramm weiter auszubauen.

Keine sechs Monate nach dem Beginn der Militäroperation „Iraqi Freedom" ziehen Wolken der Eskalation um das iranische Atomprogramm auf. Mit einer Resolution fordert die Wiener UN-Behörde IAEO am 12. September 2003 die iranische Regierung auf,[87] innerhalb von sechs Wochen bis zum 31. Oktober ihr Atomprogramm offenzulegen. Würde sich das Szenario der Suche nach Massenvernichtungswaffen im Irak für den Iran nun doch wiederholen?

E3-Initiative zur Kontrolle des iranischen Atomprogramms

Premierminister Tony Blair will wohl keinen zweiten, parallelen Krieg in der Golfregion führen und keinen zusätzlich außenpolitischen Zwist mit Paris und Berlin riskieren. Und so legt Großbritannien mit Frankreich und Deutschland, die drei großen EU-Mitgliedstaaten, die E3, den Grundstein für eine gemeinsame Politikinitiative mit dem speziellen Ziel, die Einhegung des iranischen Atomprogramms mit diplomatischen Mitteln voranzutreiben. Und plötzlich geht es ganz schnell: Am 21. Oktober 2003, zehn Tage, bevor die Resolutionsaufforderung der Internationalen Atomenergiebehörde an Iran abläuft, besuchen der deutsche Außenminister Joschka Fischer und seine beiden Amtskollegen aus Frankreich und Großbritannien, Dominik de Villepin und Jack Straw, Teheran.

Die drei Chefdiplomaten wollen erreichen, dass Iran seine Zusagen zum Zusatzprotokoll des Atomwaffensperrvertrags erfüllt, damit die Inspekteure der IAEO alle Atomanlagen des Landes unangekündigt kontrollieren können. Vermutete Zweideutigkeiten um den Charakter des iranischen Atomprogramms sollen geklärt und die Nuklearaktivitäten überwacht werden. Im Gegenzug bieten die Europäer dem Iran technische Hilfe für seine zivile Atomenergiegewinnung an.

Nervosität herrscht in Teheran nicht nur darüber, ob die US-Amerikaner vielleicht doch aus dem Irak angreifen, sondern auch, weil man der geballten Macht europäischer Diplomatie in Gestalt dreier Außenminister etwas Handfestes anbieten muss, um sie nicht zu verprellen. Diese Nervosität spüre ich persönlich, als ich in den unmittelbaren Tagen zuvor mit dem Münchner Politikexperten Felix Neugart im Iran unterwegs bin. Wir sind von iranischen Wissenschaftlern zu einer Diskussion über die iranisch-europäischen Beziehungen nach Teheran eingeladen worden. Und haben uns auch mit Besuchen in der für iranische Schiiten heiligen Stadt Ghom und der mittelalterlichen Handelsmetropole Isfahan ein Bild der Stimmungslage im Land machen können. Wir nehmen Sorge vor unkalkulierbaren Folgen einer militärischen Eskalation mit den US-Amerikanern wahr, und man zählt gleichzeitig auf verbesserte Beziehungen zu den Europäern, die hoffentlich auf Entspannung mit den USA wirken können. Am Montag, den 20. Oktober 2003, treffen Fischer, de Villepin und Straw abends in Teheran ein – wir fliegen wenige Stunden später nach Deutschland zurück.

Wenn drei europäische Außenminister zusammen auftreten

Fischer, Straw und de Villepin verhandeln mit Hassan Rohani, dem Unterhändler Irans für die Atomgespräche und späteren siebten Präsidenten der islamischen Republik. Nach einem Gespräch mit dem iranischen Präsidenten Mohammad Chatami hatten die Außenminister Deutschlands, Frankreichs und Großbritanniens die Zusage des Iran im Gepäck, auf Uran-Anreicherung zu verzichten und das Land für Atomwaffenkontrollen zu öffnen. Chatami, der dem kompromissbereiten Flügel der iranischen Führung zugerechnet wird, befindet sich seit 2001 in seiner zweiten Amtszeit, und scheint sich eine Öffnung für den Westen gegenüber den Kritikern in seinen eigenen Reihen nun eher leisten zu können. Die Vereinbarung mit den Europäern wird verkündet, als Rohani zwischen dem deutschen und dem französischen Außenminister, neben dem wiederum der britische sitzt, Platz genommen hat. Über den vier Männern prangen Porträts des iranischen Revolutionsführers Khomeini, seines Nachfolgers im Amt, des Religionsführers Khamenei, sowie das Bild von Präsident Chatami, den die drei Europäer vor dem diplomatischen Akt in seinem Palast besucht haben. In der Abschlusserklärung heißt es sogar, „dass Atomwaffen keinen Platz in der Verteidigungsdoktrin des Iran“ hätten.

So bilanziert nicht nur die britische Zeitung *The Guardian* einen Erfolg für die europäische Diplomatie („Diplomatischer Coup zum Atomprogramm verhindert Krise“), schwierige gegensätzliche Interessen im Dialog austariert zu haben.[88] Fischer, Straw und Villepin sei es gelungen, die Konfrontationslogik Irans mit dem Westen ein wenig aufzulösen; besonders die deutsche Bundesregierung wolle ein Zeichen für die internationale Abrüstung setzen in Zeiten des Irak-Krieges. Innereuropäisch etabliert sich die E3 als neues europäisches Politikformat, in dem Deutschland, Frankreich und Großbritannien außenpolitische Positionen innerhalb der EU vorabstimmen. Ab Januar 2004 sollen sich die drei Chefdiplomaten der großen europäischen Mitgliedstaaten regelmäßig alle sechs Wochen reihum in den jeweiligen Hauptstädten treffen. Diese engmaschigen diplomatischen Verabredungen sollen wohl auch zukünftige tiefgreifende Auseinandersetzungen wie um den Umgang mit den vermuteten ABC-Waffen im Irak rechtzeitig vermeiden helfen.

Europa setzt auf Sanktionen und Verhandlungen, will weiteren Krieg im Golf vermeiden

Die Meinungsunterschiede über die Irak-Invasion und die weitere europäische Irak-Politik werden durch den regelmäßigen Politikaustausch der E3 noch nicht ausgeräumt. Dieses neue Format hilft aber, die Positionen und die Politiken im Umgang mit dem iranischen Atomprogramm zu festigen und durchzuhalten. Berlin, London und Paris entwickeln und verfolgen hartnäckig eine Doppelstrategie: Der „zweigleisige Ansatz"[89] solle einerseits ganz im Sinne der gemeinsamen Teheran-Reise über Diplomatie Verhandlungen, multilaterales Engagement und die Einhaltung des Völkerrechts garantieren. Andererseits und parallel zur Diplomatie wird der Instrumentenkasten der Sanktionen gegen die iranische Führung genutzt, um Druck auszuüben – zusätzlich zu existierenden Sanktionen, die als Reaktion auf die katastrophale Menschenrechtslage verhängt wurden. Die Machthaber in Teheran haben ihren Überwachungs- und Unterdrückungsapparat weiter ausgebaut, richten weltweit mit die meisten Bürger:innen hin und sperren die meisten Journalist:innen ein. Ein Dilemma, beiden Bedrohungslagen, Menschenrechte und Atomprogramm, im Umgang mit den Mullahs gerecht zu werden. Die europäischen und insbesondere die US-amerikanischen Sanktionen zu verschärfen oder zu verlängern sind ein zentrales Element, um die Führung in Teheran immer wieder an die Einhaltung und Umsetzung der Verabredungen insbesondere zur Kontrolle des Atomprogramms durch die Internationale Atomenergiebehörde IAEO anzuhalten. Berlin, London und Paris sind bestrebt, dem Sanktionstableau auch internationale Legitimation zu verleihen. So binden sie den UN-Sicherheitsrat und die Internationale Atomenergiebehörde immer wieder ein. Es gilt, die Vetomächte Russland und China hinter dem Diplomatieansatz Dialog und Sanktionen gegenüber dem Iran an Bord zu halten. Schwieriger wird es sein, Washington von dieser Politik zu überzeugen.

Die Europäer müssen liefern, denn ihr wichtigster westlicher Verbündeter, die USA, sind skeptisch, glauben eher, dass noch mehr Druck und Härte gegen die iranische Führung eingesetzt werden müssten, um zu verhindern, dass Irans Atomprogramm die Waffenfähigkeit erreicht. Einerseits kann die Bush-Administration mehr Härte gegenüber Teheran einfordern, muss in der Praxis aber vorsichtiger agieren, weil ihre Truppen im Irak und ihr dortiges Aufbauprojekt leicht durch iranischen Einfluss behindert werden können. Andererseits wird die US-amerikanische Skepsis genährt von den US-Verbündeten im Nahen Osten, Saudi-Arabien, den Emiraten und Israel. Israels ehemaliger Ministerpräsident Netanyahu weist unaufhörlich auf diese Gefahr hin; legendär ist seine Rede 2012 vor der Versammlung der Vereinten Nationen, bei der er die Zeichnung einer Bombe hochhält, die mit Rotschraffierung signalisiert, dass Iran kurz vor der militärischen Atomwaffenfähigkeit stehe. Die Sorgen um die Nationalsicherheit Israels, der Emirate und Saudi-Arabiens resultiert aus der Verbindung einer möglichen militärischen Atomwaffenfähigkeit mit dem laufenden Raketenaufrüstungsprogramm des Iran. Der Sorgen-Horizont beschreibt die Möglichkeit, dass iranische Ingenieure atomwaffenfähiges Material über Kurz- und Mittelstreckenraketen auf die Gebiete ihrer Nachbarn verschießen können.

Die Europäer hatten und haben keine Sympathie für das islamistische Regierungssystem des Iran mit seiner ausschweifenden antiamerikanischen und antiisraelischen Rhetorik und den erheblichen Menschenrechtsdefiziten. Vielen Europäern geht es mit dem doppelten Ansatz aus „Sanktionen und Verhandlungen" auch darum, ein Zeichen für den Erfolg internationaler Abrüstungsdiplomatie zu setzen, wie ich aus Gesprächen mit Diplomaten erinnere. Eine Alternative darzustellen zum international nicht legitimierten militärischen Versuch, vermutete Massenvernichtungswaffen des Saddam Hussein im Irak mit Soldaten über eine Invasion aufzuspüren und zu vernichten. Und eine Alternative zu einer „Koalition der Willigen" zu formulieren, um bei den international anerkannten Resolutionen seitens der IAEO und des UN-Sicherheitsrates den Weg des Handelns zu bestimmen. London, Paris und Berlin bringen den Hohen Beauftragten für die Europäische Außenpolitik in die Rolle eines Moderators und Gesprächsführers an den Verhandlungstisch mit Iran. Diese laufenden Verhandlungsrunden dauern mit Unterbrechungen über zehn Jahre; sie finden in Wien statt, da in der österreichischen Hauptstadt die Zentrale der Internationalen Atomenergiebehörde verortet ist. Neben Deutschland, Frankreich, Großbritannien und der/m EU-Außenbeauftragten sitzen dem Iran auch die anderen Vetomächte des UN-Sicherheitsrates, China, Russland und die USA, gegenüber. Diplomaten bezeichnen diese Verhandlungskonstellation mit der Formel EU/E3 (Deutschland, Frankreich, Großbritannien) plus 3 (USA, China und Russland) und Iran.

Die Wiener Verhandlungen sind aus vielerlei Gründen schwierig und gestalten sich langwierig. Die iranische Seite blockiert, weil sie insbesondere den US-Amerikanern nicht traut. Die Iraner fühlen sich von US-amerikanischen Soldaten und Stützpunkten in ihren Nachbarländern eingekreist, im Nato-Land Türkei, seit dem zweiten Golfkrieg 1991 in Kuwait, seit dem Mauerfall in einigen Ländern des Kaukasus, seit der Invasion 2001 in Afghanistan und nun seit 2003 im Irak. Darauf aufbauend glaube die Führung in Teheran kaum, dass die US-Amerikaner bereit seien, im Gegenzug für eine Kontrolle und Rückführung des iranischen Atomprogramms die Sanktionen zu reduzieren und aufzuheben. Müsse man sich nicht mindestens mit einer realistischen Option auf Atomwaffen vor möglichen US-Angriffen schützen? Militärische Abschreckungskapazitäten entwickeln, wie Katajun Amirpur 2009 analysiert.[90] Trotz der Schwierigkeiten bleiben die Europäer mit ihrem doppelten Ansatz „Sanktionen und Dialog" diplomatisch am Ball. So können sie die US-amerikanischen Verbündeten nach dem Regierungswechsel in Washington von Republikanern zu Demokraten unter Präsident Barack Obama in diesen multilateralen Verhandlungen integrieren.

Auch im Iran findet ein Führungs- und Richtungswechsel statt. Der Hardliner-Präsident Ahmadinedschad wird im August 2013 von dem im Vergleich dazu kompromissbereiteren Präsidenten Hassan Rouhani abgelöst. Eben der Rouhani, der 2003 mit den Europäern die Erklärung zur Kontrolle und Nutzung des Atomprogramms verhandelt hatte. So kennt Rouhani nicht nur das Atomdossier gut, sondern er steht unter dem enormen Druck, die iranische Wirtschaft voranzubringen, dem Ausland gegenüber zu öffnen und dazu die internationalen Sanktionen zu beenden. Sein Vorgänger Ahmadinedschad, der mit dem grimmigen Gesicht und dem grauen Feldanzug, hatte Iran zwischen 2005 und 2013 weiter isoliert und das Atom- und Raketenprogramm vorangetrieben. Proteste von Millionen Iraner:innen gegen seine vermeintliche Wiederwahl 2009 wurden auf Anordnung des Religionsführers Ali Khamenei brutal niedergeschlagen. Um Massendemonstrationen in Zukunft schneller unterbinden zu können, baut das Regime den Überwachungs- und Unterdrückungsapparat weiter aus.

Europa vermittelt einen internationalen Atomkontrollvertrag

Richtungswechsel in Washington und Teheran und die diplomatisch zäh ringenden Europäer ermöglichen, dass am 14. Juli 2015 in Wien ein Atomvertrag unter dem Titel „Joint Comprehensive Plan of Action" mit Iran geschlossen wird, der sogenannte JCPOA,

„der gemeinsame Aktionsplan".[91] Sieben Außenminister unter Leitung der EU-Außenbeauftragten Federica Mogherini unterschreiben, zum historischen Foto stehen die acht Persönlichkeiten hinter ihren Flaggen, von links nach rechts China, Frankreich, Deutschland, EU, Iran, Russland, Großbritannien und die USA. Sicherlich ein Erfolg für die multilaterale Abrüstungsdiplomatie, aber nur ein halber Erfolg für die regionale Sicherheit im Nahen Osten. Der JCPOA-Vertrag ermöglicht der iranischen Führung den Verkauf von Erdöl auf dem Weltmarkt und den Zugang zu eingefrorenen Devisenkonten. Iran verfügt über zusätzliche finanzielle Einnahmen und wirtschaftliche Vorteile. Im Gegenzug muss Teheran sein hochangereichertes Uran an Russland abgeben, und die Kontrolleure der internationalen Atomenergiebehörde können die restlich erlaubten zivilen atomaren Energiegewinnungsaktivitäten strikt kontrollieren. Diese Beschränkungen gelten nur für zwölf Jahre.

Die Beschränkungen sollten auf ewig gelten, fordert schon der damalige israelische Ministerpräsident Netanyahu vor der Vollversammlung der Vereinten Nationen. Die wortführenden Kritiker im Nahen Osten, in Israel, den Vereinigten Arabischen Emiraten und Saudi-Arabien trieben zwei verständliche zentrale Befürchtungen um, wichtige Aspekte, die der JCPOA-Vertrag nicht leisten konnte oder sollte: (1) die Aufrüstung und Weiterentwicklung des iranischen Raketenprogramms; die Raketen erzielten immer größere Reichweiten, und mit dem Wissen der iranischen Atomwissenschaftler könnten wohl binnen Jahresfrist nach einem Ende des JCPOA-Vertrages die Raketen mit atomaren Sprengköpfen ausgestattet werden, und (2) der Umstand, dass die iranische Führung ihre zusätzlichen Deviseneinnahmen dazu nutzen könne, ihre regionalen Verbündeten finanziell und militärisch besser auszustatten. Israel sieht die Bedrohung durch die antiisraelische Hisbollah im Südlibanon, die Emirate und Saudi-Arabien verweisen auf Angriffe auf ihre Ölförderung im Golf und ihre Verbündeten im Jemen.

Was Iran und Saudi-Arabien umtreibt

Saudi-Arabien und Iran sehen sich als Konkurrenten in der Golfregion. Sie sponsern unterschiedliche Konflikt- und Kriegsparteien, um ihre Einflusszonen in der gesamten nahöstlichen Region zu festigen oder gar auszuweiten. In diesem Hegemonialstreit ringen beide Seiten um die politische und militärische Vormacht in der Golfregion. Iran versteht sich zusätzlich als Schutzmacht der Schiiten, die rund zehn Prozent der Muslime in der Welt ausmachen. Die Mehrheit der Muslime folgt der sunnitischen Richtung – für diese sieht Saudi-Arabien sich in der Führungsrolle, auch, weil sich die heiligen Stätten und wichtigsten Pilgerorte Mekka und Medina im Königreich selbst befinden.

In Saudi-Arabien misstraut man Iran auf ganzer Linie. Das Königshaus sieht die islamische Republik als Gewinnerin, wenn die Zentralgewalten arabische Staaten wie der Irak, Syrien, der Libanon und der Jemen zerfallen. Dort profitiere Iran über die aufstrebende Macht von lokalen Milizen, darunter schiitischen Gruppierungen in Zentral- und Südirak, Milizen, die das Assad-Regime in Damaskus stützen, der Hisbollah im Süd-Libanon und schiitisch orientierte Houthi-Rebellen im Jemen, die Saudi-Arabien von dort mit Raketen beschießen. Riad vermutet auch, dass Teheran im Konflikt zwischen Schiiten und Sunniten im kleinen Golfstaat Bahrain die Strippen gegen das sunnitische Königshaus zieht. Am Golf meint man,[92] bei den Aufständen schiitischer Gruppierungen in den östlichen Provinzen Saudi-Arabiens die Handschrift der iranischen Führung erkennen zu können. Darüber hinaus, so glauben viele Saudis, wolle der iranische Staatsapparat sein Konzept einer schiitisch-islamischen Regierungsform, die er durch Revolutionsführer Khomeini nach der Revolution 1979 eingerichtet hat, in andere muslimische Länder exportieren. Nach der Unterzeichnung des Atomvertrages 2015 ist die Angst Saudi-Arabiens vor einer weiteren Zunahme des iranischen Einflusses im Nahen Osten eher noch gestiegen. Das saudische Königshaus verweist auf den Beschuss seiner Ölförderanlagen, die Bedrohung der Öltankerrouten im Golf 2015 und den Raketenbeschuss durch die Houthi-Rebellen aus dem Jemen. Dem versucht Saudi-Arabien über ein massives militärisches Bombardement seit 2015 Herr zu werden, erfolglos, im Gegenteil, der Jemen verwandelt sich in einen Ort der humanitären Katastrophe, in dem der Krieg nie aufzuhören scheint.

Verantwortliche im Iran fühlen sich seit Jahren militärisch und politisch umzingelt von den USA und ihren Verbündeten in der Region, zu denen Iran vor allem Saudi-Arabien zählt. Hinter dieser „Einkreisung" wittern die iranischen Hardliner mögliche Absichten eines Regimewechsels. Sie nehmen auch die regionalen US-Verbündeten als Gegner wahr, weil diese in Washington für noch schärfere Sanktionen gegen den Iran eintreten und unter der Minderheit der Kurden und Araber im Iran separatistische Strömungen unterstützen sollen. Außerdem vermutet Teheran, dass es Riad und dem Westen beim Kampf gegen das Assad-Regime einzig darum gehe, die iranische Verbindungslinie zur schiitischen Hisbollah in den Libanon zu kappen und den Einfluss Irans im Nahen Osten generell zurückzudrängen. Das Regime fühlt sich deshalb in der Defensive und setzt verstärkt auf direkte militärische, finanzielle und politische Unterstützung von nichtstaatlichen, schiitischen und schiitisch-orientierten Milizen und Gruppen im arabischen Raum. Darüber hinaus solle das Atom- und Raketenprogramm abschreckend wirken.[93]

Atomvertrag begrüßenswert – aber regionale Deeskalationsmechanismen fehlen

Deeskalationsmechanismen fehlen, um diese Bedrohungswahrnehmungen, Gefahrlagen und Sicherheitslücken aufzufangen. Um in ein regionales Dialog- und Verhandlungssystem einzusteigen, hätten sich unmittelbar nach der Unterzeichnung des Atomvertrages JCPOA am 14. Juli 2015 zwei existierende Verhandlungsforen angeboten: (1) Das Format EU/E3 plus 3 mit Iran ist eingespielt und könnte in zwei Phasen fortgesetzt werden: Zuerst unter Einbeziehung der direkten arabischen Konfliktnachbarn

Irans in der Golfregion, Irak, die sechs Staaten des Golfkooperationsrates und Jemen. In einer zweiten Phase dann könnten wichtige Regionalakteure wie die Türkei, Ägypten und Israel dazu geladen werden. (2) Es bietet sich auch an, das parallel noch existierende multilaterale Dialogforum zur Einhegung des Syrien-Konfliktes, die sogenannte Internationale Syrien-Unterstützungsgruppe (ISSG), zu nutzen und thematisch auf die Konfliktregion „Golf" zu erweitern. Beide multilateralen Verhandlungsinitiativen fortzuführen sei günstig, weil 2015 auf US-amerikanischer wie auf russischer Seite mit John Kerry und Sergeij Lawrow zwei Außenminister stehen, die die USA und Russland im Dialog halten und beide seit Jahren die aktuellen Konfliktparteien im Nahen Osten und ihre gegensätzlichen Interessen gut kennen.

Erfahrungen mit der KSZ-Schlussakte von Helsinki anwenden

Kerry und Lawrow haben für die USA und Russland den Atomvertrag mit dem Iran in Wien unterschrieben. Am Tag nach der Unterzeichnung des JCPOA, dem 15. Juli 2015, schicken Christian Koch, Experte für die Golfstaaten, und ich ein kurzes Politikempfehlungspapier mit Grafiken[94] an die Fachöffentlichkeit. Wir wollen die öffentliche Aufmerksamkeit nutzen und darauf hinweisen, dass sich mit dem Abschluss des Vertrages über das iranische Atomprogramm nun eine politische Chance ergibt, um ein regionales Kooperations- und Sicherheitssystem für die Golfregion zu gründen. Das JCPOA regelt zwar die Nuklearkontrollfrage mit Iran, aber nicht die regionalen Konflikte, die gerade Iran und Saudi-Arabien miteinander ausfechten. Wenn Deeskalation und Frieden in der Golfregion einen großen Schritt nach vorne machen sollen, dann ist ein regionaler Kooperationsrahmen zielführend – so ein Ergebnis jahrelanger wissenschaftlicher Vorarbeiten von Denkfabriken und Stiftungen aus der Europäischen Union und den Staaten der Golfregion, allen voran Iran, Irak, die sechs GCC-Staaten und Jemen.

Wir haben uns die Struktur und Ergebnisse der für Europa so wichtigen Konferenz für Sicherheit und Zusammenarbeit (KSZE) mit der Schlussakte von Helsinki von 1975[95] angeschaut, die erheblich zur Entspannung des Ost-West-Konfliktes in Europa beigetragen hat, und analysiert, welche Erfolgsfaktoren aus dieser Zeit auf die Konflikt-Subregion Golf übertragbar wären. Die KSZE verabredete drei Kooperationsfelder, sogenannte Körbe, für die Hauptthemen Sicherheit, Wirtschaft und humanitäre Beziehungen. Gerade über den dritten Korb wurden Begegnungen von Menschen beider Blöcke erleichtert, was zur Entspannung zwischen Ost- und Westeuropa beitrug. Viele Verhandlungsaspekte der KSZE bieten sich auch für ein Kooperations- und Sicherheitsmodell in der Golfregion an, etwa ein zweigleisiger Verhandlungsprozess für die Golfregion: Auf der höheren Ebene sollen die großen politischen Aspekte, wie der Kampf gegen den Terrorismus, die Zukunft Syriens, des Irak und des Jemen, sowie die Beziehungen Irans mit Saudi-Arabien und den anderen GCC-Staaten auf der Tagesordnung stehen. Parallel zu dieser hohen Ebene des politischen Dialoges sollen konkrete Verhandlungen zu spezifischen pragmatischen Fragen geführt werden, die vertrauensbildend wirken. Potenzial haben Verhandlungspunkte wie die maritime Sicherheit in der Golfregion, Infrastrukturprojekte, Maßnahmen zum Umweltschutz, gemeinsame Trinkwasserversorgung, Nahrungsmittelsicherheit, Kooperation bei der Energieversorgung, die Ausweitung regionaler wirtschaftlicher Beziehungen, ein gemeinsamer Rahmen für Handel und Investitionen, die Bildung eines regionalen Arbeitsmarktes, der Umgang mit Geflüchteten und die Unterstützung in der Gesundheitsversorgung – alle diese Punkte betreffen alle Konfliktparteien gleichermaßen. Kooperationen sollen das militärische und politische Konfliktpotenzial reduzieren und die Lebensbedingungen der wachsenden Bevölkerungen verbessern, von mehr Teilhabe bis mehr Wohlstand.

Die Wissenschaft denkt eine „KSZ-Golf" vor – ab 2021 entstehen regionale Bündnisse

Wer verhandelt zuerst? Eine Kerngruppe von neun Staaten, die geografisch die nahöstliche Subregion Golf beschreiben: die sechs arabischen Golfstaaten um Saudi-Arabien und die Vereinigten Arabischen Emirate, dann Iran und Irak sowie als neuntes Land der Jemen, sobald er eine anerkannte, inklusive Regierung hat. In eine mathematische Formel verkleidet, sprechen wir von der regionalen Staatenkonstellation 6 + 2 + 1. Die Türkei, Israel und Ägypten sind wichtige nahöstliche Regionalmächte mit Einfluss und Interessen bis in die Golfregion. Erstere ist wie die Frage von Autonomie für die Kurden im Nahen Osten mit dem Irak und Iran verbunden, Israel wird von dem iranischen Raketenprogramm bedroht, verfügt vermutlich über Atomwaffen, Ägypten hat eine große Militärstreitmacht und ist eng mit Saudi-Arabien und den Emiraten verbündet. Die Vermittler eines Golfverhandlungsprozesses mögen diese drei Länder in einer zweiten Phase in den oder gleich in Teile des Verhandlungsprozesses einbeziehen.

Aus heutiger Sicht können die Mediatoren auch an die sich seit März 2022 bildende regionale Sicherheitsallianz anknüpfen, die Israel und Ägypten mit einigen arabischen Staaten gebildet haben. Dieser Allianz gehören auf der arabischen Seite die Vereinigten Arabischen Emirate und Bahrain an, die zur Kerngruppe der Golfstaaten in der Konstellation 6 + 2 + 1 zählen. Es fehlen die Regionalmächte Türkei, Iran und Saudi-Arabien. Die USA sind die treibende Kraft, die Europäer nicht dabei. Ein zentraler Fokus ist, regionales Potenzial gegen die iranische Bedrohung zu mobilisieren. Regionales Kooperationspotenzial bietet auch das neue Format „Bagdad-Konferenz für Kooperation und Partnerschaft", das ab August 2021 jährlich in der Region tagt und als französisch-irakische Initiative alle Regierungen der Nachbarn des Irak umfasst. Es soll im Kern die Sicherheitslage im Irak verbessern durch Kooperationsdialog mit den Nachbarländern. Diesem Regionaltreffen gehören dementsprechend auch die Türkei, Iran und

Saudi-Arabien an. Federführend ist der französische Präsident Macron, Europa ist über den Außenbeauftragten Josep Borrell vertreten. Die USA sind nicht eingeladen. Anscheinend gibt es doch in der Nahostregion ein Bedürfnis, in regionale Bündnisse einzutreten, wenn die Kooperationsthemen Vorteile bringen und die Vermittler glaubwürdig sind.

Sensibel ist also die Rolle eines Vermittlers oder einer Vermittlergruppe für einen Golf-Kooperations- und Sicherheitsprozess. Wenn aktuell die USA und Frankreich in zwei Formaten die motivierende Rolle spielen, bieten sich nach unserer Denkarbeit auch andere Möglichkeiten an: Wie oben erwähnt, können die bereits existierenden Verhandlungsformate EU/E3+3 und Iran sowie der ISSG (die internationale Kontaktgruppe zur Beilegung des Syrien-Konfliktes) in Zusammensetzung ihrer Teilnehmerschaft und der zu verhandeln Themen erweitert werden. Als Mediatorin bietet sich zudem die Organisation islamischer Staaten (OIC) an, denn alle neun Länder der Subregion Golf gehören ihr an. Zu einer Golfkonferenz können auch die EU und China einladen; beide sind die wichtigsten Wirtschaft- und Handelspartner der Länder am Golf. Oder die Nationalstaaten Deutschland und Japan engagieren sich als Gastgeber und Moderatoren; beide haben in der Region keine koloniale Vergangenheit, beide haben wirtschaftliche Interessen, sind aber nicht im Sinne einer Konfliktpartei sicherheitspolitisch im Golf engagiert; Berlin und Tokio sind aktive Mitglieder der KSZE-Nachfolgeorganisation OSZE (Organisation für Sicherheit und Zusammenarbeit in Europa).

Seit das wissenschaftliche Netzwerk der Vordenker das Politikprojekt einer „KSZ-Golf" entwickelt und diskutiert, wird es von Kritik begleitet. Die Skeptiker führen an, dass gerade Iran und Saudi-Arabien noch keinen Leidensdruck hätten, ihre Streitigkeiten beizulegen und regional zu kooperieren. Somit hätten Teheran und Riad zu wenig Eigeninteresse an so einem Projekt, sodass engagierte externe Mediatoren diese mangelnde Ownership nicht ausgleichen und folglich wenig ausrichten könnten. Die Kritiker übersehen, dass die Herrschenden selbst versuchen, Signale der Dialogbereitschaft an die jeweils andere Seite zu schicken.

Der sonst so unscheinbar in seinem grauen Dress wirkende iranische Präsident geht ganz in Weiß im traditionellen Pilgerlook mit weißen Sandalen am saudischen Flughafen die Gangway herunter. Dezember 2007, es ist das erste Mal, dass ein iranischer Präsident an der jährlichen Hajj, der muslimischen Wallfahrt in der heiligen Stadt Mekka teilnimmt. Sein zweiter Besuch beim geostrategischen Rivalen auf der anderen Seite des Golfes in diesem Jahr, denn bereits im März 2007 ist der auf Konfrontation ausgelegte hagere, eher kleine Mann Ahmadinedschad im Palast in Riad von König Abdullah empfangen worden. Beide Führer lassen verlauten, dass sie über regionale Konflikte gesprochen haben und gemeinsam verhindern wollen, dass der Bürgerkrieg im Irak nicht auf ihre Länder übergreife. Doch die Beziehung entwickelt sich nicht. Während der saudische König probiert, im Libanon zu vermitteln, engagiert sich Iran nicht für Deeskalation im Nahen Osten – Ahmadinedschad reichen wohl die symbolträchtigen Bilder aus Saudi-Arabien mit dem König und der Wallfahrt für seine Wählerschaft daheim.

In den Jahren ab 2015 ist es andersherum: Der als eher kompromissbereit geltende iranische Präsident Rohani sendet Dialogsignale nach Saudi-Arabien, während der junge saudische Kronprinz Mohammed bin Salman konfrontativ auftritt. Er benennt die Konflikte im Nahen Osten, in die Iran involviert ist, will dem aber mit Engagement, gar militärischer Gewalt entgegentreten, sowie im Jemen. Dort bekämpft Saudi-Arabien seit 2015 die Miliz der schiitisch orientierten Houthi, die von Iran unterstützt werden, mit militärischer Macht.

Brückenbauer:innen aus der Golf-Region selbst am Zuge

Wir Vordenker einer „KSZ-Golf" lassen uns nicht beirren; ohne eine umfassende diplomatische Initiative droht die Spirale der Gewalt in der Region sich weiterzudrehen. Ermunterung kommt 2014 vom ehemaligen deutschen Außenminister Frank-Walter

Steinmeier. Vor dem Hintergrund des Krieges in Syrien und wachsender Spannungen im Persischen Golf, insbesondere zwischen Saudi-Arabien und Iran, solle die KSZE zum Vorbild für Entspannung und Bearbeitung zwischenstaatlicher Konflikte genommen werden. Die Formel von Helsinki „sei echte Sicherheit miteinander statt trügerischer Sicherheit voreinander und das auf Grundlage langsam wachsenden gegenseitigen Vertrauens".[96] Manchmal dauert es Jahre, bis eine wissenschaftlich erarbeitete Politikidee auf fruchtbaren Boden fällt. Verständigung zwischen den Konfliktparteien in der Golfregion kommt ab 2018 langsam zustande – das unterstreichen drei Initiativen, von denen zwei in der Region selbst entstehen:

(1) Der Saudi Abdulaziz Sager und der Iraner Hossein Mousavian sind Vordenker eines regionalen Dialog- und Sicherheitssystems für die Subregion Golf; ihre Glaubwürdigkeit entspringt der Tatsache, dass sie Bürger der Konfliktregion sind und sich seit rund 20 Jahren im Kreise der Vordenker einer „KSZ-Golf" engagieren. Ihre Lesart haben sie in einem gemeinsamen Artikel in der britischen Tageszeitung *The Guardian* im Januar 2021 unter dem Titel „Wir können einem Nullsummenkampf zwischen Iran und Saudi-Arabien entkommen – wenn wir jetzt handeln" zusammengefasst.[97] Sie analysieren, wie die beiden Hauptkontrahenten in der Golfregion sich auf gemeinsame Dialogprinzipien einigen können, die Erkenntnisse aus der Debatte um eine Übertragung der Erfahrungen aus der KSZE auf die Konflikt-Subregion Golf widerspiegeln: „Um diesen Teufelskreis zu durchbrechen und über das Spiel der Schuldzuweisungen hinauszugehen, müssen unsere Staats- und Regierungschefs direkte Diskussionen führen, die von den folgenden Grundlagen geleitet werden: i) Wahrung und Achtung der Souveränität, der territorialen Unversehrtheit, der politischen Unabhängigkeit und der Unverletzlichkeit der internationalen Grenzen aller Staaten in der Region; ii) Nichteinmischung in innere Angelegenheiten von Staaten; iii) die Androhung oder Anwendung von Gewalt abzulehnen und sich zur friedlichen Beilegung aller Streitigkeiten zu verpflichten; iv) die Politik der Unterstützung und Bewaffnung von Milizen in den Regionalstaaten abzulehnen; v) unter Achtung des Wiener Übereinkommens

über diplomatische Beziehungen und insbesondere der Unverletzlichkeit diplomatischer Einrichtungen; vi) uneingeschränkte Zusammenarbeit bei Maßnahmen zur Terrorismusbekämpfung; vii) Ablehnung des Strebens nach Hegemonie durch irgendeinen Staat in der Region; viii) Gewährleistung der freien Schifffahrt und des freien Verkehrs von Erdöl und anderen Ressourcen in die und aus der Region sowie Schutz kritischer Infrastrukturen; und ix) das Verbot der Entwicklung oder Beschaffung aller Formen von Massenvernichtungswaffen (MVW)". Drei zusätzliche Argumente betonen Sager und Mousavian aus ihrer regionalen Innensicht, die in der Thinktank-Debatte um die KSZ-Golf zu wenig Berücksichtigung fanden: i) Beziehungen auf der Grundlage gegenseitigen Respekts, entsprechend dem gegenseitigen Interesse und auf Augenhöhe; ii) Stärkung der islamischen Solidarität und Vermeidung von Konflikten, Gewalt, Extremismus und sektiererischen Spannungen; iii) die religiöse Minderheit im Land des anderen als Bürger dieses Landes zu behandeln, nicht in erster Linie als Glaubensbrüder mit transnationalen Loyalitäten.

(2) 9. April 2021 – Bagdad – „Geheimtreffen mit dem Feind"[98]: der irakische Premierminister Mustafa Al-Kadhimi lädt die Chefs des saudischen und des iranischen Geheimdienstes zu Gesprächen nach Bagdad ein. Bevor Al-Kadhimi im Mai 2020 zum Regierungschef gewählt wurde, war er Geheimdienstchef des krisengeschüttelten Landes zwischen Euphrat und Tigris. Aus dieser Wirkungszeit hat er gute Kontakte zu den Geheimdiensten der mächtigen Nachbarn Iran und Saudi-Arabien. Al-Kadhimi möchte verhindern, dass deren Gegnerschaft im Irak ausgetragen wird. Die innerirakischen Konfliktlinien, gerade zwischen sunnitischen und schiitischen Gruppierungen, sollen nicht weiter von außen angeheizt, sondern beendet werden. Al-Kadhimi will die innerirakischen Risse kitten und das Land geeint voranbringen. Das geht besser, wenn Iran und Saudi-Arabien sich direkt verständigen, am besten auch noch, wenn es keine Konfliktsituation im Irak zwischen den USA und Iran gibt. Schnell kann ein Funke einen Waldbrand auslösen, wie im Januar 2020, als der Führer der iranischen Revolutionsgarden und der Chef der paramilitärischen Kräfte im Irak, Qasem Soleimani und Abu Mahdi al-Muhandis,

auf der Fahrt vom Flughafen in die Stadt von US-amerikanischen Drohnen angegriffen und ermordet werden. Ein anderes Bild soll vom Irak in die Welt hinausgehen, wie das vom 28. August 2021, als Al-Kadhimi zu einer regionalen Kooperationskonferenz nach Bagdad Minister aller seiner Nachbarländer, insbesondere aus Iran und Saudi-Arabien, einlädt sowie aus der Türkei, Kuwait und Jordanien, nur Syrien nicht. Al-Kadhimi betont in seiner Eröffnungsrede, dass die Spannungen in der Region reduziert werden sollen, „Die Souveränität der irakischen Regierung (sei) zu respektieren" und der Irak sei aus der „Arena der Konfrontation von ausländischen Mächten" herauszuhalten;[99] dies ist sicherlich als ein verbaler Wink an Iran und Saudi-Arabien, aber auch an Iran und die USA zu verstehen, deren Interessen sich im Irak kreuzen. Dem irakischen Premierminister gelingt es, dass sich die saudischen und iranischen Geheimdienstvertreter regelmäßig in Bagdad treffen.

(3) Diese Initiative der irakischen Regierung, zu einer Deeskalation in der Golfregion durch Verhandlungen mit iranischen und saudischen Offiziellen beizutragen, sollte mit einem Brückenbau zwischen diesen Ländern durch Institutionen der Zivilgesellschaft untermauert werden. Einen Beitrag in diese Richtung leistet die zivilgesellschaftliche Initiative „Tafahum wa Tabadul", „Verständnis und Vernetzung", unter Moderation der deutschen Wissenschaftler und Experten für die Golfregion, Christian Koch und Adnan Tabatabai. Dieses NGO-Begegnungsprojekt entwickelt auch einen Teil der Arbeit weiter, die seit den beginnenden 2000er Jahren von dem Netzwerk der Denker für eine KSZ-Golf angestoßen wurde und sich über das Netzwerk der Thinktanks und Stiftungen im Projekt Al-Jisr / die Brücke weiterentwickelte. Nun engagieren sich bei „Tafahum wa Tabadul" besonders junge Forscher:innen und Aktivist:innen der Bereiche Wirtschaft, Gesellschaft, Kultur und Medien aus den Konfliktländern des Golfes rund um Irak, Iran und Saudi-Arabien für gegenseitiges Verständnis und Zusammenarbeit. Ihr Engagement unterstreicht, dass nicht nur sicherheitspolitische, sondern zunehmend auch sozioökonomische Faktoren eher für regionale Kooperation sprechen als für regionale Konfrontation.[100]

Alle Gesellschaften der Golf-Region stehen vor der Herausforderung, steigende Zukunftserwartungen ihrer jungen Gesellschaften zu erfüllen und einer wachsenden Masse Jugendlicher Ausbildung und Beschäftigung zu offerieren – Aspekte, von denen sich eine Verbindung zum „dritten Korb" der menschlichen Zusammenarbeit aus dem KSZE-Prozess ziehen lässt. Die Gegenwart liefert zusätzliche Argumente für Kooperation statt Konfrontation: Die Folgen der Klimaerwärmung werden zunehmend spürbar; es gilt mit der Herausforderung umzugehen, sparsamer zu sein mit natürlichen Ressourcen, etwa Erdöl und Erdgas, nachhaltiger zu produzieren. Gleichzeitig erlebt die gesamte Region eine Zeit, in der Lebensmittelanbauflächen und Grundwasserreserven immer knapper werden. Ökonomische und soziale Daten prognostizieren einen Bevölkerungsanstieg im Iran von 85 auf 94 Millionen und in Saudi-Arabien von 34 auf 48 Millionen Menschen. In beiden Ländern sind bereits jetzt knapp 40 Prozent unter 25 Jahren jung und fordern Lebens- und Arbeitsperspektiven ein – Wünsche, die in der Zukunft eine noch stärkere Rolle spielen werden. Ihre Forderungen werden uns in den kommenden Zeitenwenden stärker beschäftigen; Forderungen nach Lebenschancen, die an die Schlagworte „Arbeit, Brot, Freiheit und Würde" der Arabellion zur nächsten Zeitenwende ab 2011 anknüpfen. Es sind dieselben Anliegen, die sich auch im Iran deutlich Gehör verschaffen – mit großen Protestwellen 2019 und mehr noch 2022/2023 mit dem prominenten Slogan „Frau, Leben, Freiheit".

Nach den Verwerfungen der verbale Handschlag

Doch 2009 bestimmen noch alte graue Männer in dunklen Anzügen über die Möglichkeiten von Lebenschancen der Jugend. Nur wenige junge Leute hat die alte Garde für die Zuhörerschaft im Auditorium der Kairoer Universität ausgesucht. Am 4. Juni 2009 spricht der neue US-amerikanische Präsident Barack Obama dort vor vielen alten Männern, der ägyptischen Staatsgarde aus Armee,

Politik, Wirtschaft, religiösen Würdenträgern der bedeutenden islamischen Rechtsschule Al-Azhar – und wenigen ausgewählten ägyptischen Studierenden – über einen Neuanfang seines Landes, der USA und des Westens mit der islamischen und der arabischen Welt. Präsident Obama will mit seiner Kairoer Rede versuchen, die Wunden zu heilen, die ab 2001 unter seinem Amtsvorgänger Georg W. Bush aufgerissen wurden – mit dem „Krieg gegen den Terror", den Invasionen in Afghanistan und im Irak, den Exzessen in der irakischen Haftanstalt von Abu Ghuraib und dem völkerrechtswidrigen Foltergefängnis von Guantanamo. Viele Muslime haben die neokonservative US-Politik als ungerecht und einseitige Kriegserklärung gegen ihre Religion, den Islam, begriffen.

„Wir führen keinen Krieg gegen die islamische Welt", ruft Obama den Zuschauer:innen zu. Er erklärt im Herzen der arabischen Welt der Stadt Kairo am Nil das Trauma, das seine US-amerikanische Nation mit den Terroranschlägen vom 11. September 2001 erlebt habe. Er erklärt weiter, dass das Jagen von Terroristen der Taliban und der Al-Qaida insbesondere in Afghanistan und in Pakistan nicht nur mit militärischen Mitteln, sondern auch mit entwicklungspolitischen Anstrengungen fortgesetzt werden müsse. Die militärische Invasion der „Koalition der Willigen" in den Irak bezeichnet Obama dagegen offen als Fehler der USA. Deshalb plädiert er für Aussöhnung und für einen Neubeginn in den Beziehungen zwischen dem Westen und der muslimischen und arabischen Welt auf der Basis von gegenseitigem Respekt und ehrlichem Interesse aneinander.[101]

Der Kampf gegen den Terror verschließt die Augen vor Demokratiedefiziten

Ein Neubeginn ist schwierig: Der Kampf gegen den Terror und die Kriege im Irak und in Afghanistan wirken über Obamas Einsichten von 2009 bis in die Gegenwart nach. Islamistisch motivierter Terror verschreckt immer wieder die lokale, aber auch die westliche Bevölkerung – und bestimmt die Agenda der Beziehungen

Europas mit Nachbarn jenseits des Mittelmeeres. Am signifikantesten prägt die Herausforderung in Form des sogenannten „Islamischen Staates", der sich von 2015 bis 2017 in den Kriegs- und Konfliktgebieten Syriens und des Irak ein eigenes Herrschaftsterritorium aufbauen kann und mit Terroranschlägen von Nizza bis Berlin Angst und Schrecken in Europa verbreitet. Diese vom „Islamischen Staat" initiierten Selbstmordattentate führen wiederum dazu, dass europäische Regierungen die Frage der Terrorabwehr zu einem dominanten Thema ihrer Nachbarschaftspolitik gegenüber dem Nahen Osten und Nordafrika deklarieren – die Zusammenarbeit mit den Sicherheitsbehörden und Regierungsapparaten autoritärer Herrscher gewinnt nach 2001 wieder an Bedeutung.[102]

Aber auch Ableger der Terrorgruppe Al-Qaida führen den Kampf gegen den Westen weiter. Nicht mehr nur in Afghanistan und Pakistan, sondern auch im Irak, in Syrien, im Jemen, bis hin zur Sahelzone nisten sich Gruppen und Zellen islamistischen Terrorismus ein; sie bedrohen nicht nur unsere, sondern auch die Sicherheit vor Ort in der Region. Die Taliban, die scheinbar 2002 in Afghanistan besiegt waren und gegen die Obama weiterkämpfen lässt, zeigen strategisch langen Atem und putschen sich nach 20 Jahren in Afghanistan im Sommer 2021 wieder an die Macht, als US-amerikanische und europäische Truppen endgültig aus Afghanistan abgezogen werden – unkoordiniert. Ohne langen Atem und eher frustrierend verläuft auch der westliche Abzug aus dem Irak. Zuerst gehen die Europäer, die an der Seite der US-Amerikaner im Irak mitgekämpft haben, dazu über, ihre Soldaten von dort abzuziehen, später folgen auch die US-Amerikaner, die nach 2022 nur noch wenige Militärs im Irak stationiert halten. Und noch ein Terrorfolgethema schlummert für die Europäer im Nahen Osten. Nachdem 2017/2018 das Territorium des „Islamischen Staates" zurückerobert wurde, warten im Gewahrsam kurdischer Milizionäre im irakisch-syrischen Grenzgebiet inhaftierte IS-Kämpfer mit europäischen Pässen; es sind europäische Bürger mit arabischem Background oder zum Islam konvertierte Terroristen, die für den „Islamischen Staat" gegen den Westen in den Krieg gezogen sind und auf eine Rückführung in die europäischen Länder ihrer Staatsbürgerschaft und auf eine dortige Verurteilung warten. Der Kampf gegen islamistischen Terrorismus wird für Europa, aber auch für die Gesellschaften des Nahen Ostens und Nordafrikas eine schwierige Sicherheitsfrage bleiben.

Der Kampf gegen den Terror rechtfertigt die Zusammenarbeit mit Autokratien

Barack Obama hat in seiner Rede vom 4. Juni 2009 in Kairo – als Gast der Kairoer Universität und der Al-Azhar, einem Zentrum der islamischen Gelehrsamkeit und Rechtsprechung – auch daran erinnert, dass religiöse Autoritäten Toleranz, Kompromiss und Friedfertigkeit zu predigen haben. Das Tragische ist, dass islamistischer Terrorismus in nüchternen Zahlen zwischen 2001 und 2021 mit weltweit rund 90.000 Anschlägen über 180.000 Zivilist:innen umgebracht hat, darunter Christen, Juden und Muslime aller religiöser Richtungen.[103] Uns sind die Anschläge auf europäischem Boden präsent, doch mehr Attentate verübten Selbstmordattentäter jenseits des Mittelmeeres von Casablanca über Tunis, auf der ägyptischen Sinai-Halbinsel, in Bagdad, Teheran bis nach Kabul.

Als problematisch, wenn nicht gar fatal wird sich herausstellen, dass die Anti-Terror-Politik vieler europäischer Regierungen, durch verstärkte sicherheitspolitische Zusammenarbeit mit Herrschern in arabischen Ländern das Problemfeld islamistischen Extremismus und Terrorismus in den Griff zu bekommen, sich als nicht tragfähig erweist.[104] Selbst die Zusammenarbeit mit der jungen arabischen Herrschergarde, die Anfang der 2000er Jahre die Macht ihrer Väter übernimmt, funktioniert nicht. Weder der junge syrische Präsident Baschar al-Assad noch der junge jordanische König Abdullah II. noch der junge marokkanische König Mohammed VI. reformieren das Bildungssystem, die Wirtschaftsstrukturen und die politischen Beteiligungsmöglichkeiten so entscheidend, dass sich das Leben ihrer Bevölkerungen wirklich verbessert und der Jugend Lebenschancen offeriert werden. Die jungen

Herrscher haben Hoffnungen auf Reformen geschürt, aber ihre Versprechen nicht gehalten. Die Zeitenwende der Arabellion wird dies offenbaren. Noch werden die Modernisierungsdefizite in den arabischen Gesellschaften wenig sichtbar, vom Kampf gegen den Terrorismus und den Kriegen im Irak und Afghanistan überdeckt. Oder von schönen Bildern verdrängt, die der syrische Präsident Baschar al-Assad und der jordanische König Abdullah im Oktober 2001 von sich zeigen, als sie dynamisch wie im Gleichschritt gemeinsam zur Tat schreiten.

Im Schatten dieser dynamischen Fotos zeichnen arabische Wissenschaftler:innen ein düsteres Bild der Zukunft des Nahen Ostens und Nordafrikas. Unter dem Dach der Vereinten Nationen sammeln sie Daten und Fakten, die belegen, wie tiefgreifend und besorgniserregend die Versäumnisse mit Blick auf die Modernisierung von Bildung und Wirtschaft bis hin in den politischen Raum sind. Die Erkenntnisse werden in den Arab Human Development Reports[105] veröffentlicht. Die sechs Berichte der Jahre 2002 bis 2016 sprechen die drängenden Handlungsfelder für die arabischen Herrscher, ihre Eliten und Gesellschaften klar im Titel bereits an: 2002: Lebenschancen, 2003: Wissen, 2004: Freiheiten, 2005: Geschlechtergerechtigkeit, 2009: menschliche Unversehrtheit, 2016: Jugend.

Der Kampf gegen den Terror verdeckt die immensen sozialen Probleme im Nahen Osten

Einen Vorgeschmack auf das sich aufstauende innergesellschaftliche Konfliktpotenzial in vielen arabischen Ländern gibt US-Präsident Barack Obama jenseits der Selbstkritik über den „war on terror" in dem zweiten Teil seiner Rede vom Neuanfang in Kairo. Er benennt am 4. Juni 2009 klar die Reizworte Demokratie, Menschenrechte, Religionsfreiheit, Frauenrechte und wirtschaftliche Entwicklung, heikle Themen für die Mehrheit der Stützen der autokratischen ägyptischen Staatsführung in seiner Zuhörerschaft im großen Saal der Kairoer Universität. Wichtig sei es, dass die Menschen selbst bestimmen sollten, wie sie regiert werden, ruft er den alten grauen Männern zu, die um den greisen ägyptischen Staatspräsidenten Husni Mubarak die Masse der Zuschauer stellen. Ländern, in denen Frauen gebildet seien, ginge es nachweislich besser, betont der 44. Präsident der USA. Größer kann der Widerspruch gar nicht sein: hier der selbstkritische und an Veränderung appellierende junge amerikanische Präsident Obama, dort der seit 30 Jahren am Nil herrschende greise General und Staatspräsident Mubarak. Ein anderer Widerspruch schwingt mit, wird aber gern vergessen: Der ägyptische Präsident hat den Reformstau am Nil nicht aufgelöst, ist aber ein sehr loyaler und langjähriger Verbündeter der USA und der Europäer gewesen. Diese Widersprüche und der Versuch eines Neuanfangs mischen sich in eine gespenstische Szenerie, die ich noch heute vor Augen habe: Vom Flughafen in die Kairoer Innenstadt, in der Nilmetropole mit ihren fast 20 Millionen Menschen, die auf engstem Raum leben, fährt der Fahrzeugkonvoi des US-amerikanischen Präsidenten am 3. Juni 2009 durch menschenleere Straßen. Wieder kündigt sich eine Zeitenwende im Nahen Osten an.

KAPITEL 4
ZEITENWENDE 2011
Arbeit, Brot, Freiheit und Würde – die arabischen Protestbewegungen fordern Europa heraus

Knapp zwei Jahre später, 2011, sind diese leeren Straßen und Plätze voller Menschen, voller protestierender Menschen: Sie demonstrieren in Massen – nicht nur in Kairo, sondern in fast allen Hauptstädten arabischer Länder. Protestierende Bürger:innen treten eine neue Zeitenwende südlich des Mittelmeeres los. Es beginnt zur Jahreswende 2010 / 2011 mit dem Schlagwort „degage – irhal – hau ab!“ im eher beschaulichen Tunesien, dem kleinsten der fünf nordafrikanischen Länder mit seinen knapp zwölf Millionen Einwohner:innen.

Tunesien: Ein Demokratie-Leuchtturm wird gebaut – fast …

„Degage – irhal!“ (zu Deutsch: „Hau ab!“) gilt ihm, dem Langzeitpräsidenten Zine el-Abidine Ben Ali, dem seit 23 Regierungsjahren autokratisch regierenden Staatsoberhaupt. Der Großteil der eher jungen Bevölkerung kennt als Präsidenten nur den 75-Jährigen und sein hierarchisches Regierungssystem, in dem Sicherheitskräfte und Polizei mehr gefürchtet denn respektiert sind. Die Mauer der Angst vor Repressalien bröckelt, als sich am 17. Dezember 2010 in einem Provinzstädtchen ein Gemüsehändler aus Protest gegen die Schikane der örtlichen Polizei selbst verbrennt. Trotz staatlicher Zensur verbreitet sich die Nachricht über die sozialen Medien wie ein Lauffeuer. „So lassen wir uns einfach nicht mehr behandeln" – eine Motivation, die vor allem junge Tunesier:innen zu Protesten auf die Straßen bringt. Zu Hunderttausenden drängt es sie auf die Prachtstraße der Hauptstadt, die Avenue Bourghiba; dort demonstrieren sie insbesondere vor dem Innenministerium, dem Symbol für respektlosen und entwürdigenden Umgang der Polizei und Sicherheitskräfte mit den Bürger:innen. Hunderte Plakate und Transparente tragen die Schlagworte „Freiheit und Würde". Die Menschen schreien ihre ganze Wut auf das System heraus. Wut darauf, dass man ohne Beziehungen und Schmiergeld kaum an staatliche Leistungen oder einen Arbeitsplatz kommt. Wut darauf, dass Präsident Ben Ali und die Familie seiner Frau wie Kraken Macht und Besitz in ihre eigenen Taschen befördern, während die Bevölkerung mit hohen Preisen für Lebensmittel, Benzin und Mieten zu kämpfen hat. Wut darauf, dass man nicht frei seine Meinung äußern kann, geschweige denn für diese öffentlich demonstrieren darf. Ohne ihn soll es besser gehen, ohne Langzeitherrscher Ben Ali soll es mehr und faire Lebenschancen geben. Die Rufe „Degage – irhal!", dazu durchgestrichene Porträts von Ben Ali, reißen nicht ab.

Doch der gescholtene Staatslenker will den Präsidentenpalast nicht verlassen, beschimpft in Fernsehansprachen die Demonstrationen als „terroristische Akte"[106] und kündigt harte Strafen an – von Mittwoch, dem 12., bis Freitag, dem 14. Januar 2011, steht die Lage in Tunis auf Messers Schneide. Einige westliche Journalist:innen wollen über die Umbrüche in Tunesien berichten und fliegen nach Tunis. Vom dortigen Flughafen ruft *Zenith*-Chefredakteur Daniel Gerlach mich in Gütersloh an; er habe mit wenigen deutschen Journalisten kurzfristig einreisen können. Ich empfehle ihnen, Ahmed Driss aufzusuchen, den ich seit Jahren als unabhängigen Politikwissenschaftler und Leiter eines kleinen Instituts für Euro-mediterrane Studien kenne, und der trotz der Gängelungen des Regimes sein Forschungsbüro recht unabhängig halten konnte. Ich rufe Ahmed an, er wird Gerlach und die anderen deutschen Berichterstatter briefen und unterstützen. Die Demonstrationen gehen weiter. Die Tunesier:innen lassen sich nicht einschüchtern, die Massenproteste nehmen zu, das Innenministerium, das als Symbol der Unterdrückung gilt, wird von

Demonstrierenden belagert, Sicherheitskräfte schlagen auf diese ein. Die Armeeführung besetzt den internationalen Flughafen von Tunis, lässt den Luftraum sperren. Am späten Freitagabend, dem 14. Januar 2011, fliegt der Langzeitpräsident Ben Ali ins Exil nach Saudi-Arabien.

Jetzt werden engagierte Bürger wie Moncef Cheikh-Rouhou gebraucht. Schon sein Vater engagierte sich im Kampf um die Unabhängigkeit von der Kolonialmacht Frankreich in den 1950er Jahren. Moncef, den ich seit November 1994 kenne, ist ausgewiesener Finanz- und Wirtschaftsexperte, deshalb habe ich ihn in unsere Arbeit ab den ersten Kronberger Nahostgesprächen der Bertelsmann Stiftung im Januar 1995 einbezogen. Die Familie Cheikh-Rouhou besaß in Tunis ein Pressehaus, gab die Tageszeitung *As-Sabah*, „der Morgen" heraus. Das fast tägliche Katz-und-Maus-Spiel mit den Zensurbehörden von Ben Ali um kleinste Spielräume der Pressefreiheit reichte so weit, dass diese sich beschwerten und mit Repressalien drohten, wenn das obligatorische Porträtfoto des Staatspräsidenten auf der Titelseite der Zeitung zu klein geraten war. Von diesen Gängelungen erzählte er mir, als ich ihn 1997 in seinem Büro im Pressehaus in Tunis besuchte. 1999 musste Moncef mit seiner Familie ins Exil nach Paris, wo er an der renommierten Wirtschaftshochschule HEC einen Lehrauftrag antreten konnte. Januar 2011: Ben Ali im Exil, Cheikh-Rouhou kehrt zurück nach Tunis. Zehn Monate später, im November 2011, wird er für den Wahlkreis eins, Tunis-Mitte, bei den ersten allgemeinen, freien und geheimen Wahlen, die Tunesien je erlebt hat, als Abgeordneter in die Verfassungsgebende Versammlung einziehen und dort auch als stellvertretender Vorsitzender des Wirtschaftsausschusses wirken.

Im Vergleich zu den Protesten und Umbrüchen in Ägypten, Libyen und Syrien, die wir im Rahmen der Zeitenwende der Arabellion[107] von 2011 in diesem Kapitel näher betrachten wollen, ist der Sturz des tunesischen Langzeitpräsidenten und der politische Neuanfang mit rund 200 Toten und über 500 Verletzten – verglichen mit fast 900 Toten in Ägypten 2011 – relativ friedlich verlaufen. Viele Persönlichkeiten aus dem ehemaligen Machtapparat, den Verbänden aus Wirtschaft und Gesellschaft, die unter der

Diktatur wirken durften, und dem oppositionellen Raum von Islamisten bis säkularen Intellektuellen und Politikern, die zum Teil im Exil oder in den Gefängnissen saßen, versuchen den Umbruch so friedlich und inklusiv wie möglich zu gestalten und den Forderungen nach „Freiheit und Würde" gerecht zu werden. Doch die Herausforderungen sind immens und die Widerstände bleiben groß.

Europa reagiert erst überrascht und verwirrt, dann schnell hilfsbereit und engagiert. Man schien sich von Paris bis Brüssel mit der Herrschaft des tunesischen Langzeitpräsidenten Ben Ali arrangiert zu haben; das kleine nordafrikanische Land präsentierte auf dem Papier auch recht erfreuliche wirtschaftliche Wachstumsraten und war nach außen hin stabil. Vielleicht unter diesem Eindruck schlägt die französische Außenministerin Michele Alliot-Marie vor, als sich bei den Protesten in Tunis die Situation zuzuspitzen droht, französische Sicherheitsexperten zu entsenden. Diese sollen helfen, die tunesische Polizei zur Kontrolle des Volksaufstandes zu befähigen.[108] Die Ministerin muss ihren Hut nehmen; die Kritik ist groß, denn schnell sehen in Europa immer mehr Entscheidungsträger die arabischen Proteste nicht als Bedrohung der gewohnten Stabilität, sondern als Chance, endlich die mit den arabischen Regierungen auf dem Euro-Mediterranen Gipfel 1995 in Barcelona bereits verabredeten Werte – Demokratie, Menschenrechte, Rechtsstaatlichkeit, verantwortungsvolle Regierungsführung sowie Grundsätze sozialer Marktwirtschaft – umzusetzen. In diesem Sinne ruft Bundeskanzlerin Angela Merkel bereits am 15. Januar 2011 die tunesische Übergangsregierung zu einem grundlegenden Politikwechsel auf: „Gehen Sie auf die protestierenden Menschen zu und führen Sie wirkliche Demokratie ein."[109] Es sei unabdingbar, die Menschenrechte zu respektieren und Pressefreiheit sowie Versammlungsfreiheit zu garantieren. Merkel und die EU-Außenbeauftragte Catherine Ashton sagen die Unterstützung Deutschlands und der Europäischen Union für einen solchen Neuanfang zu. Mit diesen starken Ankündigungen kann es gelingen, den Mittelmeerraum in eine wahrhaftige Zone des Friedens, des Wohlstandes und der Stabilität umzugestalten. Auf die Forderungen der arabischen Protestierenden nach „Arbeit, Freiheit und Würde" wollen die Europäer:innen mit „more for more" antworten: mehr technische und finanzielle Hilfe aus Brüssel und den Mitgliedstaaten für mehr demokratische Fortschritte in den arabischen Umbruchländern.[110]

Das europäische Engagement für das neue Tunesien nimmt sehr schnell Fahrt auf. Exakt vier Wochen nach Ben Alis Flucht besucht die EU-Außenbeauftragte und Vizepräsidentin der EU-Kommission Catherine Ashton das Land; weitere vier Wochen später – im März 2011 – verabschieden die EU-Institutionen ein Grundsatzpapier, das Maßnahmen einer Partnerschaft für Demokratie und geteilten Wohlstand mit den südlichen Nachbarn im Mittelmeerraum,[111] wie Tunesien, spezifiziert. Europa proklamiert eine wertegebundene Nachbarschafts- und Entwicklungspolitik: Der gesamte Werkzeugkasten der Transformationserfahrung mit den Umbrüchen in Mittel-, Ost- und Südosteuropa nach dem Fall der Mauer wird angeboten, um den Weg zu Demokratie, Rechtsstaat und sozialer Marktwirtschaft in arabischen Umbruchländern zu begleiten und zu sichern. Tunesien profitiert von Budgethilfen, von finanzieller und technischer Unterstützung für neues Unternehmertum, für die sich überall gründenden Zivilgesellschaftsorganisationen. Die Unterstützung reicht bis zur Hilfe bei der Vorbereitung und Umsetzung der Wahlen zur verfassungsgebenden Versammlung Tunesiens.

Doch alte Ben-Ali-Kreise wollen ihren Einfluss und den Zugriff auf Finanzressourcen behalten. Einflussreiche Netzwerke in der islamischen Ennahda-Partei, die sich nach dem Verbot unter Ben Ali im neuen Tunesien politisch engagiert, lassen islamistische Extremisten, die aus den Gefängnissen freikommen, ungehindert agieren. Das wird sich bitter rächen. Salafisten gründen die gewaltbereite radikale Islamistengruppe „Ansar al-Scharia" (zu Deutsch: „Anhänger des islamischen Rechts"), ihr Anführer ist ein ehemaliger Afghanistan-Kämpfer, der Al-Qaida nahesteht. Die Salafisten erhalten Zulauf, indem sie in den armen Vororten der großen Städte und den vernachlässigten Dörfern im Süden und Osten Tunesiens Lebensmittel und Güter des täglichen Bedarfs verteilen. Ansar al-Scharia nutzt die Freiräume, greift Konzerte, Kunstausstellungen und Veranstaltungen säkulärer Parteien an.[112] Als im Februar und Juli 2013 mit Chokri Belaïd und Mohamed Brahmi auch noch zwei angesehene linksgerichtete, säkular eingestellte Abgeordnete der tunesischen verfassungsgebenden Versammlung erschossen werden, droht Tunesiens Weg in eine parlamentarische Demokratie abzubrechen, so mein persönlicher Eindruck bei einem Besuch im Sommer 2013.

Am 25. Juli 2013, ausgerechnet an dem Tag, an dem Mohamed Brahmi vor seinem Haus getötet wird, besichtige ich die große Moschee in der Stadt Kairouan, einer Hochburg der Islamisten. Die Moschee wurde bereits im siebten Jahrhundert von den ersten muslimischen Eroberern Nordafrikas gegründet. Auf der Weiterfahrt nach Hammamet hören wir, mein tunesischer Fahrer und ein Freund, im Radio die Nachricht vom Mordanschlag. Meine beiden tunesischen Begleiter erstarren. Der Mord an dem Politiker Brahmi lässt die Wut vieler Tunesier:innen überkochen: Schnell gibt es Massendemonstrationen rund um das Parlamentsgebäude in Tunis, die Wut richtet sich auf die islamische Ennahda-Partei, ihr wird vorgeworfen – wohl nicht zu Unrecht –, die Attentäter aus dem Milieu islamistischer Extremisten und gewaltbereiter Salafisten zu decken.[113] Die freie Presse berichtet rund um die Uhr von den Morden, der Suche nach den Tätern und den Protesten. Die Stimmung ist so aufgeheizt, dass vier einflussreiche Institutionen der tunesischen Gesellschaft sich in die aktuelle Politik einmischen und die Entwicklung zur parlamentarischen Demokratie retten. Der Mut, den die Unternehmer:innen, Gewerkschafter:innen, Menschenrechtsschützer:innen und Anwält:innen dabei beweisen, wird belohnt.

Das „Quartett für den nationalen Dialog" erhält in Oslo am 10. Dezember 2015 den Friedensnobelpreis. Sichtlich stolz hält die tunesische Unternehmerin und Vorsitzende Wided Bouchamaoui des Wirtschaftsverbandes UTICA die Ehrenmedaille und die Urkunde in die Kameras im Namen aller vier Geehrten, während die Vorsitzenden des Gewerkschaftsbundes UGTT, des Anwaltsverbandes und der Menschenrechtsliga neben ihr stehen. Sie werden dafür geehrt, dass sie ab Spätsommer 2013 die wichtigsten Kräfte aus Wirtschaft, Gesellschaft und Politik an einen Tisch gebracht haben, um mit einem Kompromiss den Weg aus der tiefen politischen Krise zu ebnen, die auf die Morde an den beiden Linkspolitikern gefolgt ist. Gegen die Salafisten geht die Polizei entschiedener vor, die islamische Ennahda-Partei muss ihre Regierungsmacht an eine technokratische Regierung abgeben.

Durch das Engagement des Quartetts kann die verfassungsgebende Versammlung ihre Arbeit beenden und eine politische Ordnung mit einem parlamentarisch-präsidialen Mischsystem verabschieden, mit Mehdi Jomaa einen Ministerpräsident bestimmen, der dieser Technokratenregierung vorsteht, die Präsidentschafts- und Parlamentswahlen von 2014 vorbereitet und umsetzt. Aus diesen geht eine Koalition der beiden größten Parteien hervor. Die säkular ausgerichtete Partei Nidaa Tounes (zu Deutsch „Ruf Tunesiens“) stellt den Staatspräsidenten, während die islamistisch orientierte Ennahda die Mehrheit der Parlamentssitze hält. Beide werden eine volle Legislaturperiode von 2015 bis 2019 gemeinsam regieren. Tunesien erwirbt sich den Ruf als einzige, wenn auch fragile, arabische Demokratie und gilt sogar als Leuchtturm in den Wirren der Arabellion.[114]

Dass Demokratie eine solide Wirtschaft braucht, um sich in der breiten Bevölkerung zu verankern, erkennt der Ökonom und Politiker Mehdi Jomaa sofort. In seiner Zeit als Ministerpräsident von 2014 / 2015 prägt der Ingenieur für sein Land das Label „Tunesien – eine Start-up-Demokratie“ und setzt so ein Zeichen dafür, dass junges, kleines und innovatives Unternehmertum gefördert werden müsse, um dem Land die dringend benötigten Arbeitsplätze und den lang ersehnten wirtschaftlichen Aufschwung zu bringen. Diese Strategie unterstützen Brüssel und die EU-Mitgliedstaaten mit großem technischen und finanziellen Engagement. Im Juni 2014 kommt Jomaa auch nach Berlin, ich organisiere mit ihm und Frank-Walter Steinmeier, seinerzeit Außenminister, eine öffentliche Informationsveranstaltung zu den Entwicklungen in Tunesien. Gerade Deutschland ist in und mit Tunesien aktiv, obwohl historisch wenige Bande zwischen beiden Ländern bestehen. Angetrieben von dem Wunsch, diese fragile junge tunesische Demokratie zu fördern, sind viele deutsche Politiker:innen, Ministerien, alle parteipolitischen Stiftungen und weitere Organisationen aktiv.

Sogar Bundespräsident Joachim Gauck besucht Ende April 2015 Tunesien. Auf einer Europa-Tunesien-Konferenz der Bertelsmann Stiftung in Tunis berichtet Gauck von seinen persönlichen und den ostdeutschen Erfahrungen beim Übergang von einer Diktatur in eine Demokratie. Er tut dies, um den Tunesier:innen, die sich für die Aufarbeitung der Ben-Ali-Zeit, die Rechtsfindung und die Versöhnung engagieren, Mut zuzusprechen. Damit auch Tunesiens Wirtschaft auf die Beine kommt, bietet die EU-Kommission der tunesischen Regierung zusätzlich zu den laufenden Hilfsleistungen ein neues und breit gefächertes Handelsabkommen an. Während dieser Verhandlungen, bringe ich gemeinsam mit meiner Stiftungskollegin Miriam Kosmehl, Expertin für die östliche Nachbarschaft der EU, Expert:innen und Praktiker:innen aus Moldau, der Ukraine und Georgien nach Tunesien, damit diese in öffentlichen Veranstaltungen über ihre Erfahrung mit Verhandlungen von Handelsabkommen mit der EU und deren Umsetzung berichten. So einfach und automatisch erbringen die neuen Handelsabkommen mit der EU den Nachbarländern nicht mehr Steuereinnahmen, mehr Exportchancen und mehr Arbeitsplätze. Die tunesische Regierung und ihre Behörden müssen auch ihren Teil zur Wirksamkeit vertiefter Handelsbeziehungen mit der EU beitragen, müssen insbesondere das Funktionieren und Anwenden rechtsstaatlicher Regeln und Normen durchsetzen. Das zeigen ihnen auch die Erfahrungsberichte aus Georgien; diese sind glaubwürdiger als solche aus Bulgarien, das selbst Mitglied der EU geworden ist.[115]

Nach der Zeitenwende der Arabellion 2011 scheint sich Tunesien ab 2015 mit umfassender europäischer Hilfe auf einem gesicherten Pfad zu parlamentarischer Demokratie und sozialer Wirtschaft zu befinden. Doch dieser Schein trügt: Bedauerlicherweise nutzt die große Koalition aus Nidaa Tounes und Ennahda, legitimiert durch die Wahlen vom Herbst 2014, ihre Regierungszeit von 2015 bis 2019 nicht, um notwendige wirtschaftliche, finanzielle und soziale Reformen durchzuführen. Debatten in Politik und Öffentlichkeit zeigen, welche Rolle die angestrebten Neuerungen für wirtschaftlichen Aufschwung und Wohlstand spielen. Doch während Diskussion auf Diskussion folgt, dauert es sehr lange, bis im Parlament Gesetze verabschiedet werden. Deren Implementierung lässt oftmals ewig auf sich warten. Eine so wichtige Regelung wie das Gesetz zur Gründung und Arbeitsweise von Start-ups braucht von der Debatte bis zur Umsetzung allein über drei Jahre. Auch über die Verteilung der Richterposten in einem Verfassungsgerichtshof können sich die Koalitionäre nicht einigen und schieben die Entscheidung auf. Dieses Vertagen wird sich in der nächsten Zeitenwende ebenfalls bitter rächen.

Europa und seine Mitgliedstaaten investieren weiterhin mit guter Intention und vielen sinnvollen Projektvorhaben in diesen Leuchtturm arabischer Demokratie. Bei gezielten Forderungen an die tunesischen Politiker aber, bereits diskutierte Reformen auch tatsächlich auf den Weg zu bringen, oder gar einen Verfassungsgerichtshof einzusetzen, der für die Absicherung der Gewaltenteilung in der parlamentarischen Demokratie essenziell ist, halten sich die Europäer zurück. Sie treibt die Sorge um, zu viel Druck könne dem jungen Demokratiepflänzchen schaden. Auch diese Haltung wird in der nächsten Zeitenwende ihre negative Konsequenz zeigen. Wir bleiben zu nachsichtig und fördern zum Teil wider besseres Wissen weiter, während in der breiten Bevölkerung die Stimmung sich allmählich gegen die gewählten Politiker richtet.[116] Das Bild einer nur an sich denkenden Kaste, die mehr und mehr zu Korruption neige, greift um sich. Entsprechend niedrig, nur noch knapp über 50 Prozent, fast zehn Prozent niedriger als 2014, ist die Wahlbeteiligung bei den freien Parlaments- und Präsidentschaftswahlen im Herbst 2019. Und die Bürger:innen, die zur Wahl gehen, wählen mit 70 Prozent einen Außenseiter, einen Anti-Politiker ins Amt des Präsidenten: Kais Saied, einen Rechtsprofessor, der sich bescheiden gibt und den Eindruck vermittelt, über Korruption erhaben zu sein. Während er den überwiegenden Teil seines Wahlkampfes in seinem Lieblingscafé verbringt, kann er sich darauf verlassen, dass eine immer größer werdende Schar besonders junger Menschen über die sozialen Netzwerke Werbung für ihn betreibt.

Wie im Wahlkampf verkündet, wird Kais Saied sich des Themas der Korruption annehmen und ein verändertes politisches System aufbauen. Derweilen haben unsere Pioniere der tunesischen Arabellion mit Resignation und innerer Emigration reagiert; andere sind jedoch hartnäckig am Ball geblieben: Mehdi Jomaa bleibt aktiv, nicht parteipolitisch, da Präsident Saied Parteien marginalisiert; dafür unterstützt er Unternehmer, die nachhaltig wirtschaften wollen. Ahmed Driss setzt sich weiter mit seinem Forschungsinstitut für die Mittelmeerpartnerschaft mit der EU ein. Moncef Cheikh-Rouhou konnte seinen Wahlkreis nicht verteidigen, lebt als Rentner in Hammamet und kümmert sich um seine Enkelkinder. Der vertriebene Langzeitherrscher Ben Ali ist 2019 im saudischen Exil verstorben.

Ägypten: Zerrieben zwischen tiefem Staat und islamistischer Ideologie

Anhänger von Ägyptens Langzeitpräsident Husni Mubarak wollen es noch einmal wissen: Dutzende Unterstützer von Mubaraks Regierungspartei bewaffnen sich mit Messern, Stöcken und Stangen. Auf Kamelen und Pferden stürmen sie auf den Tahrirplatz und dreschen auf die Protestierenden ein. Andere Anhänger des Präsidenten und des regierenden Systems werfen Steine und Ziegel von den Dächern der den Platz der Befreiung umstehenden Gebäude. Mittwoch, der 2. Februar 2011, wird mit 13 Toten und rund 1500 verletzten Demonstrierenden ein blutiger Tag der ägyptischen Arabellion sein, der neunte Protesttag. Doch die zuschlagenden Kameltreiber und Pferdereiter können den Gang der Geschichte nicht aufhalten. Neun Tage später tritt der 83-jährige, seit 30 Jahren präsidial herrschende Husni Mubarak ab, gedrängt von der Militärführung. Der oberste Militärrat wird die politischen Entwicklungen entscheidend mitdirigieren.

Im Gegensatz zu Tunesien, wo das Militär sich nicht in die Politik einmischte und nur kurz in Erscheinung trat, indem es sich schützend vor die Protestbewegung stellte und die Ausreise von Langzeitpräsident Ben Ali erleichterte, ist das ägyptische Militär ein zentraler Machtfaktor in Staat und Wirtschaft. Das Militär ist der größte Großgrundeigentümer, hält Besitzungen in Industrie und Tourismus. Die Präsidenten Sadat und Mubarak kamen aus den Führungsriegen des Militärs. Die Streitkräfte unterhalten eigene Gerichte, ihr Anteil am Staatshaushalt ist geheim. Sie profitieren von einem Geflecht aus Militär, Polizei, Geheimdiensten und Justiz, das bis in die niedrigsten Ebenen der Exekutive hineinreicht. Ein autoritärer Führungskreis ist in der Lage, weite Teile der Bevölkerung umfassend zu kontrollieren und sich somit große wirtschaftliche und finanzielle Vorteile zu sichern. Hinzu kommt eine schwerfällige Bürokratie, die mit ihren nicht enden wollenden Regulierungen das Leben der Ägypter:innen erschwert. Braucht der Ägypter ein offizielles Dokument, muss er ins Zentralverwaltungsgebäude Kairos am Tahrirplatz, dort braucht er viel Zeit, Geduld und Schmiergeld (*bakshish, rashwa*), um das ersehnte Dokument zu erhalten; kennt er dort den einen oder anderen Beamten (*wasta*, Beziehung), kann dieser die administrative Prozedur etwas beschleunigen. Dieses Verwaltungshochhaus, die Mogamaa, ist ein Wutobjekt der protestierenden Zehntausenden Ägypter:innen, die seit dem 25. Januar 2011 auf dem weiträumigen Befreiungsplatz, dem Tahrir, ein großes Protestcamp aufgeschlagen haben und beinahe rund um die Uhr vor den Kameras der Weltöffentlichkeit Hunderte von Plakaten und Transparenten durch die Lüfte schwingen, auf denen sie nicht nur den Abtritt Mubaraks, sondern auch „Brot, Freiheit und Würde" einfordern.

Ich begleite die dramatischen Ereignisse oft live vom Fernsehstudio des deutschen Ereigniskanals Phoenix aus, unterstütze die erklärende Berichterstattung der Journalist:innen und Moderator:innen mit meinem Wissen über Ägyptens Politik, Wirtschaft und Gesellschaft sowie meiner Ortskenntnis des im Herzen Kairos am Nil gelegenen Befreiungsplatzes. Das riesige Protestcamp auf dem groß angelegten Tahrirplatz ist umgeben von markanten Gebäuden: neben der Mogamma zur Rechten der Sitz der Arabischen Liga, zur Linken das Hauptverwaltungsgebäude der ehrwürdigen amerikanischen Universität zu Kairo, gegenüber das weltberühmte alte Ägyptische Museum, an der Westseite die Zentrale von Mubaraks Einheitspartei – das Gebäude, das bei den Protesten in Flammen aufgeht – und das altehrwürdige Nile-Hilton-Hotel, dessen Terrassencafé ich schon bei meinem ersten Kairobesuch

1989 als einen Ort der Stille am Rande des umtriebigen Tahrirplatzes entdeckt habe. 22 Jahre später wird dieser markante Platz der Befreiung das Symbol des Aufstandes gegen die alten Herrschaftsordnungen in der arabischen Welt sein – getragen von einer IT-affinen Jugend.

Dank Facebook und Google sind die jugendlichen Initiator:innen der Proteste schneller als die Geheimdienste des staatlichen Machtzirkels. Über die rasante Kommunikation der sozialen Medien können sie schnell Zehntausende mobilisieren und sich gegenseitig warnen, wenn – wie beim Aufmarsch der zuschlagenden Kamelreiter – Gewalt gegen sie droht. Auch junge Medienschaffende treiben die Proteste voran, unter ihnen Lina Attallah, eine 28-jährige ägyptische Journalistin. Immer wieder haben Sicherheitskräfte versucht, sie bei der Berichterstattung über die Massenproteste im Zentrum der ägyptischen Hauptstadt zu behindern. Lina und ihre Mitstreiter:innen lassen nicht locker, informieren weiter in arabischer und englischer Sprache. Ich lade die resolute und mutige Journalistin 2012 zusammen mit vier anderen nordafrikanischen Aktivist:innen auf eine Informationstour durch diverse europäische Hauptstädte ein, um Eindrücke aus erster Hand über den Verlauf der Arabellion zu vermitteln. Die ägyptische Revolution 2.0 habe ihre Mission erfüllt,[117] twittert Google-Manager Wael Ghonim, einer der bekanntesten Blogger und Mitinitiatoren der Protestbewegung, am Tag des Abtritts von Langzeitpräsident Mubarak, dem 11. Februar 2011. Jubel erfasst den Tahrirplatz, erfüllt besonders die ausharrenden Jugendlichen mit Hoffnung, dass nun endlich eine Zeit der fairen Lebenschancen, einer Zukunft in Arbeit, Freiheit und Würde anbrechen könne.

Jubel erfasst auch säkular eingestellte politische Oppositionelle, Persönlichkeiten wie Mohammed el-Baradei. Der ägyptische Jurist und Diplomat begegnete uns schon als Chef der Internationalen Atomenergiebehörde im vorigen Kapitel, als wir über Massenvernichtungswaffen-Programme des Irak und des Iran berichtet haben. El-Baradei ist in seine Heimat an den Nil zurückgekehrt, um dort im Rahmen der wenigen Möglichkeiten während der präsidialen Herrschaft Mubaraks mit gleichgesinnten Oppositionspolitikern 2010 eine nationale Bewegung für Veränderungen zu gründen. Der Friedensnobelpreisträger von 2005 wird sich nach dem Erfolg der Protestbewegung von 2011 mit einer „Verfassungspartei" in die politische Neugestaltung Ägyptens einbringen.

Doch das politische und gesellschaftliche Engagement von Persönlichkeiten wie Mohammed el-Baradei und Lina Attallah wird schnell untergehen in dem Machtkampf zweier viel größerer Kräfte Ägyptens: zwischen dem Militär mit seinem weitreichenden Machtapparat und dem großen Netzwerk der islamistischen Muslimbruderschaft. Die Muslimbruderschaft[118] war offiziell auch während der Präsidentenzeit von Mubarak verboten, weil sie proklamierte, ein anderes, islamistisches Gesellschafts- und Politikmodell anzustreben. Da offizielles politisches Engagement nicht erlaubt war, nutzten die Muslimbrüder die Möglichkeit, in den Berufsverbänden an Einfluss zu gewinnen. Außerdem engagierten sie sich dort, wo der Mubarak-Staat wenig präsent war oder keine Ressourcen investieren wollte, um Dinge zum Positiven zu ändern: in den Armenvierteln Ägyptens sorgten Muslimbrüder für die Versorgung mit Lebensmitteln, Gesundheit und Bildung, bauten dort so über Jahrzehnte informelle Netzwerke auf und legten Grundlagen für eine islamistisch-konservative Haltung in weiten Teilen der Gesellschaft.

So verwundert es wenig, dass die Muslimbrüder sich kaum mit der jugendlichen und säkular eingestellten Protestbewegung auf dem Tahrirplatz identifizieren. Sie sympathisieren mit der Forderung nach dem Sturz Mubaraks und sehen in dem darauffolgenden Prozess eine Möglichkeit, über freie Wahlen legal in politische Ämter zu gelangen. Dem Engagement gerade der jungen Frauen und den Forderungen nach Freiheit und Demokratie im westlichen Sinne stehen sie eher ablehnend gegenüber. Mit ihren in Mubaraks Staat aufgebauten informellen Netzwerken nutzen die Muslimbrüder die neuen politischen Freiheiten. Nach dem Sturz Mubaraks gründen sie die sogenannte „Freiheits- und Gerechtigkeitspartei" und wählen Mohammed Mursi am 30. April 2011 zum ersten Parteivorsitzenden. Als solcher tritt er für seine Partei bei der Präsidentschaftswahl im Juni 2012 an – die erste und bisher einzige freie, geheime und transparente Präsidentenwahl, die in Ägypten stattgefunden hat. In der Stichwahl kann Mursi sich nur knapp mit 51,7 Prozent gegen Ahmed Shafik durchsetzen, Luftwaffengeneral und ehemaliger Minister unter Mubarak, der die Kräfte des alten Systems sowie des weitreichenden Machtgeflechts aus Militär, Polizei, Geheimdiensten und Justiz hinter sich vereinigen kann. Ein Kandidat der säkularen demokratischen Mitte hat es nicht in die Stichwahl geschafft, sodass die Protestler:innen vom Tahrirplatz bei der Wahl vor einer schwierigen Entscheidung stehen. Mit Shafik einen Mann des alten Systems wählen, dessen Symbolkopf Mubarak sie gerade gestürzt haben? Mit Mursi einen Muslimbruder wählen, der eine andere Gesellschaftsordnung will? Aber die Muslimbrüder haben doch, wie sie selbst, unter der autoritären Militärherrschaft gelitten – eine schwierige Entscheidung, an der bereits jetzt deutlich wird, dass die ägyptische Arabellion auf eine schier unüberwindbare Polarisierung zusteuert.

Im Taumel des Sieges, das Präsidentenamt errungen zu haben, wie auch danach die Mehrheit der Sitze bei den Parlamentswahlen, glauben Präsident Mursi und seine Muslimbrüderführung, dass die Stimmenmehrheiten und das Leid, das sie unter Mubarak in den Gefängnissen, im Exil oder in der inneren Emigration erleiden mussten, ihnen nun die Legitimation gäben, nach dem Motto „the winner takes all", kompromisslos ihre Ansichten gegen andere politische und gesellschaftliche Kräfte durchzusetzen. Die neue Verfassung bekommt einen islamistischen Einschlag, mit Sondervollmachten verankern sie islamistische Sichtweisen in Politik und Gesellschaft, verteilen Posten an Gefolgsleute. Doch wenn Präsident Mursi etwas bewegen will, muss er eine Wahl treffen: Entweder arrangiert er sich mit der einflussreichen Justiz und dem mächtigen Militärrat des alten Mubarak-Systems oder er versucht sie zu entmachten.[119]

Präsident Mohammed Mursi glaubt, in Feldmarschall Abd al-Fattah as-Sisi einen Verbündeten im Militärrat gegen seine mächtigen Gegner im alten System gefunden zu haben. Am 12. August 2012 ernennt Mursi as-Sisi zum Oberbefehlshaber und Verteidigungsminister. Präsidial sitzt Mursi im Präsidentenpalast in seinem Arbeitszimmer hinter seinem Schreibtisch neben der ägyptischen Flagge, vor ihm auf einem kleineren Stuhl an einem kleineren Tisch sitzt in Feldmarschalluniform der vom Präsidenten gekürte as-Sisi. As-Sisi, der in den USA geschulte Militär, und Mursi, der in den USA promovierte Ingenieur. Es wird nur elf Monate dauern, bis das Machtverhältnis zwischen den beiden Männern weit mehr als umgedreht ist. As-Sisi wird Mursis Sturz befördern, Mursi gefangen nehmen lassen und selbst Präsident werden.

Binnen kurzer Zeit wird die *thaura*, die Revolution vom Frühjahr 2011, zur *tamarod*, der Rebellion vom Sommer 2013. Wieder füllen sich Kairos Straßen mit Zehntausenden Protestierenden, Kairos Brücken sind voller Menschentrauben. Die Demonstrant: innen schwenken ägyptische Fahnen und zeigen Plakate mit dem Porträt von Präsident Mursi, dessen rechte Gesichtshälfte das Porträt von Expräsident Mubarak zeigt, unterschrieben mit „Mohammed Mursi Mubarak". Alle eint die Opposition gegen die im islamistischen Sinne geführte Politik der Muslimbrüder im Parlament und im Präsidentenamt. Die Motive, den Rücktritt Mursis zu fordern, sind vielfältig: Da ist die Minderheit der koptischen Christen, die durch die Herrschaft der Islamisten marginalisiert wird; da sind viele Jugendliche der Arabellion, die ihre Ziele von Freiheit und Würde nicht realisiert sehen; da sind Unternehmer: innen, die ein weiteres Abrutschen Ägyptens in die Wirtschaftskrise befürchten; da sind Frauen und säkular Orientierte, die eine Islamisierung der Politik ablehnen; da sind führende Militärs, die ihren Geheimhaushalt nicht offenlegen wollen, und Blockadekräfte des alten Regimes in Militär, Geheimdienst, Justiz und Verwaltung, die um den Verlust ihrer Pfründe fürchten. Die Menge skandiert „Irhal, ya Mursi", „Hau ab, Mursi" – in Anlehnung an die Hau-ab-Mubarak-Forderungen der Protestierenden vom Tahrirplatz.

Nach der Großdemonstration am 3. Juli 2013 in Kairo fühlt die Militärführung sich autorisiert, Präsident Mursi abzusetzen, vor Gericht zu stellen und den Protest der Muslimbrüder gewaltsam niederzuschlagen. Zum Symbol der Niederschlagung wird die gewaltsame Auflösung der Protestlager der Muslimbrüderanhänger auf dem Kairoer Rabia-Platz, bei dem innerhalb von zwei Tagen rund 900 Menschen getötet werden. Bei allem Verständnis für die

Motive der *tamarod*-Massendemonstrationen: Mit Mubarak hat die Militärführung einen Präsidenten zum Rücktritt gedrängt, dessen Legitimation auf gefälschten Parlaments- und Präsidentenwahlen beruhte; mit Mursi jedoch hat sie einen Präsidenten abgesetzt, der über die ersten freien und geheimen Wahlen Ägyptens ins Amt gelangte und dessen Muslimbruderpartei über ebenso freie und geheime Wahlen die Mehrheit im Parlament errang. Hätte die Muslimbrüderschaft eine weniger ideologisch aufgeladene, weniger konfrontative und deutlich inklusivere Gesellschaftspolitik betrieben und sich darauf konzentriert, die wirtschaftliche Talfahrt des Landes zu stoppen, vielleicht wäre es in Ägypten nicht zu dieser Polarisierung und dem Showdown vom Sommer 2013 gekommen.

Im Frühjahr 2014 wird der noch von Mursi ernannte Oberbefehlshaber der Armee und Verteidigungsminister Abd al-Fattah as-Sisi mit 97 Prozent Zustimmung bei 46 Prozent abgegebener Stimmen zum Präsidenten gewählt – mit einem Wahlkampf, Abstimmungsverfahren und Ergebnis, das fast nahtlos an die Zeiten Mubaraks anknüpft. Am 8. Juni 2014 wird as-Sisi zum Präsidenten vereidigt; nach den Unruhen und Aufregungen ist die ägyptische Variante der Arabellion bereits nach zweieinhalb Jahren in die Restauration zurückgekehrt – kann es dabei bleiben?

Im Sinne der neuen EU-Strategie vom März 2011, eine Partnerschaft für Demokratie und gemeinsamen Wohlstand mit der südlichen Nachbarschaft aufzubauen, hat Brüssel auch den neu gewählten Verantwortlichen in Ägypten das Gesamtpaket seiner finanziellen und technischen Hilfsmöglichkeiten angeboten: für die Organisation des Übergangs zur Demokratie sowie den Aufbau von Zivilgesellschaft und Marktwirtschaft. Im Gegensatz zu Tunesien gestaltet sich die Absprache und Umsetzung von Unterstützungsprojekten mit den ägyptischen Autoritäten als äußerst schwierig.[120] Schnell helfen kann Europa zunächst vor allem durch die Unterstützung der sich rasch entwickelnden Zivilgesellschaft. Auch humanitäre Hilfe zur Versorgung der Ärmsten kann zügig mobilisiert werden. In der Auseinandersetzung zwischen Muslimbrüdern und Blockadekräften des alten Regimes sind Ministerien und Behörden jedoch orientierungslos und zurückhaltend, und so werden europäische Angebote nicht wahrgenommen. Wichtige Unterstützungsvorhaben, etwa im Rahmen der Vorbereitung und Umsetzung der Wahlen oder bei einer Neuauflage eines Handels- und Mobilitätsabkommens bleiben in der Auseinandersetzung mit der ägyptischen Bürokratie auf der Strecke. Trotz guter Intention und richtiger Projektansätze hat Brüssel auf die Entwicklungen in Kairo schnell viel weniger Einfluss als auf die Umbrüche in Tunis. Ägypten ist ein Schwergewicht in der arabischen Welt, in zentraler geostrategischer Lage zwischen Nordafrika und dem Nahen Osten mit fast 100 Millionen Einwohner:innen.

Bei der Bestimmung des ägyptischen Kurses nach der Arabellion drängen andere, mächtige und finanzkräftige Nachbarn danach, ein gewichtiges Wort mitzureden. Die Polarisierung der politischen Entwicklung Ägyptens wird aus Katar und der Türkei sowie aus den Emiraten und Saudi-Arabien befeuert. Mit Milliardenbeträgen und weitreichender politischer Unterstützung befördern der Emir von Katar und der türkische Präsident Erdogan die Muslimbrüder und Mursi, während der Präsident der Emirate und der König von Saudi-Arabien as-Sisi, das Militär und deren Machtstrukturen in Verwaltung und Wirtschaft stützen und finanzieren. Auch wenn vier Regionalmächte entgegengesetzte Kräfte unterstützen, können sie doch Geldbeträge und Machtnetzwerke mobilisieren, denen Europa nicht genug entgegensetzen kann oder will.[121]

In der Polarisierung zwischen Militär und Muslimbrüdern sind auch die natürlichen Verbündeten europäischer Transformationsunterstützung marginalisiert. Mohammed el-Baradei geht im August 2014 ins Exil nach Wien und wohnt in der österreichischen Hauptstadt, in der er die Internationale Atomenergiebehörde geleitet hatte. Ich bin mit ihm im Gespräch aus Anlass der Einladung zu einer Konferenz, el-Baradeis Einsatz für internationales Recht und Rechtsstaatlichkeit beeindrucken mich. Lina Attallah und ihre jungen Mitstreiter:innen sind nur noch online offen journalistisch unterwegs, geben einmal am Tag den wertvollen Informationsblog „*al-masri al-yaum*/Ägypten heute" heraus. Lina wird immer wieder verhaftet und schikaniert, so wie viele ihrer Zeitgenoss:innen, die sich nicht nur in der Medienwelt, sondern auch für die Zivilgesellschaft engagieren. Auch für dieses Engagement erhält die Journalistin im Dezember 2022 den deutsch-französischen Preis für Menschenrechte und Rechtsstaatlichkeit. In der Heimat wird sie gegängelt auch, weil sie nicht zum Dunstkreis der Muslimbrüder gehören, sondern säkularer gesinnt sind und sich weiterhin für Pluralismus, Meinungsfreiheit und politische Teilhabe einsetzen. Unter dem Präsidenten General as-Sisi sei das schwieriger als noch zu Mubaraks Zeiten.[122] Husni Mubarak selbst wird 2017 freigesprochen, aus der Haft in einem Militärkrankenhaus entlassen und stirbt 2020 in Ägypten. Sein frei gewählter Nachfolger Mohammed Mursi wird 2015 zu zwanzig Jahren Haft verurteilt und stirbt 2019 in Folge schlechter Haftbedingungen bei einem Prozesstag im Militärgericht.

Sein knapp unterlegener Gegenkandidat Ahmed Shafik lebt in den Vereinigten Arabischen Emiraten, überlegt, ob er gegen Abd al-Fattah as-Sisi kandidieren sollte. As-Sisi wird als machtvoller Präsident im März 2018 mit 97 Prozent der abgegebenen Stimmen von 41 Prozent der Bevölkerung wiedergewählt, der Wahlkampf, die Wahl, das Ergebnis erinnern noch immer an die zum Teil geschönten Wahlen von Mubarak. Damit as-Sisis autoritäre Präsidentschaft auch weiterhin vom Großteil der Ägypter:innen grundsätzlich akzeptiert bleibt und die Muslimbrüder im besten Falle langfristig von der Macht verbannt bleiben, haben die reichen Herrscher vom Arabischen Golf, Emiratis, Saudis und Kuwaitis Milliarden in die ägyptische Zentralbank gepumpt und weitere Milliarden in Prestigeprojekte investiert, in denen as-Sisis Präsidentschaft strahlt: Megaprojekte wie das große Gasfeld im östlichen Mittelmeer, der neue Suezkanal und die neue Hauptstadt wirken wie Spiegelbilder der Macht seines Systems.

Politik und Wirtschaft in Europa haben sich mit dem Herrschaftssystem von as-Sisi arrangiert. Ägypten ist regionalpolitisch zu wichtig und geoökonomisch zu groß, als dass man es isolieren könnte. Die Forderungen der ägyptischen Arabellion nach Freiheit und Würde sind untergegangen in einem Politikbetrieb, in dem es zählt, dass die ägyptische Führung Geflüchtete und Migrant:innen im Lande hält.[123] Hinzu kommen nationalstaatliche Exportinteressen: Ägypten ist auch guter Abnehmer für französische und deutsche Waffen, Aufträge für europäische Firmen locken in immer neuen Megaprojekten. Beispiel: Fast neun Milliarden Euro für den Ausbau des Suezkanals: Im August 2015 sind der französische Präsident Francois Hollande und der deutsche Wirtschaftsminister Sigmar Gabriel as-Sisis Gäste bei der Einweihung der zweiten Fahrtrinne des Suezkanals, der wichtigsten künstlichen Wasserstraße der Welt. Sie verbindet das Mittelmeer mit dem Roten Meer, die Anzahl der durchfahrenden Schiffe soll sich erheblich steigern, deren Gebühren, eine der wichtigsten Einnahmequellen Kairos, von fast sechs Milliarden auf 13 Milliarden Euro erhöhen. In diesem Kontext kann sich der deutsche Siemens-Konzern Aufträge im Volumen über acht Milliarden Euro für zwölf Windparks und drei Gaskraftwerke sichern. Aufträge winken auch in einem über 60 Milliarden Euro starken Megaprojekt, dessen Sinnhaftigkeit bezweifelt werden darf:[124] Ab 2016 wird in der Wüste auf halbem Weg zwischen der 20-Millionenmetropole Kairo und dem Suezkanal eine neue Hauptstadt für 6,5 Millionen Menschen gebaut, Glitzerpaläste für reiche Ägypter:innen weit weg von der weitverbreiteten Armut und hohen Arbeitslosigkeit des über 100-Millionen-Volkes. Markant sichtbar wird, wie sich europäische Exportbedürfnisse und das Abhalten von Flüchtenden mit europäischen Werten beißen, die die EU sich in ihrer Transformationsagenda vom Mai 2011 für die Länder der Nachbarschaft gerade zur Unterstützung des Wandels auf die Fahnen geschrieben hat: Demokratie, Rechtsstaatlichkeit und Wohlstand für alle.[125]

Ein weiterer harter Kontrast: Zwischen den glitzernden Hochhäusern der neuen ägyptischen Hauptstadt und exklusiven Villen mit Swimmingpool erlebe ich die Orte, zu denen die Investitionen nicht vordringen: kleine, heruntergekommene Lehmhütten mit Satellitenschüssel, übelriechende Seitenkanäle des Nil und verdreckte Gärten – keine Investitionen hier weit und breit, stattdessen an jeder kleinen Kreuzung, an jeder kleinen Kanalbrücke Polizeikontrollpunkte.

Im Herbst 2018 unternehmen wir eine Nilkreuzfahrt zwischen den Touristenhotspots Luxor und Assuan. Chinas Einfluss ist überall zu spüren: Andenken und Kleinkram jeder Art werden in

China hergestellt und von ägyptischen Kindern westlichen Tourist:innen angeboten. Anstatt zur Schule zu gehen, erzählen mir zwei Jungen in Assuan, versuchen sie, ein paar ägyptische Pfund zu verdienen. Wenn ich mich jenseits der Touristenpfade durch die Stadtteile bewege, sehe ich viele dieser Kinder, und, so weit das Auge reicht, Männer, die in Gruppen auf Plastikstühlen zwischen Haufen von Plastikmüll in verdreckten Gärten sitzen – mit Tee und Plausch bummeln sie lethargisch durch den Tag. Als ich Ende der 1980er Jahre das erste Mal nach Ägypten kam, wurde schon sorgenvoll darüber gesprochen, wie über 50 Millionen Ägypter: innen auf nur zehn Prozent des bewohnbaren Landes entlang der Küsten und des Nils leben können. Im Februar 2020 zählt Ägypten bereits 100 Millionen Menschen. Jobs, Wasser, Ackerland und Wohnraum fehlen; Wohnsiedlungen über Wohnsiedlungen werden immer tiefer in die Wüsten gebaut. Die Probleme von damals aber sind die Probleme von heute, nur potenziert – das deprimiert mich.

Libyen: Europäische Unterstützung mit angezogener Handbremse

Enttäuscht bin ich, enttäuscht sind eigentlich alle Libyer:innen, die wie ich eingeladen sind. Am Samstag, dem 4. September 1993, soll nahe Tripolis ein Wasserreservoir eingeweiht werden. Zu diesem medienträchtigen Ereignis hat sich Staatschef Muammar al-Gaddafi persönlich angekündigt. Eine Tribüne ist für ihn aufgebaut, Fahnen werden geschwenkt und Plakate mit seinem Porträt hochgehalten. Die Spannung steigt, doch der „Qaid al-Ach (Bruder Führer)", wie ihn viele seiner Anhänger:innen nennen, erscheint nicht. Das komme öfter vor, sagt man mir, große Ankündigung, erheblicher Aufwand, spürbare Hochspannung – und dann kommt er nicht. Der „Bruder Führer" scheint oft wie ein Phantom. Trotzdem hat er den ölreichen, großen Wüstenstaat am Mittelmeer mit seinen fünf Millionen Menschen, die in sieben Stämmen verteilt auf drei historisch nicht zusammengewachsene

Regionen leben, im Griff. Loyalität wird erkauft oder/und erzwungen.

Recht enttäuscht bin ich auch am nächsten Tag von meinem Interview mit Gaddafi, das in seinem Repräsentationszelt in der Wüste nahe der ostlibyschen Großstadt Bengasi sattfindet. Zwar kann ich ihm – wie zur Zeitenwende 1991 berichtet – ein Statement zu den gerade bekannt gewordenen israelisch-palästinensischen Geheimgesprächen entlocken, doch nuschelt er seine Antworten aus seinem aufgedunsenen Gesicht und sitzt meist zusammengekauert in seinem Stuhl. Ich hatte eine rhetorisch engagierte, staatsmännische Interviewpose erwartet. Immerhin ist Gaddafi bekannt für seine scharfen, nach Aufmerksamkeit heischenden, manchmal sogar theatralisch anmutenden Auftritte. Vor und nach meinem Interview sprechen wir auch arabisch miteinander, Gaddafi gibt sich gelöster, übergibt mir ein Exemplar seines „grünen Buches", in dem er die „staatsphilosophischen Grundlagen" seiner Herrschaftsform in der „Großen Sozialistischen Arabischen Republik Libyen" beschrieben hat. Eine pompöse Umschreibung für ein Regieren, bei dem der schillernde Gaddafi, selbst außerhalb des Systems stehend, im Inneren alles vorgab und sich gleichzeitig nach außen pompös und egozentrisch initiierte.

Spektakulär seine Staatsbesuche in europäischen Hauptstädten, wie in Rom, wo er im Juni 2009 sein Wüstenzelt in der Parkanlage der römischen „Villa Doria Pamphili" aufschlägt. Im Gegenzug für die Anerkennung durch europäische Regierungen kauft Gaddafi Waren und Waffen, bevorzugt italienische, französische, spanische und deutsche Firmen bei der Vergabe von Infrastrukturprojekten und Erdölexportaufträgen. Es wird spekuliert, dass nach der jahrzehntelangen, den terrorunterstützenden Aktivitäten Gaddafis geschuldeten, internationalen Isolation Libyens der ölreiche nordafrikanische Wüstenstaat nun, nach seiner Annäherung an die USA, einen ökonomischen Nachholbedarf von über 100 Milliarden Euro hat. Zudem verspricht das exzentrische Staatsoberhaupt, afrikastämmige Migranten von der Flucht über das Mittelmeer abzuhalten. Ein willkommenes Druckmittel, damit auch seine Extravaganzen bei Besuchen in Europa akzeptiert werden. So (er)duldet auch der französische Präsident, dass Gaddafi bei seinem Besuch in Paris im Dezember 2007 sein Wüstenzelt aufschlägt und in seinem Wüstengewand an den französischen Gardesoldaten vorbeiflaniert.

Die pompöse Selbstinszenierung und das autoritäre Gebaren des „Qaid al-Ach" nehmen am 20. Oktober 2011 ein jähes unrühmliches Ende, das an das des irakischen Diktators Saddam Hussein erinnert. Da liegt er nun, zur Schau gestellt auf einem Teppich, mit Blutspuren im Gesicht und geschundenem Oberkörper. Rebellen sollen ihn auf der Flucht in der Wüste in seinem Geburtsort Sirte entdeckt und getötet haben – über jeden Zweifel erhaben ist die Darstellung der Todesumstände nicht. 40 Jahre war Gaddafi an der Macht. Vier Jahrzehnte sind vergangen, seit er am 1. September 1969 mithilfe von Generälen den libyschen König vom Thron putschte. Sein zweitältester, wohl sein Lieblingssohn, Saif al-Islam „das Schwert des Islam" al-Gaddafi, sollte ihm als Staatsführer nachfolgen.[126] Die Libyer:innen haben genug von ihm und seinem Herrschaftsgebaren, das wird am Tag des Zorns, dem 17. Februar 2011, klar, als der Funke der Arabellion von Tunis und Kairo auch nach Libyen überspringt. Die Muster ähneln sich: Die Protestierenden (Gaddafi soll sie verächtlich „Facebook-Jugend" nennen) schwenken Transparente mit den Aufschriften „Freies Libyen" und „Nieder mit dem Stammessystem, wir sind ein großer Stamm"; der Langzeitherrscher, hier Gaddafi, beschimpft die Demonstrierenden als „von außen gesteuerte Banden", schickt Söldner und Spezialeinheiten, um sie zu vertreiben. In den ersten Protesttagen werden 400 Libyer:innen getötet. Doch Gaddafi geht weiter als Ben Ali und Mubarak: Er droht, eine ganze Protesthochburg anzugreifen, und lässt Militär vor der zweitgrößten Stadt Libyens, Bengasi, aufmarschieren.[127]

Frankreich und Großbritannien ziehen die Notbremse. Unmittelbar, nachdem der Sicherheitsrat der Vereinten Nationen am 17. März 2011 eine Flugverbotszone über Libyen einrichtet, um die Zivilbevölkerung vor den Angriffen von Gaddafis Luftwaffe zu schützen, stoppen französische, britische und amerikanische Kampfflugzeuge die Militäraktion des Langzeitherrschers. Aufständische und Rebellen gewinnen militärisch die Oberhand und nach einem halben Jahr Bürgerkrieg muss Gaddafi flüchten. Die friedlichen Massenproteste hat der libysche Machthaber in einen Bürgerkrieg verwandelt, der letztendlich das Regime – mithilfe eines militärischen Eingriffs Europas – zu Fall gebracht hat. Auf einhellige Zustimmung sind die Nato-Luftangriffe mit dem speziellen Engagement Frankreichs und Großbritanniens innerhalb der EU nicht gestoßen, die deutsche Bundesregierung hat sich bei der Abstimmung im UN-Sicherheitsrat der Stimme enthalten. Berlin war skeptisch ob der unkalkulierbaren Folgen des militärischen Eingriffs, hat aber gleichzeitig die politische Intention der UN-Resolution mitgetragen und seine Nato-Bündnisverpflichtungen betont.

Trotz der Meinungsverschiedenheiten leistet die Europäische Union schnell humanitäre Hilfe und eröffnet im Mai 2011 in Bengasi und im November 2011 in Tripolis eine EU-Vertretung. Wie in Tunesien, ist auch in Libyen die technische und finanzielle Hilfe der EU sehr willkommen. Im Sinne ihrer neuen Strategie zur Unterstützung des Wandels in der südlichen Nachbarschaft vom März 2011 investiert die EU in Projekte zur Förderung der öffentlichen Verwaltung, des demokratischen Übergangs, der Zivilgesellschaft, von Gesundheit und Bildung. Im Gegensatz zu Ägypten sind die neuen libyschen Entscheidungsträger froh, dass Europa sie umfassend bei der Vorbereitung und Durchführung der ersten freien, fairen und geheimen Parlamentswahlen unterstützt und begleitet. So kann eine Delegation des Europäischen Parlamentes unter Leitung des deutschen Politikers Alexander Graf Lambsdorff die Wahlen im Juli 2012 beobachten und bewertet deren Durchführung als „überraschend gut … historische Leistung“, effizient administriert, pluralistisch und in friedlicher Atmosphäre durchgeführt.[128] Zusätzlich wählen die neuen libyschen Abgeordneten im Oktober 2012 eine politisch unbelastete Persönlichkeit zum Ministerpräsidenten: Ali Seidan, einen Juristen und Diplomaten, der in den 1980er Jahren vor dem Gaddafi-Regime in Deutschland Asyl fand und mit der Revolution in seine Heimat nach Tripolis zurückkehrt.

Eine legitimierte politische Regierung mit einem frei gewählten Parlament in der Hauptstadt Tripolis und eine hilfsbereite Europäische Union scheinen gute Voraussetzungen, um die Bürden der Vergangenheit, der Langzeitherrschaft von Muammar al-Gaddafi und des siebenmonatigen Bürgerkrieges hinter sich zu lassen. Doch die Bürden wiegen schwerer: Die Herrschaftsweise Gaddafis hat nur schwache zentrale Institutionen hinterlassen, hat Stammesstrukturen und lokale Netzwerke gestärkt. Islamistische Kräfte, wie Salafisten und Muslimbrüder, gewinnen an Einfluss, fordern säkular eingestellte Gruppen heraus. Im von Gaddafi entfachten Bürgerkrieg hat sich auf dieser Grundlage ein fein verzweigtes Netzwerk von Milizen etabliert. In diesem Machtdickicht bleiben/werden lokale bewaffnete Gruppen stärker als die neue Zentralregierung in Tripolis. Sie sind zum Teil so mächtig und dreist, dass sie – vorbei am libyschen Erdölministerium und an der Zentralbank – beginnen, selbstständig Erdöl ins Ausland zu verkaufen. Ministerpräsident Ali Seidan erkennt schnell, dass er ohne eine der neuen Regierung loyale zentrale Polizeigewalt keinen Aufbau von Rechtsstaatlichkeit, Demokratie und Wirtschaft vorantreiben kann. Er bittet Europa, bei der Entwaffnung der Milizen zu helfen sowie mit Polizei und Experten beim Aufbau von öffentlichen Institutionen. Ali Seidan appelliert eindringlich,[129] ist in Europa willkommen, trifft in Gesprächen auf viel Verständnis – doch am Ende schrecken europäische Entscheidungsträger davor zurück, sich mit robusten Kräften bei der Entwaffnung der Milizen zu beteiligen, aus Sorge, in Kämpfe mit diesen Rebellengruppen verwickelt zu werden.

So schmilzt Europas Einfluss in dem ölreichen Nachbarland mit großem wirtschaftlichem Potenzial an der Schnittstelle zentraler Flucht- und Migrationsrouten übers Mittelmeer nach Malta und Italien dahin. Lokale Milizen demonstrieren ihre Macht, islamistische Gruppierungen und bewaffnete Gruppen organisieren sich. Unter Gewaltandrohung streiten sie untereinander um die Verteilung der Einnahmen aus den Erdölverkäufen. Diese Entwicklungen nehmen dem Ministerpräsidenten jeden Handlungsspielraum. Real zeigt sich dies, als Ali Seidan, ein Jahr im Amt, am 10. Oktober 2013 von einer Miliz aus dem Korinthia-Hotel in Tripolis entführt und mehrere Stunden festgehalten wird. Unklar bleibt das Motiv der prominenten Geiselnahme. Am 11. März 2014 setzt ihn das libysche Parlament per Misstrauensvotum ab, weil er den privaten Ölverkauf der sich für autonom erklärenden Stadt Adschdabiya nicht wie versprochen gestoppt haben soll. Ali Seidan verlässt Libyen und kehrt nach Deutschland zurück. Verlassen ist auch der zentrale demokratisch parlamentarische Weg, den Libyen 2012 begonnen hatte einzuschlagen.

Eher hilflos schaut das politische Europa zu, wie lokale Netzwerke, islamistische Gruppierungen, Warlords und Milizen sich der Staatseinnahmen aus den Ölverkäufen bemächtigen. Das Land zerfällt in einen westlichen und östlichen Teil mit verfeindeten Regierungen und konkurrierenden Zentralbanken. Die beiden Landesteile liefern sich über mehrere Phasen monatelang zwischen 2014 und 2019 bürgerkriegsähnliche Auseinandersetzungen. In diesem Chaos setzen sich zusätzlich rund um die Stadt Sirte, den Geburtsort von Ex-Führer Gaddafi, in dem noch immer der Gaddafi-Stamm siedelt, Kämpfer des sogenannten „Islamischen Staates“ fest, die nur von der Miliz aus der nahe gelegenen Küstenstadt Misrata vertrieben werden können. In diesem Vakuum fassen zudem externe Interessen Fuß: Die Türkei und Katar unterstützen die Herrschenden in Tripolis und Russland, die Emirate und Ägypten die Herrschenden in der ostlibyischen Stadt Tobruk finanziell und militärisch. Diese fünf disruptiven Akteure verschaffen sich so eine wichtige Machtposition in dem ressourcenreichen Land und eine wichtige Steuerungsposition – in Verbindung mit Milizen, die an der Flucht und Migration über das Mittelmeer nach Europa gut verdienen.

Flucht und Migration wird so immer mehr zur Achillesferse der europäischen Mittelmeerpolitik. Dazu trägt entscheidend die zweite Phase des libyschen Bürgerkriegs bei: Allein zwischen 2015 und 2017 kommen mehr als 450.000 Menschen über Libyen nach Italien – das entspricht etwa der Hälfte der Menschen, die auf dem Höhepunkt der Fluchtkrise 2015 Europa erreichen. Im schlecht regierten Libyen ist die Lage vieler Geflüchteter prekär bis lebensbedrohlich, das Flüchtlingshilfswerk der Vereinten Nationen weist immer wieder darauf hin.[130] Es gibt Libyer, die gegensteuern, human helfen, so wie der junge Zakariya El Zaidy, ausgebildeter Pfadfinderleiter, sich für den Schutz von Migrant:innen in ihrem Stadtteil in Tripolis einsetzt. Ich habe Zakariya 2016 gebeten, für das Fluchtlehrbuch der Bertelsmann Stiftung die Lage in Libyen zu beschreiben.[131] Libyen ist nicht mehr nur Transitland, sondern immer mehr Libyer:innen selbst verlieren die Hoffnung auf eine sichere Zukunft in ihrer Heimat – 2017 stellen libysche Staatsangehörige erstmals die viertgrößte Gruppe unter den Geflüchteten im Mittelmeerraum. In dem Lavieren zwischen der Verantwortung zu retten und dem Bestreben, die Ankommenden bereits in Libyen von der gefährlichen Fahrt übers Mittelmeer abzuhalten, kommt der privaten Seenotrettung eine Schlüsselrolle zu. Wir haben den Beginn ihrer Bedeutung bei der Rettung vietnamesischer Bootsflüchtlinge im Jahr der Zeitenwende 1979 bereits erwähnt.

Zusätzlich zu der Uneinigkeit beim Umgang mit den Geretteten in Italien und auf Malta sowie dem jahrelangen Streit um ihre Verteilung auf die EU-Mitgliedstaaten blockiert die Konkurrenz Italiens und Frankreichs um nationale wirtschaftliche Interessen die europäische Libyenpolitik. Getrieben von ihren Ölfirmen ENI und Total, unterstützen Rom und Paris unterschiedliche Konfliktparteien: Während Italien sich hinter die westlibysche Regierung stellt, favorisiert Frankreich die ostlibysche Gegenregierung, die von der Armee General Chalifa Haftars geschützt wird. Europa scheint angesichts dieser Kontroverse in eine Sackgasse zu steuern. Dieser innereuropäische Positionskampf schwächt auch die Vermittlerrolle der Vereinten Nationen im Libyenkonflikt. Der UN-Sondergesandte Ghassan Salame, der 2003 in Bagdad knapp ein Attentat überlebte und den ich als führenden Experten arabischer Transformationsgeschichte seit 1995 kenne, wendet sich an Bundeskanzlerin Angela Merkel. Deutschen Diplomat:innen gelingt es, die gegensätzlichen Interessen Frankreichs und Italiens zu überbrücken und alle innerlibyschen und externen Kriegstreibenden und Krisenfinanziers im Januar 2020 in Berlin an einen Verhandlungstisch zu bringen. Die Berliner Abschlusserklärung, die einen Fahrplan zum Frieden und Wiederaufbau für Libyen detailliert in 55 Artikeln formuliert,[132] unterzeichnen auch die Türkei, Russland, Ägypten und die Vereinigten Arabischen Emirate, die Söldner und militärisches Material in das Kriegsgebiet am Mittelmeer schicken. Ankara, Moskau, Kairo und Abu Dhabi verpflichten sich mit ihrer Unterschrift sogar, ihre Söldner abzuziehen und ihre militärische Unterstützung für die libyschen Konfliktparteien einzustellen.

In der Realität aber passiert sehr wenig, es fehlt Berlin und Brüssel an robusten Instrumenten, eine schriftliche Vereinbarung auch gegen den Widerstand der Konflikttreibenden durchzusetzen. Besonders anschaulich wird diese Wirkungslosigkeit bei der Durchsetzung des Waffenembargos: „Wieder einmal zeigt sich, dass die europäischen Kontrollversuche des Waffenembargos für Libyen ein Witz sind. Als Soldaten der deutschen Fregatte Hamburg ein verdächtiges türkisches Schiff durchsuchen wollten, mussten sie nach deutschen Angaben ihre Aktion abbrechen, weil Ankara gegen die Durchsuchung protestiert hatte, doch nicht nur, dass der verdächtige Staat einer Durchsuchung seiner Schiffe zustimmen muss, macht die maritime Überwachung des Waffenembargos zu einem Scheingefecht."[133] Ein großer Teil der Waffen für die libyschen Kriegsparteien kommt ja gar nicht über das Mittelmeer, sondern auf dem Landweg, vor allem über Ägypten." Da die EU zahnlos bleibt und auch nicht die politischen und militärischen Instrumente stärkt, um ein umfassendes Waffenembargo durchzusetzen, verstreichen zudem vereinbarte Wahltermine wie etwa der 24. Dezember 2021. Die Herrschenden im westlichen Tripolis und im östlichen Tobruk versteifen sich auf ihren Machtanspruch über das ganze Land und liefern sich von Zeit zu Zeit heftige Gefechte in der Hauptstadt Tripolis. Sie streiten mit Waffengewalt um die libysche Erdölverkaufsgesellschaft und Zentralbank, die zentralen Institutionen, in denen die Einkünfte aus dem Erdölverkauf zusammenfließen, auf die es deshalb beide Parteien gleichermaßen abgesehen haben. Wer an diesen Verteilungshebeln sitzt, kann sich Loyalitäten sichern. Dann betritt zusätzlich ein international gesuchter mutmaßlicher Kriegsverbrecher die Szenerie und ahmt in traditioneller Kleidung die Posen seines Vaters nach: Saif al-Islam al-Gaddafi – auch er will Präsident Libyens werden.

Gegen dieses eigensinnige und egozentrische Gehabe kann sich noch keine starke Zivilgesellschaft richten. Es gibt sie aber, diejenigen, besonders junge Libyer:innen, die für Demokratie, Wohlstand und Rechtsstaat in ihrer Heimat eintreten wollen. Allein für die letztendlich kurzfristig abgesagten Wahlen im Dezember 2021 hatten sich 6000 Kandidat:innen angemeldet, die ihrer Stimme Gehör verschaffen wollten. Andere Aktive nutzen die lokalen Spielräume vor Ort, in Dörfern und kleineren Städten, um dort die Anliegen ihrer Communitys voranzubringen. Die Digitalisierung kann Brücken zwischen den unterschiedlichen Gemeinschaften in Libyen schlagen, die sich in Zeiten der Spaltung und des Bürgerkrieges nicht persönlich treffen können; das deutsche Projekt „Local Libya" etwa stellt dafür ab 2016 eine Kommunikations- und Informationsplattform zur Verfügung. Viele junge Leute mit Affinität zum Journalismus und zum zivilgesellschaftlichen Engagement nutzen diesen digitalen Kanal. Ich sehe die größte Herausforderung darin, den vielen jungen Menschen im Land attraktive und lohnenswerte Zukunftsperspektiven in der heimischen Friedenswirtschaft zu offerieren, damit auch die Jugendlichen, die den Milizen als Kämpfer dienen, ihre Waffen niederlegen. Arbeitsplätze in der Digitalwirtschaft können diese Chance bieten; hier engagiert sich die EU wegweisend über ihre Initiative EU4PSL: „EU für Privat Sektor Entwicklung". Gerade libysche Pionier:innen im Digitalsektor werden so als Vorbilder honoriert.

Syrien: Von gebrochenen Reformversprechen zur größten Vertreibungstragödie

Technologieaffin und der Zukunft zugewandt, so gibt sich Baschar al-Assad schon im Juli 2000, als er mit 34 Jahren zum Präsidenten der Syrischen Arabischen Republik erkoren wird. In unmittelbarer Nachfolge seines Vaters Hafiz al-Assad, der Syrien über 30 Jahre mit harter Hand regierte. Machtweitergabe vom Vater an den Sohn – weiter mit dem straffen Machtregime? Baschar al-Assad hat seine Weggefährten und ehemaligen Mitschüler, die alle eine zukunftsorientierte Dynamik ausstrahlen, systematisch in einem exklusiven Computerclub miteinander vernetzt. Müssten so nicht geradezu automatisch andere Regierungszeiten anbrechen? Westlich gibt sich der neue junge Präsident, hat in London eine Ausbildung zum Augenarzt absolviert, in England eine dort geborene Syrerin namens Asma kennengelernt; beide zeigen sich in Syrien weltoffen und säkular gesinnt, Asma tritt ohne Kopftuch auf – dieses Bild macht Hoffnung, Hoffnung auf die lang ersehnte wirtschaftliche und politische Öffnung Syriens.

Den Wunsch nach wirtschaftlicher Öffnung und eine ökonomische Anbindung an die Europäische Union registriere ich sofort in meiner Arbeit. Einige Entscheider im System, die diesen Öffnungsweg nach Europa befürworten, Wissenschaftler:innen, die jetzt freier zu Handelsfragen arbeiten dürfen, und Akteure aus Assads Computergesellschaft kann das Europaprogramm der Bertelsmann Stiftung zu einem Arbeitsmeeting mit Fachleuten europäischer Mittelmeerpolitik im Herbst 2001 in Berlin zu einem Workshop zusammenbringen. Mein Ziel ist, unser Europawissen mit den neuen syrischen Akteuren zu diskutieren und sie in unser Mittelmeernetzwerk einzubinden, um einen Teil zum hoffnungsvollen Öffnungsprozess Syriens Richtung Europa beizutragen.

Den Wunsch auch nach politischer Öffnung scheint der sich westlich gebende Baschar al-Assad zu bestätigen. Für Riad Seif und viele syrische Intellektuelle ist 2001 ein Jahr ungeahnter Redefreiheit. Seif ist Privatunternehmer und hat über Jahre in Syrien Textilien auch für Adidas produziert. Ihn treibt der Wunsch an, wertvolle Arbeitsplätze zu schaffen und gute Löhne zu zahlen, wie er mir zuletzt im Sommer 2022 in Berlin erzählt, wo er im sicheren Exil lebt. Deshalb ist er schon den alten Machthabern unter Altpräsident Hafiz al-Assad ein Dorn im Auge. Als er auch seine Mitgliedschaft im Assadschen Parlament nutzt, um Reformen anzustoßen, wird er immer wieder gegängelt; sein Sohn stirbt unter ungeklärten Umständen, Riad Seif wandert wiederholt ins Gefängnis. Der Unternehmer verliert den Mut nicht. Er nutzt die geduldeten Freiheiten 2001 und gründet ein „Forum für den nationalen Dialog", wohl der wichtigste syrische Debattierclub, der politisch Interessierte und Aktive, Wissenschaftler:innen, Künstler:innen und Medienschaffende zusammenschließt. Die Mitglieder tragen Forderungen nach demokratischen und rechtsstaatlichen

Reformen besonders prominent in die öffentliche Debatte, insbesondere nach der Freilassung politischer Gefangener, der Abschaffung der Notstandsgesetzgebung und der Militärgerichtsverfahren sowie der Zulassung eines Mehrparteiensystems. Von Forderungen nach einem Ende der Herrschaft der Assad-Familie, einer Abschaffung des Regierungssystems oder gar einer Islamisierung von Politik und Gesellschaft findet sich hingegen keine Spur.

Diese als „Damaszener Frühling" bekannte Öffnungs- und Hoffnungsphase ist ab 2002 wieder vorbei. Baschar al-Assad und die Säulen des Systems nutzen die Möglichkeit nicht, einige wirtschaftliche und politische Reformen sichtbar einzuführen und so ihre Machtbasis um die Netzwerke und Führungspersönlichkeiten wie Riad Seif innerhalb der breitgefächerten säkular orientierten Intellektuellenszene zu vergrößern. Mit einer solchen Machteinbindungsstrategie hätte eine Modernisierung der syrischen Gesellschaft sehr wahrscheinlich ohne Umsturz, Revolution oder Bürgerkrieg erreicht werden können. Diese Chance verpassen die Zirkel der Mächtigen um Baschar al-Assad. Stattdessen schaltet der junge Präsident scharf den Rückwärtsgang ein. Geheimdienst und Polizei lösen alle Debattierclubs auf, verhaften viele der Denker und Aktivisten, sperren auch Riad Seif wieder ins Gefängnis.

Unsere Diskussionsinitiative zur wirtschaftlichen Anbindung des scheinbar neuen Syriens an die Europäische Union versandet ebenfalls. Schon der zweite Workshop, der 2002 als Gegenbesuch in Damaskus stattfinden sollte, kommt nie zustande. Ich spreche mehrmals in Damaskus mit dem Vizepräsidenten für wirtschaftliche Fragen, Abdullah al-Dardari, einem der wichtigsten Förderer einer Annäherung an Europa. Mein Eindruck ist, dass er und seine Mitstreiter sich gegen Netzwerke in den Geheimdiensten und der allumfassenden Staatspartei Baath nicht durchsetzen können. Diese Blockadekräfte befürchten den Verlust von Macht und Einkommen, wenn Rechtsstaatlichkeit und Freiheit in ein Wirtschaftssystem Einzug halten. Sie halten an einem Wirtschaftshandeln fest, das auf Klientelismus, Intransparenz und Korruption beruht, da es ihnen Vorrechte sichert. Sie bestimmen etwa, wer Lizenzen für die Einfuhr von westlichen Produkten oder die Nutzung von Mobilfunkfrequenzen erhält. Die Mächtigen ignorieren, dass eine Modernisierung der Wirtschaft mehr Arbeitsplätze schafft – Arbeitsplätze, die für die junge syrische Bevölkerung dringend gebraucht werden. Mehr Zukunftschancen und bessere wirtschaftliche Perspektiven bedeuten mehr Stabilität für alle. Dieser Sicherheitsgewinn kommt auch den Herrschenden zugute, doch die lehnen in Syrien diese Strategie ab.

Baschar al-Assad hat die Hoffnung auf Öffnung und Reformen enttäuscht – der Wunsch danach steht zehn Jahre später plakativ auf zahllosen Transparenten: „Assad, führ uns in die Zukunft“, „Assad, mach Reformen“. Nach Tunis, Kairo und Bengasi finden friedliche Demonstrationen im März 2011 auch in Damaskus statt. Wieder scheint sich ein Fenster für politische und ökonomische Reformen zu öffnen. Anstatt jetzt die Treiber der friedlichen Proteste einzubinden, um diese Chance zu ergreifen, entscheiden sich auch Baschar al-Assad, sein Clan und die Säulen seiner Macht, die Notbremse zu ziehen. Er sorgt sogar dafür, dass gezielt auf Demonstrierende geschossen wird, um die friedliche Arabellion mit Gewalt zu unterdrücken, und bricht so einen Bürgerkrieg vom Zaun. Riad Seif wird von Sicherheitskräften tätlich angegriffen, immer wieder verhaftet, landet wieder im Gefängnis – so wie viele, insbesondere Zehntausende Jugendliche, die die Proteste von 2011 über die sozialen Medien mobilisieren.

Sie, die innovativen und säkular eingestellten gesellschaftlichen Kräfte von 2001 und 2011, die nach Chancen und Mitbestimmung streben, werden zerrieben. Die syrische Arabellion wird – wie in Ägypten – zwischen den Islamisten und dem Regime polarisiert; es geschieht lediglich auf brutalere Art und Weise. Aus den Gefängnissen lässt das Assad-Regime Islamisten und Dschihadisten frei, die die Opposition unterwandern und gewaltbereit machen. So kann die Assad-Führung diesen Krieg als einen Abwehrkampf gegen islamistische Terroristen verklären und dadurch von den politischen und sozialen Wurzeln der Arabellion ablenken. Dieses Narrativ greift insbesondere bei den religiösen und ethnischen Minderheiten Syriens: Gerade bei Christen, Alawiten, Drusen und Schiiten verfangen Ängste, Opfer islamistischen Terrors aus der Mitte der sunnitischen Bevölkerungsmehrheit in Syrien zu werden. Weite Teile der Bevölkerung blenden so die politischen, sozialen und ökonomischen Treiber der syrischen Arabellion aus. Der Krieg wird um Identität und Religion geführt, um die Existenz der eigenen Gruppe.

Die Brutalität des Bürgerkrieges ist in Worten kaum zu fassen. Nie hätte ich gedacht, mit welchem Gewaltpotenzial Menschen ihresgleichen vertreiben, verletzen, töten, oft gar zu Tode matern können. Aus meiner Studienzeit in Damaskus 1988 / 1989 war mir bewusst, dass in Syrien die Macht einer autoritären Spitze um den Präsidenten Assad mit mehreren Geheimdiensten zählt, aber dass die Führung die eigene Bevölkerung ab März 2011 in so einen brutal vernichtenden Bürgerkrieg führt … Die Bilder der zu Tode Gefolterten und mit Giftgas Ermordeten kreisen durch meine Gedanken, der Abwurf von Fassbomben auf Krankenhäuser und Bäckereien, völlig zerstörte Stadtviertel, abgeriegelte Dörfer, in denen die Zurückgebliebenen verhungern.

Die EU reagiert im März und Mai 2011 – wie in Libyen – angesichts der Gewalt gegen die friedlich protestierenden Syrer:innen schnell: mit harscher Kritik am syrischen Regime, einem Waffenembargo, Sanktionen gegen die Regimespitzen und deren Kriegstreiber, einem Importembargo für syrisches Erdöl und humanitärer Hilfe für die Notleidenden. Assad wird am 22. August 2011 sogar vom britischen Vize-Premiermister Nick Clegg für irrelevant erklärt.[134] Wie gegen Gaddafi prescht der französische Staatspräsident Francois Hollande auch gegenüber Assad als erster europäischer Staatschef vor. Die Oppositionsgruppe der Nationalen Koalition wird als Erstes offiziell im Pariser Élysée empfangen und dann auch von der gesamten EU in ihrer Ratserklärung vom Dezember 2012 als legitime Repräsentation des syrischen Volkes anerkannt. Diese konsequente politische Entscheidung folgt der neuen EU-Strategie, den Bevölkerungen in den Arabellion-Staaten partnerschaftlich auf dem Weg zu Demokratie und Wohlstand zu helfen. Doch die Entscheidung wird nicht mit Nachdruck verfolgt. Die Exilopposition erhält deutlich zu wenig finanzielle und technische Unterstützung, um sichtbar als die führende politische Alternative zu Assad auftreten zu können; integre Persönlichkeiten, wie die mir seit 2007 bekannte syrische Politikwissenschaftlerin Bassma Kodmani gehören ihr an, die Francois Hollande sogar 2012 mit dem französischen Ritterorden für ihr politisches Engagement in der syrischen Arabellion ehrt.

Zum Schutz vor Fassbomben und Tieffliegern hätte die syrische Bevölkerung eine Flugverbotszone gebraucht. Doch das schien den Entscheider:innen in Europa dann doch zu riskant: Die Durchsetzung der Flugverbotszone in Libyen hat sicherlich vielen Menschen dort das Leben gerettet, aber einige Entscheider im UN-Sicherheitsrat, allen voran der Kreml, sahen die Umsetzung durch die Nato als überzogen an, nur dem Ziel geschuldet, Langzeitherrscher Gaddafi zu stürzen. Trotz wiederholter Rufe der türkischen Regierung nach einer durch UN und Nato multilateral getragenen Flugverbotszone wurde kein entsprechender Antrag im UN-Sicherheitsrat eingebracht – man hielt es für zu unwahrscheinlich, dass Russland seine dafür erforderliche Zustimmung geben würde. Die EU schien auch zu überlastet, um parallel zu den Wirren in Kairo und Tunis, den Kämpfen in Tripolis und der Nuklearkatastrophe in Japan Entscheidendes für die Syrer auf den Weg zu bringen und die angegriffene Zivilbevölkerung dort zu unterstützen. Das taten dann andere auf ihre Weise: Reiche Araber aus der Golfregion, djihadistische Netzwerke, das Emirat Katar, Saudi-Arabien und die Türkei Präsident Erdogans. Sie schleusten Kämpfer und Söldner aus anderen islamischen Ländern, Geld, Waffen sowie medizinische Ausrüstung ins Land. Diese wurden an syrische Oppositionsgruppen verteilt, die sich – unterwandert von den von Assad freigelassenen syrischen Islamisten – radikalisierten und islamisierten. All das geschieht weiterhin im Angesicht von Bombardements durch Assad-Milizen, russischen Tiefflieger- und Raketenangriffen sowie Scharfschützenfeuer iranisch unterstützter Hisbollah-Kämpfer aus dem Libanon.

In dieser Kriegsauseinandersetzung gedeiht eine Logik des Dschihad-Kampfes; die Dschihad-Kämpfer des sogenannten Islamischen Staates, kurz „IS“, erobern vom Nordwesten Iraks aus 2015 sogar Territorium im Nordosten Syriens und erklären dort die syrische Stadt Raqqa zu ihrer Hauptstadt.[135] Dieses der eigenen Propaganda nach islamistisch geprägte Staatsgebilde ist schnell Anziehungspunkt für mehr als 3000 Islamisten und Dschihadisten aus Europa. Der „IS“ trägt seinen Terror bald nach Europa zurück: Frankreich treffen die Anschläge von IS-Selbstmordattentätern am härtesten, diese töten als Erstes in fünf Anschlägen vom Fußballstadion bis zum Bataclan-Musikclub am 13. November 2015 130 Menschen und verletzen weitere 683. Nun engagiert sich der Westen auch militärisch in Syrien: Ziel ist, den „Islamischen Staat“ zu besiegen, ohne sich aber gleichzeitig in den Kampf des Assad-Regimes gegen seine eigene Bevölkerung einmischen zu müssen. Einrichtungen und Stellungen des „IS“ werden bombardiert, die als Verbündete des Westens am Boden kämpfenden kurdischen Milizen mit Waffen unterstützt. Das „IS-Territorium“ wird 2017 zerschlagen, syrisch-kurdische Milizen erobern Raqqa, einige US-amerikanische, französische und britische Sondereinheiten halten mit ihnen das ölquellenreiche syrische Territorium östlich des Euphrat-Flusses in pro-westlicher Hand. Kurdenmilizen inhaftieren die aus Europa stammenden überlebenden IS-Kämpfer und ihre Familien. Europäische Regierungen nehmen diese kaum zurück.

Neben Terror und Tod sind Vertreibung und Flucht zwei weitere tragische und traurige Facetten des syrischen Krieges. Antoine, ein junger Fotograf aus Damaskus, Christ, säkular eingestellt, wird 2015 zum Militärdienst zu den Streitkräften des Assad-Regimes eingezogen. Er will nicht für das Regime töten! Er kann sich in den Libanon absetzen, von Beirut aus – visumfrei, was 2015 möglich ist – in die Türkei nach Bodrum fliegen. Dort schließt er sich dem Treck der Vertriebenen nach Europa an. Von Izmir aus mit Schlauchbooten über die Ägäis zu den griechischen Inseln. Doch das Schlauchboot kentert, Mitflüchtende ertrinken. Antoine und andere können sich retten, mit einem Holzboot gen Lesbos, erreichen die sichere EU, weil Antoine mit einem Laserlicht ein norwegisches Rettungsschiff auf ihr Flüchtlingsboot aufmerksam machen kann. Er wird einer von Hundertausenden Syrer:innen sein, die im Spätsommer und Herbst 2015 von Griechenland aus über den Balkan Deutschland erreichen. Die Behörden verteilen ihn nach Gütersloh, dort kreuzen sich unsere Wege, er kann seine fotografischen und videotechnischen Erfahrungen in der Kommunikationsabteilung der Bertelsmann Stiftung einsetzen. Sinnvolle Arbeit und engagierte deutsche Freund:innen helfen, die Ängste und Anstrengungen der Flucht zu verarbeiten. Noch mehr treibt Antoine die Sorge um seine in Damaskus gebliebene Frau und junge Tochter Tag und Nacht um. Es wird zwei Jahre und acht Monate dauern, bis die kleine dreiköpfige Familie in Gütersloh wieder vereint ist und Antoines Herz endlich beruhigt ist.

Fast eine Million Syrer:innen sind ab 2012 in das kleine Nachbarland Libanon geflüchtet. Bilal lebt in einem Zeltlager in der Bekaa-Ebene im libanesischen Grenzgebiet zu Syrien. Er ist wohl 16 oder 15 Jahre alt. Das genaue Alter will er mir nicht sagen. Plötzlich knattert er mit seinem Moped um die Ecke. Steigt ab und stellt sich in die Warteschlange. Er holt sich warmes Essen, bevor er in den Steinbruch zurückfährt, in dem er arbeitet. Ich spreche den schlaksigen Jungen mit den wachsamen Augen und der staubigen Kleidung an. Er hat nur wenig Zeit für ein Gespräch: Er muss zurück zur Arbeit und ja, er ernähre die Familie. Mutter und Schwestern – der Vater ist nicht da, der dürfe sowieso nicht arbeiten. Kein erwachsener Vertriebener dürfe hier arbeiten. Ja, die Familie lebe vor allem von seinem Lohn aus dem Steinbruch, schon Elfjährige würden da schuften. Er mache das seit 2012 und sei mittlerweile einer der Älteren. Er hoffe, dass man ihm das nicht ansieht. Erwachsene werden auf den Straßen kontrolliert. Ohne Papiere werden sie festgenommen, viele haben keine Papiere und dann droht die Abschiebung über die Grenze nach Syrien – dorthin, woher sie geflüchtet waren. Viele Kinder haben keine Papiere. Aber das libanesische Militär kontrolliert sie nicht, solange sie jung genug aussehen, 16 vielleicht oder besser 15.

In der in Deutschland aufgeheizten Geflüchtetendebatte trägt das Europaprogramm der Bertelsmann Stiftung 2015 bis 2017 mit Zahlen, Fakten und einem Erlebnisbericht[136] zur Versachlichung der Diskussion bei. Ich werde beauftragt, mir die Geflüchtetensituation in den Transitländern Libanon, Jordanien, Türkei, Griechenland, Tunesien und Süditalien anzuschauen sowie Faktenchecks zu erstellen. So komme ich 2016 mit den „Orienthelfern" in die ostlibanesische Bekaa-Ebene und treffe Bilal, der sich darauf verlassen kann, jeden Tag ein warmes Mittagessen zu bekommen. Das organisiert der vom Münchner Kabarettisten Christian Springer gegründete deutsch-libanesische Verein „Orienthelfer e. V.“ mit einer Spende der Bundeswehr – vier Feldküchen in gemieteten Garagen sind zwischen 2015 und 2020 ein zentraler Anlaufpunkt für die syrischen Vertriebenenfamilien in den umliegenden Zeltlagern. An einem dieser Lager haben die Orienthelfer auch eine Schule errichtet. Nicht alle Kinder können dort lernen, viele ältere wie Bilal müssen für das Überleben schuften, in Steinbrüchen, Werkstätten oder auf den Feldern.

Die Männer und Väter fehlen auch den Geflüchtetenfamilien in Jordanien, um dort das Überleben zu sichern. Ich bin 2016 in Irbid, einer Stadt im Norden Jordaniens, 20 Kilometer von der syrischen Grenze entfernt. 80 Prozent der rund 700.000 syrischen Vertriebenen leben nicht wie im Libanon in Lagern, sondern in Jordanien in Wohnungen. Die meisten in sogenannten „syrischen Vierteln“, mit drei oder vier Familien in einer einzigen Wohnung, in der vorher eine jordanische Familie gewohnt hat. Diese ist mit den erhöhten Mieteinnahmen weitergezogen, um sich eine bessere Wohnung in der Hauptstadt Amman zu leisten. Mit den vielen Geflüchteten sind die überfüllten Wohnungen schnell reparaturbedürftig. Doch Handwerker gibt es kaum. Tahani al-Shati trägt einen blaugrauen Kittel, Typ Meisterkleidung in deutscher Werkstatt, und einen weißen Niqab auf dem Kopf, der nur für die Augen einen schmalen Schlitz offenlässt. Das ist ihre Arbeitskleidung als Klempnerin. Sie repariert verstopfte Wasserleitungen, installiert Rohre und Sanitäranlagen, weiß mit Bördeleisen, Gewindeschneider und Blechzange umzugehen. Die Ausbildung und ihren Werkzeugkasten hat sie durch ein Entwicklungshilfeprojekt der GIZ, Deutsche Gesellschaft für Internationale Zusammenarbeit, erhalten. Dieses einfache Projekt setzt sozial einiges in Bewegung. Die Rolle der Frau ändert sich, eine syrische Vertriebene leistet eigenständige Arbeit für ihre Communitys und die ihres Gastlandes. Das gibt Selbstbewusstsein! Trotz eines Geflüchtetenlebens.

Europa trägt zum Selbstbewusstsein vieler Syrer:innen sowohl im Nahen Osten als auch innerhalb der EU bei. Mit ihrer technischen und finanziellen Hilfe gründen Tausende Syrer:innen kleine Unternehmungen und vielseitige zivilgesellschaftliche Organisationen. Seit 2016 mobilisieren die europäischen Institutionen die internationale Gemeinschaft zu einer jährlichen Syrien-Unterstützungskonferenz nach Brüssel. Die EU ist die wichtigste Geberin und Trägerin der humanitären Hilfe im Land. Rund sechs Milliarden Euro sind jährlich mindestens notwendig, um die größte Not zu lindern. Von 2011 bis 2022 hat die EU fast 30 Milliarden Euro aufgebracht. Russland hat als externer Hauptkriegstreiber lediglich 0,2 Prozent der für die Vereinten Nationen aufgebrachten Finanzmittel gestellt. Und die Zahlen von Not und Leid sind weiterhin erdrückend: Von den fast 24 Millionen Syrer:innen, die vor Kriegsausbruch in Syrien lebten, wohnt nur noch die Hälfte an ihrem angestammten Ort. Von diesen zwölf Millionen Menschen sind sechs Millionen Binnenvertriebene und sechs Millionen ins Ausland geflüchtet, in die umliegenden Staaten Libanon, Jordanien, Irak und Türkei. 1,1 Millionen Syrer:innen haben sich in die Europäische Union geflüchtet. Fast alle, die in einem der drei syrischen Landesteile – dem Herrschaftsterritorium des Assad-Regimes, dem von kurdischen Milizen kontrollierte Nordosten und dem von islamistischen Milizen kontrollierte Nordwesten, Region Idlib – ausharren, sind auf Nahrungsmittelhilfe angewiesen. Sie werden, wenn möglich, über Institutionen der Vereinten Nationen versorgt, die insbesondere dank europäischer Finanzierung und technischer Unterstützung wirken können.

Die Europäische Union hat sich in ihren jährlichen Erklärungen zu Syrien[137] Jahr für Jahr gleichbleibend moralisch positioniert: Die EU stehe dafür ein, dass die Syrer:innen ihre Zukunft selbst gestalten sollen, in einem „neuen Syrien“, das über einen von den Vereinten Nationen vermittelten, inklusiven, glaubwürdigen und von Syrern geleiteten Dialog entstehen soll: Ein erneuertes Land soll es sein, in das alle Menschen freiwillig zurückkehren können. Europa gibt sich als guter und fairer Anwalt der Belange der syrischen Bevölkerung und demonstriert das auch: Jeweils zu den jährlichen EU-Syrien-Konferenzen werden Hunderte, 2022 sogar 1277 syrische NGOs eingeladen, ihre Vorschläge zur Zukunft der alten Heimat einzubringen. So setzt die EU einen Kontrapunkt zu jenem Syrienbild, das Autokrat Assad vermittelt. Er sagte 2017 in einer Ansprache: „Wir haben die Besten unserer Jugend und Infrastruktur verloren, was uns viel Geld und viel Mühe über lange Zeit gekostet hat, das ist zwar richtig; aber wir haben dagegen in der Tat eine gesündere und homogenere Gesellschaft."[138] Eine Anspielung darauf, dass die Vertreibung von Millionen die syrische Gesellschaft „gereinigt" hätte.

Dagegen haben immer mehr Syrer:innen den Mut, sich für Versöhnung sowie politische und wirtschaftliche Teilhabe aller in einem neuen Syrien einzusetzen. Der „Rat der syrischen Charta" spielt als neue vielversprechende Plattform des Dialoges unterschiedlicher gesellschaftlicher Gruppierungen, Parteien, Stämme, Führungspersönlichkeiten verschiedener ethnischer und religiöser Gruppen eine entscheidende Rolle. Eine Initiative aus Syrien, die einen Verhaltenskodex für einen neuen Vertrag zum gesellschaftlichen Zusammenleben ausarbeitet, unterzeichnet und öffentlich dafür eintritt, ist bereits für sich genommen eine mutige Initiative. Umso mehr Mut beweist sie in einem Land, das der von Milizen und Geheimdiensten gestützte Autokrat Assad noch nicht vollständig zurückerobern konnte, in dem er Frieden noch nicht gewonnen hat und noch um die Zukunft seiner Macht bangt. Die Geheimverhandlungen zur Bildung des Rates der syrischen Charta werden aus Europa unterstützt. Ich habe die Ehre, viele Akteure kennen zu dürfen und mein Europa-Wissen in ihre Diskussionen einzubringen. Auch die Politologin Bassma Kodmani, die wir bereits zuvor als tatkräftige Fackelträgerin der syrischen Demokratie kennengelernt haben, gehört dem Rat an. Sie verstarb im März 2023.

Riad Seif kann nach Jahren im Gefängnis und gezeichnet von schwerer Krankheit zur Genesung ins Exil nach Berlin kommen; er engagiert sich in der syrischen Opposition, die unter dem Dach der Vereinten Nationen in Genf versucht, mit dem Assad-Regime eine neue Verfassung zu erarbeiten. Eine neue Verfassung soll die Teilhabe aller gesellschaftlichen Gruppen, nicht nur die des Regimes, sichern. Dazu legt die UN-Resolution 2254 vom Dezember 2015 fest, dass ein syrisches Verfassungskomitee aus jeweils 50 Vertreter:innen der Assad-Regierung, der Opposition und der Zivilgesellschaft besteht. Wenn durch Vermittlung des UN-Syrien-Beauftragten diese neue Verfassung vereinbart ist, soll sie unter Aufsicht der Vereinten Nationen von den Syrer:innen abgestimmt werden, um den Bürgerkrieg endgültig zu beenden. Selbst 2023, im siebten Jahr nach Gesprächsstart, kommen die Genfer Verfassungsgespräche nicht voran, noch fühlt Assad sich nicht gedrängt, auf die Kräfte der Opposition und Zivilgesellschaft zuzugehen.

Europa hat viele bekannte und engagierte Syrer:innen gewonnen, vielen von ihnen Lebenschancen gegeben. So wie Antoine, der während der Coronakrise bei Amazon gearbeitet hat, um dem deutschen Sozialstaat nicht auf der Tasche zu liegen, und der nun als freischaffender Fotograf seine Familie gut ernähren kann. Die Tochter geht zur Schule, seine Frau, studierte Versicherungskauffrau, macht eine Fortbildung als Buchhalterin. Mit einem Teil ihres Einkommens unterstützen sie die in Damaskus zurückgebliebenen Eltern, die manchmal frieren und manchmal hungern müssen. Gibt es ein friedliches, versöhntes, auf Rechtsstaat und Teilhabe basierendes neues Syrien, so gibt es eine große Chance, dass rund 70 Prozent seiner syrischen Landsleute, so schätzt Antoine, zum Wiederaufbau in die alte Heimat zurückkehren werden. Ein Ziel, das die EU nicht erreichen kann, wenn immer mehr Mitgliedstaatsregierungen glauben, die Wiederaufnahme diplomatischer Beziehungen zu Baschar al-Assad – versüßt mit dem Angebot, die von Assads Bomben und Kreml-Raketen zerstörten Viertel mit europäischen Steuergeldern wieder aufzubauen – würde alle syrischen Vertriebene nach Syrien zurückbringen.

Die Arabellion von 2011 bleibt unbeendet und kehrt in neuem Gewand zurück

Die Zeitenwende der Arabellion von 2011 hat für keine der arabischen Gesellschaften einen neuen Gesellschaftsvertrag erbracht, der die Aspirationen nach Brot, Arbeit, Freiheit und Würde realisiert und einen Konsens zum gegenseitigen Nutzen aller sozialen Gruppen darstellt. Europa wollte diesen Transformationsweg unterstützen, hat ihn – mit Ausnahme der damaligen französischen Außenministerin – auch schnell als besondere Aufgabe begriffen und mit einem Paket an richtigen Maßnahmen ab März 2011 mit der neuen Strategie zur Förderung von Demokratie, Rechtsstaatlichkeit und Wohlstand in der südlichen Nachbarschaft schnell reagiert. Doch man zögerte in vielen Fällen, Investitionen auch mit robusteren Mitteln zu untermauern, etwa, als es um die Unterstützung von Ali Seidan ging, der 2012 zum ersten frei gewählten libyschen Ministerpräsidenten wurde. Und man zögerte, mehr für das eigene Geld einzufordern, als die große Koalition ab 2015 in Tunesien sich selbst bei der Einrichtung eines Verfassungsgerichtshofes blockierte. Man schreckte ab 2015 vor Flucht, Migration und Islam zurück, fast reflexartig, und kooperierte wieder mit autokratischer Präsidentschaft, wie in Ägypten.[139] Man schützte richtigerweise 2011 die Zivilbevölkerung in Libyen mit einer Flugverbotszone, ließ aber die Bürger:innen Syriens im Stich. Fairerweise muss Europa zugestanden werden, dass es mit zu vielen, zu komplexen Arabellionen zur gleichen Zeit konfrontiert wurde, wie meine Auswahl für Tunesien, Ägypten, Libyen und Syrien gezeigt hat, und dass Brüssel und die anderen Hauptstädte damit am Ende überfordert waren. Doch die Zurückhaltung hat der europäischen Stellung in Nordafrika und dem Nahen Osten geschadet, denn mächtige Konkurrenten sind in den südlichen Nachbarschaftsraum der EU eingedrungen: Russland militärisch, die Türkei militärisch und wirtschaftlich, Katar und die Vereinigten Arabischen Emirate finanziell und ideologisch, China finanziell und ökonomisch. Die oberste Priorität dieser neuen mächtigen Akteure ist gewiss nicht die Förderung europäischer Werte.[140]

Die tunesische Bevölkerung hat sich die errungenen Freiheiten am längsten erhalten; Libyen bietet einige Freiheiten an einigen nicht umkämpften Orten. Unter dem Radar der Kontrollbehörden haben von Tripolis bis Kairo viele junge Leute ihr Schicksal selbst in die Hand genommen und kleine Unternehmungen gegründet – on- oder offline. Sicherlich haben viele Ägypter:innen mehr Arbeit und Brot gefunden, aber im krassen Gegensatz zum zur Schau gestellten Reichtum bleiben Arbeitslosigkeit und Armut weiterhin präsent. *Wasta* und *bakshish*, Beziehungen, Schmiergeld und Korruption im weiteren Sinne spielen wieder eine große Rolle für das Überleben und Weiterkommen und nagen an der Würde des Einzelnen. Im Fokus steht dabei meist noch immer die eigene Familie.

So gärt es bei vielen weiter; die Arabellion von 2011 bleibt unbeendet und kehrt in neuem Gewand zurück: In Form von Resignation und Stillschweigen, Terroranschlägen einzelner Gruppen, kontinuierlicher Migration nach Europa oder neuer – noch friedlicher – Protestformen. Dafür stehen exemplarisch die friedlichen Spaziergänge in Algier, die 2019 über eine Zeitspanne von 50 Wochen jeden Freitag Hunderttausende von Familien auf die Straße treiben. Friedlich, eher leise, aber dennoch bestimmt fordern sie den Abtritt von Langzeitpräsident Abd al-Aziz Bouteflika, der seit 1999 viermal mit über 90 Prozent der abgegebenen Stimmen „gewählt" wurde. Schon 2014 trat Bouteflika altersgeschwächt im Rollstuhl zur Wiederwahl an, war kaum im Wahlkampf präsent, 2019 will er, will seine Entourage ihn durch die Präsidentschaftswahl in eine weitere fünfjährige Amtszeit bis 2024 „rollen". Das ist dann doch zu viel des Guten, Grund genug für die massenhaften friedlichen Freitag-(Protest-)Spaziergänge ab dem 22. Februar 2019. Sie haben Erfolg, die Herrschenden sind beeindruckt, Bouteflika tritt doch nicht zur Wiederwahl an, die Militärführung führt die Regie des Übergangs, doch Hunderttausende Algerier:innen gehen weiterhin in Massen jeden Freitag spazieren, füllen die Straßen, bis diese am 20. März 2020 nach 56 Wochen plötzlich leer sind, leere Straßen, leere Plätze, eine neue Zeitenwende erfasst die südliche Nachbarschaft der Europäischen Union.

KAPITEL 5

ZEITENWENDE 2020–22

Europa und Nahost im Dauerkrisenmodus

Überregionale Konflikttreiberin: die Covid-19-Pandemie

Das Corona-Virus rettet die Herrschenden in Algerien vor weiteren Massenprotesten. Der 56. Marsch, der für den 20. März 2020, einen Freitag, vorgesehen ist, wird von dem Nachfolger Bouteflikas – der kranke Langzeitpräsident hatte auf Druck der Straße 2019 auf eine Wiederwahl verzichtet – Abdelmajid Tebboune, in einem Präsidentenerlass verboten. Der neue Regierungschef schickt die gesamte Bevölkerung in einen Lockdown. Auch die Organisator:innen der Proteste – sogar diejenigen, die im Gefängnis sitzen – sagen mit Blick auf den Gesundheitsschutz der Protestierenden die Zusammenkünfte ab. Verwaist ist der Platz um die Große Post an der Rue Larbi Ben M´Hidi, das imposante weiße Gebäude aus der französischen Kolonialzeit mit seinen drei Eingangsportalen im orientalischen Stil und den zwei wie Kirchtürmen aufgesetzten Kuppeln. Dieser bekannte Platz der Hauptstadt hatte für die algerischen Demonstrant:innen eine Bedeutung wie der Tahrirplatz für die protestierenden Ägypter:innen.

Der im Dezember 2019 gewählte Tebboune, 75-jähriger Politiker aus dem System, nimmt mit seiner Entourage das Heft des Handelns in die Hand. Befreit vom Druck der öffentlichen Massenproteste, bringt Tebboune die Geheimdienste unter die Kontrolle seiner Regierung und schwächt damit die historisch mächtige Militärführung. Gleichzeitig bindet er Unternehmer:innen in die Regierung ein, um der Wirtschaft mehr Bedeutung zu geben. Mit diesen Maßnahmen schließt er die Machtstrukturen des Landes näher an die Herrschaft an. So setzt Tebboune im Mai 2020 eine neue Verfassung in Kraft, die es ihm mit wenigen Änderungen ermöglicht, einen im Grunde autoritären Regierungsstil fortzuführen. Der neue Präsident setzt auch ein Gesetz zur Bekämpfung von Fake News und Hate Speech[141] durch, das zudem das Ziel hat, Regierungskritik, die sich mit dem Corona-Lockdown von der Straße in die sozialen Medien verlagert hat, einzudämmen. Einige Parteien und Organisationen, die sich aus der Protestbewegung von 2019/2020 gegründet haben, werden verboten; einige der Aktivist:innen und Influencer:innen landen im Gefängnis.

Das Leben in der Corona-Pandemie, der Lockdown und die sich immer wieder ändernden Vorschriften der Behörden halten die Menschen auf Trab und in Unsicherheit. Nicht nur die persönliche Zukunft ist für viele unberechenbar – die anhaltende Ungewissheit erstreckt sich auch auf die Familie, die Arbeit und den Umfang des eigenen Einkommens. Diese Existenzängste treiben die Protestierenden und ihre Anhänger:innen ebenfalls um, ihnen bleibt jedoch kaum Raum und Zeit, den friedlichen zivilen Ungehorsam und das politische Engagement fortzusetzen. Die beschwerlichen Lebensumstände unter der Corona-Pandemie stärken somit die herrschenden Strukturen. Zur Beruhigung großer Teile der Bevölkerung verteilt Präsident Tebboune Einnahmen aus den Gasverkäufen als Geldgeschenke. So werden z. B. Steuern auf niedrige Gehälter reduziert und der Mindestlohn angehoben.

Viele Beherrschte wie Herrschende in Algerien fühlen sich mit Blick auf die Strenge der Maßnahmen zur Eindämmung der Pandemie dann doch bestätigt, als im März 2020 tragische und chaotische Bilder aus Italien und Iran durch die Medien gehen. Das neuartige Virus hat sich ab Dezember 2019 von China aus über die Welt verbreitet. Iran unterhält seit 2004 mit China sehr enge wirtschaftliche Beziehungen, quasi als Ausgleich zu den durch die Finanz- und Wirtschaftssanktionen (infolge des iranischen Atomprogrammes) abgetrennten Verbindungen zum Westen. Entsprechend engmaschig sind die Flugverbindungen, und aufgrund der großen Abhängigkeit Irans von China scheuen die Herrschenden in Teheran davor zurück, die Reisemöglichkeit abzubrechen, um die Führung in Peking nicht zu düpieren. Somit bringen Geschäftsleute das Corona-Virus von Wuhan nach Teheran und chinesische Theologiestudenten Covid-19 in die iranische heilige Stadt Ghom. Schlechte medizinische Versorgung und mangelnde transparente Aufklärung durch die Regierung und die Behörden beschleunigen die Verbreitung des Virus, das schnell, meldet die Weltgesundheitsorganisation WHO, mehr Iraner:innen tötet als Chines:innen. Da enger Kontakt zwischen den Menschen ein Treiber der Pandemie ist, wird der Besuch von Orten, an denen sich viele Menschen zur gleichen Zeit aufhalten – Moscheen, Basare, enge Behausungen und Fabriken – zur Ansteckungsgefahr.

Da außerdem zu wenig über das Virus bekannt ist, verfallen die Herrschenden im Iran bald darauf, die Krankheit zu verharmlosen und tatsächliche Zahlen von Infizierten und Toten zu vertuschen. Religiöse Führer wollen vermeiden, dass ihre Zeremonien und Gottesdienste verboten werden. Schnell machen sie ausländische Mächte für die Kranken und Toten verantwortlich. So soll der Chef der iranischen Revolutionsgarden erklärt haben, die USA hätten eine biologische Waffe in Umlauf gebracht.[142] Berichte über chaotische Zustände in Krankenhäusern und Massengräber werden von den Geheimdiensten aus den sozialen Netzwerken entfernt. Die Mächtigen treibt die Sorge um, Angst und Wut der Bevölkerung könnte in Massenproteste umschlagen, die nicht mehr zu kontrollieren oder zu unterdrücken sind. Der Griff zu Statements der Verharmlosung, Vertuschung und Verschwörungstheorien wirkt unter diesen Umständen wie ein Reflex – auch, um von der eigenen Verantwortung und Tatenlosigkeit abzulenken. Zügig haben wir in Europa verdrängt, dass es auch bei uns eine Weile gedauert hat, bis Masken, Schutzanzüge, Desinfektionsmittel, Atemgeräte und Testkits zur Verfügung standen.

Die Politikkultur in Europa kann kaum verharmlosen, vertuschen oder Verschwörungstheorien in die Welt setzen. Die demokratische Kultur, der unabhängige Journalismus und die freien sozialen Medien halten die Erkrankungs- und Todesgefahr, die das Covid-19-Virus mit sich bringt, zeitweise im Bewusstsein der Menschen und stärken in Europa für lange Zeit die Überzeugung, dass die beschlossenen Schutzmaßnahmen wie auch der Lockdown befolgt werden sollten. Norditalien im März 2020 – die täglichen Schreckensmeldungen reißen nicht ab: Am 17. März meldet die Zivilschutzbehörde 475 Tote an nur einem Tag; wie in Iran sterben auch in Italien täglich mehr Menschen an den Folgen des Corona-Virus als in China. Das Krankenhauspersonal postet Videosequenzen über seine katastrophale Arbeitssituation – verbunden mit dem eindringlichen Appell an die europäischen Nachbarn, schnell und umfassend zu helfen. Es sterben so viele Italiener:innen, dass in der Nacht vom 18. auf den 19. März Militärlastwagen, beladen mit Särgen, in einer Kolonne aus der Stadt Bergamo fahren, um die Toten zu Krematorien in andere italienische Städte zu transportieren. Da Bestattungsinstitute und Leichenhallen überfüllt sind, werden Totensärge selbst in Kirchen aufgebahrt. Die norditalienische Stadt Bergamo ist sehr früh sehr hart betroffen. Ein wichtiger Grund dafür ist wahrscheinlich ein Champions-League-Spiel am 19. Februar 2020 zwischen Atalanta Bergamo und Valencia CF mit übervollem Stadion. Die angereisten Fans tragen das Virus bereits Mitte März innerhalb weniger Tage bis nach Spanien. [143]

Um nicht zu riskieren, dass das nationale Gesundheitssystem kollabiert und sich chaotische Verhältnisse wie in Iran und Italien einstellen, reagieren viele Länder Nordafrikas und des Nahen Ostens, aber auch in Europa, mit zum Teil strikten, den Lebensalltag stark einschränkenden Maßnahmen. Ich selbst, im Frühjahr 2020 im Homeoffice, rufe Freund:innen und Bekannte in fast allen diesen Ländern recht regelmäßig an. Wir wollen uns gegenseitig Mut machen und voneinander erfahren, wie sich das Leben im Lockdown und unter anderen strikten Einschränkungen – wie Kontaktsperren – gestaltet. Der Umgang und die Folgen der Covid-19-Pandemie sind diesseits und jenseits des Mittelmeeres eine so große Herausforderung, dass die Zusammenarbeit mit der Nachbarschaft, die Hilfe für die am härtesten Betroffenen, forciert werden muss.

Mein jordanischer Freund Abdelelah, ein Banker und Politiker, erzählt mir, dass er bestimmte Zeiten in der Woche zugeteilt bekomme, an denen nur eine Person aus der Familie für alle die Einkäufe erledigen darf. Da habe er noch den Luxus, dass er über ein iPhone, einen Internetanschluss, ein eigenes Auto verfüge und eine große Wohnung sein Eigen nennen darf, in der sich eine Ausgangssperre über mehrere Wochen einigermaßen aushalten lasse. Ich berichte, dass bei uns in Berlin nur eine begrenzte Anzahl von Kund:innen Maske tragend in die Geschäfte reingelassen wird und dass in den Supermärkten kurioserweise das Toilettenpapier ausverkauft sei. Wir hätten den Luxus einer Terrasse mit einem kleinen Garten, was eine angenehme Abwechslung zum Aufenthalt in der Wohnung biete, zudem dürften wir Fahrrad fahren und spazieren gehen.

Anders als Abdelelah, ich und unserer beiden Familien ringen sehr viele Menschen in Nordafrika und dem Nahen Osten um ihre Existenz und die ihrer Angehörigen: Ausgangssperren, Kontaktbeschränkungen, der Zusammenbruch internationaler Lieferketten und das Ausbleiben von Tourist:innen treffen neben Jordanien auch andere mit dem europäischen Binnenmarkt eng verflochtene Länder wie die Türkei, Marokko, Tunesien, Ägypten und den Libanon finanziell sehr hart. Der Konjunktureinbruch im europäischen Binnenmarkt hat außerdem zur Folge, dass Aufträge storniert werden und Lieferketten unterbrochen sind, in die Firmen aus Nordafrika involviert sind. Und die Negativspirale setzt sich automatisch fort: Steuereinnahmen sinken, Jobs gehen verloren. Da es in den meisten Ländern weder eine Sozialpartnerschaft zwischen Arbeitnehmer:innen und Arbeitgeber:innen noch ein tragfähiges soziales Sicherungssystem gibt, trifft viele Beschäftigte die mit dem Verlust von Aufträgen einhergehende Arbeitslosigkeit ungebremst.[144] Deutschland etwa kann mit seinen großen Geldreserven gegensteuern und sorgt u.a. über staatlich finanzierte Lohnfortzahlungen dafür, dass die Arbeitenden, die nun zu Hause bleiben müssen, weiterhin jeden Monat Lohnüberweisungen auf ihre Bankkonten erhalten. Viele ihrer Arbeitskolleg:innen jenseits des Mittelmeeres im Süden verfügen nicht über die notwendigen Ersparnisse, um die Lohnausfälle zu kompensieren, und müssen plötzlich der Armut ins Auge sehen. Die Kontakt- und Ausgangssperren trocknen zusätzlich den informellen Sektor aus, auf den mindestens 50 Prozent der arbeitenden Bevölkerung für die Sicherung ihres Lebensunterhalts angewiesen sind. Vor allem im lokalen Kleingewerbe verdienen viele Menschen der unteren Mittelschicht mit Zweit- und Drittjobs Geld hinzu – Geld, das sie brauchen, um sich und ihre Familien über Wasser zu halten.

Europas saisonale Erntehelfer:innen aus der Region sind ebenfalls betroffen. Sie bleiben ohne Lohn, denn aufgrund des coronabedingten Reiseverbots können zehntausende Marokkaner:innen und Tunesier:innen im Frühjahr 2020 nicht ihre Saisonarbeitsstellen in der Landwirtschaft Spaniens und Italiens antreten. Die Millionen Menschen aus Marokko, Algerien, Tunesien, Libanon und Ägypten, die bereits in Spanien, Italien und Frankreich arbeiten, schicken weniger Geld an Familien und Verwandte in der südlichen Nachbarschaft Europas – auch diese sind in den drei EU-Mitgliedstaaten von Produktionsrückgängen und Lohnkürzungen betroffen und verlieren oft schneller ihre Arbeit als Einheimische. Lohnausgleich für Kurzarbeit gibt es nicht in allen Ländern der EU in ausreichender Höhe. Nur wenige Nachbarländer verfügen über die nötigen finanziellen Ressourcen, um diese immensen wirtschaftlichen Verluste auszugleichen. Während Deutschland milliardenstarke Finanzpakete schnürt, um Firmen, die finanziell in Schieflage geraten, durch staatliche Überbrückungsgelder zu stabilisieren, können nur wenige Länder südlich des Mittelmeeres groß angelegte finanzielle Rettungsschirme über heimische Unternehmen spannen.

Marokko setzt ein eine Milliarde Euro schweres Hilfspaket für Unternehmen auf, um drohende Insolvenzen und Kreditkündigungen zu vermeiden; die EU spendet aus ihrem Soforthilfeprogramm 500 Millionen Euro dazu, wie mir meine marokkanische Bekannte Radia erzählt, die Gesundheitsprojekte managt. Sie erwähnt zudem, dass die marokkanische Regierung und Unternehmen über einen Hilfsfonds arbeitslos Gewordenen ein Übergangsgeld von monatlich 200 Euro über drei Monate gezahlt haben. An diesen Transferleistungen beteiligt sich auch die deutsche Regierung über die Kreditanstalt für Wiederaufbau.[145]

Meine tunesische Bekannte Amel, eine Jungunternehmerin, berichtet, dass Bürger:innen sich zu lokalen Hilfsorganisationen zusammenschließen und vom Einkauf bis zu medizinischen Erstversorgungen in der Nachbarschaft helfen, weil die lokalen Behörden und Krankenhäuser überfordert sind. Da die tunesische Arabellion Raum für Partizipation erkämpft hat, habe sich im Land eine Kultur der Gründung von wirtschaftlichen und sozialen Initiativen entwickelt. Auch ich erlebe spontane Nachbarschaftshilfe in unserem Wohnbezirk, wo junge Leute den Älteren die Einkaufswege abnehmen.

Mein palästinensischer Bekannter Sam, ein IT-Fachmann, macht mich darauf aufmerksam, dass nur die Kinder von Eltern, die es sich leisten können, ihren Nachwuchs auf Privatschulen zu schicken, überhaupt online lernen können. Die meisten Kinder müssten auf öffentliche Schulen gehen und könnten nun fast gar nicht unterrichtet werden. Weder hätten die öffentlichen Schulen den notwendigen Internetzugang noch die Lehrkräfte und Eltern die Laptops, die es bräuchte, um Fernunterricht sinnvoll durchführen zu können. Die soziale Ungleichheit zwischen den wenigen Privilegierten und ihren Mitmenschen, die auf öffentlichen Service angewiesen sind, würde sich infolge der Pandemiebeschränkungen weiter vertiefen. Von allen Herausforderungen für einen geregelten Onlineunterricht, so berichte ich Sam aus der Wahrnehmung mit meiner in Berlin schulpflichtigen Tochter, sind an unseren Schulen die fehlende Internetbandbreite und die große Zahl digitalferner Lehrkräfte die größten Stolpersteine.

Mein ägyptischer Freund Mohammed, ein Wirtschaftswissenschaftler, schickt mir per Whatsapp ein Video aus Kairo, das zeigt, wie infolge der von der Regierung ab 18 Uhr verhängten Ausgangssperre Menschenmassen vor Abfahrt der letzten Züge in die U-Bahn-Stationen stürmen. Diese seien aber so überfüllt und die Bahnsteige so voll, dass man keine Sicherheitsabstände einhalten und sich so kaum vor Ansteckung mit dem Coronavirus schützen könne. Abstandsregeln können besonders in dicht bevölkerten und eng bebauten Stadtteilen, wie es sie in Ägypten zuhauf gibt, gar nicht eingehalten werden.

Besonders vulnerabel ist die Überlebenssituation für die Araber:innen, die auch über die Zeit der Pandemie in Geflüchtetenlagern, Krisen- und Kriegszonen bis nach Libyen, Syrien und in den Jemen ausharren müssen. Ärzte ohne Grenzen schlägt bereits im März 2020 Alarm, weil es neben Schutzkleidung und Medikamenten insbesondere an sauberem Wasser fehle. Zudem erschweren Ausgangssperren, neu eingerichtete Checkpoints, geschlossene Flughäfen und Straßen, dass Ärzt:innen und Pflegekräfte sowie Hilfsmaterialien die Bedürftigen erreichen können. Die Orienthelfer, die im libanesischen Grenzgebiet zu Syrien mit Gulaschkanonen der Bundeswehr vielen Geflüchteten eine warme Mahlzeit garantieren, versuchen angesichts der Kontaktbeschränkungen, Essenspakete zu den Familien in die Zelte und Baracken zu bringen.

Die Europäische Union reagiert auf die immensen sozialen und humanitären Herausforderungen in ihrer südlichen Nachbarschaft, die die Pandemie verursacht, schnell mit Geld und humanitärer Hilfe. Brüssel mobilisiert durch sein politisches Gewicht bei den internationalen Finanzinstitutionen wie Weltbank und Internationaler Währungsfonds Budgethilfen und Kreditstundungen. So kann zum Beispiel kurzfristig dem Libanon geholfen werden, der im März 2020 seine Zahlungsunfähigkeit angemeldet hat. Die EU-Kommission schichtet zudem Gelder in ihren eigenen Finanzlinien um. Nicht abgerufene Projektbudgets werden zu Budgethilfen umetikettiert. So können Marokko, Tunesien und Jordanien bereits im März 2020 mit einem Nothilfefinanzzuschuss ihre defizitären Staatshaushalte kurzfristig stabilisieren. Im April bringt die EU-Kommission ein weiteres Hilfsprogramm im Umfang von 46 Milliarden Euro mit dem Namen „Team Europe“ auf den Weg. Jenseits des Mittelmeeres profitieren als Erstes Jordanien und Tunesien von diesem Bündel aus Zuschüssen, Krediten und Darlehen mit günstigen Konditionen, das die EU gemeinsam mit der Europäischen Investitionsbank (EIB) und der Europäischen Bank für Wiederaufbau und Entwicklung (EBRD) schnürt. „Team Europe“-Gelder[146] sollen die sozialen und wirtschaftlichen Folgen der Pandemie abfedern, von denen mir meine Bekannten berichtet haben, sowie Versorgungssysteme für Trinkwasser, sanitäre Einrichtungen und Gesundheitsversorgung unterstützen. Die EU setzt sich dafür ein, dass ihre Nachbarn bei der Lieferung von Schutzausrüstungen und Corona-Impfstoff über das multilaterale Programm COVAX prioritär behandelt werden. Für die bedürftigen arabischen Länder setzen sich neben Europa aus dem Nahen Osten selbst offensichtlich nur die reichen Vereinigten Arabischen Emirate (VAE) ein.

Mit der Erforschung des Corona-Virus, der Entwicklung von Impfstoffen und Studien zur Impfverträglichkeit gehört Israel weltweit zu den Vorreitern bei der Bekämpfung der Pandemie – dank der Förderung engagierten Forschungsgeistes und digitaler Innovationstradition. Den Vereinigten Arabischen Emiraten gelingt es, ihre rund zehn Millionen Einwohner:innen bereits im November 2020 vollständig mit einer Dosis Corona-Impfstoff zu versorgen – dank effektiver Logistikleistung der öffentlichen Behörden und hoher finanzieller Investitionskraft. Israel und die Vereinigten Arabischen Emirate verstehen und positionieren sich als die innovationskräftigsten Wirtschaftsnationen in der südlichen Nachbarschaft der EU. Europa profitiert von dieser Herangehensweise: Die Vereinigten Arabischen Emirate sind mit ihren ausländischen Arbeitskräften in der Lage, den riesigen Containerhafen von Dubai, Jabel Ali, während der Hochphase der Pandemie weiterzubetreiben – so werden zumindest Teile des internationalen Warenverkehrs aufrechterhalten. Die Studien israelischer Forscher:innen zum Corona-Virus und zu den Wirkungen der Impfstoffe sind weit über Europa hinaus geschätzt und beschleunigen die Eindämmung der Pandemie erheblich. Die Covid-19-Pandemie und der Umgang mit ihr in Israel und den Vereinigten Arabischen Emiraten zeigen, dass zur Bewältigung der komplexen Zeitenwende 2020–2022 die Länder im Vorteil sind, die früh und umfassend in Innovation und Forschung ihrer Wissenschaften, die Digitalisierung von Wirtschaft und Gesellschaft sowie die effiziente Zurverfügungstellung von öffentlichen Dienstleistungen investiert haben. Das können demokratische Abstimmungsprozesse leisten, wie Israel es zeigt, das kann aber auch autokratisches Regieren leisten, wie es die VAE zeigen.

Spitzenreiter zu sein, ist komplex und hat Schattenseiten. Der Reichtum der VAE basiert auch auf fragwürdigen Arbeitsbedingungen der Gastarbeiter:innen; 15 Prozent der fast zehn Millionen Einwohner:innen sind Emiratis, dazu kommen Ausgewanderte und Millionen von Gastarbeiter:innen, besonders aus Asien. Nepalesen helfen, in rasanter Geschwindigkeit Wolkenkratzer aufsteigen zu lassen, Philippina arbeiten als Kindermädchen, Inder:innen in Schnellrestaurants, Pakistaner bauen Straßen und

Bangladeschi schwitzen in Reinigungen. Ihre Arbeit in Dubai und Abu Dhabi sichert Millionen Familien aus ärmeren asiatischen Ländern durch Rücküberweisungen die Existenz. Diese Lebensgrundlage wird in der Pandemie vielen schnell entzogen. Wenn Baustellen stillstehen und Restaurants schließen, werden die Gastarbeiter:innen als Erste entlassen, verlieren ihre Aufenthaltsgenehmigung und müssen sich ohne Einkommen durchschlagen.[147] Glück haben diejenigen, die ein Flugticket kaufen und in die Heimat zurückreisen können. Die Führung der VAE verschiebt die Weltausstellung 2020 um ein Jahr. Im Herbst 2021 ist die Pandemie so weit überwunden, dass wieder mehr Geschäftsreisen und Tourismusverkehr möglich sind; Millionen werden die Weltausstellung in Dubai besuchen. Dass längst andere Nepalesen und Pakistani auf den Baustellen und in den Restaurants arbeiten, bemerken nur wenige.

In Israel schwingt die Situation der Palästinenser:innen mit – auch während der Covid-19-Pandemie. Palästinenser:innen, die nicht Bürger:innen Israels sind, sondern unter israelischer Besatzung oder im palästinensischen Autonomiegebiet wohnen, werden erst lange Zeit nach den Israelis und dank europäischer Hilfe geimpft.[148] Praktische Kooperation zwischen israelischen Ministerien und palästinensischen Behörden kann eine weitere Verschärfung der sozialen Lage vermeiden. Unsere israelische Freundin Rachel, eine Rentnerin, berichtet uns beim Besuch in Herzliya im April 2022, wie wichtig gerade die Arbeit von palästinensischen Pflegern und Krankenschwestern während der Pandemie gewesen sei, um das israelische Krankenhaussystem am Laufen zu halten. Während der Auseinandersetzungen zwischen Israel und Hamas im vierten Gaza-Krieg im April 2021 verbreiten israelische und palästinensische Ärzt:innen und Pflegekräfte in den sozialen Netzwerken Videoclips, die sie gemeinsam vor den Krankenhäusern des Landes zeigen. Sie wollen so sichtbar für ein Ende der Gewalt und für Frieden demonstrieren.

Stabiles Internet, digitale Bezahlmöglichkeiten, eine effiziente, digitale und bürgernahe Verwaltung, ein korruptionsfreies Rechtssystem, sozial abgesicherte Arbeitsplätze mit einem Lohnniveau, auf dem sich der Alltag ohne Existenzängste bestreiten lässt, ein verlässliches öffentliches Schul-, Gesundheits- und Verkehrswesen – diese Anliegen konkretisieren sich im Verlauf der Pandemie bei den Menschen, die von Marokko bis Iran in unserer Nachbarschaft leben. Sie fordern jetzt, tatsächlich gut regiert zu werden und nicht einfach nur autoritär. Dieser neue Anspruch entwickelt in meiner Wahrnehmung die Forderungen aus der Zeitenwende der Arabellion nach Freiheit, Arbeit, Brot und Würde weiter. Sie enthalten nun eine entscheidende Nuance: Viele Menschen sind jetzt bereit, auf bestimmte Freiheiten und Demokratie zu verzichten, wenn die Lebensorganisation verlässlich und bezahlbar garantiert ist. Von Tunesien bis Ägypten schauen Araber:innen mit Neid auf die reichen arabischen Brüder und Schwestern – von den VAE bis Katar. Dort funktionieren E-Governance-Systeme und digitale Zahlungsdienstleistungen wie PayPal.

Auch bei meinem Besuch in Tunis im Oktober 2021 erzählt mir meine Bekannte Amel Saidane – sie ist Vorsitzende des tunesischen Start-up-Verbandes und setzt sich sehr für bessere Arbeitsbedingungen junger IT-Unternehmer:innen ein –, wie sie hoffte, dass durch die Pandemie auch Tunesien einen Quantensprung in der Digitalisierung vollziehen würde. Zwar habe sich die Internetinfrastruktur mit dem Ausbau von 4-G-Netzen verbessert, aber sie bedaure sehr, dass der Service von Behörden und Banken sich weiterhin nicht digital und effizient zeige. Gerade Start-ups und mittlere Unternehmen behindere das in ihrer Wirtschaftsentwicklung. Dabei sind sie es, die wichtige neue und interessante Arbeitsplätze schaffen wollen und sollten. Die Westerwelle Stiftung unterstützt seit 2016 mit ihrem Start-up-Haus in Tunis engagierte Gründer:innen.[149] Guido Westerwelle konzentrierte sich nach seiner Zeit als deutscher Außenminister auf die Förderung von Jungunternehmer:innen in Afrika. Ich war zweimal im Start-up-Zentrum in Tunis und habe mit den jungen Internet-Talenten gesprochen. Ihr Herz sei in Tunesien – sie wollten bei ihren Familien bleiben und vor Ort Arbeitsplätze schaffen, doch die tagtäglichen Beschwerlichkeiten mit Behörden und Banken sowie die andauernde Wirtschafts- und Finanzkrise nähren Zweifel an einer positiven Perspektive im eigenen Land. Jobangebote aus Europa werden immer attraktiver. So erhält IT-Profi Nesima über Linked-

In Arbeitsangebote von Internetfirmen in Berlin und Paris. Nesima entscheidet sich für das Angebot in Deutschland, weil sie ihren Ehemann Yehia dorthin mitnehmen kann. Nesima und Yehia leben seit 2019 in Berlin, arbeiten bei IT-Firmen, haben ein gutes Auskommen. Unser befreundetes Paar schickt monatlich Geld an die daheimgebliebenen tunesischen Familienmitglieder – ein wichtiger Beitrag zur dortigen sozialen Stabilität, gerade während der Coronakrise. Denn die zweite Pandemiewelle trifft Tunesien hart.

Juli 2021: Der Sommer ist heiß, die wirtschaftliche und finanzielle Lage verschlechtert sich für fast alle Tunesier:innen immer weiter, je länger die Pandemie dauert. Im jungen demokratisch-parlamentarischen System streiten Präsident, Ministerpräsident und Parlamentspräsident um Kompetenzen. Vor allem, weil sich die Entscheider:innen im Land nicht über die Ausrichtung ihrer Politik einigen können, nehmen immer mehr Tunesier:innen diesen öffentlich ausgetragenen Streit negativ wahr. Der bestellte Corona-Impfstoff wird über das multilaterale System COVAX, in dem die Europäische Union sich engagiert, gespendet. Die tunesischen Behörden scheinen mit Verteilung und Verimpfung überfordert. Täglich stecken sich Tausende mit der neuen Virusvariante Delta an, Hunderte müssen binnen kurzer Zeit dringend in Krankenhäusern behandelt werden, viele sterben, weil sie nicht künstlich beatmet werden können. Aus Europa gespendete Sauerstoffflaschen bleiben über Tage unabgeholt und ungenutzt auf dem Flughafen von Tunis. Das habe das Fass zum Überlaufen gebracht, erzählt mir Tareq Cheikh-Rouhou, Moncefs jüngster Sohn, im Oktober 2021 bei meinem Tunesienreisestopp im Küstenort Hammamet. Staatspräsident Kais Saied habe demonstrativ das Heft des Handelns in die Hand genommen und die tunesische Armee mit der Organisation des Impfens beauftragt.

Die Armee funktioniert, die Behörden versagen, der Präsident erhält Lob, Regierung und Parlament haftet bloß noch der Ruf von Ineffizienz und Korruption an. In dieser Atmosphäre setzt der Präsident die parlamentarische Demokratie und die Gewaltenteilung aus, entlässt den Ministerpräsidenten, verbietet dem Parlament die Arbeit und erweitert seine eigenen Machtbefugnisse.[150]

Niemand kann Kais Saied hindern, an diesen Eingriffen auch über den Herbst 2021 hinaus festzuhalten. Ein Verfassungsgerichtshof fehlt, die wichtige Rechtsinstitution, auf deren Fehlen wir bei der Analyse der tunesischen Arabellion in der Zeitenwende von 2011 bereits hingewiesen haben. Nun zeigt sich, wie wichtig es gewesen wäre, die Einrichtung einer solchen Institution der Rechtsprechung aus europäischer Perspektive einzufordern. Die negativen Begleiterscheinungen der Pandemie haben die sozialen, wirtschaftlichen und politischen Krisenelemente in Tunesien so verschärft, dass eine große Mehrheit der Bevölkerung bereit ist, autoritäres Regieren ihres Präsidenten zu unterstützen, in der Hoffnung, dass sie effizienter und bürgernäher regiert wird sowie endlich Arbeit und ein besseres Auskommen erhalten kann. Andere, die nicht mehr daran glauben, wollen nach Europa auswandern; die Migration aus Tunesien steigt seit 2020 kontinuierlich an.

Temporärer Konflikttreiber: Ukrainekrieg – geopolitische und geoökonomische Neuordnung

Den von Corona Geplagten in Tunesien wie rund ums Mittelmeer bleibt kaum Zeit, sich von den finanziellen und wirtschaftlichen Einbußen der Pandemie zu erholen. Der russische Kremlchef Wladimir Putin macht dem erhofften Wirtschaftsaufschwung einen Strich durch die Rechnung. Am Donnerstag, den 24. Februar 2022, dringen seine Soldaten weiter auf das Staatsgebiet der Ukraine vor. „Mit dem Überfall auf die Ukraine hat der russische Präsident Putin kaltblütig einen Krieg vom Zaun gebrochen. Putin will ein russisches Imperium errichten, will die Verhältnisse in Europa nach seinen Vorstellungen grundlegend neu ordnen und dabei schreckt er nicht vor militärischer Gewalt zurück“, erklärt Bundeskanzler Olaf Scholz zum Auftakt der Sondersitzung des Bundestages drei Tage nach Beginn des russischen Angriffskrieges. „Wir müssen deutlich mehr in die Sicherheit unseres Landes investieren, um auf diese Weise unsere Freiheit und unsere Demokratie zu schützen. … Wir erleben eine Zeitenwende. Und das bedeutet: Die Welt danach ist nicht mehr dieselbe wie die Welt davor."[151] „Zeitenwende", der Beginn einer neuen Epoche, der Begriff setzt sich in meinem Kopf fest und spiegelt sich schließlich in der Wegmarkenstruktur dieses Buches. Der Begriff „Zeitenwende" ist gerechtfertigt, denn der russische Angriffskrieg hat tiefgreifende geopolitische und geoökonomische Folgen für Europa und seine Nachbarn. Es geht um Themen wie die Wehrhaftigkeit europäischer Demokratien, die Umstrukturierung von einseitigen Abhängigkeiten beim Einkauf von Erdgas, Erdöl und Nahrungsmitteln, die Erweiterung der Europäischen Union um Mitglieder aus der Nachbarschaft und die Vertiefung der sozialen und wirtschaftlichen Beziehungen, um die gemeinsame Anfälligkeit gegen Krisen und Kriege zu reduzieren.

Die Europäer:innen handeln in ihren Bündnissen Nato und Europäische Union sowie global im Rahmen der Vereinten Nationen: Die EU und ihre Mitgliedstaaten mobilisieren erhebliche finanzielle, wirtschaftliche und militärische Mittel, um die Ukraine bei der Verteidigung ihres Territoriums zu stützen. Fast fünf Millionen Ukrainer:innen werden 2022 von Polen bis Deutschland und von Litauen bis Tschechien als Geflüchtete aufgenommen. Die EU bringt schnell umfangreiche Sanktionspakete gegen Russland und Putins Führungskreis auf den Weg. Auch auf internationaler Bühne soll Präsident Putin die Isolation spüren. Eine scharfe Verurteilung seines Angriffs auf die Ukraine soll im UN-Sicherheitsrat und bei der UN-Vollversammlung Anfang März 2022 einmütig verabschiedet werden. Doch müssen Brüssel und Washington erkennen, dass viele Verbündete im Nahen Osten und Nordafrika nicht einfach dem Westen folgen. Sie tragen die Sanktionen nicht mit, bleiben den Abstimmungen fern, enthalten sich der Stimme oder können nur mit erheblichem diplomatischen Druck zu einem „Ja"-Votum gedrängt werden. Sie sind entweder mit den Bündnispartnern im Westen unzufrieden oder wollen bzw. müssen Rücksicht nehmen auf Russland.

Marokko erscheint zur Abstimmung in der Vollversammlung der Vereinten Nationen nicht – der Palast ist verschnupft darüber, dass die Europäer nicht geschlossen die Zugehörigkeit der Westsahara zum Königreich Marokko akzeptieren. Die Vereinigten Arabischen Emirate enthalten sich bei der Abstimmung im UN-Sicherheitsrat – sie profitieren u.a. von den Einkaufstouren russischer Oligarchen. Algerien enthält sich der Stimme – es unterhält wichtige Militärbeziehungen zu Moskau. Über solche verfügt auch Ägypten; Kairo arbeitet zudem in Libyen mit Moskau zusammen auf der Seite der ostlibyschen Autoritäten mit General Haftar. Am Ende stimmt Ägypten nach einigem diplomatischen Hin und Her mit dem Westen. So auch Israel, das eigentlich seine Sonderbeziehungen zum Kreml nicht gefährden möchte; für Luftangriffe auf iranisch unterstützte Milizen in Syrien braucht die israelische Luftwaffe von Moskau gewährte Überflugrechte. Saudi-Arabien zögert, weil Russland ein wichtiger Partner bei der Verhandlung von Preisen und Fördermengen in der Organisation der Erdöl exportierenden Länder OPEC ist; zudem ist China, das an der Seite Russlands zu stehen scheint, der größte Abnehmer von Gas und Öl aus der Golfregion.

Schmerzhaft müssen die angegriffenen Europäer:innen feststellen, wie tief sich Russland militärisch und wirtschaftlich in der direkten südlichen Nachbarschaft der EU eingegraben hat. Im Sommer 2008 noch hatte die EU in Paris unter französischer Leitung mit allen Staats- und Regierungschefs ihrer südlichen Nachbarschaft von Marokko bis Syrien eine „Union fürs Mittelmeer" gegründet und konnte dort politisch und wirtschaftlich den Ton angeben. Seit der Annexion der Krim, seit der militärischen Intervention in Syrien und Libyen sind russische Kampfflugzeuge und Kampfschiffe ein erheblicher Machtfaktor im Schwarzen Meer und im Mittelmeer. Außerdem bestimmen moskaunahe Söldner der sogenannten Wagner-Truppe politische Geschicke in Mali. So sitzt der Kreml an geostrategisch wichtigen Steuerungspunkten für Flucht- und Migrationsrouten in die EU. Moskau kann Druck ausüben auf europäische Politiker:innen, die zurückschrecken, wenn Migrant:innen zu Tausenden in Libyen über das Mittelmeer nach Italien aufbrechen oder sogar über Russlands Verbündeten Belarus in die EU zu gelangen versuchen. Russland ist als einer der größten Erdgas- und Erdölproduzenten wichtige Stimme bei der

Aushandlung von Fördermengen und Preisen in der OPEC, mit der arabische Erzeugerländer gut auskommen wollen. Zudem ist die Stimme des Kremls – mit seinem Vetorecht im UN-Sicherheitsrat – entscheidend dafür, wie sich multilaterale Verabredungen in der Region gestalten, etwa zum iranischen Atomprogramm und im Israel-Palästina-Konflikt, Waffenstillstandsverhandlungen in Libyen und dem Jemen sowie der humanitären Versorgung syrischer Vertriebener über türkische Grenzübergänge. Diesen Einfluss russischer Machtstrukturen spiegeln viele Stimmenthaltungen wider. Bei der Abstimmung über die Verurteilungsresolution GS-11/1 am 1. März 2022 in der UN-Generalversammlung stimmen 78 Prozent der Mitgliedstaaten dafür, vier dagegen, darunter Assads Syrien. Die Sanktionen des Westens gegen Putin tragen noch weniger nahöstliche Bündnispartner mit – aufgrund ihrer Beziehungen oder Abhängigkeiten von Russland. Selbst Nato-Partner Türkei schert aus dem Konsens aus. Präsident Erdogan kann sich die Sonderrolle leisten.

Infolge des russischen Angriffskrieges auf die Ukraine werden, geostrategisch gesehen, für Europa die Länder im Nahen Osten wichtiger, die militärisch innovative Technologien anbieten können wie Israel, die Erdöl und Erdgas liefern können wie die Vereinigten Arabischen Emirate, Katar, Saudi-Arabien und Algerien; oder die in geografischen Schlüsselfunktionen sitzen, wie die Türkei in der Meerenge am Bosporus zwischen Mittelmeer und Schwarzem Meer. Das kostet Präsident Erdoğan gegenüber Präsident Putin vor den Augen der Welt genüsslich aus: Putin steht und wartet, wartet vor zwei Sesseln, dahinter eine russische und eine türkische Flagge, schiebt seine Zunge im Mund herum, verzieht die Augenbrauen, verschränkt die Hände nervös vor dem Bauch. Während die Fotoapparate klicken, wartet Wladimir Putin am 20. Juli 2022 in Teheran auf sein bilaterales Treffen mit dem türkischen Präsidenten Erdogan. Dann, nach einigen Minuten, ist Putin sichtlich erleichtert, als Erdoğan den Raum betritt und ihm die Hand zum Gruß reicht. Gewöhnt hatten sich interessierte Beobachter:innen eher daran, dass der türkische Präsident regelmäßig seinem russischen Amtskollegen in dessen Sommerresidenz in Sotchi die Aufwartung machte. Dort wartete er, in der Hoffnung, von Russland Zugeständnisse bei türkischen Forderungen nach mehr Einfluss in Nord-Syrien zu erlangen. Nun ist die Bittstellerrolle zu Erdogans Gunsten vertauscht, im Ukrainekrieg braucht Putin die Kooperation mit der Türkei: Russische Kriegsschiffe und Frachter müssen durch den türkisch kontrollierten Bosporus, russisches Gas fließt nicht mehr durch die Ostseepipeline, sondern stattdessen mehr durch türkische Pipelines, die Türkei ist eins der wenigen Länder, in die russische Staatsbürger:innen visumfrei einreisen können; die Türkei liefert effektive und preiswerte Drohnentechnologie an die Ukraine und kann eine Aufnahme von Finnland und Schweden in die Nato, die nicht im russischen Interesse ist, verzögern.

Auch Israel steigt ins Zentrum nahöstlicher Machtstrukturen auf. Es dauert einige Momente, bis sechs Außenminister nebeneinanderstehend sich, die Arme überkreuzend, anfassen können. Sie wollen ein Bild der Vertraulichkeit und des engen Kooperationswillens in die Region ausstrahlen. Der israelische Außenminister hat am 27. und 28. März 2022 zu einer Konferenz in die Negev-Wüste nach Israel eingeladen. Das Plakat führt hebräische, englische und arabische Schriftzüge. Yair Lapid, seinerzeit israelischer Außenminister, empfängt seine Amtskollegen aus den Vereinigten Arabischen Emiraten, Bahrain, Ägypten und Marokko – tatkräftig unterstützt vom US-Außenminister Antony Blinken. Washington will seinen engen Verbündeten Israel und pro-US-amerikanische arabische Staaten in eine lokale Allianz überführen, in der Hoffnung, dass diese bei einem weiteren Rückzug der USA aus der Region dort US-amerikanische Interessen vertreten. Israel sucht arabische Verbündete für die Konfrontation mit der iranischen Bedrohung in der Region und hofft auf verstärkte wirtschaftliche Kooperation, ohne dass die Palästinafrage den Dialog bestimmt. Israel ist für die an der Negev-Konferenz beteiligten arabischen Länder von Wert, weil es den Willen und die technologischen Fähigkeiten hat, den Aktionen Irans und seiner Milizen in der Region militärisch Einhalt zu gebieten. Darüber hinaus findet Israel auf allen Ebenen in den USA Gehör. Treibende Kraft der Kooperation auf der arabischen Seite ist Muhammad bin Zayid Al Nahayan, Präsident der VAE seit 14. Mai 2022. Ihn treibt zusätzlich an, von der Innovationskraft Israels zu profitieren, um die Emirate zur modernsten Wirtschaftsnation auf arabischer Seite zu entwickeln – und im Windschatten Gespräche über den Einkauf der israelischen Pegasus-Spionagesoftware voranzubringen.[152]

Dem US-amerikanischen Präsidenten Joe Biden präsentiert Naftali Bennett, seinerzeit Ministerpräsident, am 13. Juli 2022 während des Israelbesuches militärische Spitzentechnologie wie aus einem Star-Wars-Film. Eiserner Strahl, „Iron Beam" heißt das neue Luftabwehrsystem. Ein höchst leistungsfähiger Laser, auf einem Lastwagen in einem Container montiert, kann in Lichtgeschwindigkeit über elektromagnetische Wellen Raketen, Drohnen und Kampfflugzeuge zerstören, bevor sie feindliches Abschussgebiet verlassen. Durch die immense Geschwindigkeit und Reichweite dieses Abwehrsystems kann Israel auch Luftangriffe abwehren, die anderen Staaten in der Region gelten. So könnten theoretisch iranische Drohnen, die wie 2019 in Saudi-Arabien saudische Förderanlagen angreifen, von Israel aus mit Laserkanonen noch über iranischem Gebiet abgeschossen werden. Auch die israelische Drohnentechnologie ist weltweit Maß der Dinge. Nicht nur Washington sponsert daher neueste israelische Militärspitzentechnologieentwicklung, sondern auch eine immer größere Zahl europäischer Verteidigungsminister:innen, unter ihnen Deutschland, kaufen für die Modernisierung ihrer Armeen vor dem Hintergrund der russischen Aggression israelische Rüstungstechnik ein.

Ihre neue Bedeutung für die EU und die USA mit der Zeitenwende 2020–22 spüren auch die erdöl- und erdgasreichen arabischen Staaten der Golfregion, allen voran Saudi-Arabien, die Vereinigten Arabischen Emirate, Katar und Kuwait. 25 Prozent des europäischen Rohöl- und 38 Prozent des Erdgasbedarfs, bis 2022 aus Russland importiert, will die EU aus anderen Quellen decken. Das hat die EU-Kommission am 8. März 2022 in einem Plan festgelegt. Der einseitige fossile Energieeinkauf in Russland, der besonders von Deutschland forciert wurde, soll beendet, die Importe auf viele Bezugsquellen verteilt werden, um zukünftige einseitige Abhängigkeiten, insbesondere von diktatorischen Staaten wie Putins Russland, zu vermeiden. Demokratische Lieferanten von

Rohöl, Schiefergas und Flüssiggas, wie Norwegen, Kanada und die USA, sind in Europa willkommen, doch wie viele andere können auch sie nicht schnell ihre Fördermengen deutlich erhöhen; die bestehenden Kapazitäten sind häufig bereits durch langfristige Lieferverträge gebunden. Das Golf-Emirat Katar sagt Bundeskanzler Olaf Scholz bei dessen Besuch in Doha am 25. September 2022 zu, seine Förderungskapazität zu steigern. Als Austragungsland der Fußballweltmeisterschaft Ende 2022 ist Katar auch bemüht, bei den mehrheitlich fußballbegeisterten Deutschen sein Image als Gastgeber dieses Weltsportereignisses aufzupolieren. Beides, Fußball-WM und Gaslieferungen, laufen anders als von Politiker:innen beider Länder geplant. Die öffentliche Meinung in Deutschland zur FIFA-WM 2022 bleibt distanziert bis ablehnend, die deutsche Mannschaft scheitert in der Vorrunde und die diplomatischen Beziehungen zu Katar nehmen Schaden über die Art der vorgebrachten deutschen Kritik an der Menschenrechtslage im Emirat. Berlin hofft auf kurzfristige Gaslieferungen über eine kurze Laufzeit, verkündet dann aber am 29. November 2022 als Erfolg, dass ein Liefervertrag ab 2026 über 15 Jahre abgeschlossen sei für insgesamt zwei Millionen Tonnen Flüssiggas. China hat gleichzeitig 108 Millionen Tonnen LNG über 27 Jahre ab 2023 bestellt. Dieser Vergleich zeigt das Verhandlungsungleichgewicht: Hätte Deutschland nicht allein, sondern die EU im Auftrag aller oder vieler europäischer Mitgliedstaaten mit Katar verhandelt, wären wahrscheinlich bessere Bedingungen für Deutschland erzielt worden.[153]

Wirklich große zusätzliche Mengen Rohöl auf den Weltmarkt bringen, das kann die „Tankstelle der Welt“ Saudi-Arabien. Doch das saudische Königshaus muss persönlich überzeugt werden, denn mehr Rohöl auf dem Weltmarkt zu vertreiben bedeutet, vereinbarte Ölförderpläne mit Russland[154] zu brechen und den Erlöspreis zu senken, was wiederum geringere Einnahmen für die arabischen Herrscher am Golf bedeutet. Europäische Diplomatie steht dabei vor der Herausforderung, einen Modus Vivendi mit dem saudischen Kronprinzen – Reizfigur in der westlichen Öffentlichkeit – zu finden. An Mohammed bin Salman (MbS) führt kein Weg vorbei, will man Saudi-Arabien in die europäischen Pläne der Energiebezugsdiversifikation einbinden. Schon die Begrüßungsbegegnung mit dem saudischen Kronprinzen ist eine heikle Gratwanderung, denn selbst eine UN-Untersuchung hat notiert, dass bin Salman offenbar in die grausame Ermordung des berühmten saudischen Journalisten Jamal Khashoggi im Oktober 2018 im saudischen Konsulat in Istanbul verwickelt gewesen ist. Der französische Staatspräsident Emmanuel Macron macht als erster hochrangiger Europäer Mohammed bin Salman im Oktober 2021 seine Aufwartung in Djidda, begrüßt ihn Maske tragend per rechtem Handschlag und legt dabei die linke auf dessen Unterarm, damit ihn MbS nicht umarmt. US-Präsident Joe Biden wahrt demonstrative Distanz, nutzt bei seinem Besuch in Saudi-Arabien im Juli 2022 den wegen Corona empfohlenen Faust-zu-Faust-„Bump". Bundeskanzler Scholz, am 24. September 2022 bei Kronprinz bin Salman, entscheidet sich für den Händedruck. Das Bedürfnis westlicher Autofahrer:innen nach einem zufriedenen Blick auf die Benzinpreise, nach einer warmen Stube im Winter und bezahlbaren Stromrechnungen machen erdöl- und erdgasproduzierende Golfaraber zu begehrten Energielieferanten. Doch diese erhöhen die Erdölfördermengen nicht, die Preise sinken nicht – der Zusammenhalt im Preiskartell der Opec-Allianz inklusive Russland ist stärker.

Trotzdem sind die Golfaraber begehrte Partner: Der Investitionsboom in Saudi-Arabien, den Vereinigten Emiraten und Katar ist so enorm, dass europäische Firmen erwarten können, hier noch stetig noch immer mehr lukrative Absatzmärkte und Wirtschaftsprojekte zu finden, auch neue wie die Energieerzeugung aus Sonnenkraft und Wasserstoff. Gewinne winken, die europäische Arbeitsplätze sichern. Es sind Einnahmen, die über Steuern auch dem europäischen Wohlfahrtssystem zugutekommen. In Zeiten, in denen auf der Agenda europäischer Politiker:innen die Lösung aus der Energieabhängigkeit von Russland höchste Priorität hat, müssen vormals so selbstverständliche Forderungen an golfarabische Prinzen und Emire – nach Standards, Demokratie und Menschenrechten – gut begründet werden. Eine solche Rechtfertigung erwarten jedoch nicht nur die Gesprächspartner am Golf; auch die europäische Öffentlichkeit verlangt eine schlüssige Erklärung, wenn jahrzehntelang gewohnte, gewissensberuhigende Punkte plötzlich in Gesprächsberichten fehlen.

Dieses Dilemma würde vielleicht 2022 nicht so ins Gewicht fallen, hätte die EU sich rechtzeitig intensiver um ihre politischen Beziehungen zu Algerien oder die Konfliktlösung in Libyen und dem Irak gekümmert – dann würde heute mehr Erdgas und Erdöl aus diesen drei arabischen Nachbarländern der EU für Europäer: innen zur Verfügung stehen, denn deren Reserven sind enorm. Doch in allen drei Ländern ist aufgrund von Stagnation, Misswirtschaft, Sanktionen und Bürgerkrieg seit Jahrzehnten zu wenig in die Infrastruktur zur Förderung, Lagerung und Weiterleitung von Gas und Öl investiert worden. Die libyschen Erdölerzeuger können selbst die Verträge mit den wenigen verbliebenen Kunden aufgrund der innerstaatlichen Konfliktstrukturen kaum erfüllen. Im irakischen Hafen von Basra werden 2021 wenigstens neue Pumpstationen in Dienst gestellt, um Erdöl aus dem Südirak über Tankschiffe auf den Weltmarkt zu bringen. Doch ich habe, als ich mich mit dem griechischen Ökonomen Vasileios Chronas mit dem Thema Energiesicherheit im Nahen Osten im Frühjahr 2022 beschäftigt habe,[155] lernen müssen, dass auch Lagerkapazitäten in Tankschiffen global ein rares Gut sind, und dass die imposanten Ozeanriesen mit ihren Kuppeln in europäischen Häfen ihr Flüssiggas nur anlanden können, wenn es dort auch entsprechende Terminals gibt.

Da wird die Nutzung bestehender Gasleitungen, die kein russisches Erdgas transportieren, besonders interessant. Zügig ergreift seinerzeit Italiens Ministerpräsident Mario Draghi die Initiative und reist Mitte Juli 2022 nach Algerien. Italien nimmt den Erdgasproduzenten vor der europäischen Haustür fest in den Blick: Über die Gaspipeline aus Algerien via Tunesien nach Süditalien ist der algerische Präsident Tebboune bereit, erheblich höhere Mengen – die Medien sprechen von vier Milliarden Kubikmetern – nach Italien zu verkaufen. Diese Vereinbarung macht Italien schneller unabhängiger von russischen Gasimporten als Deutschland. Sie stärkt aber auch die Anerkennung autokratischer Regierungsweise in dem nordafrikanischen Nachbarland. Emmanuel Macron wird Draghi folgen. Italienische, französische und britische Energieunternehmen werden sich mit der staatlichen algerischen Sonatrach bis 2026 an der Umsetzung einer Investition über 40 Milliarden Euro in erweiterte und modernisierte Erdgas- und Erdöl-Produktionskapazitäten beteiligen.

Zehn Prozent der russischen Gaslieferungen nach Europa könnten Israel und Ägypten aus dem Leviathan-Gasfeld im östlichen Mittelmeerraum decken, verkündet Yair Lapid, seinerzeit Übergangs-Ministerpräsident, bei seinem Besuch in Berlin im September 2022. Zuvor hat EU-Kommissionspräsidentin Ursula von der Leyen persönlich in Israel und Ägypten Energiepartnerschaftsverträge unterschrieben. Israel soll Erdgas ins benachbarte Ägypten liefern, das dort verflüssigt und mit Tankern nach Europa exportiert werden kann.

Israel und die golfarabischen Staaten, Vereinigte Arabische Emirate, Katar und Saudi-Arabien, sind im Nahen Osten für europäische Politiker:innen zu noch wichtigeren Erdgas- und Erdöllieferanten – alternativ zu Russland – avanciert; Europa ist auf sie als Partner zur Absicherung der Energiewende angewiesen, auch zur Umsetzung des europäischen Green Deal. Die Erzeugung alternativer und erneuerbarer Energien von Solarstrom bis Wasserstoff ist sogar zentrales Element der im Frühjahr 2022 verabschiedeten europäischen Strategie für eine neue Partnerschaft mit den reichen arabischen Golfstaaten.[156] Zentral wird die Frage des Transportes des in den sonnenreichen Nachbarländern im Süden erzeugten Stroms nach Europa sein. Eine Gruppe Engagierter hat bereits 2009 in großen Kategorien gedacht und Pläne entwickelt, wie Elektrizität aus Sonne und Wind quer übers Mittelmeer europäische Konsument:innen erreichen kann. Desertec – EUMENA steht für den großen Wurf transmediterraner Energiepartnerschaft. Das Europaprogramm der Bertelsmann Stiftung hat diese Zukunftsvision zum Konferenzthema gemacht, neben der Debatte um die arabischen Rebellionen, auf ihrer Europa- und Nachbarschaftskonferenz im Mai 2011 in der marokkanischen Hauptstadt Rabat. EU-Energiekommissar Günther Oettinger, der deutsche Außenminister Guido Westerwelle und Desertec-Chef Paul van Son diskutierten die Entwicklung alternativer Energieerzeugung als gemeinsames Gewinnprojekt rund ums Mittelmeer. Mein Fazit aus den Debatten: dass die Kernidee richtig, aber der Anspruch wohl zu groß war. Nationalstaatliche Lösungen im kleinen scheinen schneller umsetzbar.

Marokko schreitet voran, ist das erste Mittelmeerland mit einem eigenen Solarplan, mit Deutschland als EU-Partner an der Seite. Sonnenreflektoren, so weit das Auge reicht – über 200 Fußballfelder liegen in der trockenen heißen Geröllwüste unweit der südmarokkanischen Stadt Ouarzazate. Seit dem Frühjahr 2016 fängt das Ensemble aus einer halben Million von Parabolspiegeln die Sonneneinstrahlung ein. Alle paar Minuten rucken sich die Spiegel zurecht, um den besten Winkel zum Auffangen der Sonnenstrahlen anzupeilen. Der Solarpark namens „Noor", arabisch für Licht, liefert jedem elften Marokkaner Strom; wir in Europa profitieren, weil in Marokko für die Erzeugung des Stroms kein Öl oder Gas verbrannt wird. Mit Blick auf diese gemeinsame Dividende hat Deutschland finanzielle und technische Unterstützung für die Sonnenkraftanlage geleistet. Marokko steht auf Platz acht der Rangliste der Erzeuger alternativer Energien – und ist nicht abhängig vom Einkauf von Gas und Öl aus Russland.

Aber auch Marokko zählt zu den Opfern des russischen Angriffskrieges, denn das nordafrikanische Land ist der siebtgrößte Importeur von Weizen aus der Ukraine. Dadurch ist es übermäßig stark betroffen von der Unterbrechung der Nahrungsmittelversorgung durch die russische Blockade der ukrainischen Häfen im Schwarzen Meer im Frühjahr und Sommer 2022. Nicht nur Weizen liefert die Ukraine in bedeutenden Mengen für den Weltmarkt, sondern insgesamt sechs Grundnahrungsmittel: Gerste, Mais, Sojabohnen, Hähnchen und Sonnenblumenöl kommen aus dem Land am Schwarzen Meer. Die Lieferunterbrechung durch die Blockaden, die Zerstörung von Anbauflächen und die Beschlagnahme von für den Export bestimmten Nahrungsmitteln durch das russische Militär reduzieren das Angebot dieser wichtigen Nahrungsmittel auf dem Weltmarkt und treiben deren Preise in die Höhe. Die internationalen Organisationen, die Krisenopfer und Geflüchtete mit Nahrungsmitteln versorgen, sind permanent unterfinanziert und können die Hilfsbedürftigen in den Kriegsgebieten von Syrien bis Jemen nicht ausreichend versorgen.

Von den 30 Staaten, die von der Grundnahrungsmittel-Versorgungskrise am stärksten betroffen sind, liegen die Hälfte in der südlichen Nachbarschaft der Europäischen Union von Marokko bis Iran.[157] Während die reichen Golfstaaten Saudi-Arabien, Katar, Kuwait und die Vereinigten Arabischen Emirate eigene Finanzressourcen aufbringen können, um auf dem Weltmarkt zu höheren Preisen die Nahrungsmittel aus anderen Anbaugebieten zu beziehen, haben der Libanon, Tunesien, Ägypten und Jordanien diese Devisenrücklagen nicht. Sie sind auf kurzfristige Finanzspritzen von Europäischer Kommission, Weltbank und Internationalem Währungsfonds angewiesen. Etwas Entspannung stellt sich am 1. August 2022 ein: Die „Frazoni", der erste mit ukrainischem Getreide beladene Frachter, kann den Hafen von Odessa verlassen, um die wertvolle Fracht durch den Bosporus und das östliche Mittelmeer in den libanesischen Hafen Tripoli zu transportieren – dank einer Vereinbarung, die auf Betreiben des türkischen Präsidenten Erdogan und des UN-Generalsekretärs Guterres zwischen russischen und ukrainischen Regierungsvertretern getroffen wird. Trotzdem bleiben die Weltmarktpreise hoch und die Verfügbarkeit und Transportfähigkeit von Grundnahrungsmitteln eine Herausforderung.

Diese Zeitenwende macht bewusst, dass die Nahrungsmittelversorgung nicht mehr selbstverständlich ist. Regierungen und Gesellschaften müssen ihren Verbrauch hinterfragen und ihre Versorgung auf sichere Grundlagen stellen – eine Herausforderung für die vom Import sehr abhängigen arabischen Länder mit klammem Budget. Das wird in Tunesien über einige Wochen des Sommers 2022 beim Gang in den Supermarkt sichtbar: Nicht nur, dass durch die Inflation die Preise generell gestiegen sind, auch Aushänge verkünden Ungemach: Dort wird den Kunden mitgeteilt, dass die Abgabemengen von Butter, Reis, Zucker, Mehl und Sonnenblumenöl reduziert oder diese Waren für absehbare Zeit nicht verfügbar sind, wie uns der tunesische Landwirtschaftsexperte Houssem Chebbi erzählt. Meine Kollegin und Osteuropa-Fachfrau Miriam Kosmehl und ich arbeiten 2022 gemeinsam mit ihm und der ukrainischen Handelsexpertin Veronika Movchan an zwei Studien. Die eine erklärt mit Zahlen und Fakten die große

Bedeutung der landwirtschaftlichen Exporte der Ukraine für die Weltmarktversorgung.

Die zweite zeigt exemplarisch für ein Land in der europäischen Nachbarschaft,[158] wie schnell dessen Nahrungsmittelversorgung in die Krise geraten kann, wenn ein wichtiger Lieferant wie die Ukraine ohne eigenes Verschulden ausfällt. Zwar kann europäische Finanzhilfe kurzfristig die höheren Preise auffangen und der tunesischen Regierung helfen, die Subventionen für Grundnahrungsmittel wie Brot weiter aufrechtzuerhalten. Doch Houssem Chebbi, der als Professor für Agrarökonomie an der École Supérieure des Sciences Économiques et Commerciales in Tunis lehrt, denkt weiter: Er sieht Potenzial, dass das Land seine Agrarwirtschaft krisenfester umgestalten kann. Tunesien, so ist er überzeugt, kann selbst mehr eigene Nahrungsmittel in nachhaltiger Anbauweise mit sparsamer Wasserversorgung erzeugen und dabei wertvolle Arbeitsplätze in der Landwirtschaft schaffen. Wenn die Entscheider:innen in Tunis einen solchen Plan entwickeln, dann kann Europa hier mit Expertise und Entwicklungshilfe effektiv helfen. Tunesiens Landwirtschaft kann auch besser auf die Beine kommen, wenn die Handelsbeziehungen mit Agrarproduzenten mit dem europäischen Binnenmarkt neu geordnet werden. Tunesiens Exportschlager ist das Olivenöl. Die Mengen, die Tunesien in Richtung der wichtigsten Abnehmer in Europa verlassen dürfen, sind allerdings begrenzt, um die griechischen, italienischen und spanischen Olivenbauern vor der Konkurrenz tunesischen Olivenöls zu schützen. Eine Neuverhandlung der Exportquoten zwischen Tunis und Brüssel scheint angesichts der Herausforderung dieser Zeit sinnvoll, bedarf aber guter Kommunikation mit den europäischen Bauernverbänden. Vielleicht hilft eine neue Perspektive: Angesichts der Zeitenwende von Ukrainekrieg, Nahrungsmittelengpässen und Klimakrise muss die Lastenverteilung rund ums Mittelmeer gestärkt werden. Unsere Nachbarn im Süden brauchen auch eine Chance, die Last ihrer einseitigen Abhängigkeiten auf eine größere Zahl von Schultern zu verteilen.

Vom Tourismus aus Europa sind unsere südlichen Nachbarn ebenfalls abhängig, und auch diese Branche ist immer krisenanfälliger. Einnahmen sind immer schwieriger zu kalkulieren. Ostern 2022 bleiben die Hälfte der Liegen an Stränden und Pools leer. Nach den Leerständen und Einnahmeausfällen in der Hochzeit der Pandemie hoffen die Hotelbesitzer an der türkischen Riviera 2022 wieder auf volle Bettenburgen. So sollen auch die viereinhalb Millionen Russ:innen und die zwei Millionen Ukrainer:innen wiederkommen, die vor der Pandemie gemeinsam mit Deutschen und Engländer:innen die größte Gruppe unter den Tourist:innen stellten. Aber der Entwicklung dieser wichtigen Wirtschaftsbranche macht der Krieg des Kremls ebenfalls einen Strich durch die Rechnung. Ukrainer:innen können nicht kommen, sie erhalten den Alltag in ihrer Heimat aufrecht, kämpfen oder flüchten. Aus Russland kommen im Frühjahr 2022 weniger Menschen, weil sie zwar vorab den All-inclusive-Urlaub in ihrer Landeswährung bezahlen, aber vor Ort außerhalb der Anlage nichts unternehmen können. Die Sanktionen schneiden Russland vom internationalen Kreditkartenzahlungsverkehr ab, damit können die russischen Tourist:innen vor Ort nur mit mitgebrachten Devisen in bar bezahlen, wenn sie über diese überhaupt verfügen. Das beeinträchtige doch den Urlaub sehr, beklagt der russische Tourist Anton Gavrilov.[159]

Russlands Präsident Putin ist alarmiert, die vielen sonnenhungrigen russischen Urlauber:innen können ihre Ferienzeit schon nicht mehr in den beliebten EU-Mitgliedstaaten Zypern, Bulgarien, Griechenland, Italien und Spanien verbringen, da sollen wenigstens die türkischen Strände Abwechslung von der „Spezialoperation in der Ukraine“ bringen. Der türkische Präsident Erdoğan ist besorgt, für ihn sind die ausländischen Touristen wichtig, auch die Russ:innen, um die Talfahrt des heimischen Tourismus aufzuhalten. Seine Wähler:innen, die er so dringend für seine angestrebte Wiederwahl 2023 braucht, sollen wieder Geld in ihre Taschen bekommen. So verhandelt Staatschef Erdoğan (Türkei ist Nato-Mitglied) mit dem Aggressor Putin nicht nur über Nahrungsmittellieferungen, sondern auch über Zahlungsmodalitäten und umfangreiche Charterflüge aus Russland an die türkische Mittelmeerküste. Zum Sommer 2022 hin füllen sich die Strände von Bodrum bis Antalya, Urlauber:innen, so weit das Auge reicht, auch aus Deutschland, England und anderen europäischen Staaten strömen sie in die Türkei, denn es ist verhältnismäßig preiswert, sich dort zu entspannen. Billigtourismus bietet nur geringe Gewinnmargen für Hoteliers, Restaurantbesitzer und Souvenirhändler. Und wenn dann noch eine Inflation von über 80 Prozent auf den türkischen Einkäufen und Einkommen lastet, freut es deutsche und russische Tourist:innen – die Einnahmen bleiben jedoch weit hinter den Erwartungen der vielen Million Türk:innen, die vom Massentourismus leben, zurück. Die Touristenströme fließen fast wie gewohnt ins Land, aber die Organisation des Lebens unter Teuerung und Inflation drückt auf die Stimmung der Menschen. Der Alltag stresst sie, weil sie mehr und länger für geringeren Lohn arbeiten müssen; auch Trinkgelder fallen nicht mehr so üppig aus wie noch vor der Pandemie.[160]

Und überall steigen die Preise. Während wir in Deutschland 2022 über rund neun Prozent Inflation klagen, ringt der Libanon mit 170 Prozent, die Türkei mit über 80 Prozent, Iran mit mehr als 50 Prozent, Ägypten mit über 22 Prozent und die Tunesier:innen mit rund elf Prozent. Diese Zahlen lesen sich wie die Rangliste des Leidens unserer südlichen Nachbarn.[161] Stress und Nerverei nehmen kein Ende: Fällt der Strom aus, wie es im Libanon häufig der Fall ist, werfen die Menschen Generatoren an, doch diese benötigen Diesel. Diesel ist selten verfügbar; falls doch, ist es für viele zu teuer. Auch in Tunesien ist Benzin hin und wieder rationiert. Dort ist das Tanken im Verhältnis zu früheren Jahren ebenfalls extrem teuer geworden. In den Grenzregionen Tunesiens halten sich viele mit Schmuggel von Benzin aus den Nachbarländern Algerien und Libyen über Wasser. Das Subventionssystem für Kraftstoffe greift nicht mehr ordentlich, wie Agrarökonom Houssem Chebbi mir berichtet, und viele seiner Bekannten brauchen das Auto, um die Kinder zur Schule zu bringen und selbst zur Arbeit zu fahren. Ein verlässliches und angenehmes öffentliches Personennahverkehrssystem, das ist häufig „europäischer" Luxus – weit entfernt von der Lebensrealität vor Ort.

Zu Stress und Leid kommt über den Sommer 2022 auch die Hitze. Da Strom sehr teuer ist, können sich zunehmend weniger Ägypter:innen den Betrieb von Klimaanlagen – sofern ihre Wohnungen und Arbeitsplätze über ein solches Gerät verfügen – oder wenigstens Lüftung durch Ventilatoren leisten. Man verbringt die heißen Sommertage mit möglichst wenig Bewegung irgendwo in einer Ecke und tut nichts, verlegt alle Aktivitäten in die Nachtstunden.

Leere Regale, teure Lebensmittel und Treibstoffpreise werden von vielen Iraner:innen nicht kritiklos hingenommen, sind schon 2018/2019 oft ein Anlass für viele spontane Protestaktionen. Diese werden allerdings immer wieder von Sicherheitskräften und Schlägertrupps auf Motorrädern gewaltsam auseinandergetrieben und so brutal niedergeschlagen, dass allein bei den zweiwöchigen Protesten im November 2019 rund 1500 Iraner:innen getötet werden. Die Proteste werden im September 2022 wieder aufflammen, doch diesmal beschränken sie sich in ihren Parolen nicht mehr auf die Forderung nach einer Verbesserung der Lebensumstände, diesmal verlangen die Demonstrierenden ein Ende des Regimes.

Dieser kurze Beispielbogen zeigt, wie weit die Folgen des russischen Angriffskrieges auf die Ukraine reichen – wie weit sie die ohnehin schon durch die Corona-Pandemie gebeutelten Lebensumstände vieler Türk:innen, Araber:innen und Iraner:innen weiter verkomplizieren. In Europa hingegen können sich die meisten Menschen darauf verlassen, dass sie von den gewählten Politiker:innen mit ihren Verwaltungen finanziell und organisatorisch unterstützt werden. Für mehr Sicherheit in Europa soll jetzt auch gesorgt werden, wie Bundeskanzler Scholz am 27. Februar 2022 in seiner „Zeitenwenderede“ vor dem Bundestag ankündigt. Milliardeninvestitionen für die Bundeswehr und höhere Finanzbeiträge für die Nato bestimmen den Diskurs – eine bisher nicht vorstellbare Dimension deutscher Außenpolitik. Das nordatlantische Verteidigungsbündnis beschließt im Lichte der russischen Bedrohung, mit Finnland und Schweden zwei weitere europäische Mitglieder aufzunehmen. Auch die EU selbst will größer werden – als Folge von Putins Angriffskrieg: Die Gemeinschaft der 27 will sich um die Ukraine und Moldau erweitern. Das ist ein Paradigmenwechsel, weil zwei Länder der östlichen Nachbarschaft aus der Assoziation, der Anbindung über umfassende und vertiefte Freihandelsverträge, in den Status des EU-Beitrittskandidaten wechseln.

Dieser liegt für die Länder der südlichen Nachbarschaft in weiter Ferne – auch für die Türkei, mit der die 2005 begonnenen Beitrittsverhandlungen weiter eingefroren bleiben. Für Europa ist diese Statusfrage höchst ambivalent: Es ist wesentlich unkomplizierter, einem Beitrittskandidaten finanzielle Unterstützung – etwa bei der Versorgung von Migrant:innen an den europäischen Außengrenzen – zukommen zu lassen als keinem. Darüber hinaus lässt sich auf diesem Weg eine mögliche Rückkehr des Landes zu Demokratie und Rechtsstaatlichkeit deutlich effektiver unterstützen – dahinter verbirgt sich auch die Möglichkeit, die Reichweite europäischer Werte bis in die MENA-Region hinein auszudehnen. Wenn wir allerdings glaubhaft an dem Beitrittsprozess festhalten wollen, müssen wir uns auch die Frage stellen, wie wir ein großes islamisch geprägtes Land wie die Türkei in die europäische Öffentlichkeit und EU-weite Entscheidungsprozesse integrieren. Zwar hat die EU zum Managen der russischen Bedrohung ihre Kooperationen mit der Türkei, aber auch mit Israel, den Vereinigten Arabischen Emiraten, Katar, Saudi-Arabien und Algerien erweitert und die ihr im Handel sehr eng verbundenen Länder Marokko, Tunesien, Ägypten und Jordanien finanziell weiter unterstützt. Doch im Schatten des Ukrainekrieges haben die EU-27 kaum Substanzielles zur Konfliktberuhigung (Ring aus Feuer) rund um die Westsahara, Libyen, Israel-Palästina, Syrien, Jemen und das iranische Atom-/Raketenprogramm erreicht. Der Ring aus Feuer bleibt bestehen, wie das Andauern dieser sicherheitspolitischen Krisen zeigt.

Hitzewellen und Wassermangel verschärfen die Konflikte zusätzlich

Beunruhigend ist nicht nur der Blick auf diesen Ring aus Feuer, die Konfliktlandkarte des Nahen Ostens; richtig schwarz vor Augen wird mir, wenn ich die Rangliste des WRI studiere: Das Water Resources Institute misst weltweit, wie viel Trink- und Nutzwasser den einzelnen Ländern zur Verfügung steht. Die Fachleute nennen das „das Wasserstress-Level definieren“.[162] Und das Wasserstress-Level ist für alle Gesellschaften von Marokko bis Iran und von der Türkei bis in den Jemen „hoch“ bis „sehr hoch“. Diese Region ist das Gebiet, das weltweit unter dem größten Wassermangel leidet (Vergleich Landkarte im Innendeckel dieses Buches). Zwanzig der in der Region gelegenen Länder befinden sich laut der nationalen Wasserstressrangliste (National Waterstress Ranking, NWSR) unter den 44 meistbetroffenen Ländern der Welt. Entwarnung gibt es auch für uns in Europa nicht, denn alle EU-Mitgliedstaaten, die an das Mittelmeer grenzen, gehören in diese Wassermangelgruppe. Wasser fehlt rund um das Mittelmeer in erschreckendem Maß – die Auswirkungen sind so vielfältig wie tiefgreifend.

Mir fällt schon in Ägypten im November 2018 auf, als ich mit meiner Familie eine Nilkreuzfahrt unternehme, wie heiß es bereits morgens um 8 Uhr ist und wie frühzeitig wir mit den Besichtigungen starten müssen. So heiß war es während der Morgenstunden in meiner Erinnerung im November in Unter-Ägypten nie. Uns wird deutlich, wie wenig Wasser die kleinen Seitenkanäle des Nil führen, die hier und da gar ausgetrocknet sind.

Neben dem Nil betrifft es unter den bekannten Flüssen im Nahen Osten auch Euphrat und Tigris: Der irakische Journalist Safaa Khalaf beschreibt unter der Überschrift „Vertreibung aus dem Paradies“, wie der Klimawandel und die Lebensweise der Menschen binnen weniger Jahrzehnte das wasserreiche Zweistromland in einen Irak der Dürren verwandelt hat.[163] Eine Wiege der Menschheit liegt zwischen den beiden großen Flüssen Euphrat und Tigris, die bei ihrem Zusammenfluss im Gebiet der Großstadt Basra die einzigartige Kulturlandschaft der Marschen gebildet hat. Ich war im März 1994 dort, um mir vor Ort ein Bild darüber zu machen, wie Truppen Saddam Husseins Sumpfland trockenlegten, um aufständischen Schiiten einfacher nachstellen zu können. Heute trocknet das Weltnaturerbe aus, weil die Türkei und der Iran auf ihrem Gebiet Dämme bauen und kaum noch Flusswasser in den Irak weiterleiten. Dann fallen statt Regen Staub und Schadstoffe vom Himmel, beklagt Khalaf. Er beschreibt eine fatale Wirkungskette: Sand und Staubstürme fegen über das Land, Wüstengebiete dehnen sich aus, Perioden mit einer Hitze über mehr als 50 Grad treten öfter auf und dauern länger, Pflanzen und Tiere leiden oder sterben, Brände setzen ihnen zu, Böden versalzen und versanden, Wiesen und Felder schrumpfen. Folglich können die Bauern immer weniger Vieh halten und Ernte einbringen; ohne Auskommen wandern sie in die Städte ab, doch auch dort sind Aussichten auf Arbeit und Lohn gering, die Armut steigt.

Die alte Religionsgemeinschaft der Mandäer, von denen nur noch wenige Tausend an den Rändern der Marschen des Irak leben, braucht frisches und fließendes Wasser für ihre religiösen Rituale, die womöglich auf Johannes den Täufer zurückgehen. Auch ihre Lebens- und Kulturgrundlage geht verloren, damit verliert die Menschheit ein Stück gesellschaftlicher Vielfalt, ein Stück des biblischen Paradieses. Gibt es Wasser für die Felder, wird meist verschwenderisch mit dem wertvollen Nass umgegangen. Gibt es zu wenig Fluss- und Grundwasser im Irak, brechen immer wieder Streitigkeiten zwischen Bauerngruppen und Stämmen aus. Während die für den Menschen nutzbaren Lebensräume kleiner werden, wächst die irakische Bevölkerung jährlich um über eine Million Menschen.[164] Im Jahr 2023 zählt das Land schon über 43 Millionen. Die Iraker:innen sind jung, das Durchschnittsalter beträgt kaum mehr als 19 Jahre. Mehr Menschen brauchen mehr Nahrung, mehr Wasser, mehr Platz und mehr Land – doch von alledem gibt es, wie Safaa Khalaf uns veranschaulicht, im Irak immer weniger. Wasser wird knapper und bald wertvoller als Erdöl. Der Irak gehört zu den erdöl- und erdgasreichen Ländern des Nahen Ostens. Ein Segen, würde man denken, sprudelnde Petrodollars machen zufriedene Bürger:innen; doch Khalaf weist auf die besonders umweltbelastende Art der Förderung hin, riesige Mengen des Treibhausgases Methan gelangen hoch in die Atmosphäre, wo sie die Erwärmung der Erdoberfläche zusätzlich anheizen. Die Petrodollars werden nicht ausreichend in eine nachhaltige Produktionsinfrastruktur investiert; alternative Wirtschaftszweige für den Erdölexport sind unterentwickelt; Verkaufserlöse versickern in korrupten Kanälen. Ein attraktives öffentliches Transportwesen mit ausreichenden Kapazitäten existiert nicht. Stattdessen werden fossile Kraftstoffe subventioniert – so stehen viele Iraker:innen überall im Land mit Pkw im Stau. Auch diese Mobilitätspolitik erhöht den Kohlendioxyd- und Schadstoffgehalt der Luft.

Ähnlich wie der Bevölkerung im Irak ergeht es vielen in den europäischen Nachbarländern im Süden, deren Wirtschafts- und Gesellschaftssystem auf der Produktion und dem Export von Erdöl und Erdgas beruhen. Algerien, Libyen, die reichen Golfstaaten und Iran werden wie der Irak eine schwierige Transformation durchschreiten müssen, wenn sie klimaneutral werden wollen. Das thematisieren viele Regierungen kaum oder sie schieben es in die ferne Zukunft. Im Rahmen des Climate Action Tracker Index werden zahlreiche Länder daraufhin analysiert, welche konkreten Anstrengungen sie unternehmen, um die auf der Pariser Klimaschutzkonferenz 2015 vereinbarten Ziele zu erreichen. Der Blick in den Nahen Osten und nach Nordafrika fällt auch hier ernüchternd aus: Iran hat das Pariser Abkommen gar nicht ratifiziert, die Türkei gehört zu den Unterzeichnerstaaten, hat jedoch noch keinerlei Umsetzungen anvisiert. Ägypten hat immerhin mit europäischer Unterstützung einige Maßnahmen eingeleitet, so den Bau von Solarparks zur Steigerung CO_2-freier Stromproduktion. Getrieben ist die ägyptische Führung dabei vor allem von dem Wunsch, als gastgebende Regierung der 27. Weltklimakonferenz im November 2022 vor der Weltöffentlichkeit gut dazustehen. Doch die COP27-Bilanz ist dürftig:[165] Zwar wird ein Entschädigungsfonds für ärmere Länder beschlossen, die von den negativen Folgen des Klimawandels sehr betroffen sind, doch die Staatengemeinschaft fasst keinen konkreten Beschluss zum Ausstieg aus der Öl- und Gasverbrennung. Zu viele Nahostländer von Algerien bis Saudi-Arabien, deren Haupteinnahmequelle der Verkauf dieser fossilen Energieträger darstellt, wollen sich noch nicht auf Zeitpläne für Förderreduktionen festlegen. Selbst COP27-Gastgeber Ägypten profitiert, verkauft ab 2022 LNG-Gas an die Europäer, weil diese alternative Bezugsquellen zum Einkauf russischen Gases brauchen. Die Vereinigten Arabischen Emirate, die die COP28 ausrichten, haben nationale Aktionspläne aufgesetzt, um 2050 klimaneutral zu sein. Ob das ausreicht, um die Aufheizung der eigenen Region zu stoppen?

Nach Erkenntnissen des Klimatracker-Index reichen bisherige Programme noch nicht einmal aus, um die Erwärmung unter drei Grad Celsius zu halten; selbst diese Erhöhung würde für Mensch und Natur eine Katastrophe nicht vorhersehbarer Tragweite bedeuten. Mitte September 2022 erzählt mir in Berlin ein Bahraini, den ich auf einer Tagung zu zivilgesellschaftlichem Engagement in der Golfregion kennenlerne, dass es im Sommer in seiner Heimat trotz Klimaanlagen viel zu heiß sei; er verbringe diese drei Monate in Istanbul und Wien. Im Gegensatz zu den reichen Golfarabern können die Marokkaner das 1,5-Grad-Ziel einhalten, dank ihrer Solar- und Windparks sowie der durch Europa mitfinanzierten Investitionen in Wasserstoffproduktionen. Europa selbst liegt hinter Marokko zurück, die Klimaaktionstracker halten europäische Klimaschutzmaßnahmen nicht für ausreichend, um die Erwärmung auf weniger als zwei Grad zu begrenzen. Diesen Experten zu Folge[166] greifen die Investitionen in erneuerbare Energien und die Reduktion des Energieverbrauchs noch zu kurz, die die EU-Kommission mit ihrem Programm „Fit für 55“ vom Juli 2021 und ihrem REPowerPlan vom Mai 2022 auf den Weg bringen möchte. Für die Umsetzung braucht es neben Geld und effektiver Verwaltung eine engagierte Zivilgesellschaft und verantwortungsvolle Unternehmer:innen – im Nahen Osten kann das funktionieren:

Die Oase Zawiat Kounta im Südosten Algeriens: Um Trinkwasser für Mensch und Tier sowie Bewässerung für die Pflanzen und die Palmen zu gewährleisten, haben die Bewohner:innen seit Jahrtausenden ein hydraulisches System unterirdischer Leitungen entwickelt, die algerischen „Foggaras“, durch die sich das wenige vorhandene Grundwasser sehr sparsam einsetzen lässt. Viele dieser Foggaras sind über die letzten Jahrzehnte ausgetrocknet – mangels Wartung, infolge der Übernutzung des Grundwassers durch Brunnenbohrungen, Zersiedlung und Dürre. Um die Ausbreitung der Wüste zu verhindern, haben sich die lokale Verwaltung und engagierte Bürger:innen zusammengeschlossen, um die unterirdischen Grundwasserleitungen in Stand zu setzen bzw. wieder herzurichten. Die Region um die Oase Zawiat Kounta zählte einmal 1890 Foggeras, heute sind noch 330 in Betrieb, berichtet der algerische Journalist Hanane Bettache.[167] Hanane erklärt, wie fast vergessene, alteingesessene Berufe zu neuer Blüte gelangen, etwa die Aufgabe des *keyal*, der Wasser unter den Bauern gerecht aufteilt, oder der Beruf des *neffad*, der den Wasserfluss von den Quellen in die Oase überwacht. Dabei hilft digitale Technik: So können kleine Spezialkameras eingesetzt werden, die die Funktionsfähigkeit unterirdischer Wasserläufe überprüfen. Die Oase wird lebenswerter, produziert lokale Lebensmittel und bietet interessante Jobs. Abwanderung in die überfüllten Städte und dann gegebenenfalls weiter nach Europa ist hier zumindest kein unmittelbares Thema mehr.

Aber der Migrationstreiber Klimawandel gewinnt als ein zusätzlicher Aspekt für Abwanderungs- und Auswanderungsmotivation an Bedeutung. Forscher:innen der Universität Lund haben herausgefunden,[168] dass eine mehrjährige Dürre dem Ausbruch der syrischen Arabellion vom März 2011 voranging. Ungewöhnliche Hitzewellen vernichteten Ernteerträge und Viehherden, ausgebliebene staatliche Investitionen in die Landwirtschaftsproduktion, die Übernutzung des Grundwassers und fehlende soziale Absicherung für die Bauern zwangen rund 1,5 (von 23) Millionen von ihnen zur Abwanderung in die Städte. Dort verarmten sie und ihre Familien weiter, da staatliche Versorgung ausblieb und sie – meist ohne „klassische“ Berufsausbildung – keine alternativen Jobs fanden. Parallel erhöhten sich Spannungen mit anderen Bevölkerungsgruppen um bezahlbare Wohnungen. Die Konkurrenz auf dem Wohnungsmarkt trieb die Preise an. Billigere Konsumprodukte aus der Türkei lähmten die lokale Industrie, die wiederum Mitarbeiter:innen entließ. Diese negative Reaktionskette trug zum Protestpotenzial gegen das Assad-Regime bei. Eine Entwicklung, die von den Herrschenden 2011 in einen blutigen Bürgerkrieg gezogen wurde. Die Hälfte der syrischen Bevölkerung wurde zu Vertriebenen im eigenen Lande gemacht, beziehungsweise als Geflüchtete ins Ausland bis zu uns nach Deutschland gedrängt. Die Klimakrise verschärft bereits vorhandene soziale, wirtschaftliche und politische Konflikte. Konfliktlösungsansätze werden noch komplexer.

Die Weltbank schätzt, dass bis zum Jahr 2050 bis zu 140 Millionen Menschen zu Geflüchteten werden könnten – hauptsächlich getrieben von der Klimakrise, viele davon in Zukunft sehr wahrscheinlich aus dem Irak.[169] Hitzewellen und Wasserstress sind bedrohlich, nicht nur im Irak und in Algerien, auch bei uns in Europa. Sommer 2022: Die Wälder brennen wieder, in Portugal, Spanien, Frankreich, Italien und Griechenland, es brennt öfter und länger rund ums Mittelmeer. Selbst in die Wahrnehmung von uns Berliner:innen drängen sich die immer häufigeren Waldbrände im unmittelbaren Umkreis der deutschen Hauptstadt im Brandenburgischen Monokultur-Fichtenwald. Lange haben wir von schnell und preiswert verfügbarem Holz profitiert, ohne uns über die Risiken dieses Eingriffs in das natürliche Ökosystem Wald Gedanken machen zu müssen. Heute fällt es uns auf die Füße, dass wir brandresistente Mischwälder durch schnell wachsende, aber brandgefährliche Fichten ersetzt haben. Der Feuerökologe Johann Goldammer schlägt für Europa Alarm: Der international hoch angesehene Waldbrandexperte sagt besorgt dem *Spiegel*, die Waldbrandsaison, die wir früher einmal hatten, gibt es nicht mehr.[170] Es brennt jetzt prinzipiell stets an irgendeinem Ort. Wir stehen Feuern gegenüber, die schlicht nicht mehr gelöscht werden können. In den Brandherden herrschen zu hohe Temperaturen und es fehlt an Löschwasser. Über 50 Prozent mehr Wald- und Ackerfläche sind 2022 zerstört worden als im bisherigen Rekordjahr der Waldbrände 2017. „Wir erleben also gerade eine Zeitenwende auch im Umgang mit Waldbränden", so Goldammer. Wenn das schon für Südeuropa gilt, was bedeutet das erst in Nahost und Nordafrika? Wir werden zu einer Schicksalsgemeinschaft im Kampf gegen diese Folgen des Klimawandels. Ein schnelles Umdenken und Umstellen unseres Handelns ist mehr als erforderlich.

In offiziellen Papieren hält das Thema bereits Einzug. Es ist schon erstaunlich, dass die gemeinsame Erklärung der parlamentarischen Versammlung im Rahmen der Union fürs Mittelmeer[171] auf ihrer Tagung in Brüssel am 3. Dezember 2021 ausschließlich von den negativen Auswirkungen des Klimawandels spricht und die Verantwortlichen auf der nördlichen und südlichen Seite des Mittelmeeres aufruft, koordiniert gegen die Folgen der globalen Erwärmung rund um das gemeinsame Meer vorzugehen.

Wie ein Déjà-vu erscheint da der Aufruf der finnischen EU-Ratspräsidentschaft, den Klimaschutz hoch auf die Agenda der euromediterranen Partnerschaft zu setzen. Jaakko Blomberg, finnischer Außenstaatssekretär während der ersten Ratspräsidentschaft Finnlands 1999, spricht in jenem Jahr im Dezember zu den Teilnehmer:innen der fünften Nahostgespräche der Bertelsmann Stiftung im Schlosshotel Kronberg. Der Minister redet zu unseren arabischen, israelischen, türkischen und iranischen Gästen ausführlich über die Bedeutung des Umweltschutzes als gemeinsames transmediterranes Projektanliegen. Ich erinnere mich, dass die Gäste aus dem Mittelmeerraum sehr gespannt auf den Auftritt des finnischen Ministers waren; was sollte Finnland, geografisch so weit weg vom Nahen Osten, schon für ein Interesse an der Süd-Region haben? An das Thema Umweltschutz hätte dabei wohl kaum einer der Anwesenden gedacht. Leider wird es Jahre dauern, bis das Thema tatsächlich die Tagesordnungen der Politiktreffen mitbestimmt.

Heute ist Dringlichkeit mehr denn je geboten: Der Streit um Flusswasser versetzt konkurrierende Staaten bereits fast in Alarmbereitschaft. Der irakische Journalist Safaa Khalaf hatte uns schon erklärt, dass der Bau von Staudämmen und die Umleitung von Zuflüssen in der Türkei und im Iran den Iraker:innen wichtiges Wasser für die Flüsse Euphrat und Tigris abgräbt. Noch ist der Irak militärisch und politisch zu schwach, um die Maßnahmen seiner mächtigen Nachbarn zu stoppen. Aber der Blick auf den Wasserstand des Nil zeigt: Wenn regionale Schwergewichte wie Ägypten und Äthiopien keinen Kompromiss zur Wasserzufuhr in den Nil finden, werden schnell Kriegsdrohungen gegeneinander ausgesprochen. Äthiopien erhöht einen Staudamm am Blauen Nil, um mehr Nilwasser für seine Nutzung zurückzuhalten, sodass weniger Wasser gen Ägypten fließt. Noch können die USA durch ihr Machtwort kurzfristig ein wenig die Wogen zwischen Kairo und Addis Abeba glätten – das Problem ist jedoch nicht gelöst. Wenn auch in Ostafrika künftig 40 Prozent weniger Regen fällt, dort die Bevölkerung weiter wächst, der Bedarf an Wasser und Strom rapide steigt, wird am Ende noch weniger Nilwasser in Ägypten ankommen. Wer kann dann noch ausschließen, dass ägyptische

Kampfflugzeuge die Order erhalten, die 145 Meter hohe äthiopische Staumauer am Blauen Nil zu bombardieren? „Der Nahe Osten muss uns eine Warnung sein: Wo Ökologie ausgeblendet wird, kehrt keine Ruhe ein. Vielmehr breitet sich die Instabilität aus, immer schneller“, resümiert die Konfliktforscherin Olivia Lazard.[172]

KAPITEL 6
Europa und seine südlichen Nachbarn: Umdenken und Neuhandeln

Millionen Bäume pflanzen und das Mittelmeer vom Müll befreien

In den Vereinigten Arabischen Emiraten zeigt das Thermometer Ende September 2022 bereits kurz nach 8 Uhr morgens 36 Grad – wieder ein Hinweis darauf, dass „der Nahe Osten die Hitze fühlt", wie der Internationale Währungsfonds eine seiner Studien von 2022 überschreibt[173] und in der er dringend zum Umdenken und Neuhandeln aufruft. Diesem Plädoyer symbolhaft folgend, nehmen Bundeskanzler Olaf Scholz und die Umweltministerin der VAE, Mariam bint Mohammed Saeed Hareb al-Mheiri, zur frühen Morgenstunde eine kleine Schaufel in die Hand und pflanzen je ein Mangrovenbäumchen in den Sandboden. Scholz im weißen Oberhemd, al-Mheiri ohne Kopfbedeckung – ein kurzer Fototermin zu früher, aber heißer Morgenstunde. Die Botschaft: Möge das Bäumchen gut gepflegt werden, wachsen, viel Kohlendioxid in Sauerstoff umwandeln und mit seinen Wurzeln den sandigen Boden unter unseren Füßen davor bewahren, sich in alle Winde zu zerstreuen – dieses Bäumchen für den Klimaschutz in den Emiraten ist auch ein Stück Klimaschutz für uns in Europa.

Dringend werden nicht nur in der Golfregion, sondern auch rund um das Mittelmeer Millionen von Bäumen gebraucht – solidarisch müssen Nahost, Nordafrika und Europa schnell und umfassend bei der Bekämpfung des menschengeschaffenen Klimawandels zusammenarbeiten. Die immer heftigeren Waldbrände, den spürbaren Mangel an Trinkwasser und die immer länger andauernden Hitzewellen vor Augen, haben im September 2021 die acht europäischen Mitgliedstaaten, die ans Mittelmeer grenzen, gemeinsam mit der Europäischen Kommission auf einem Treffen ihrer Staats- und Regierungschefs in Athen beschlossen, bis 2030 gemeinsam mindestens drei Milliarden Bäume zu pflanzen – so das unterzeichnete Communiqué dieses sogenannten EU-MED-9-Gipfels.[174] Der EU-Mitgliedstaat Zypern geht schnell voran – dort zeigen Zivilgesellschaft, lokale Behörden und Regierung, wie die Wiederaufforstung praktisch und schnell funktionieren kann.

100.000 Bäume für jede Stadt

Es beginnt mit der „Initiative 300.000 Bäume für Zyperns Hauptstadt Nikosia“: für jeden Einwohner entweder einen Olivenbaum, eine Zypresse oder eine Pinie, diese Baumarten sind heimisch und widerstandsfähig, erklärt die Forstverwaltung den freiwilligen Baumpflanzer:innen, die in enger Abstimmung mit der lokalen Verwaltung die zugewiesenen Flächen bewalden. Die Förster:innen spenden die Setzlinge, Bürger:innen und Unternehmer:innen ihre Zeit, diese einzupflanzen, und auch Geld, um die Initiative arbeitsfähig zu halten. Eine der Regierungsparteien, Disy, unterstützt die Bemühungen zusätzlich aus ihrer Parteikasse.[175] Nachdem im Juli 2021 vier Zypriot:innen bei großflächigen Waldbränden sterben, Viehherden verbrannt sind und Ernten vernichtet wurden, sehen und fühlen die Menschen auf Zypern, wie nah der Klimawandel ihnen und ihren Lebensgrundlagen kommt. So wird die Bewaldungsinitiative der Hauptstadt von anderen zyprischen Städten übernommen: 100.000 Bäume für die 100.000 Einwohner:innen von Larnaka, 100.000 Bäume für die 100.000 Bürger:innen von Paphos – Orte am Mittelmeer, die viele von uns aus Urlauben auf der drittgrößten Mittelmeerinsel kennen. Das Forstpersonal produziert Lehrvideos für die engagierten Baumpflanzenden. Die Initiative wirkt: Dort, wo neue Bäume wachsen, erklären die Verantwortlichen dem Korrespondenten der *Frankfurter Allgemeinen Zeitung FAZ*,[176] ist die Temperatur nachweisbar niedriger als in den betonierten Innenstädten der Insel.

Diejenigen, die sich für die Aufforstung engagieren, wollen nicht den negativen Folgen des Klimawandels schutzlos ausgeliefert sein. Sie ergreifen ihre Chance, bringen Setzlinge in die Böden und tragen selbstbewusst zum Umdenken und Neuhandeln bei. Dieses Engagement ist nicht exklusiv: Es kostet nur zehn Euro, einen Setzling zu pflanzen und drei Jahre zu pflegen.[177] Die Herausforderung besteht nun darin, die gepflanzten Bäume mit der vereinten Kraft von Bürgerinitiativen, lokalen Verwaltungen und Forstwirtschaft kontinuierlich zu pflegen, stetig neue Pflanzungen anzulegen und über soziale Medien Engagement und Erfolg über das eigene Land hinaus in den gesamten Mittelmeerraum zu tragen. Die EU hat dafür bereits einen institutionellen Rahmen geschaffen: Mit der Kampagne „Green Deal Going Local" ruft der Europäische Ausschuss der Regionen die Städte und Regionen auf, sich an der Pflanzung von zusätzlich drei Milliarden Bäumen zu beteiligen. Persönlichkeiten wie Rafał Trzaskowski, amtierender Bürgermeister von Warschau, engagieren sich so dafür, dass die Ziele der EU-Forststrategie bis 2030 erreicht werden können. Denn eines gilt in diesem Fall: Je mehr Nachahmer:innen, desto besser. Helfende Hände werden gebraucht, denn es dauert einige Jahre, bis heranwachsende Bäume bedeutsame Mengen von CO_2 speichern und Sauerstoff produzieren können. Es reicht also nicht, sich auf Baumpflanzaktionen zu verlassen, sondern es gilt, den Baumbestand mit allen Kräften zu hegen und zu pflegen.

Nachhaltig betriebene Meerwasserentsalzung

Die neuen Bäume wachsen nur gut an und die alten bleiben nur resistent, wenn sie bewässert werden. Doch an den Küsten des Mittelmeeres wird Süßwasser zunehmend knapp. Einen wichtigen Beitrag dazu, dieses Dilemma zu überwinden, leistet der Bau von Meerwasserentsalzungsanlagen. Nachhaltig kann das jedoch nur gelingen, wenn die energiehungrigen Systeme mit Solarstrom und nicht mit Dieselkraftstoff betrieben werden. Hinzu kommt die Herausforderung, mit dem herausgefilterten Salz und den Schlacken umweltverträglich umzugehen. Die Entsorgung im Meer bliebe nicht folgenlos: Bereits ein geringfügig erhöhter Salzgehalt im Mittelmeer bringt sensible Ökosysteme aus dem Gleichgewicht. Sterben deren Bewohner, reduziert sich maritime Biodiversität – mit besorgniserregenden Auswirkungen weit über küstennahe Regionen hinaus.

Dekorative Teppiche aus Plastikmüll

Die biologische Vielfalt im und rund um das Mittelmeer ist bereits jetzt stark gefährdet. Das Meer und seine Küsten werden Jahr für Jahr übernutzt. Gerade einmal 46.000 Kilometer Küstenlinie teilen sich 22 Länder mit fast 500 Millionen Einwohner. Über 250 Millionen von ihnen leben direkt an den Küsten des Mittelmeeres – von Spanien bis Israel. Müll, überall Müll: Der Plastikmüll beeinträchtige das Badevergnügen, erzählt mir mein deutsch-ägyptischer Bekannter Adam. Er hat Verwandte in Alexandria besucht, die im August 2022 mit ihm im Mittelmeer schwimmen wollten. Angesichts des vielen Plastikmülls entscheidet er, am Strand zu bleiben, während seine ägyptischen Freunde im Wasser herumtoben, zwischen Plastiktüten und leeren Plastikflaschen. Die junge Ägypterin Samar und ihre Freund:innen wollen das nicht mehr einfach hinnehmen. Sie arbeitet in Alexandria als Chemieingenieurin. In ihrer Freizeit sammelt sie mit ihren Bekannten Plastikmüll, um diesen Rohstoff neu zu verwerten. Verteilt an mehreren Tischen, basteln sie aus dem Plastikmüll dekorative Untersetzer und kleine Teppiche, für die sie sogar Käufer:innen finden. Begeistert zeigt mir Samar auf ihrem Smartphone Fotos von ihrer Müllverwertungsinitiative.

Lokalen Bürgerinitiativen Trainings anbieten

Samar lerne ich im September 2022 beim Auftakt des Lernprojektes der digitalen Sommerschule für den Nahen Osten und Nordafrika kennen, einem Gemeinschaftsprojekt des Landes Nordrhein-Westfalen, des Einstein Forums und der Candid Foundation, die IT-affine Araber:innen fördert und vernetzt. Die junge Ingenieurin nutzt das neu erworbene Zusatzwissen: Neben ihrer so kleinen wie wichtigen Müllverwertungsinitiative produziert sie mit ihrem Freundeskreis Lehrvideos, die lokale Gemeinschaften in Ägypten für den Umweltschutz interessieren und aktivieren sollen. Samar sagt, dass es viele lokale Bürgerinitiativen gebe, die ihre Umwelt besser schützen wollen. Sie bräuchten Trainings, damit sie sich selbst besser organisieren, potenziell Engagierte effektiver mobilisieren und ihre Aktionen nachhaltiger finanzieren können.

Küstenstädte miteinander vernetzen

Wenn Potenzial für besseren Umweltschutz im Lokalen liegt, spielt eine Zusammenarbeit der Küstenstädte zum gemeinsamen Schutz ihres Meeres eine große Rolle. Mit speziellem Augenmerk auf die Entsorgung von Plastikmüll an ihren Küsten haben mehrere italienische, tunesische und libanesische Städte 2022 im Rahmen des Kooperationsprojekts „CostalCities Network" begonnen, Erfahrungen und Positivbeispiele auszutauschen: Welche Maßnahmen wirken nachhaltig und effektiv, um auf lokaler Ebene Abfälle zu reduzieren, einzusammeln, aus dem Meer zu fischen und zu recyceln? Die Europäische Kommission fördert diese Aktivitäten zu recht. Denn es ist wichtig, eine größere Zahl von Küstenstädten am Mittelmeer in diesem Netzwerk zu verknüpfen und das gemeinsame Handeln auf vernetzte kommunale Aktivitäten auszuweiten – das zeigen nicht zuletzt die Bewaldungsinitiativen auf Zypern. Positive Effekte können sich bis hin zur gemeinsamen Unterstützung bei Abwasserentsorgung, Waldbrandbekämpfung und urbaner Mobilität erstrecken. Zentral ist dabei jedoch, Dopplungen mit ähnlich gearteten sinnvollen Projekten zu vermeiden, um finanzielle und personelle Ressourcen effektiver einsetzen zu können.

Anstelle von Neugründungen lässt sich auch auf existierenden Initiativen aufbauen. Bereits seit 2015 haben sich 67 Küstengemeinden und -städte aus fast allen Mittelmeerländern in der Kooperationsinitiative MedCities zusammengeschlossen. Spaniens Großstadt Barcelona steuert dieses Netzwerk gemeinsam mit der tunesischen Hafen- und Industriestadt Sfax und dem libanesischen Tyros; Brüssel unterstützt dies finanziell; Best-practice-Beispiele für die Lösung kommunaler Probleme werden allen Mitgliedskommunen und anderen Interessierten auf der medurbantool-Plattform online verfügbar gemacht. Die südfranzösische Mitgliedstadt Montpellier etwa ist die erste Stadt am Mittelmeer, die ab 2023 kostenfreien öffentlichen Personennahverkehr anbietet: Eine Reduktion des privaten Autoverkehrs verringert auch den Reifenabrieb, der für einen substanziellen Teil der maritimen Mikroplastikbelastung verantwortlich ist.

Kommunale Akteure über zentrale Entscheider:innen motivieren

Im Sinne des Projektes sollten nationale Vorbehalte hinter dem europäischen Gemeinschaftsgedanken zurückstehen. Ob letztlich eine spanische, eine italienische oder eine griechische Stadt ein Netzwerkprojekt führt, ist für dessen Erfolg unerheblich. Wichtiger ist, den Lokalpolitiker:innen, ihren Verwaltungen und engagierten Bürgerinitiativen gegenüber ihren Zentralregierungen politisch wie finanziell den Rücken zu stärken. Diese „hierarchische Ermutigung“ ist für die aktive Ausgestaltung der Städtepartnerschaften in anderen Mittelmeerländern deshalb besonders wichtig, weil in vielen dieser Länder Hauptstädte zentral bestimmen, in welchen Politikfeldern und mit welchem Budget Städte und Gemeinden dezentral arbeiten dürfen. Dabei kommt es jedoch auch darauf an, einen Ausgleich zu finden: Einerseits benötigen Kommunen Handlungsspielräume; andererseits dürfen diese nicht dafür genutzt werden, Ziele zu verfolgen, die den Prinzipien der Partnerschaft widersprechen; man denke nur an polnische Städte, die sich zu „LGBTQ-freien“ Zonen erklärt haben.[178]

Mittelmeerverbund für Katastrophenschutz und Waldbrandlöschung

Die Hauptstädte können bei Themen von übergeordnetem, gemeinsamem Interesse in partnerschaftliches Handeln eingebunden werden: Gegenseitige Unterstützung bei der Waldbrandbekämpfung und dem Katastrophenschutz im Mittelmeerraum sind ein sinnvoller Weg – vorbei an politischen Kontroversen – im Sinne von Umwelt und Mensch zusammenzuarbeiten. Die verheerenden Waldbrände der letzten Jahre haben uns allen vor Augen geführt, dass kein Land mehr allein über die finanziellen, technischen und personellen Ressourcen verfügt, bei der Brandbekämpfung und Renaturierung schnell agieren zu können. Über das EU Emergency Response Coordination Centre (ERCC) haben unter anderem auch Algerien und die Türkei im Sommer 2021 willkommene Unterstützung bei der Bekämpfung desaströser Waldbrände erhalten. Innerhalb des Programms „Süd" des PPRD (Prevention, Preparedness and Response to natural and man-made Disasters) sollen die Länder der südlichen Nachbarschaft an den europäischen Mechanismus zur zivilen Krisenprävention (RescEU) herangeführt werden.[179] Die Initiative gibt einen glaubwürdigen Rahmen vor, in dem die gegenseitige Unterstützung zum beiderseitigen Vorteil auf höchster politischer Ebene ausgebaut werden kann; ein schlagkräftiges Argument für zügige Fortschritte liefert eine perspektivische Erweiterung der Teilhabe an Mechanismen wie RescEU.

Die Diskussion angemessener Vorschläge zur Stärkung der transmediterranen Zusammenarbeit in diesem Abschlusskapitel beginnt bewusst mit Maßnahmen zum Umwelt-, Natur- und Klimaschutz. Gemeinsam das Mittelmeer und die umgebenden Regionen zu schützen ist dringlicher denn je, denn das Ökosystem und der Lebensraum Mittelmeer sind besonders gefährdet, wie das Europaparlament in seiner Resolution 2022/2829(RSP) vom 15. September 2022[180] nochmals feststellt. Doch die Abgeordneten begnügen sich nicht mit diesem Tatsachenbekenntnis; sie rufen zu schnellem und umfassendem Umdenken und Gegensteuern gemeinsam mit den Partnern im Süden auf. Die Konfliktparteien im Nahen Osten können auch, wenn sich Hitzestress und Wassermangel nicht mehr ignorieren lassen, trennende politische Interessen beiseitestellen und sich zur Bewältigung gemeinsamer Herausforderungen an einen Verhandlungstisch setzen. Die Klima-Kooperations-Initiative für das östliche Mittelmeer und den Nahen Osten (EMME-CCI) versammelt sich im Rahmen der Weltklimakonferenz COP27 in Ägypten im November 2022. Sogar Ministerpräsidenten aus dem Libanon und dem Irak, die mit dem israelischen Umweltminister am Tisch keine diplomatischen Beziehungen unterhalten, verhandeln mit. Trotz des gemeinsamen Themendrucks: Ohne Vermittlung, in diesem Fall durch die EU-Mitgliedstaaten Griechenland und Zypern, wäre diese Initiative nicht zustande gekommen.

Potenzial der Nachbarn in den Europäischen Grünen Weg einbinden

Die südlichen Partner Europas sollten ebenfalls in das Großprojekt der Europäischen Union für den Finanzrahmen bis 2027, den „European Green Deal", eingebunden werden. Dieser „Europäische Grüne Weg" eignet sich auch als gemeinsame konzeptionelle Leitidee der „Union für das Mittelmeer" und die „Strategische Partnerschaft mit der Golfregion". Die Ziele des Programms, die relevanter nicht sein könnten, können so ihre einigende Wirkung für die gesamte Region entfalten. Zur Erinnerung: Der „European Green Deal" zielt darauf ab, gemeinsam alternative, regenerative, grüne und blaue Energieträger zu gewinnen und zu nutzen, gemeinsam von wissenschaftlicher Forschung dazu zu profitieren, gemeinsam das Fachpersonal dafür zu fördern und die notwendige Infrastruktur gemeinsam zu finanzieren.

Eine solche „grüne Partnerschaft" – das „Partenariat Vert" – mit einem Land der südlichen Nachbarschaft schließt die EU mit Marokko als erstem Partner in der externen Dimension des „European Green Deal“ ab.[181] Der Partnerschaftsaspekt besteht zum Beispiel darin, dass die EU nicht nur von der Produktion und Einfuhr CO_2-neutraler Energieträger aus Marokko profitiert, sondern dass alternative Energie auch für die Landwirtschaft und die Industrie Marokkos zur Verfügung steht, die diese Produktionszweige klimaneutraler und umweltschonender gestaltet, mehr Arbeitsplätze schafft und dem Staat höhere Steuern verspricht. So kann auch aus Europa nach Marokko ausgelagerte Textil- und Automobilindustrie vor Ort ressourcensparender produzieren. Um die Bedeutung dieser ersten transmediterranen „Grünen Partnerschaft“ zu unterstreichen, reist der für dieses europäische Leitprojekt zuständige Vizepräsident der Europäischen Kommission Frans Timmermans im Oktober 2022 persönlich zur Unterschrift in das nordafrikanische Land. Die EU will ihre Etappenziele zur Umsetzung des Grünen Deals praktisch und schnell vorantreiben; Marokko will seinen achten Platz im globalen Ranking bei der Erzeugung alternativer Energien ausbauen. Marokko hat Sonne, Wind und Wasserstoff, während die EU Technologien und Finanzkapazitäten für Investitionen bereitstellt. So bringen beide Seiten wichtige Ressourcen zusammen, um nachhaltiges Wirtschaften und Klimaschutz am Mittelmeer voranzubringen.

Nach fünf Zeitenwenden riesige Baustellen für gestresste und erschöpfte Gesellschaften

Die Regionen, die der ebenso gewaltigen wie dringlichen Aufgabe, gemeinsam entschieden den negativen Effekten des Klimawandels zu begegnen, im Mittelmeerraum gegenüberstehen, scheinen auf den ersten Blick grundlegend verschieden: Auf der einen Seite die Europäische Union, ein auf demokratischen Grundwerten aufbauender Staatenbund mit immenser Wirtschaftskraft und relativ hoher sozialer und gesellschaftlicher Homogenität, in dem rund 450 Millionen Bürger:innen mit einem Durchschnittsalter von 44 Jahren leben; auf der anderen eine sehr fragmentierte Nordafrika- und Nahostregion, die in 22 sehr unterschiedlichen, teils fragilen und zerfallenden Staaten mit großen sozialen, wirtschaftlichen und politischen Gegensätzen über 475 Millionen Menschen mit einem Durchschnittsalter von 27 Jahren beherbergt.

Spätestens seit dem formellen Ende der Kolonialherrschaft nach dem Zweiten Weltkrieg[182] durchziehen bis in unsere Gegenwart vier Grundkonflikte die Nordafrika- und Nahostregion:[183] (1) Der Streit um Territorien zwischen Israelis und Palästinensern, zwischen Marokkanern und Sahraouis, sowie das Ringen der Kurden um ein eigenes Staatsgebiet. (2) Die Identitätssuche der Türkei zwischen Bindungen im Westen an Nato und EU und Konfliktverstrickungen im Nahen Osten. (3) Der Antagonismus der Regionalmächte Iran und Saudi-Arabien, die jeweils nach einer Vormachtstellung in der öl- und gasreichen Golfregion streben. (4) Das gespannte Verhältnis von Staat und Gesellschaft mit der umstrittenen Rolle von Religion in der Politik, der Frage um die Legitimation der Verteilung von Einnahmen aus Steuern, Handel, Erdöl- und Erdgasverkäufen.

Diese grundsätzlichen politischen, wirtschaftlichen und gesellschaftlichen Belastungen wurden durch die fünf Zeitenwenden, wie unser Rückblick veranschaulicht hat, über die vergangenen 45 Jahre meist noch verschärft:

Im Zeichen des Ost-West-Konfliktes zwischen den USA und der Sowjetunion macht die Zeitenwende von 1979 den politischen Islam, den islamistisch motivierten Terrorismus und die auf Militär und Geheimdienst basierende, sich oft nach außen säkular gebende, Despotie in der Region dominant.

Vor dem Hintergrund der Auflösung der Sowjetunion eröffnet die Zeitenwende von 1991 unter US-amerikanischer Führung einen Weg zum Frieden zwischen Israel und seinen arabischen Nachbarn, und unter Führung der EU die Perspektive einer Partnerschaft mit Araber:innen, Türk:innen und Israelis rund ums Mittelmeer.

Trotz dieser positiven Dynamik bleiben die vier Grundkonflikte ungelöst. Viel Energie geht bereits in der Zeitenwende von 2001 verloren: Der teilweise als offener Krieg geführte Kampf gegen den islamistischen Terrorismus und die gescheiterten westlichen Invasionen in Irak und Afghanistan leisten auch extremistischen Ideologien und gesellschaftlichem Zerfall entlang religiöser und ethnischer Identitäten Vorschub – im fachlichen Diskurs häufig als „Sektarismus“ bezeichnet.[184]

Dieses Konfliktmuster verstärkt die politische und ökonomische Perspektivlosigkeit der jungen Gesellschaften im Nahen Osten. Die Jugend will sich in der Zeitenwende von 2011 mit ihren Arabellionen aus der Lethargie befreien. Die Protestierenden tragen ihre Forderungen nach einer Gesellschaft, in der auch für sie ein Leben in Freiheit und Würde mit Arbeit und Brot möglich ist, an die Herrschenden heran. Doch die meisten Staatsführungen reagieren darauf mit Unterdrückung und Gewalt. Im Spannungsfeld zwischen Religions- und Militärherrschaft geht mit dem gesellschaftlichen Aufbruch eine Chance auf eine Zukunft mit Teilhabe und Pluralität unter. Enttäuscht verlassen viele ihre Region – häufig in Richtung Europa.

Den verbliebenen, bereits durch ihren komplexen Alltag belasteten Menschen bürdet die Zeitenwende 2020–2022 noch schwierigere Lebensbedingungen auf. Sicherungssysteme, die sie vor den massiven sozioökonomischen Folgen der Covid-19-Pandemie schützen könnten, stehen nur wenigen von ihnen offen. Eine noch geringere Zahl verfügt über Ersparnisse, um höhere Preise für Nahrung und Energie aufzufangen, die infolge des russischen Angriffskrieges auf die Ukraine anfallen. Auch die staatliche Unterstützung im Umgang mit Hitzewellen und Wassermangel ist – sofern überhaupt vorhanden – meist gering. Zu diesen Lebensbelastungen können auch noch Folgen durch Erdbeben dazukommen, wie die verheerende Katastrophe im türkisch-syrischen Grenzgebiet im Februar 2023, bei der Zehntausende getötet und verletzt, Millionen ihr Zuhause verlieren und staatliche Hilfe gerade seitens syrischer Autoritäten eher ausbleiben.

Angesichts der schweren Bürden erstaunt es kaum, dass die überwiegende Zahl der Menschen im Nahen Osten und Nordafrika heute ihrer Lebenswirklichkeit gestresst, erschöpft und frustriert begegnet. Viele sehnen sich daher nach Herrschaft, die sich um sie kümmert, ihr tagtägliches Leben bezahlbar und organisierbar macht: einem Alltag mit stabilem Internet, digitalen Bezahlmöglichkeiten, digitalen Behördengängen, einer effizienten und bürgernahen Verwaltung sowie einem korruptionsfreien Rechtssystem. Dazu sozial abgesicherte Beschäftigung mit einem Lohnniveau, das die Deckung des lebensnotwendigen Grundbedarfs zulässt, und ein verlässlich gutes öffentliches Schul-, Gesundheit- und Verkehrswesen. Zudem einen politisch gesellschaftlichen Raum, in dem physische Sicherheit gewährleistet ist, der Islam keinen Zwang ausübt und in dem einige politische Rechte zivilgesellschaftliches Engagement ermöglichen – so Erkenntnisse aus diversen Umfragen in den letzten Jahren.[185] Diese konkreten Wünsche tragen – in meiner Wahrnehmung – die Forderungen aus der Zeitenwende der Arabellion 2011 nach Freiheit und Würde mit Arbeit und Brot weiter, mit dem Unterschied, dass viele Menschen ihrer persönlichen und materiellen Sicherheit selbst dann den Vorzug geben, wenn sich autokratisches Regieren als ihr einziger Garant darstellt. Häufig sind es so nicht mehr nur engagierte Denker:innen und Intellektuelle, sondern auch die neu gewonnenen Formen von Demokratie und Freiheitsrechten, die ins Visier der Mächtigen geraten, wenn sie nach den Verantwortlichen für politische und wirtschaftliche Instabilität suchen.

Im Detail fallen die Wahrnehmungen der eigenen Lebensrealität – abhängig von Land und Gesellschaftsschicht – sehr unterschiedlich aus. Der gesellschaftliche Zusammenhalt, die Lebensbedingungen und deren Zukunftsfähigkeit variieren erheblich. (1) Über die aussichtsreichsten Voraussetzungen verfügen ressourcenreiche, aber auch zielgerichtet innovative und effektiv organisierte Länder wie Israel und die Vereinigten Arabischen Emirate. (2) Großen Reichtum an Bodenschätzen besitzen auch Algerien, Libyen, der Irak und Iran, doch ihre Gesellschaften stagnieren in Autoritarismus und Korruption, teils auch im Milizentum. (3) Der Jemen, Syrien und der Libanon sind tragische Beispiele unterschiedlichen Verfalls einst multikonfessioneller Staaten, in denen „nichtstaatliche Akteure“ mit eigenen Milizen mehr Macht in den eigenen ethnischen und religiösen Gruppen mobilisieren können als gesamtstaatliche Institutionen. (4) Nicht für umfangreiche natürliche Ressourcen bekannt und relativ stabil sind die von der Weltbank als „low- and middle income countries“ klassifizierten Länder,[186] wie die Türkei, Marokko, Tunesien, Ägypten und Jordanien.

Wer also mit vollen Bürgerrechten in Israel, den Vereinigten Arabischen Emiraten und Katar lebt oder der einflussreichen und kapitalstarken Oberschicht in den anderen arabischen Ländern, der Türkei oder Iran angehört, gegebenenfalls auch über einen zweiten, europäischen Pass verfügt, gehört zu dem kleinen Teil der rund 480 Millionen Menschen in Nordafrika und dem Nahen Osten, für den die Zukunft eine verhältnismäßig geringe Belastung verspricht. Die südliche Nachbarschaftsregion Europas ist die Weltregion, in der die Schere der Verteilung des Nationaleinkommens am weitesten auseinanderklafft.[187] Sie ist auch die Region, in der die Krisen- und Kriegsdichte weltweit am größten ist.[188]

Kein Wunder also, dass Vertreibung, Flucht und Migration diese Gesellschaften entscheidend prägen, wenn vor Ort Chancen und Möglichkeiten fehlen. 41 Prozent der arabischstämmigen Arbeitskräfte haben die Region verlassen, das entspricht der global höchsten Migrationsquote. Entsprechend zentral für die soziale und wirtschaftliche Stabilität vor Ort sind deren Rücküberweisungen, die einen Anteil von bis zu 35 Prozent des Bruttosozialprodukts vieler arabischer Länder ausmachen – sei es durch in Libyen beschäftigte Tunesier:innen, Ägypter:innen in Saudi-Arabien oder Marokkaner:innen und Algerier:innen in Europa. Auch, wer als Geflüchtete:r nach Europa kommt, hält Kontakt zur alten Heimat, schickt Geld an Zurückgebliebene, wenn er oder sie dazu in der Lage ist – seien es Syrer:innen in Europa und der Türkei, Libyer:innen in den Vereinigten Arabischen Emiraten oder Jemenit:innen in Ägypten. Zahlen des Arab Barometer 2021/2022 zeigen,[189] wie groß der Wunsch ist, zerfallende Staaten und stagnierende Gesellschaften zu verlassen: Jede:r vierte Libyer:in, Algerier:in und Marokkaner:in, jede:r dritte Jordanier:in, Palästinenser:in und Iraker:in sowie jede:r zweite Tunesier:in und Libanesin denke so, legt die Studie nahe. Diese Menschen verkörpern das Potenzial, das zum Aufbau von Zukunft brachliegt, der Region verloren geht und von dem nicht zuletzt wir in Europa profitieren.

Ich lese von Anass Bouzid[190] – bei gutem Wetter kann der 25-jährige Marokkaner über die Meerenge von Gibraltar Europa sehen. Er lebt in der Hafenstadt Tanger, keine 20 Kilometer Luftlinie entfernt von der spanischen Küstenstadt Tarifa. Er träumt davon, sich in Deutschland eine Zukunft aufzubauen, in Frankfurt, wo Verwandte leben. Er hat eine Grundausbildung als Elektriker, findet aber keine Anstellung in der wirtschaftlich prosperierenden Stadt Tanger, die mit TangerMed einen der modernsten Containerhäfen der Welt beherbergt. Wenn Anass langweilig ist, leiht er sich das alte Mercedes-Taxi eines Freundes, fährt Tourist:innen durch die Gegend, wenn welche da sind, und träumt von einem Leben mit Wohlstand und Arbeit im nahen Europa.

Migration und Mobilität sind angesichts der gegenläufigen demografischen Entwicklung – einerseits ein stetig alterndes Europa, andererseits eine noch junge Region südlich des Mittelmeeres – ein zweites zentrales Zukunftsthema der Zusammenarbeit über das Mittelmeer hinweg. Es ist keine durchweg verlorene Generation, die verzweifelt an die Tore Europas klopft.[191] Die Jugendlichen aus unserer südlichen Nachbarschaft versuchen, ihre eigene Zukunft zu beeinflussen. Einige dieser jungen Menschen haben wir auf unserer Zeitenwenden-Reise kennengelernt: Dabei denke ich besonders an meine tunesischen Freunde Nesima und Yehia, die aufgrund ihrer IT-Expertise über LinkedIn-Stellenausschreibungen von Tunis nach Berlin umgezogen sind. Ihre Fähigkeiten sind für die Unternehmen, in denen sie arbeiten, von unschätzbarem Wert. Nicht nur die Verwandten in Tunis, die das Paar aus ihren ansehnlichen Gehältern unterstützen kann, profitieren von ihrem Erfolg: Ein Teil kommt stets bei uns allen an; über Steuereinnahmen in Schulen und Kindergärten, aber auch, wenn die beiden beim Einkauf im Kiosk um die Ecke Trinkgeld geben.

Wer nicht tatenlos oder gar unterdrückt auf ewig in der Heimat zurückbleiben will, wer vielmehr dort eine Lebens-, Arbeits- und Zukunftschance erhalten möchte, fasst wie zur Zeitenwende der Arabellion ab 2011 allen Mut zusammen und protestiert friedlich für soziale, wirtschaftliche und politische Rechte. Das arabische Protestphänomen spiegelt sich bis in die Gegenwart und kennzeichnet auch die Demonstrationen im Iran ab Mitte September 2022. Unzählige, meist junge Frauen, unterstützt von vielen Männern, protestieren mit der Parole „Frau, Leben, Freiheit – Tod der Diktatur“ landesweit; sie gehen aus allen sozialen Schichten sowie ethnischen und religiösen Gruppierungen auf die Straßen. Sie stellen sich der Gewaltreaktion des Regimes entgegen. Diese Bürgerproteste gegen die Herrschenden im Iran 2022/23 sowie die in den arabischen Ländern Algerien, dem Libanon, dem Irak und Sudan 2019 zeigen Europa, dass die Glut der Arabellion von 2011 erst endgültig erlöschen kann, wenn die jungen Gesellschaften in unserer südlichen Nachbarschaft tatsächlich faire Partizipationschancen haben – von sozialer Absicherung, besonders durch gute und zuverlässig bezahlte Arbeit, über zivile und politische Rechte, würdevolle Behandlung durch legitimierte staatliche Autoritäten bis zu funktionierender öffentlicher Infrastruktur. Zur Erreichung dieser Kernforderungen ist als Unterstützung von außen Europa der von ihnen favorisierte Kooperationspartner – so das Ergebnis einer Expertenumfrage des Europaprogramms der Bertelsmann Stiftung zur Neuauflage der europäischen Nachbarschaftspolitik Süd vom Februar 2021.[192] Die Zusammenarbeit mit europäischen Institutionen in Projekten ist zwar bürokratisch aufwendiger, dafür aber von rechtsstaatlichen Normen und in der Regel von guter Intention geleitet. China und Russland, die ihren Einfluss von Marokko bis Iran seit 2013 erheblich ausgedehnt haben, sind keine Wunschkooperationspartner. Das sollte uns Europäer:innen erfreuen, gleichzeitig aber auch ermahnen und verpflichten, gegenüber unseren Nachbarn in Nordafrika und dem Nahen Osten glaubwürdiger und engagierter aufzutreten.

Europa überfordert nach fünf Zeitwenden in Nahost – und noch mehr gefordert

Mit einer gemeinsamen Stimme sprechen und im Sinne einer gemeinschaftlichen Politik handeln! Beides ist und bleibt Grundvoraussetzung für eine glaubwürdige und umsetzungsfähige europäische Außenpolitik – gerade gegenüber unseren südlichen Nachbarn in Nordafrika und dem Nahen Osten.

Gelingt uns dieses einigende Element nicht, sind wir in Europa mit den dynamischen Entwicklungen jenseits des Mittelmeeres schnell überfordert. Das haben uns europäische Reaktionen auf die fünf Zeitwenden im Nahen Osten plastisch vor Augen geführt. Vor der Klammer der Kritik sei an dieser Stelle erwähnt, dass sowohl die frühere Europäische Gemeinschaft als auch die heutige Europäische Union stets gezwungen waren, ihre Aufmerksamkeit zu teilen. Neben der Außenpolitik mussten sich die Träger:innen des europäischen Gedankens fortwährend ebenso existenzieller Aufgaben und Widerstreite annehmen: Weder die Vertiefung der EU im Sinne einer zunehmenden Vergemeinschaftung von Politikfeldern noch die Erweiterung um neue Mitgliedstaaten lassen sich aus unserem heutigen Europaverständnis wegdenken.

So wird die neun Mitglieder starke Europäische Gemeinschaft mit der ersten nahöstlichen Zeitenwende von 1979 konfrontiert, während ihr eigener Blick auf Brüssel und die ersten Wahlen zu einem gemeinsamen Europäischen Parlament gerichtet ist. Nach außen hin legt sie noch im selben Jahr mit der Erklärung von Venedig eine erste gemeinsame außenpolitische Positionsbestimmung mit Blick auf den Nahostkonflikt vor.

Bestimmend sind 1979 bereits die drei großen europäischen Mitgliedsländer Großbritannien, Frankreich und (West-) Deutschland. Vor dem Hintergrund der geostrategischen Konkurrenz mit der Sowjetunion orientieren sie sich an den Vereinigten Staaten von Amerika. Um eigene Interessen zu behaupten, experimentiert der Westen mit der Kraft des politischen Islam. Im Iran geht die Rechnung nicht auf, weil die islamische Revolution keinen klaren antisowjetischen, dafür aber einen klar antiwestlichen Kurs nimmt – ebenso wenig in Afghanistan, weil die islamistischen Kämpfer zwar der Sowjetunion eine schmerzhafte Niederlage zufügen, ihren Terror später aber gegen den Westen selbst richten werden. Terror und Gewalt im Namen der islamischen Religion werden über Jahre Ängste und Abwehrhaltungen europäischer Gesellschaften und Regierungen mitbestimmen – meist unterschwellig, aber immer präsent, wenn wir die Beziehungen zu unseren Nachbarn im Süden weiter ausgestalten.

Im Zeichen der Auflösung der Sowjetunion eröffnet die Zeitenwende von 1991 die Chance auf Frieden zwischen Israel und seinen arabischen Nachbarn. Es braucht Vermittlung und Unterstützung, Fähigkeiten, die die EU – selbst als Friedens- und Entwicklungsprojekt aufgebaut – überzeugend anbieten kann. Unter Führung der inzwischen 15 EU-Mitgliedstaaten ergreift Brüssel die Chance der Partnerschaft mit Araber:innen, Türk:innen und Israeli rund ums Mittelmeer. Der Höhepunkt der Ausstrahlungskraft der europäischen Idee in Nordafrika und dem Nahen Osten ist die Begründung der euro-mediterranen Partnerschaft im November 1995 auf dem Gipfel in Barcelona, der ein hochrangiges Regierungstreffen mit einem Forum für die Zivilgesellschaften verbindet. Abkommen werden geschlossen, die eine Partnerschaft für Frieden, Wohlstand und Demokratie begründen sollen.

Doch Europa kann diese Dynamik nicht verstetigen, die anstehende Osterweiterung der Gemeinschaft und die Balkankriege binden Ressourcen und Aufmerksamkeit. Die USA monopolisieren zudem Verhandlungen zwischen Israel und den arabischen Ländern, kein:e Europäer:in steht auf dem roten Teppich neben dem amerikanischen Präsidenten, wenn arabische Führer und israelische Ministerpräsidenten vor dem Weißen Haus ihre Aufwartung machen. So verschwendet der Westen gemeinsames Gestaltungspotenzial: Die EU fügt sich zu leichtfertig der von den USA vorgegebenen Rolle, US-amerikanisch gestaltete Friedensprozesse zu finanzieren.

Die EU-Mitgliedstaaten vergeben auch ihre Chancen auf inhaltliche Ausgestaltung der euro-mediterranen Partnerschaft – in Brüssel konzentriert man sich auf die Einrichtung bilateraler Freihandelsabkommen. Diese Linie ist einerseits verständlich; es gehört zu den zentralen Aufgaben der EU-Kommission, den Außenhandel im Namen der Mitgliedstaaten zu steuern. Andererseits führt die Dominanz nationaler Außenwirtschaftsinteressen europäischer Mitgliedstaaten in der wirtschaftlichen Entwicklung des Mittelmeerraums und der Golfregion dazu, dass europäische Glaubwürdigkeit und Durchsetzungsfähigkeit gegenüber Konflikttreibern und Autokraten verloren gehen. Wenn es um den Absatz von Industrieprodukten, Dienstleistungen und Rüstungsgütern oder den Einkauf von Rohstoffen und Energieträgern geht, konkurrieren französische und italienische Interessen gegenüber Libyen, französische und spanische Interessen in der Beziehung zu Marokko oder deutsche und französische Interessen im Rahmen der Partnerschaft mit

Ägypten. Diese innereuropäischen Interessenkonflikte haben zur Folge, dass das gesamteuropäische politische Kapital und der Brüsseler Einfluss auf Konfliktlösung in der Region schwinden.

Die 15 EU-Mitgliedstaaten verlieren mit der nahöstlichen Zeitenwende von 2001 noch mehr ihrer Gestaltungskraft. Sie verfangen sich in der internen Auseinandersetzung um die Frage von Rechtmäßigkeit, Vertretbarkeit und Machbarkeit der militärischen Invasion im Irak. Überdies sind Brüsseler Vermittlungskapazitäten mit der anstehenden praktischen Umsetzung der Einführung der Gemeinschaftswährung Euro und der Erweiterung um zehn neue süd-, mittel- und osteuropäische Mitgliedsländer nahezu vollständig gebunden – ein so erbitterter wie weitreichender außenpolitischer Streit kommt zur Unzeit. Die tiefgreifende Auseinandersetzung führt dazu, dass acht europäische Mitgliedstaaten, darunter Großbritannien, Spanien und Italien, die „Koalition der Willigen" des damaligen US-Präsidenten George W. Bush militärisch unterstützen, während die restlichen sieben, einschließlich Frankreich und Deutschland, dies so vehement ablehnen, dass eine Neuausrichtung einer gemeinsamen europäischen Politik gegenüber einem so wichtigen Land wie dem Irak über nahezu 20 Jahre ausbleibt. Zudem geht ein weiteres Stück Vertrauen und Kooperationsgeist zwischen Europa und den Vereinigten Staaten verloren. Darüber hinaus schwächt die Spaltung nicht nur die gemeinsame Glaubwürdigkeit im Nahen Osten und Nordafrika, sondern auch europäische Gestaltungsfähigkeit in den Beziehungen zu dieser konfliktbelasteten und rohstoffreichen Region.

Im Bewusstsein des Schocks über islamistische Terroranschläge – vom 11. September 2001 in New York und Washington bis zum folgenden Terror in Europa im Zuge der westlichen Intervention in Afghanistan und im Irak – dominiert eine Politikmaxime: Dem Kampf gegen den islamistischen Terrorismus wird die Gestaltung der Beziehungen zu den südlichen Nachbarn untergeordnet. Aufgrund dieser reduzierten Sichtweise geht in der EU der Blick für die gesellschaftlichen Veränderungen und Konflikte bei den arabischen Nachbarn verloren.

So wird Europa von der Arabellion, der nahöstlichen Zeitenwende von 2011, zunächst überrascht. Als zumeist jugendliche

Protestierende in Massendemonstrationen von Tunis bis Kairo und von Tripolis bis Damaskus ihre Forderungen nach einer Gesellschaft in Freiheit und Würde mit Arbeit und Brot an die Herrschenden herantragen, sogar deren Abdankung fordern, reagieren europäische Entscheider:innen erst einmal irritiert. Trotzdem: Diese Wünsche entsprechen ganz dem europäischen Werteempfinden; Brüssel mobilisiert erhebliche technische und finanzielle Ressourcen, um zu erwartende politische und wirtschaftliche Transformation in den arabischen Umbruchländern zu unterstützen. Dieser neue EU-Ansatz wird 2011 nach kurzem, anfänglichem Zögern schnell auf den Weg gebracht, und er ist richtig. Doch die nunmehr 28 EU-Mitgliedstaaten scheinen spätestens ab 2013 überfordert. Eine effektive Ressourcenverteilung ist kaum noch möglich, angesichts gleichzeitiger Rebellionen in acht arabischen Staaten. Zumal in vier davon – Libyen, Syrien, Jemen und Bahrain – die Situation in Gewalt und Unterdrückung durch die Herrschenden, in einem Land – Ägypten – sogar in eine Kehrtwendung in die Militärautokratie umschlägt. Enttäuscht und frustriert verlassen viele Araber:innen ihre Heimat.

Angesichts der wachsenden Zahl von in Europa ankommenden Menschen fallen Teile der europäischen Öffentlichkeit und einige europäische Entscheider:innen nahezu reflexhaft in eine Abwehrhaltung. Von der Terrororganisation „Islamischer Staat" in europäischen Hauptstädten verübte Anschläge verstärken diesen Trend. Und nicht alle Mitgliedstaaten reagieren mit der gebotenen europäischen Solidarität und verstärkten Zusammenarbeit – viele verfallen in die alte Gewohnheit, auf arabische Autokraten als Garanten kurzfristiger Sicherheit zu setzen. Die Mitgliedstaaten der Europäische Union sind weiterhin nicht in der Lage, sich über einen menschenwürdigen Umgang und eine faire Aufnahme der Ankommenden zu einigen. Unsicherheit im Umgang mit Migration und Islam verstärken die überwiegend defensive Haltung Europas gegenüber der südlichen Nachbarschaft. Diese mangelnde Handlungsbereitschaft Einzelner wirkt auf die Gemeinschaft aller Mitgliedstaaten. Europa – nicht Deutschland, Frankreich, Polen oder Slowenien – hinterlässt so ein politisches Vakuum im Mittelmeerraum.

Russland, China, die Türkei, die Vereinigten Arabischen Emirate und Katar mausern sich zu Konkurrenzakteuren vor der europäischen Haustür. Das geht sogar so weit, dass Russland und die Türkei im syrischen Bürgerkrieg militärisch intervenieren und dass der Kreml eigene Militärkräfte an zentralen Migrationsrouten nach Europa in Mali und in Libyen platziert. Die chinesische Außenwirtschaftspolitik zielt auf die Kontrolle globaler Handelsrouten und exklusiver Zugänge zu essenziellen Rohstoffen; chinesische Investitionen in Häfen in Nordafrika und am Roten Meer, in Schienen und Straßen in Iran und der Türkei und in mobile Netze der gesamten Region machen Europa ernsthaft Konkurrenz. Der zentrale Pfeiler außenpolitischer Stärke der EU, ihre Wirtschafts- und Handelskraft, gerät unter Druck – Europa verliert an Stärke in der eigenen Nachbarschaft. Eine gemeinsame Studie des Wiener Instituts für Internationale Wirtschaftsvergleiche (WIIW) und der Bertelsmann Stiftung hat diese Entwicklung im Februar 2023 mit Zahlen und Fakten nachgezeichnet. Sie weist besonders darauf hin, dass China in der unmittelbaren Nachbarschaft Europas zu einem immer wichtigeren Lieferanten von Hightech-Produkten wird. Dies birgt die Gefahr, dass die EU-Nachbarländer stärker von chinesischer Technologie abhängig werden und so in den Sog der technologischen Abkopplung zwischen China und den USA geraten.[193]

Stark angeschlagen verliert die Europäische Union mit Großbritannien 2021 auch noch ein geostrategisches Schwergewicht mit sicherheitspolitischem Potenzial. Zusätzlich muss sie sich immer komplexeren und schwierigeren Herausforderungen der Zeitenwende 2020–2022 stellen. Covid-19-Schock, Ukraine-Krieg und Klimakrise erzwingen ein Umdenken und Neuhandeln. Die EU muss und kann Milliardenbeträge mobilisieren, um ihren Mitgliedern beim Schultern der Negativfolgen zu helfen. Wie gut, dass es die Gemeinschaft gibt. Wie gut, dass – im Vergleich zu den meisten unserer südlichen Nachbarn – partizipative Politikprozesse, meist funktionierende Behörden, soziale Sicherungssysteme, in gesellschaftlich ausgehandelten Grenzen prosperierende Privatwirtschaft und zivilgesellschaftliches Engagement für uns alltägliche Realität sind. Diese – für uns in Europa – selbstverständlichen Ressourcen können helfen, die einseitigen wirtschaftlichen Abhängigkeiten gerade von China und Russland umzubauen. Sie müssen helfen, einen schnellen Umbau in nachhaltiges und ressourcenarmes Leben und Arbeiten zu ermöglichen. Kluge Nachbarschaftspolitik heißt, die Potenziale der südlichen Nachbarschaft mit ihren so unterschiedlichen Gesellschaften und Strukturen aktiv in diesen Umbau einzubinden. Kluge Nachbarschaftspolitik heißt heute auch, dabei keine neuen einseitigen Abhängigkeiten von öl- und gasreichen Autokratien zu schaffen und den Mut aufzubringen, mit Glaubwürdigkeit und Entschlossenheit Konflikttreibenden die Stirn zu bieten.

Die Europäische Union als glaubwürdigere Akteurin, Partnerin und Vorbild stärken

Ein glaubwürdiger, gelungener europäischer Auftakt darf nicht noch einmal versanden. Sonntag, 19. Januar 2020, Bundeskanzleramt Berlin: Hektisch wird es um eine Sitzgruppe, in der in schwarzen, tiefen Polsterstühlen Bundeskanzlerin Merkel zwischen dem ägyptischen Präsidenten as-Sisi und Kremlchef Putin sitzt – daneben Frankreichs Präsident Macron und Italiens Ministerpräsident Conte. Sie sind im Begriff, die letzten Details des 55 Artikel umfassenden Friedens- und Transformationsfahrplans, die Berliner Abschlusserklärung, für das Bürgerkriegsland Libyen festzuzurren. Deutsche Diplomatie ermöglicht, die gegensätzlichen nationalen Wirtschaftsinteressen Frankreichs und Italiens im Libyen-Konflikt zu überbrücken und alle innerlibyschen Machthaber sowie externen Kriegstreibenden und Krisenfinanziers an einen Verhandlungstisch zu bringen.

Vereinbarungen umsetzen

Die Berliner Abschlusserklärung[194] ist und bleibt ein vorbildlicher Fahrplan für die Transformation eines Konflikt- und Krisenlandes in eine inklusive und wohlhabende Zukunft. Waffenstillstand vereinbaren, Waffenembargo durchsetzen, Söldner abziehen, einem politischen Prozess unter Leitung der Vereinten Nationen Folge leisten – all diese Maximen unterschreiben selbst Russland, die Türkei, Ägypten und die Vereinigten Arabischen Emirate. Ein gelungenes Beispiel europäischer Diplomatie – glaubwürdig und von allen Seiten akzeptiert. Die Tinte der Unterschriften ist schon lange getrocknet; dennoch geschieht real sehr wenig: Berlin und Brüssel fehlt es an robusten Instrumenten, schriftliche Vereinbarungen gegen den Widerstand der Konflikttreibenden und Krisengewinner:innen durchzusetzen. Besonders Moskau, Ankara, Kairo und Abu Dhabi ziehen ihre Söldnertruppen doch nicht ab, stellen ihre militärische und finanzielle Unterstützung für die libyschen Konfliktparteien doch nicht ein – sanktioniert werden sie nicht, jedenfalls nicht im Sinne der von ihnen gegebenen Versprechen.

Es kann nicht sein, dass Europa fast kritiklos hinnimmt, dass – und wie – einige bekannte politische und militärische Führer weiterhin persönliche Machtinteressen über das Wohl der libyschen Gesellschaft stellen. Spätestens seit der Absage der mit den Vereinten Nationen verabredeten Wahlen im Winter 2021 wird deutlich: Interimspremier Abdul Hamid Dbeiba im westlibyschen Tripolis hätte diese Wahlen vorbereiten und dann abtreten sollen, doch er blockiert und bleibt. Einer seiner Gegenspieler, der in Ostlibyen mächtige Sprecher des Repräsentantenhauses Aguila Saleh Issa, lässt das Wahlgesetz ändern, damit er als Präsidentschaftskandidat antreten kann. Auch der der ostlibyschen Gegenregierung in Tobruk verbundene General Chalifa Haftar lässt sich als Kandidat aufstellen, während seine Soldaten in Südlibyen Anhänger der Übergangsregierung in Tripolis angreifen. In der Hauptstadt lässt ein mächtiger Milizenführer, Salah Badi, derweilen seine Kämpfer vor Regierungsgebäuden aufziehen, um seine Macht gegenüber Behörden zu demonstrieren. Das sind nur einige Beispiele für militärische und politische Führer, die im Zweifel die militärische Konfrontation über den politischen Wettbewerb stellen.[195]

Konflikttreibende schmerzhaft sanktionieren!

Für Konflikttreibende und Krisenverantwortliche in Libyen gilt, sie und ihre Verfehlungen öffentlich zu benennen und über Sanktionen in Europa mit Druck zu bewegen, Verabredetes einzuhalten. Auch in anderen Konflikten muss die Europäische Union – im engen Schulterschluss mit den Mitgliedstaaten – vorhandene Mechanismen nutzen, um Konflikttreibenden und Krisengewinner:innen habhaft zu werden. Beispiel Iran: Gegen führende Vertreter des iranischen Regimes hat die EU ab Herbst 2022 personenbezogene Strafmaßnahmen auf den Weg gebracht. Diese Iraner sind verantwortlich für die brutale Niederschlagung der friedlichen Proteste, die Massenverhaftungen und Hinrichtungen von Demonstranten sowie die Lieferung von Kampfdrohnen an das russische Militär, mit denen unschuldige Zivilist:innen und Infrastruktur in der Ukraine bombardiert werden – vielleicht kommen die Sanktionen zu langsam und sind gegen zu wenige Personen und Organisationen gerichtet; jedenfalls müssen Sanktionen einstimmig von der EU beschlossen werden. Auch wenn es bislang noch nicht abschließend nachweisbar ist, dass die Sanktionen einen substanziellen Beitrag dazu leisten können, die iranische Führung zu einem Ende der Gräueltaten zu bewegen, entfalten sie doch auch wichtige Symbolwirkung. Wenn die EU auch zukünftig in der Lage ist, gezielte Sanktionen schnell und einstimmig zu beschließen, sendet das ein deutliches Signal der Entschlossenheit, für die eigenen Werte einzustehen.

Trotzdem gilt, schnell, effektiv und in Übereinstimmung mit rechtsstaatlichen Grundsätzen, Einreisesperren in die EU zu verhängen, Besitzungen von Konflikttreibern in Europa zu beschlagnahmen und ihre Bankkonten einzufrieren. Viele Krisenverantwortliche verfügen auch über europäische Zweitpässe. Diese können in einzelnen Mitgliedstaaten – in Deutschland etwa auf Grundlage der sog. „Hooliganregelung" der § 7 Absatz 1, Nummer 1, und § 8 des Passgesetzes – auch entzogen werden, wenn von den Inhaber:innen außerhalb des Landes Gefahr ausgeht. Aber: Trotz der gemeinsamen „Unionsbürgerschaft" entscheidet jeder Mitgliedstaat für sich, wer einen Pass und die damit im Normalfall verbundene Staatsangehörigkeit erhält. Damit eine Regelung wirkt, die effektiv kriminelle Zweitpass-Besitzer:innen sanktioniert, müssen deshalb alle Mitgliedstaaten an einem Strang ziehen – auch diejenigen, wie u.a. Malta, Zypern, Bulgarien und Rumänien, die bislang mit „Zweitpassverkäufen" ihre Staatshaushalte aufzubessern suchen.[196] Kriegsverbrechen, wie im syrischen Fall, müssen vor dem Europäischen oder Internationalen Gerichtshof zur Anklage kommen; gelingt das nicht, sollte das Prinzip des Weltrechts angewandt werden. Solche nichtmilitärischen Maßnahmen sind effektiv und stärken die Glaubwürdigkeit Europas als Akteurin, die internationales Recht, Menschenrechte und Demokratie schützen möchte.

Rechtsstaatsprinzipien fördern: Vor der eigenen Haustür zuerst kehren

Tatsächliche Glaubwürdigkeit kann die Europäische Union diesem Werteanspruch nur dann verleihen, wenn sie die eigenen Schwachstellen erkennt und behebt. Bei Rechtsstaatlichkeit, Regierungsfähigkeit und Bürgerorientierung haben sich in den EU-Mitgliedstaaten Lücken aufgetan, die nur mit gemeinsamem Engagement wieder geschlossen werden können. Es ist ein sehr widersprüchliches Signal, wenn gegenüber Ländern wie Tunesien der Abbau von Gewaltenteilung kritisiert wird, während gleichzeitig etwa im Falle Polens trotz Nachbesserungen im Winter 2022/23 offen bleibt, wie stark die Justiz unter Beobachtung der Regierung steht, und der Ministerpräsident Ungarns massiv seine Kontrolle über die Medienlandschaft ausbauen kann – über lange Zeit, ohne dass dagegen innerhalb der EU entschlossen vorgegangen wurde. Dabei kann der erst Ende April 2022 in Gang gesetzte Rechtsstaatsmechanismus durchaus Zähne zeigen: Auf die im November 2022 mit bemerkenswerter Geschlossenheit getroffene Entscheidung, etwa zwölf Milliarden Euro der Ungarn zugedachten europäischen Finanzunterstützung zurückzuhalten,[197] folgte einen Monat später bereits die Aufhebung der Immunität eines Abgeordneten der ungarischen Regierungspartei und eines ehemaligen Staatssekretärs im ungarischen Justizministerium.[198]

Damit es nicht bei öffentlichkeitswirksamen Aktionen gegen Einzelpersonen bleibt, sondern auch Systemdefizite angegangen werden, muss der wirksame Druck aus Brüssel aufrechterhalten werden. Allerdings: Auch wenn man es zu Recht tut, ist es leicht, mit dem Finger stets auf die „üblichen Verdächtigen" zu zeigen; das sagt auch Didier Reynders, EU-Kommissar für Rechtsstaatlichkeit, als er am 27. Oktober 2022 auf dem Podium des Senatssaals der Berliner Humboldt-Universität[199] die Frage eines ungarischen EU-Diplomaten im Ruhestand beantwortet. In der Tat zeigt der zentral von Deutschland im Rahmen der EU-Ratspräsidentschaft 2020 angestoßene Rechtsstaatsbericht, den die EU-Kommission inzwischen jährlich erstellt: Jeder Staat hat Hausaufgaben zu machen. So wird etwa in Deutschland angemahnt, die Finanzierung der Justiz einschließlich der Besoldung der Richter:innen besser der zentralen Verantwortung anzupassen, die sie Tag für Tag für unseren Rechtsstaat übernehmen. An dieser Stelle schließt sich ein Kreis – südlich des Mittelmeeres steht die tunesische Justiz ganz ähnlichen Herausforderungen gegenüber.

Aus der Überforderung in die außenpolitische Handlungsfähigkeit

Selbstverständlich reicht es nicht aus zu bedauern, dass die 27 Mitgliedstaaten der EU sich nicht auf das Prinzip der Mehrheitsentscheidungen in außen- und nachbarschaftspolitischen Fragen einigen können. Die alternativen Instrumente, die bereits existieren und genutzt werden, können noch mehr Handlungsfähigkeit in den Krisen- und Konflikten im Nahen Osten und Nordafrika erwirken. Gibt es mehrere Konflikte und Kriege gleichzeitig – wie jenseits des Mittelmeeres nahezu immer –, kann Arbeitsteilung entlastend wirken. So können die EU-27 etwa häufiger von ihrer Möglichkeit Gebrauch machen, in einzelnen Krisen freiwillig die Zuständigkeit auf den/die EU-Außenbeauftragte:n und das Personal im Europäischen Auswärtigen Dienst (EAD) zu übertragen. Diese sind oder waren dann in ihrem gemeinsamen Namen handlungsfähig – wie etwa bei den Atomkontrollverhandlungen mit dem Iran. Bei Fragen, die zusätzlich nationalstaatliche Kompetenzen erfordern, können auch einzelne Mitgliedstaaten in Kombination mit dem EAD beauftragt werden, um die Last auf mehrere Schultern zu verteilen. Vom Libyen- bis zum Iran-Konflikt müssen es nicht immer Deutschland und Frankreich sein, die in allen „E3"- oder „E4"-Konstellationen mitwirken.

Auch Länder wie Estland, Irland und Rumänien können gemeinsam mit dem EAD ebenfalls im gesamteuropäischen Interesse beispielsweise im Krisenportfolio Westsahara zwischen Marokko und Algerien vermitteln. Polen, Portugal und Belgien können mit dem EAD sich um Schlichtung im Streit um die Gasvorkommen im östlichen Mittelmeer zwischen der Türkei einerseits und Griechenland sowie Ägypten andererseits bemühen und das Regionalbündnis Israels mit Marokko, Ägypten, Bahrain und den Vereinigten Arabischen Emiraten (Abraham Accords) klug an die europäische Nachbarschaftspolitik anbinden. Griechenland, Spanien und Lettland können zusammen mit dem EAD die Projekte der neuen EU-Strategie mit Blick auf die arabischen Golfstaaten um Saudi-Arabien, Katar und die Vereinigten Arabischen Emirate vorantreiben. Schweden, Bulgarien und die Niederlande können mit dem EAD die gesamteuropäischen Transformationsansprüche um die Wiederherstellung von Demokratie und Rechtsstaatlichkeit an die sich autoritarisierende tunesische Führung durchsetzen. Und Irland, Finnland und Italien können – jeweils mit dem EAD – einen nationalen Dialog zwischen den politischen Kontrahenten im Irak in die Wege leiten und das Land in die europäische Nachbarschaftspolitik integrieren. Genauso können Tschechien, Kroatien und Dänemark gemeinsam mit dem EAD die EU-Erfahrungen des Umgangs mit der Arabellion von 2011 aufarbeiten, Maßnahmenpakete schnüren und Vorkehrungen dafür treffen, dass europäische Vermittlungsleistungen und Unterstützung bei der Transformation schnell greifen.

Unabhängig davon, wer diese wichtigen Vermittlungsaufgaben übernimmt: „E3"- oder „E4"-Teams brauchen Unterstützung durch agile und handlungsfähige europäische Taskforces. So haben auch „kleine" Staaten Zugriff auf die finanziellen und personellen Kapazitäten, um militärische, politische und wirtschaftliche Unterstützung vor Ort diplomatisch zu koordinieren. Die Proteste in den arabischen Ländern Algerien, dem Irak, Libanon, dem Sudan 2019 und dem Iran 2022/23 führen uns bis heute vor Augen, dass Bürger:innen im Nahen Osten und Nordafrika erst zur Ruhe kommen, wenn ein Mindestmaß an Freiheit und Würde mit Arbeit und Brot erreicht ist – bereitgestellt durch legitimierte Herrschaft.

Eine Entlastungsformel: EU-/E3

Es macht Eindruck, wenn drei EU-Außenminister gemeinsam anreisen und so die gesamteuropäische Ernsthaftigkeit des Anliegens vor Ort sichtbar vertreten. Wieder denke ich an ein im Umfeld der Zeitenwende 2001 skizziertes Beispiel: In Teheran erlebte ich, wie der deutsche Außenminister Fischer sowie sein französischer und sein britischer Amtskollege de Villepin und Straw durch ihr gemeinsames Auftreten im Oktober 2003 dem iranischen Regime verdeutlichten, dass die internationale Kontrolle seines Atomprogramms auf der Verhandlungsagenda stehe. Wäre ihre Mission aus europäischer Sicht noch effektiver gewesen, wenn sie den damaligen Hohen Vertreter für die Gemeinsame Außen- und Sicherheitspolitik, den Spanier Javier Solana, in ihr Dreierteam integriert hätten? Aus heutiger Sicht hätten die E3 jedenfalls früher und häufiger gemeinsam anreisen müssen, um den Druck auf das iranische Regime stärker aufrechterhalten zu können. Erst im Juli

2015 wurde das internationale Atomabkommen mit dem Iran unterzeichnet.

Unabhängig von der an dieser Stelle vorgenommenen Neubewertung ist mir Folgendes wichtig: Missionen in gemeinsamen „Vierer-Teams" von Mitgliedstaaten und EAD dürfen keine Eintagsfliegen bleiben, sondern müssen zu einem Instrument werden, das gemeinsame außenpolitische Kontinuität verkörpert. Das gelingt umso besser, je deutlicher sie die Vielfalt politischer Akteure in den Mitgliedstaaten abbilden und so das auswärtige Engagement auf viele Schultern verteilen. Die europäische Außenpolitik profitiert von Akzenten, die „große" Mitgliedstaaten häufig nicht setzen können. Dabei muss die Sorge um unangemessene Durchsetzung nationalstaatlicher Interessen nicht hemmend wirken: Die EU-/E3-Teams können sich über die monatliche Sitzung des EU-Außenrates immer wieder bei ihren Amtskolleg:innen rückversichern – und umgekehrt.

EU-Sondergesandte – bekannt und respektiert

Gemeinsam angelegte Initiativen von EU-Mitgliedstaatenteams können auch durch eine:n EU-Sondergesandte:n unterstützt werden – besonders, wenn sie längerfristig angelegt sind. Für diverse Konflikte in ihrer Nachbarschaft, wie Israel–Palästina oder den westlichen Balkan, hat die EU diese diplomatische Position bereits vor Jahrzehnten eingerichtet. Auch ich muss länger darüber nachdenken, wer in der Vergangenheit eigentlich diese Positionen innehatte; spontan fällt mir der ehemalige spanische Außenminister Miguel Moratinos ein, der sich mit seinem unermüdlichen Engagement als erster EU-Sondergesandter im Israel-Palästina-Konflikt einen Namen gemacht hat – ich habe über ihn im Rahmen der Zeitenwende von 1991 berichtet. Zum Anforderungsprofil von EU-Sondergesandt:innen gehört neben diplomatischem Geschick ein hoher Bekanntheitsgrad im öffentlichen und politischen Raum sowie ein schneller und direkter Zugang zu zentralen europäischen Entscheidungsträger:innen, vom Bundeskanzler in Berlin über den französischen Präsidenten in Paris bis zur EU-Kommissionspräsidentin in Brüssel. Zusätzlich zu diesem objektiven „Kapital" bedarf es der umfassenden Unterstützung durch alle Mitgliedstaaten. Die wichtigste und zugleich schwierigste, weil persönlichste Frage bleibt jedoch: Ist der oder die Sondergesandte in der Lage, im Zielgebiet auf persönlicher Ebene Vertrauen zu schaffen? Nur, wer Bekanntheit, Verbindungen, Unterstützung und Vertrauen in sich vereint, darf darauf hoffen, als glaubwürdige:r Sondergesandte:r ernst genommen zu werden.

Adel verpflichtet

Wie schwierig sich ein solcher Prozess gestalten kann, verdeutlicht 2022/2023 die Suche nach einem Vertreter Europas für die Gespräche mit den Königen und Prinzen von Saudi-Arabien und Bahrain, den Emiren von Kuwait und Katar, dem Sultan von Oman und dem Präsidenten der VAE. Viele dieser golf-arabischen Adligen sind Gäste bei Events europäischer Königshäuser und Fürstenfamilien. Wer hat also zum arabischen Adel am Golf den besten Zugang? Am besten ein:e Europäer:in adligen Geblütes mit demokratischer und gesamteuropäischer Gesinnung. Ein positives Beispiel einer Sondergesandtin für die Beziehungen der Europäischen Union zu den reichen arabischen Golfstaaten könnte Königin Maxima der Niederlande sein. Sie hat politische Erfahrung durch hoheitliche Aufgaben in den Niederlanden und Repräsentanzrollen bei den Vereinten Nationen. Sie bringt durch Studium und Arbeit Verständnis für Wirtschaft und Finanzen mit, hat sich für Jungunternehmertum und Kleinkreditwesen eingesetzt. Das wären gute inhaltliche Zugänge zu den geschäftstüchtigen Golf-Arabern, die auch im Bereich Entwicklungszusammenarbeit wohltätig sein wollen.

Entwicklungszusammenarbeit: damit die linke Hand weiß, was die rechte tut

Bei der europäischen Entwicklungszusammenarbeit – gerade auch mit dem Nahen Osten und Nordafrika – sind Institutionen der EU und der 27 Mitgliedstaaten aktiv. Dazu kommen Projektkooperationen mit internationalen und regionalen Finanzförderanstalten von der Weltbank bis zur Afrikanischen Entwicklungsbank. Um die Wirkung der investierten Fördermittel zu erhöhen, ist es auf EU-Ebene für diesen Bereich bereits hilfreich, existierende Werkzeuge wie den „EU Aid Explorer"[200] für diejenigen besser nutzbar zu machen, die Tag für Tag in den verschiedensten Regierungsinstitutionen EU-weit dafür sorgen, dass politische Leitlinien in konkrete Projekte umgesetzt werden. Dafür brauchen sie Zugriff auf aktuelle interne Daten darüber, welche konkreten Projekte ihre Kolleg:innen in den anderen europäischen Hauptstädten und Vertretungen vor Ort planen und durchführen.

Digitale Register können jedoch nicht allein einen effektiven Abstimmungsprozess garantieren. Informationen müssen so handhabbar sein, dass sich auch Entscheider:innen mit extrem eng getaktetem Arbeitsalltag schnell einen Überblick über relevante Daten verschaffen können. Automatisch aufgrund weniger Kriterien erstellte Grafiken und Übersichten, wie sie der EU Aid Explorer bereits für die Öffentlichkeit anbietet, sind für diesen Zweck wie geschaffen. Daten aus der Gegenwart sagen jedoch nichts über die politische Strategie der europäischen Partner in der Zukunft aus – gerade dazu benötigen jedoch die Konzeptverantwortlichen regelmäßig zumindest einen groben Überblick, um langfristig planen zu können. Eine häufiger durchgeführte „Tour de Table" könnte hier das Bewusstsein für die politischen Leitlinien der EU-Partnerländer schärfen, ohne den Zwang, in jeder solcher Sitzungen sofort eine gemeinsame europäische Position aushandeln zu müssen – ein weiterer kleiner, aber effektiver Schritt hin zu einer kohärenten europäischen Entwicklungszusammenarbeit.

Europäische Glaubwürdigkeit stärken auch beim Thema Türkei, Konsum und Abhängigkeiten

Ein mehrheitlich islamisches Land in die EU aufnehmen

Im Verbund mit den fünf anderen Westbalkanländern zügig das kleine mehrheitlich islamische Albanien mit seinen knapp drei Millionen Einwohner:innen in die Europäische Union aufzunehmen, setzt ein Zeichen dafür, dass auch ein mehrheitlich islamischer Staat auf europäischem Boden aktives EU-Mitglied werden kann. Vielleicht würde ein solcher kluger politischer Schritt die hartnäckige Streitfrage, ob die mehrheitlich islamische Türkei (86 Millionen Menschen) in den „christlichen Klub Europa" passt, entideologisieren und entdramatisieren. Langfristig gedachte europäische Nachbarschafts- und Erweiterungspolitik sollte sich bereits heute darauf vorbereiten, aktiv neuen Anlauf für die europäisch-türkischen Beziehungen in einer Nach-Erdogan-Ära zu nehmen, und an der Beitrittsperspektive festhalten.

Die Türkei in der Nach-Erdogan-Zeit

Die Türkei ist seit 1999 Bewerberland, 35 Kapitel müssen verhandelt werden, bevor die Abstimmung über einen Beitritt zur Europäischen Union startet. Seitdem die Verhandlungen 2005 offiziell begannen, wurde erst ein Kapitel abgeschlossen, acht weitere sind blockiert und der gesamte Prozess seit 2016 auf Eis gelegt: Grund sind die aggressive Außenpolitik von Präsident Erdogan gegenüber den EU-Mitgliedstaaten Griechenland und Zypern sowie sein autokratischer Regierungsstil, der in den letzten Jahren rechtsstaatliche und demokratische Prinzipien abgebaut hat. Die Türkei kann in der Nach-Erdogan-Ära wieder einen Weg kooperativer Außenpolitik und demokratischer Innenpolitik gehen. 2023 ist dafür ein symbolisches Jahr – symbolisch, weil die Türkei 1923 von Atatürk, dem „Vater der Türken", gegründet wurde. Zudem finden 2023 Parlaments- und Präsidentschaftswahlen statt, bei denen Erdogan, der seit 20 Jahren regiert, es noch einmal wissen will, noch einmal siegen will, um in den Geschichtsbüchern im gleichen Atemzug wie Atatürk genannt zu werden. Erdogans Machtapparat ermöglicht der Opposition im Vergleich zu seiner islamischen AK-Partei keine fairen Chancen, den Wahlkampf zu führen und die Wahl zu gewinnen. Trotzdem haben die Anti-Erdogan-Parteien Chancen auf einen Regierungswechsel. Deshalb müssen in Europa jetzt schon Kräfte mobilisiert werden, die der türkischen Gesellschaft und Politik dabei helfen – unabhängig von der Regierungsbildung ab 2023 und ihrer andauernden Identitätssuche –, wieder rechtsstaatliche, demokratische und pluralistische Verhältnisse herzustellen. Große Solidarität und Hilfsbereitschaft demonstrieren die Europäer:innen bereits mit ihrer umfassenden Hilfs- und Spendenbereitschaft, um den Türk:innen bei der Bewältigung der dramatischen Folgen des schweren Erdbebens vom Februar 2023 zur Seite zu stehen. Im geostrategischen, systemischen Wettbewerb mit Russland und China muss die Türkei – die die Nato in jedem Fall in ihrem Bündnis halten will – bei einer proeuropäischen Regierung in der nach Nach-Erdogan-Zeit auch EU-Mitglied werden.

Auf dem Weg dorthin können unterschiedliche Formen noch engerer Anbindung an die EU vereinbart werden: So könnte zum Beispiel eine Modernisierung der Zollunion, die die Türkei seit 1996 wirtschaftlich mit der EU verbindet, die sozialen, finanziellen und wirtschaftlichen Verbindungen beiderseitig zwischen der Türkei und der Europäischen Union stärken.[201] Ein Update der Zollunion, das auch die Regierung Erdogan wünscht, kann nur gelingen, wenn in der Türkei wieder stärker rechtsstaatliche Prinzipien gelten; das ist im Sinne wertegebundener europäischer Interessen, im Sinne der Weiterführung des EU-Mitgliedschaftsprozesses mit der Türkei und ein starkes Anliegen der demokratischen Kräfte im Land selbst, die in den letzten Jahren durch die autokratische Regierungsweise von Präsident Erdogan immer mehr unter Druck geraten sind.

Ressourcenverbrauch und Konsumverhalten prüfen

Vor dem Wohlstandsgefälle zwischen Europa und seinen Nachbarn, das zur Zeitenwende 2020–2022 rund eins zu sechs beträgt, dürfen wir nicht die Augen verschließen. Ebenso wenig können wir ignorieren, dass die Verfügbarkeit von Ressourcen immer begrenzter ist. Wir, in Europa wie dem Nahen Osten, spüren das an erhöhten Preisen für Lebensmittel, Verkehr und Wohnraum sowie dem zunehmenden Mangel an grundlegenden Ressourcen, von Trinkwasser über Ackerböden bis hin zu seltenen Rohstoffen für Smartphones und Elektrofahrzeuge. Jede:r von uns, rund um das Mittelmeer, muss den individuellen Ressourcenverbrauch und das eigene Konsumverhalten prüfen und ändern. Für unsere Nachbar: innen im Süden bedeutet das vielleicht praktisch, in einem ersten Schritt den hohen Fleischkonsum zu reduzieren; für uns in Europa bedeutet es, den übermäßig energieintensiven Lebensstil einschließlich Ernährung, Wohnen und Verkehr ehrlich zu reflektieren und auf ein für alle verträgliches Maß zu begrenzen.

Energielieferant ohne Demokratiedefizit gesucht

Der russische Angriffskrieg auf die Ukraine in der zuletzt besprochenen Zeitenwende 2020–2022 hat allen schmerzhaft vor Augen geführt, dass eingespielte Energieversorgungsmechanismen – sprich: billiges Gas und Öl aus Russland – schnell versagen können. Im Handumdrehen fossile Brennstoffe aus anderen Quellen beziehen? Von Algerien über Ägypten bis Saudi-Arabien mussten wir lernen, dass das so schnell nicht möglich ist und nahezu immer mit neuen Abhängigkeiten von autokratischen Strukturen einhergeht. In der Realität heißt das: Wir müssen sparen, nicht nur bei der Energie. Je weniger wir zur Erwirtschaftung eines verträglichen Wohlstandsniveaus benötigen, desto besser für die

Umwelt und desto weniger müssen wir uns – zum Schaden unserer Glaubwürdigkeit – von Staaten mit Demokratiedefiziten, wie Algerien, Ägypten, Katar und den Vereinigten Arabischen Emiraten, abhängig machen. Dass die westlichen Demokratien Norwegen, Großbritannien, USA und Kanada vor diesem Hintergrund ihre Gasexporte in die EU erhöhen, ist wichtig, kann aber allenfalls eine kurzfristige Lösung sein.

Nachhaltig wirtschaften, fair handeln – im Kontext von mehr Rechtsstaatlichkeit

Im Jahr 2013 bringt ein russischer Frachter 2754 Tonnen Ammoniumnitrat in den Libanon. Die gefährliche Chemikalie wird mit dem Wissen der verantwortlichen libanesischen Politik und Beamtenschaft im großen Getreidesilo im Hafen eingelagert. Eine tickende Zeitbombe, die sieben Jahre später am 4. August 2020 explodiert, den Hafen und angrenzende Viertel zerstört, über 200 Libanes:innen tötet, Tausende verletzt und mindestens 300.000 Menschen obdachlos macht. Diese Katastrophe verschärft die ohnehin tiefgreifende Finanz- und Wirtschaftskrise des Landes, in der hohe Inflation, Staatsverschuldung und Arbeitslosigkeit um sich greifen. Dieser Zustand ist eng verwoben mit dem Egoismus und der Verantwortungslosigkeit einer politischen Elite,[202] die die Macht in Staat und Wirtschaft entlang ethnischer und religiöser Strukturen unter sich aufgeteilt hat. Jede Gruppe scheint nur an sich zu denken und dabei das Wohlergehen der Gesamtgesellschaft und des gesamtlibanesischen Staates aus den Augen zu verlieren.

Mit ihrer Entwicklungszusammenarbeit haben die Europäische Union und ihre Mitgliedstaaten über Jahrzehnte versucht, dieser Zersplitterung entgegenzuwirken – mit wenig Erfolg. Verantwortliche aus der Elite entziehen sich nicht nur der Verantwortung für die Folgen der verheerenden Hafenexplosion, sondern auch einer politisch-juristischen Aufarbeitung, indem sie die Arbeit der Untersuchungsgerichtsbarkeit unterlaufen. Ein Beispiel:

Im August 2021 will Ermittlungsrichter Tarek Bitar Geheimdienstchef Abbas Ibrahim vorladen, was der Innenminister der geschäftsführenden Regierung, Mohammed Fahmi, blockiert. Hartnäckig und mit vielerlei Täuschungsmanövern und Ausreden wehren sich auch politische und wirtschaftliche Entscheider:innen, Finanz- und Wirtschaftsreformen umzusetzen, die notwendig sind, um den Libanon aus der Krise zu führen – eine Krise, so meine Beobachtung, die viele Einflussreiche aussitzen oder gar verlängern wollen. Sie befürchten, ein transparentes und gerechtes Steuer-, Abgaben- und Auftragsvergabesystem sowie effektive staatliche Bürokratie könnten ihre eigenen Gewinnmargen und Einkommensquellen schmälern. Keine guten Aussichten für Europa und die libanesische Bevölkerung, die sich ein stabiles Land und eine wohlhabende Nachbarschaft wünschen.

Verantwortungsloses Handeln von Eliten benennen

Auch in Libyen ist ein Teil der gesellschaftlichen Eliten glücklich darüber, dass staatliche Strukturen sich kaum behaupten können. So seien sie in der Lage, ihre Taschen zu füllen und Einkünfte leicht ins Ausland zu transferieren, erzählt mir ein Mitarbeiter der Vereinten Nationen. Er bemerkt, dass diese reichen Libyer:innen mit einem gewissen Grad mittlerer Konfliktintensität leben können, der die Behörden schwach halte und ihre Macht über im Vergleich starke Korruptionsnetzwerke sichere. Ebenfalls keine gute Nachricht für Europa und die libysche Bevölkerung, die sich ein stabiles Land und eine wohlhabende Nachbarschaft wünschen.

Banken von Großfamiliendominanz befreien

In Tunesien sprechen Investigativjournalist:innen von der Macht der 20 einflussreichen Großfamilien.[203] Deren Kartellmacht lähmt eine Reform des Bankensektors. Wie wir in der Zeitenwende 2011 von Amel Saidane und den Jungunternehmer:innen gelernt haben, benötigen sie, um ihre Geschäftsideen besser entwickeln und damit in Zukunft tatsächlich Arbeitsplätze schaffen zu können, eine stärkere Anbindung an den internationalen Zahlungsverkehr – von PayPal bis zu Kreditkarten. Doch die Blockadekräfte der Einflussreichen – auch einiger Regierungsmitglieder – formieren sich (noch) geschlossen dagegen. Ihre Sorge: Digital und damit überprüfbar organisierter Devisenverkehr könnte mit Einnahmeverlusten für sie verbunden sein. Keine gute Nachricht – weder für die EU, die für eine transparente Handels- und Wirtschaftspolitik mit ihrer südlichen Nachbarschaft auf nachvollziehbare Geld- und Warenströme setzt, noch für junge Tunesier:innen, die ihre daheimgebliebenen Verwandten an den Früchten ihrer in Europa geschätzten Arbeitskraft teilhaben lassen wollen.

Nachbarn nicht vom Reformhaken lassen

In Jordanien reagieren die Verantwortlichen ebenfalls regelmäßig ausweichend, wenn es darum geht, Reformen durchzuführen, die die Wettbewerbsfähigkeit auch der kleinen und mittleren Betriebe gegenüber den großen Kartellen stärkt. Oftmals ist die Freigabe europäischer Entwicklungsgelder an diese Reformanforderungen geknüpft, doch die Entscheidungsträger:innen, die von den real herrschenden intransparenten Strukturen in so erheblichem Maße profitieren, versuchen immer wieder die Bedingungen aufzuweichen und westliche Unterstützungsgelder auch ohne wesentliche Neuerungen zu erhalten. „Wir dürfen die Eliten trotzdem nicht vom Reformhaken lassen!“ – dieses Plädoyer hat sich seitdem in meinem Kopf festgesetzt. Es fiel in einem Gespräch mit einem europäischen Diplomaten in der jordanischen Hauptstadt Amman, mit dem ich auf meiner Jordanien-Reise 2018 länger gesprochen habe. Ich hielt mich dort auf, um ein Treffen mit jordanischen Jungunternehmer:innen vorzubereiten. Das Kennenlernen diente dazu, besser zu verstehen, mit welchen Schwierigkeiten junge Gründer:innen, die einen wichtigen Beitrag zur Schaffung von Arbeitsplätzen und Steueraufkommen leisten, konfrontiert sind – etwa, wenn sie von lokalen Banken eine Anschubfinanzierung erhalten möchten.

Informelle Machtstrukturen besser verstehen

Neben den mehr oder weniger effektiven staatlichen Strukturen sind in den meisten arabischen Ländern und in der Türkei informelle Machtstrukturen, gebildet von einflussreichen Netzwerken und Großfamilien, dominant und entscheidungsstark. Ihre Marktmacht gründet sich meist darauf, dass sie über Familienbande die Entscheidungen in staatlichen Genehmigungs- und Kontrollbehörden beeinflussen können – sie nutzen mangelnde Transparenz und Gewaltenteilung zu ihrem Vorteil aus, um Konkurrenz abzuhalten. Europäische Unterstützungspolitik muss diese Motivationen und Arbeitsweisen erkennen, besser verstehen und einerseits Druck ausüben, aber andererseits gleichzeitig Angebote unterbreiten, sie bei ihren Grundsätzen und ihren ungeschriebenen Regeln packen, um sie zum Überdenken ihres Verhaltens zu bewegen und ihre Unterstützung für Reformvorhaben zu gewinnen.

Von vorbildlichen Unternehmer:innen erzählen

In diesem Sinne versuche ich dazu beizutragen, in Gesprächen mit diesen Mächtigen und ihren Zuträger:innen von deutschen Unternehmer:innen zu erzählen, die den gesellschaftlichen Auftrag, der heute auch in Artikel 14 unseres Grundgesetzes verankert ist, ernst nehmen – „Kapital verpflichtet". Im Kern bedeutet das für mich, nicht nur allgemein aus den eigenen Gewinnen für wohltätige kulturelle und soziale Initiativen zu spenden, sondern der Gesellschaft zu versichern, dass sie sich auf das Engagement verlassen kann – unabhängig davon, wie Gunst und Stimmung sich entwickeln.

In Deutschland hat es sich historisch als zweckmäßig erwiesen, Stiftungen zu gründen, um dauerhafter gesellschaftlichen Zusammenhalt und internationale Verständigung fördern zu können. So war es dem Gründer der Bertelsmann Stiftung, Reinhard Mohn, wichtig, der Gesellschaft etwas zurückzugeben, dafür, dass sie ihm die Chance gegeben hatte, nach dem Zweiten Weltkrieg ein Unternehmen aufbauen zu können – so erzählt er mir während unserer diversen Reisen nach Israel und Ägypten in den 1990er Jahren. Nun geht es darum, durch gutes Zuhören und reflektierte Erfahrungsberichte herauszufinden, welche Modelle gesellschaftlichen Engagements in unserer Nachbarschaft nachhaltig funktionieren können.

Klare Worte aus 22 Mündern, Sanktionen gegen Reformblockierer:innen im Gepäck

Der Baabda-Palast in Beirut Ende September 2022: Dort, wo normalerweise nur einzelne dunkle Limousinen halten, fährt heute eine ganze Wagenkolonne vor. Aus einem der Fahrzeuge steigt Ralph Tarraf, deutscher Diplomat und seit 2019 Botschafter der Europäischen Union im Libanon – um ihn herum seine Kolleg:innen aus den EU-Mitgliedstaaten, die eine Botschaft in Beirut unterhalten, sowie aus Norwegen und der Schweiz. Dort, wo normalerweise jede:r nur einzeln eine Audienz erhält, treten heute 22 Diplomat:innen gemeinsam auf, um dem libanesischen Staatspräsidenten Michel Aoun ihre Aufwartung zu machen – eine beeindruckende Geste der Geschlossenheit. Die Gesprächsatmosphäre ist förmlich, dem Ernst der Lage entsprechend. Denn im Gepäck haben die Diplomat:innen eine ebenso zentrale wie einfache Botschaft, die sie in den kommenden Wochen fast gebetsmühlenartig gegenüber libanesischen Offiziellen vom Parlamentspräsidenten bis zum Gouverneur der Zentralbank und vor den Augen der libanesischen Twitter-Öffentlichkeit wiederholen: „Der Libanon kann aus der Krise herauskommen, wenn er seine Wirtschafts- und Finanzreformen durchführt. Europa ist bereit zu helfen, wenn die Verantwortlichen ihre Verantwortung wahrnehmen." Diese klare Kommunikation, die über den Twitter-Account von Ralph Tarraf nachzuverfolgen ist, und das geeinte Auftreten unterstützt Brüssel mit einem Rechtsrahmen, der Sanktionen gegen Personen und Institutionen ermöglicht, die sich ihrer Verantwortung entziehen.[204] Nun ist es an den EU-Mitgliedstaaten, die Sanktionslistung von libanesischen Krisenverantwortlichen zu beantragen, und sie im Europäischen Rat einstimmig zu beschließen. Sanktionen gegen einzelne Konflikttreibende sind ein Instrument, europäischen Positionen gezielt Nachdruck zu verleihen – jedoch erst dann, wenn sie sich nicht nur politisch, sondern auch juristisch einwandfrei begründen lassen: Die Sanktionierten haben das Recht, diese EU-Entscheidungen unabhängig gerichtlich überprüfen zu lassen – auch das ist Rechtsstaatlichkeit.

Gemeinsam kochen mit mediterranem Olivenöl

Zur Weihnachtszeit 2022 entdecke ich vor dem Berliner Wirtschaftsministerium ein Werbeplakat: In dem fettgedruckten Aufruf zum Kochen mit spanischem Olivenöl steckt ein Symbol europäisch-kultureller Integration. Spanisches Olivenöl beherrscht 60 Prozent des europäischen Marktes, dann folgen Italien mit 15 und Griechenland mit zehn Prozent. In einigen Olivenölprodukten aus Spanien, Italien und Griechenland steckt allerdings auch Olivenöl-Rohstoff aus Tunesien, Algerien und Marokko, was aus der Kennzeichnung nicht immer ganz klar wird.

Tunesische Olivenbauern – zum Beispiel – sind so nicht nur im Nachteil, weil ihr durchaus geschätztes Olivenöl in Südeuropa heimischen Erzeugnissen beigemischt und das Ergebnis dann als italienisches, griechisches und spanisches Olivenöl in den Supermärkten angeboten wird. Besonders Kleinbauern haben es am Markt auch deshalb schwer, weil die EU-Kommission Tunesien vorschreibt, wann wie viel Olivenöl in den EU-Binnenmarkt exportiert werden darf.[205] Bei der Vergabe der Produktionsquoten und ihrer Erfüllung werden so die wenigen tunesischen Olivenöl-Großproduzenten gegenüber den Kleinbauern bevorteilt.

Ein wesentlicher Teil der Verantwortung, diese unfairen Strukturen in unserer Nachbarschaft zu verändern, die weder sozial noch ökologisch nachhaltig sind, trifft auch uns Europäer:innen. Wir müssen unsere Handels- und Investitionsregeln daraufhin überprüfen, dass in unseren Nachbarländern nicht Kartellbildung gefördert wird, sondern über gesellschafts- und umweltverträgliche Produktionsbedingungen und faire Handelsbeziehungen deren Einwohner:innen von erhöhten Steuereinnahmen profitieren.

In diese Richtung muss die Agrar- und Handelspolitik schnell steuern, denn immer mehr südeuropäische Lebensmittelunternehmen können in naher Zukunft auf die Olivenöl-Beimischung aus Nordafrika angewiesen sein: Die Mengen, die von ihrem Öl in Europa nachgefragt werden, könnten die durch Wassermangel und Flächenbrände belasteten Bauern in Italien, Griechenland und Spanien kaum noch liefern. Und die heißen Sommer setzen auch den tunesischen Olivenbauern zu. Diese Entwicklung zeigt, dass wir in Zeiten, in denen die Lebensmittelproduktion durch kaum berechenbare Folgen immer schwieriger wird, unseren abgeschotteten EU-Agrarmarkt öffnen müssen.[206] Das kann – wie die Mischung von Olivenöl von beiden Seiten des Mittelmeeres zeigt – durchaus zum Programm werden, denn: Nur gemeinsam mit den Produzierenden in unserer Nachbarschaft können wir nachhaltigere Nahrungsmittel in ausreichender Menge erzeugen – mit gegenseitiger Wertschätzung und sichtbarer Etikettenkennzeichnung. So könnte das Werbeplakat in Zukunft lauten: Lasst uns gemeinsam kochen – mit mediterranem Olivenöl.

Für Produkte angemessene Preise zahlen, sie länger leben lassen

Zu diesem Verständnis einer gemeinsamen Produktionspartnerschaft gehört auch, dass Kleidungsstücke, die in Marokko, Ägypten und der Türkei für europäische Verbraucher:innen hergestellt werden, angemessen bezahlt werden. Das ist aber nur eine Seite der Medaille: Damit die häufig zur Gewissensberuhigung europäischer Investoren an Vertragswerke angehängten ökologischen, sozialen und gutem Regieren entsprechenden Kriterien (ESG-Kriterien) auch tatsächlich wirken, müssen sie von beiden Seiten gleichberechtigt ausgehandelt werden. So enthält bislang kaum ein Vertrag Klauseln, die die beteiligten Firmen verpflichten, langfristig sicherzustellen, dass einmal gekaufte Produkte auch selbstständig gewartet und repariert werden können. Das würde auch ein Umdenken europäischer Unternehmen erfordern: Die EU-Rechtsakte, die Gorenje, Krups, Volkswagen und Co heute dazu verpflichten, Ersatzteile für ältere Modelle lieferbar zu halten, stellen immer auf den Zeitpunkt ab, zu dem der letzte Kühlschrank, Kaffeevollautomat oder SUV einer Serie in Europa den Laden verlässt. In unserer Nachbarschaft beginnt häufig aber erst dann der Lebenszyklus eines Produktes – mit der Folge, dass, wenn in Tunesien ein Kühlmittelkompressor den Geist aufgibt, keine Reparatur mehr möglich ist. So wird der ganze Kühlschrank – einschließlich potenziell gefährlicher Chemikalien – zum Problem für die nordafrikanische Abfallentsorgung.

Bislang können sich europäische Unternehmen dieser Verantwortung zu oft entziehen – die geltenden Regelungen erfüllen sie meist. Ob diesbezügliche Regeln tatsächlich ihren Weg in die Verträge finden, die Unternehmen in unserer südlichen Nachbarschaft mit europäischen Unternehmen schließen, muss ihnen selbst überlassen bleiben.

Es würde unsere Glaubwürdigkeit stärken, ihnen zumindest eine faire Chance darauf zu eröffnen. Das EU-Parlament hat eine Stärkung des sogenannten „Right to Repair“ bereits zu einer seiner Prioritäten gemacht.[207] Nun ist es an der EU-Komission, den geplanten Gesetzesvorschlag zeitnah vorzulegen – weitere Verschiebungen, wie im Oktober 2022, kann sich die europäische Gesellschaft nicht mehr leisten.[208] In den USA, wo Präsident Biden per „executive order“[209] etwa zeitgleich eine ähnliche Initiative auf den Weg gebracht hat, ist bereits Dynamik in der Sache: Im Bundesstaat New York ist Ende Dezember 2022 ein Gesetz in Kraft getreten, dass Hersteller verpflichten will, langfristig für die Bereitstellung von Reparaturanleitungen, Material und Ersatzteilen zu sorgen – Kritiker:innen monieren allerdings, dass das Gesetz umfangreiche Schlupflöcher für Tech-Giganten vorsehe.[210] Die US-Amerikaner:innen waren zwar schneller, wir Europäer:innen können daraus jedoch lernen: Nutzen wir die Zeit, um in einem transparenten Verfahren eine bessere Regelung zu treffen!

Migration und Mobilität fair gestalten, dazu Rechtsstaatlichkeit fördern

Migration – ein dreifacher Gewinn

Keine fünf Minuten zu Fuß entfernt von dem imposanten Neubau, in dem das Bundesinnenministerium seinen Sitz hat, zuständig für Ankommen in Deutschland, prangt an einem Verkehrsschild ein Aufkleber: „Save the Climate, not borders!“ (rettet das Klima, nicht die Grenzen!). Auch wenn diese Aussage stark verkürzt ist, gibt sie doch einen wichtigen Hinweis: Nachhaltigkeit und Migration sind Schicksalsgefährtinnen. In beiden Fällen wissen die meisten – jedenfalls unter den Entscheider:innen –, welche

Werte auf dem Spiel stehen. Und doch werden wir das Gefühl nicht los, dass wir auf beiden Gebieten zu langsam vorankommen. Diese Realität müssen wir anerkennen. Gleichzeitig sollten wir uns nicht entmutigen lassen: weder von der großen Tragweite der Debatten noch von der oft geringen Reichweite der praktischen Fortschritte – oder wie der deutsche Soziologe Niklas Luhmann es vielleicht ausgedrückt hätte: „Die Komplexität ist der Feind des Handelns".

Wirksame Vorschläge im Konfliktbereich Migration müssen das Thema deshalb informiert versachlichen. Was bedeutet das? Wir müssen uns bewusst werden, wie unsere persönlichen, oft intuitiven Werturteile über Menschen und ihr Verhalten wirken – wen empfinden wir als fremd, wen als heimisch, faul, fleißig, frei oder unterdrückt? Anstatt zu versuchen, unser Unterbewusstsein zu bekämpfen, müssen wir praktische Wege finden, wie wir bei Entscheidungen – alltäglich bis hoch politisch – fair mit unseren unterbewussten Wertungen umgehen können. Wie kann das gelingen?

Unser Lebensstil hat nur Bestand, wenn wir von Pflegekräften, Baustellenpersonal, Handwerksfachleuten, Maler:innen, Elektriker:innen, Bäcker:innen, Reinigungskräften, Müllleuten, Beamt:innen und Polizist:innen unterstützt werden. Klempner:innen werden nicht nur in Paris gesucht, sondern auch in Kairo. Krankenpfleger:innen brauchen wir nicht nur in Berlin, sondern auch in Tunis. Gleichzeitig steigt in vielen Ländern rund ums Mittelmeer von Amman bis Madrid die Zahl arbeitsloser Akademiker:innen. Darunter finden sich kaum Mediziner:innen und Ingenieure, Menschen also, die gesellschaftlichen Fortschritt vorantreiben. Es sind meist Philosoph:innen, Sozialwissenschaftler:innen und andere, die darüber nachdenken, was Fortschritt ist, deren gesellschaftlicher Beitrag auf dem Arbeitsmarkt kaum honoriert wird. Die gute Nachricht: Es gibt eine große Zahl junger Menschen, die die Gesellschaft nicht nur am Laufen halten, sondern auch aktiv gestalten wollen. Uns muss es gelingen, die wenigen in Europa und die vielen, die in unserer Nachbarschaft leben, in Positionen zu bringen, in denen sie nicht nur theoretisch über die gesellschaftliche Entwicklung nachdenken, sondern auch tatkräftig daran mitwirken können. Eine oft unterschätzte Rolle spielt dabei das Bild, das von praktischer Arbeit und ihrem Erlernen durch eine duale Berufsausbildung vermittelt wird.

Duale Ausbildung leicht erklärt

Viele junge Leute und ihre Smartphones sind unzertrennlich. Daher sollten einfach zu teilende Videoclips mit Vorbildern erklären, welche Vorteile es nicht nur für die eigene, sondern auch für die Zukunft der Gesellschaft hat, sich in praktischen Berufen zu engagieren. Dafür müssen wir wissen, wer die Netzpersönlichkeiten – teilweise die „Influencer:innen" – sind, die bei der Jugend in Europa und in unserer Nachbarschaft den Ton angeben. Die Daten, aus denen sich das rekonstruieren lässt, werden längst erhoben. Wir dürfen ihre Verwertung nicht allein großen Wirtschaftsunternehmen überlassen – wir sollten ihr Potenzial nutzen: Wir können Heranwachsende dort erreichen, wo sie sind. So ermöglichen wir ihnen, einen Platz zu finden, an dem sie mit ihren Fähigkeiten bestmöglich zum gemeinsamen Wohl beitragen können.

Wir können es auch als positives Zeichen für unsere europäischen Gesellschaften sehen, wenn junge Menschen aus unserer Nachbarschaft in der Europäischen Union lernen und leben wollen, obwohl sie ihre Heimat vermissen. Diese Gefühlslage spricht dafür, transmediterrane Mobilität bereits innerhalb der Ausbildungszeit stärker zu fördern. Schon jetzt ist es u.a. in Deutschland aufenthaltsrechtlich möglich, Teile der Ausbildung, des Studiums und des Arbeitslebens etwa an der Technischen Hochschule Zittau oder in Greifswald zu verbringen, wenn andere Ausbildungsabschnitte bei Unternehmen mit Standorten in Städten wie Bizerte, Tanger oder Oran absolviert werden. Eine Europäisierung dieser „guten Ideen" kann gelingen: Das zeigt die erfolgreiche EU-Richtlinie 216/801, die seit 2016 die Einreise zu Studienzwecken im gesamten Schengen-Raum erleichtert.

Mit der Erweiterung solcher erprobter Vorlagen – etwa auf Berufsausbildungen – könnten diese Möglichkeiten in Algerien und in Österreich, in Jordanien und in Belgien, in den Emiraten und in Irland zukünftig noch einer größeren Zahl von Aspirant:innen eröffnet werden. Um das fair und legal zu organisieren, braucht es in Europa und den Nachbarländern einen besseren wissenschaftlichen Überblick darüber, wie viele Menschen in welchen Berufen wo und wann gebraucht werden bzw. besonders gute Chancen haben, Arbeit und Auskommen zu finden. Rund ums Mittelmeer brauchen wir eine Migrationspolitik, die realisiert, was Expert:innen der Bertelsmann Stiftung „Triple-Win" genannt haben:[211] einen Gewinn für die Ankommenden, ihre Herkunftsgesellschaft und ihr Zielland.

Migrationsberatung am Strand

„Visumpolitik: EU aktualisiert Vorschriften, um legale Reisen zu erleichtern und irreguläre Migration zu bekämpfen" – so titelt der Rat der Europäischen Union anlässlich einer der aktuelleren Anpassungen des Visumkodex 2019.[212] Diese Ankündigung zeigt die Kehrseite von Visumerleichterungen: Solange der beschriebene „dreifache Gewinn" nicht flächendeckend wahrgenommen wird, sehen sich Entscheider:innen in Brüssel, aber auch in den Mitgliedstaaten stets gedrängt, die Ausweitung legaler Einreisemöglichkeiten an die effektivere Bekämpfung von Migration ohne ausdrückliche Einreiseerlaubnis zu knüpfen. So hat sich das im mehrjährigen Finanzrahmen der EU für Grenzsicherung veranschlagte Budget nahezu verdoppelt – von 5,6 Milliarden Euro für 2014 bis 2020 auf 9,3 Milliarden Euro für 2021 bis 2027. Eine Menge an zusätzlichen Mitteln, die es klug zu investieren gilt – besonders, wenn es an anderer Stelle ebenso dringlich empfundenen Investitionsbedarf gibt.

Vor diesem Hintergrund kann effektive Migrationsberatung ein preiswerter Weg sein, die selbst gestellten Aufgaben zu erfüllen. So kann jede:r Migrationswillige schnell und direkt erfahren, wie es um die eigenen Zukunftschancen in der EU steht. Denn nicht alle, die nach Europa kommen möchten, haben das Glück, auf Plattformen wie LinkedIn und Facebook durch konkrete Stellenangebote zu erfahren, ob eine Einreise in die EU überhaupt die

Hoffnungen erfüllen kann, die sie daran knüpfen. Noch nehmen viele auf gut Glück gefährliche Auswanderungswege auf sich – besonders über das Mittelmeer. Wir müssen sie rechtzeitig erreichen, bevor sie in der EU in illegale Strukturen abtauchen. „Migrationsberatungsbüros" sollten in der südlichen Nachbarschaft an Orten eingerichtet werden, von denen besonders viele prekäre Reisen starten, an Flughäfen und Stränden. Ankunftsberatung in Europa muss an markanten Zielen stattfinden, an Orten wie dem Brandenburger Tor – für viele die Stelle, an der sie zum Beweis der überstandenen Strapazen der Flucht ein Selfie von sich schießen.

Temporärer Schutz und direkter Arbeitsmarktzugang

Ein Selfie mit der deutschen Bundeskanzlerin Angela Merkel hat den Syrer Anas Modamani bekannt gemacht. Als 18-Jähriger floh er 2015 vor dem Bürgerkrieg in Syrien und fand Asyl in Deutschland. Das Foto mit der damaligen Bundeskanzlerin verewigt seine Begegnung mit einer der Persönlichkeiten, denen er, nach allem, was er erlebt hat, besonders dankbar ist: Angela Merkel war zentral dafür verantwortlich, dass Deutschland mit seinem Festhalten an internationalen Regeln in der humanitären Katastrophe in Syrien 2015 europäische und menschliche Werte verteidigt hat. Sieben Jahre später, 2022, lebt Anas mit seiner Freundin Anna, einer jungen Frau aus der Ukraine, die vor dem Angriffskrieg des Kremls nach Deutschland geflüchtet ist, in einer Wohnung in Berlin. Ihre Erfahrung mit der Bewältigung der Flucht aus Syrien und der Ukraine sowie dem Ankommen in Deutschland geben sie an drei ukrainische Flüchtlingsfamilien weiter. Anas und Anna Yarysh erzählen ihre Geschichte am 20. August 2022 beim „Tag der offenen Tür im Auswärtigen Amt" in einer Diskussionsveranstaltung im Weltsaal unter dem Titel „Geflüchtet und angekommen – meine neue Heimat Deutschland".

Während der Syrer Anas 2015/16 noch in den Mühlen des komplexen Asylverfahrens hängen blieb, bekommt seine ukrainische Freundin, wie die meisten, die 2022 vor dem Krieg Russlands fliehen, in ganz Europa sofort und unkompliziert Schutz, zeitlich begrenzt auf drei Jahre, aber mit direktem Zugang zum Arbeitsmarkt. Das verhindert, dass die Zwangslage Ankommender durch illegale Beschäftigung ausgenutzt werden kann, die grundlegende soziale Standards gefährdet. Die EU-Richtlinie 2001/55/EG für temporären Schutz, die diesen direkten, legalen Zugang zum europäischen Arbeitsmarkt vorsieht, existiert auf dem Papier bereits seit dem Jahr 2001. Das zeigt: Viele der Instrumente, die wir brauchen, um zukünftige Herausforderungen des Ankommens in der Europäischen Union zu bewältigen, haben wir bereits auf dem Tisch – wir müssen sie nur gemeinsam entschlossener einsetzen.

Ähnlich wie im Bereich Nachhaltigkeit scheinen Aktivist:innen oft die Einzigen zu sein, die bereit sind, ihrem Bekenntnis zu menschlicher Verantwortung auch dann Taten folgen zu lassen, wenn es wehtut. Es ist deshalb Aufgabe der etablierten europäischen Zivilgesellschaft, ihre Kontakte zu europäischen Entscheider:innen besser zu nutzen: Informiert versachlichen heißt auch, Forderungen in eine Sprache zu übersetzen, die dort verstanden wird, wo Entscheidungen fallen – ohne sie dabei aus vermeintlicher Rücksicht auf die Zielgruppe präventiv zu verwässern. Es braucht diesen Kompass aus der Mitte der Gesellschaft – für die Menschen, die in Lagern in Griechenland, der Türkei und Libyen festsitzen, aber auch für den Verantwortungsbereich der Ausländerbehörden in Deutschland.

„Asylshopping“-Verdacht begegnen

„Ich finde es einfach unfair, wenn „Asylshopping“ (sprich: die gleichzeitige Beantragung von Asyl in unterschiedlichen EU-Mitgliedstaaten) zum Generalverdacht gemacht wird. Dabei wollen viele, die bei uns ankommen, doch gar keine Asylanträge stellen“, sagt eine junge Frau, die als Sachbearbeiterin in einer deutschen Erstaufnahmeeinrichtung arbeitet und dort tagtäglich auf Ankommende aus unserer südlichen Nachbarschaft trifft. „Die meisten Menschen, die zu uns kommen, wollen für sich und ihre Familien eine bessere Zukunft, für die sie bereit sind, hart zu arbeiten. Stattdessen zwingen wir sie oft mit komplexen Vorgaben zur Untätigkeit, nur weil sie aus dem ‚falschen' Land bei uns eingereist sind." Auch, um daran vielleicht irgendwann etwas ändern zu können, studiert sie Jura. Sie ist eine der Besten ihres Jahrgangs – und doch zweifelt sie, ob sie jemals eine Chance haben wird: „Das Problem ist nicht, dass meine Kolleg:innen keine Wertvorstellungen hätten; die meisten wissen nur nicht, wie sie ihre Werte auch in wertschätzende Entscheidungen übersetzen sollen." Wie sollten sie auch? Personalmangel und Zeitdruck lassen ihnen wenig Raum, sich damit zu befassen, welche Bedeutung die Werte, auf die sie sich mit ihrem Amtseid verpflichtet haben, für ihre Entscheidungen in der Praxis haben.

Die Herausforderung, der ihre Kolleg:innen in der gesamten EU gegenüberstehen, liegt darin, dass bereits das jetzige System Fälle von polemisch teils als „Asylmissbrauch" bezeichnetem Verhalten nicht immer verhindern kann. Dahinter verbirgt sich – um mit den Worten des Gesetzes zu sprechen (§ 84 AsylG) – „im Asylverfahren […] unrichtige oder unvollständige Angaben zu machen, um seine Anerkennung als Asylberechtigter oder die Zuerkennung internationalen Schutzes […] zu ermöglichen." Dem kann mit zwei Maßnahmepaketen begegnet werden:

Visumfreie Einreise auf Probe

Ein zeitlich begrenztes Modell der Visumbefreiung – wie es für andere Partnerländer, etwa Albanien, Georgien und die Vereinigten Arabischen Emirate, bereits existiert – über drei bis fünf Jahre zu „testen", kann den Versuch wert sein, besonders, wenn sie an konkrete Fortschritte bei der Umsetzung rechtsstaatlicher und menschenrechtlicher Mindeststandards in den Herkunftsländern geknüpft ist. Es gilt festzustellen, wie sich Ankommen in Europa unter diesen Bedingungen entwickelt, und vor allem, ob das Sterben im Mittelmeer zurückgeht. Vielleicht kommen zuerst viele, versuchen sich in Europa, kehren aber wieder zurück in die Heimat, in dem Bewusstsein, dass sie ohne Gefahr wiederkommen können. Aus der europäischen Nachbarschaft Ost gibt es im Fall Georgien Zahlen, die nicht den vermuteten unbegrenzten Anstieg der dauerhaften Zuwanderung nach Deutschland belegen. Statistiken zeigen: Nach dem Wegfall der Visumpflicht für Georgier:innen bei Einreise in den Schengenraum am 22. Februar 2017 ist der – oft befürchtete – kontinuierliche Anstieg der Wanderungsbewegungen nicht zu beobachten: Während nach Erhebungen des statistischen Bundesamts 2015 noch deutlich mehr der neu eingereisten Georgier:innen langfristig in Deutschland blieben – 3377 im Vergleich zu 193 im Jahr 2017 –, war die Zahl vor Beginn der Covid-19-Pandemie stabil, mit nur geringfügigen Schwankungen.[213] Parallel haben im ersten Quartal 2015 noch 4445 Georgier:innen in deutschen Unternehmen Arbeit gefunden; im letzten Quartal vor der Pandemie Ende 2019 hatte sich diese Zahl bereits nahezu verdoppelt; zu diesem Zeitpunkt waren 8824 Georgier:innen in Deutschland beschäftigt. [214] Das zeigt: Nach Einführung der Visumfreiheit haben deutlich mehr Arbeitnehmer:innen aus der östlichen Nachbarschaft den deutschen Arbeitsmarkt verstärkt. Gleichzeitig behält eine wesentlich größere Zahl ihren Lebensmittelpunkt im Heimatland. So kann der dreifache Mobilitätsgewinn aussehen: Für die deutsche Wirtschaft, für die georgischen Arbeiter:innen und für deren Heimat. Die Daten der vergangenen Jahre deuten darauf hin, dass die Schwankungen, die während der Pandemiejahre 2020/21 auftraten, sich ab 2022/23 normalisieren. Die Auswertung weiterer Zahlen – gerade aus der südlichen Nachbarschaft der EU – kann uns zusätzliche Erkenntnisse bringen. Wir sollten umdenken und neu handeln, auch wenn es um das Konfliktthema Migration geht: Gerade wir Deutschen wissen aus unserer jüngeren Geschichte, dass sich Menschen nur bedingt von Reiseverboten und Mauern aufhalten lassen.

Einreisebürokratie reduzieren und kluges Screening anwenden

Visumverfahren und Regeln für die Einwanderung nach Europa sind komplex und kompliziert geworden: Die Funktionsträger:innen, die in Konsulaten vor Ort über die Einreiseerlaubnis und in Amtsstuben deutscher Kommunen über den Aufenthaltsstatus entscheiden müssen, sehen sich schlicht zu vielen Fällen gegenüber. Ganz abgesehen von den Konsequenzen, die das für Rechtsstaat und Rechtssicherheit nach sich zieht: Oft bekommen daher selbst Studierende, Unternehmer:innen oder Hochschullehrer:innen ihr Visum für Deutschland nicht rechtzeitig – teils sogar knapp vor Abflug, wie ich aus eigener Erfahrung bei der Einladung arabischer Gäste aus Wissenschaft und Zivilgesellschaft weiß. Um diese Verfahren zu beschleunigen, können Entscheidungskriterien und -wege vereinfacht werden. Eine gründliche Durchforstung des undurchsichtigen Regelungsdickichts, die bestehende Schneisen erweitert, verbindet und zusammenfasst, führt dazu, dass sich Einzelfallentscheider:innen und Antragstellende besser und schneller zurechtfinden. Beispielhaft ist, dass bereits heute einige IT-Talente davon ausgenommen sind, das komplizierte und langwierige Anerkennungsverfahren für akademische Abschlüsse zu durchlaufen, wenn sie einschlägige Berufserfahrung nachweisen und ein entsprechendes Arbeitsplatzangebot in Deutschland vorlegen können. Diese Regelung könnte unkompliziert auf mehr Berufsgruppen ausgeweitet werden und so die Lücke zur „Blaue Karte EU" der „Hochqualifiziertenrichtlinie 2009/50/EG" schließen, die Menschen ab einer bestimmten Gehaltsschwelle die Einreise erheblich erleichtert.

Zudem können Algorithmen zumindest positive Entscheidungen vorwegnehmen und eine Konzentration der verfügbaren Ressourcen auf besonders schwierige Fälle möglich machen. Ein – wenn auch von rechtsstaatlichen Restzweifeln nicht ganz freies – Vorbild[215] liefert das „European Travel Information and Authorisation System" (ETIAS). Dieses System soll auf Grundlage bestimmter persönlicher Daten an den EU-Außengrenzen eine Prognose erstellen, ob bei visumfrei Einreisenden ein hinreichendes Risiko besteht, dass die pauschale 90-tägige Aufenthaltsdauer überzogen werden könnte. Errechnet die künstliche Intelligenz eine niedrige Wahrscheinlichkeit, kann die Person ohne Weiteres einreisen. Erst, wenn die errechnete Wahrscheinlichkeit ein bestimmtes Maß überschreitet, überprüfen Verantwortliche den Fall. Wenn durch den klugen Einsatz solcher Algorithmen mehr Fälle in kürzerer Zeit besser bearbeitet werden können und dennoch Zeit zum Innehalten und Hinterfragen bleibt, kommt das die Steuerzahler:innen preiswerter zu stehen – besonders dann, wenn durch reflektierte Entscheidungen viele kostspielige Gerichtsverfahren ausbleiben.

Transmediterraner Brückenschlag: Wissen teilen, gemeinsam lernen

Welche Lehren kann die junge tunesische Demokratiebewegung von 2011 aus dem polnischen Demokratieaufbruch Lech Walesas von 1990 ziehen? Mehr als gedacht! 15. November 2012: Mit einer Gruppe junger Politik-, Zivilgesellschafts- und Privatwirtschaftsvertreter:innen aus allen nordafrikanischen Ländern bin ich zu Besuch im Präsidentenpalast in Warschau. Eingeladen sind wir zu einem Gespräch mit Offiziellen und Vertreter:innen der Gewerkschaftsbewegung Solidarność. Sie berichten, wie die gesellschaftlichen und politischen Kräfte des Aufbruchs mit Vertretern des alten Regimes am runden Tisch 1989–90 den friedlichen Umbruch ihres Landes ausgehandelt haben. Die Nordafrikaner:innen sprechen darüber, wie sich die Arabellion in ihren Ländern entwickelt, wie schwierig gerade die Lösung der Frage sei, welche Rolle die Religion, der Islam, in Politik und Gesellschaft einnehmen soll. Wie kann verhindert werden, dass diese starke Kraft dominant wird?

Von den polnischen Aktivist:innen und Politikmacher:innen erfahren sie, dass in der überwiegend stark gläubigen polnischen Bevölkerung, in der die katholische Kirche sehr einflussreich ist, die

Aufnahme des christlichen Glaubens als Staatsreligion in die Verfassung sehr umstritten war. Die Beziehungen der Republik Polen mit der katholischen Kirche regelt ein separat mit dem Vatikan geschlossenes Abkommen; dabei spielt auch eine Rolle, dass es für die katholische Konfession – im Gegensatz zu dezentral-organisierten Religionen, etwa dem (sunnitischen) Islam – den Heiligen Stuhl als zentrale Autorität gibt, die die alleinige Vertretung aller Gläubigen weltweit für sich in Anspruch nimmt. Heute findet der christliche Glaube als eine der „Wurzeln" des modernen polnischen Staates Erwähnung in der Präambel der polnischen Verfassung von 1997 – neben der Arbeit der Umbrucharchitekt:innen der Wendezeit. Diese Debatte kennen die Gäste – und sind erstaunt, dass die Balance zwischen Religion und Politik auch in Europa ein heikles Thema ist und nicht nur die strikte französische Trennung von Glaube und Staat vorherrscht, die ihnen bekannt ist.

Euro-mediterrane Netzwerke ausbauen und pflegen

Netzwerke zu bilden, in denen sich Menschen kennen- und gemeinsam lernen können, ist und bleibt ein zentraler Baustein, um die in diesem Buch skizzierten immensen Herausforderungen zum gemeinsamen Nutzen für Europa und den Nahen Osten zu bewältigen. Einhergehend mit erleichterter Reisefreiheit kann es selbstverständlich werden, dass Abiturient:innen, die keinen Medizinstudienplatz in Deutschland finden, ihre angestrebte Profession nicht nur in Bukarest oder Košice, sondern auch in Fés oder Amman erlernen können. An der Tradition des universitären Wissenserwerbs sollte es nicht scheitern: Immerhin befindet sich mit der in Marokko 859 als Madrasa (Koranschule) gegründete Universität al-Qarawīyīn eine der ältesten Bildungseinrichtungen der Welt in unserer südlichen Nachbarschaft. Das vorbildliche europäische Studienförderprogramm „Erasmus plus" eröffnet theoretisch bereits umfangreiche Möglichkeiten für den Austausch mit der Nachbarschaft im Süden. Die Aufgabe ist nun, auch in der Praxis Studierenden jenseits des Mittelmeeres die Erweiterung ihres akademischen Horizontes zu ermöglichen: Dieses bildungspolitische Einigungsprojekt umfasst bereits Ausbildungsberufe und Jungunternehmertum.

Als Hanna 2019 als Teil einer kleinen Gruppe Erasmus-Studierender in Amman ankommt, sorgt sie vor Ort für Verwunderung: Sie will nicht wie ihre Kommilitoninnen in eine Sprachschule, sondern, wie ihre jordanischen Austauschparter:innen in Deutschland, regulär an der Universität studieren. Nach einigem Hin und Her mit der Universitätsleitung darf sie an den Kursen teilnehmen, die für die Studierenden vor Ort angeboten werden, auf Arabisch. Dass es Hanna gelingt, aus den Kursen etwas mitzunehmen, liegt auch daran, dass sie zuvor in Deutschland zwei Jahre Arabisch studiert hat. Letztlich profitiert sie doppelt: Neben den Erkenntnissen in der Universität kann sie Berufserfahrung sammeln. Über Kontakte, die sie vor Ort knüpft, findet sie zu einer lokalen Initiative, die sich für besseres Wassermanagement einsetzt. Das zeigt: Damit die gemeinsame Förderung ihre Ziele effektiver erreicht, braucht es Verbesserungen:

Bislang wagen sich noch zu wenige europäische Studierende in den Süden. Da die Austauschpartner:innen auf beiden Seiten die Vorlesungssprache ihres Austauschortes selten beherrschen, ist das verfügbare Kursangebot häufig stark beschränkt; auch die Integration im außeruniversitären Umfeld gestaltet sich in diesen Fällen schwieriger. Dabei kommt es vor allem darauf an sicherzustellen, dass alle Studierenden von der Ausbildung im Ausland profitieren. Dazu gehört auch, für die Anerkennung im Ausland erworbener Berufs- und Studienabschlüsse schnellere und einfachere Verfahren zu entwickeln. Universitäten, die dank der intensivierten Hochschulkooperationen innerhalb Europas bereits umfangreiche praktische Erfahrungen mit Austauschprojekten gemacht haben, können mit Pilotprojekten vorangehen: Sie stehen dabei vor der Herausforderung, auch transmediterran gemeinsame, einfach überprüfbare Kriterien für die Curricula von Studierenden dies- und jenseits des Mittelmeeres festzulegen, Sprachkurse für Interessierte bereits früher in die Ausbildung zu integrieren und echten beiderseitigen inhaltlichen Austausch stärker zu befördern. Modell dafür könnte etwa die Deutsch-Polnische Rechtsschule sein, ein Ausbildungsprogramm, das die Universität Wrocław gemeinsam mit der Humboldt-Universität zu Berlin anbietet. In nur vier Semestern erwerben die Studierenden ein „Zertifikat für deutsches Recht" in Wroclaw und ein „Zertifikat für polnisches Recht" in Berlin. Der Unterricht in rund sieben einfach planbaren Blöcken pro Semester wird so gestaltet, dass auch Studierende mit geringen Sprachkenntnissen die Möglichkeit haben, am Programm teilzunehmen.[216]

Berufsanfänger:innen in beide Richtungen vermitteln

Krankenpfleger:innen werden gebraucht – in Deutschland und in Tunesien. In der Regel werben Rekruter:innen in Tunesien Landsleute an und vermitteln sie nach Deutschland. So geschehen mit der Schwester unserer tunesischen Freundin in Berlin: Sie hat zu Hause Krankenpflege gelernt und im Krankenhaus in Tunis gearbeitet, parallel Deutsch gelernt und eine Prüfung abgelegt. Über eine Suchanzeige und die Vermittlung eines solchen Rekruters arbeitet sie nun in einer Klinik in Bamberg und hat dort noch eine Fortbildung erhalten.

Der Weg zwischen Tunesien und Deutschland darf keine Einbahnstraße bleiben! Muss er auch nicht. Wenn zunächst wirkungsvolle Maßnahmen zur Verbesserungen der Lage von Pflegekräften in Europa umgesetzt werden, müssen wir keine Angst vor den Folgen eines gleichberechtigten Austauschs auf dem heimischen Arbeitsmarkt haben. Mindestens 300.000 ehemalige Pfleger:innen könnten allein in Deutschland durch Maßnahmen wie besser planbare Arbeitszeiten und angemessenere Löhne dazu bewegt werden, wieder oder wieder in Vollzeit in ihrem Beruf zu arbeiten, wie die von der Hans Böckler Stiftung geförderte Studie „Ich pflege wieder, wenn..." vom April 2022[217] vorrechnet.

So könnten angehende deutsche Krankenpfleger:innen auch in Tunis auf Zeit ihr Wissen einbringen, von den dortigen Umständen und Mentalitäten lernen, ohne dass wir durch ihre Abwesenheit Engpässe in Deutschland befürchten müssen: Wie gehe ich damit um, wenn nicht stets die richtigen Medikamente in der benötigten Dosis zur Verfügung stehen? Welche Behandlung kann ich leisten, auch wenn nicht stets sterile Bedingungen herrschen? Berechtigte Fragen, die auch in Europa jederzeit aktuell werden können, wie uns kaum vorhersehbare Arzneimittelengpässe heute immer wieder zeigen. Die so gewonnenen Erfahrungen bringen beide Seiten weiter, auch wenn persönliche Privilegien und Herangehensweisen an Arbeit in Europa und Nordafrika oft sehr unterschiedlich sind. Obwohl es inzwischen über 35 Jahre her ist, denke ich manchmal an meine Studienzeit in Damaskus, Syrien, zurück. Bis heute – davon bin ich überzeugt – profitiere ich von den Erfahrungen und Erkenntnissen, die ich daraus mitnehmen durfte, mich weit weg vom Gewohnten in einem anderen kulturellen Kontext und einem anderen Arbeitsumfeld behauptet zu haben.

Die Fähigkeit zum Reparieren wieder entdecken

Aufgrund unserer Tendenz, die Konsumkultur einer postindustriellen Wegwerfgesellschaft kaum zu hinterfragen, laufen wir in Europa Gefahr zu vergessen, wie wichtig es ist, Produkte reparieren zu können. Was wird in den kleinen Werkstätten in den Basaren von Marrakesch bis Basra nicht alles ausgebessert und wieder gangbar gemacht, von eingerissener Kleidung über beschädigte Computer bis zum Bügeleisen mit Wackelkontakt. Und vielleicht geht es Ihnen wie mir, wenn Sie durch die engen Gassen der Orte unserer südlichen Nachbarschaft laufen, vor diesen kleinen Läden stehen bleiben und mit Erstaunen zusehen, welches Geschick die Handwerker:innen in ihrer Tätigkeit an den Tag legen. Was sie dabei für eine nachhaltige Zukunft leisten, ist ihnen oft kaum bewusst. Diese Fähigkeit, Produkte länger am Leben zu erhalten, wird künftig auch für uns in Europa wichtiger werden – nicht nur, wenn wir tatsächlich danach streben, nachhaltiger zu produzieren, sondern auch, wenn wir in einer Gegenwart endlicher Ressourcen Lebensqualität erhalten wollen.

Unsere Kleidung ist ebenfalls ein Teil davon. Welche Schneiderkünste in der marokkanischen Heimat seines Großvaters schlummern, hat der in Göteborg geborene und arbeitende schwedische Unternehmer und Gründer der Modefirma „Casatlantic", Nathaniel Assaraf, nur durch Zufall erfahren. Er will den Stil seiner eleganten Chinohosen verändern und findet Fotos seines Großvaters aus dem Zweiten Weltkrieg, als in Casablanca amerikanische und britische Soldaten stationiert waren, die hochtaillierte Baumwollhosen trugen. Davon inspiriert, entwickelt Nathaniel seine eigenen, am historischen Vorbild angelehnten Modelle. Er findet jedoch unter seinen bisherigen Lieferanten in Europa keinen, der diesen Stil schneidern kann – erst in der Heimat seiner Väter und Mütter, in Casablanca, wird er fündig; dort ist die modehandwerkliche Kunst aus vergangener Zeit noch präsent. Mit seinem Herstellungsauftrag rettet er für seine Kundschaft in Europa – aber auch in Nordafrika – ein Stück Handwerkskultur.

Sprache muss wieder verbinden

Einst ein Kennzeichen gesellschaftlicher Eliten, ist in Libyen das Beherrschen der englischen, französischen und italienischen Sprache verloren gegangen, nachdem Revolutionsführer Muammar al-Gaddafi ab 1971 das ganze Land im Handstreich „arabisierte". Damit sollten nicht nur der politische, sondern auch der kulturelle Bruch mit Europa markiert und die europäischen Wurzeln in der Geschichte Libyens und seiner Gesellschaft gerodet werden. Während ich diese Zeilen schreibe, erinnere ich mich, wie froh ich bei meinem ersten Aufenthalt in Libyen 1994 war, in Kiel und Damaskus Arabisch gelernt zu haben: Während man es als Europäer schon damals gewohnt war, in den meisten arabischen Ländern Richtungshinweise zumindest auch auf Englisch oder Französisch lesen zu können, war die gesamte libysche Straßenbeschilderung ausschließlich in arabischer Sprache gehalten.

Nach dem Untergang des Gaddafi-Regimes hätten zwar einige Libyer:innen, die ein besonderes Interesse daran hatten, den Kontakt nach Europa wiederherzustellen, rudimentäre Kenntnisse europäischer Sprachen reaktiviert, oder gar neu gelernt. Es sei aber dennoch ein großes Problem, dass es in Tripoli, Bengasi und anderen Orten Libyens nicht genug Angebote gebe, europäische Sprachen systematisch zu erlernen, erklärt mir Fathia Mufti. Fathia präsentiert im libyschen Fernsehen eine wöchentliche Kultursendung, die Bücher libyscher Autor:innen vorstellt. Mit ihr spreche ich im Oktober 2022 in Berlin, als sie zum Ende des ersten Kurses der MENA Digital Summer School ihr Abschlusszertifikat erhält. Wenn die Entwicklung der Sicherheitslage es künftig erlaubt, ist Libyen – aus meiner Sicht – ein idealer Ort, um Arabisch zu lernen, läuft man doch nicht Gefahr, ständig auf das Englische zurückzugreifen. „Komm nach Bengasi, erzähl uns von Europa, Christian!“, ruft Fathia zum Abschied. Auch wenn es ein wenig kitschig erscheinen mag, ist es auch gerade dies, was mich motiviert – ganz im Dienst der Verständigung und der Vertiefung der euro-mediterranen Partnerschaft.

Anhang

Endnoten

1 Vgl. Christian-Peter Hanelt, Alexander Weber, „The EU and the Conflicts in the Middle East and North Africa: How to Build a New Relationship between Old Neighbors“, Background Paper Trilogue Salzburg 2022, 2022 (https://www.bertelsmann-stiftung.de/fileadmin/files/Projekte/84_Salzburger_Trilog/Salzburger_Trilog_2022/6_The_EU_and_the_Conflicts.pdf, aufgerufen am 14.01.2023)

2 European External Action Service, „EU-Southern Neighbourhood: Closing the gaps between and along the two shores of the Mediterranean“, 26.11.2022 (https://www.eeas.europa.eu/eeas/eu-southern-neighbourhood-closing-gaps-between-and-along-two-shore-mediterranean_en, aufgerufen am 14.01.2023)

3 Europäischer Rat (Santa Maria da Feira), „Gemeinsame Strategie der Europäischen Union für den Mittelmeerraum“, Anlagen zu den Schlussfolgerungen des Vorsitzes, S. 33 ff., 19. und 20.06.2000 (https://www.consilium.europa.eu/media/21019/europäischer-rat-santa-maria-da-feira-schlussfolgerungen-des-vorsitzes.pdf, aufgerufen am 14.01.2023)

4 Vgl. Vertrag von Lissabon zur Änderung des Vertrags über die Europäische Union und des Vertrags zur Gründung der Europäischen Gemeinschaft, unterzeichnet in Lissabon, 13.12.2007 (https://eur-lex.europa.eu/legal-content/DE/TXT/?uri=celex%3A12007L%2FTXT, aufgerufen am 14.01.2023)

5 Europäischer Rat, Tagung des Europäischen Rates – Schlussfolgerungen, S. 12, 10. und 11.12.2020 (https://www.consilium.europa.eu/media/47346/1011-12-20-euco-conclusions-de.pdf, aufgerufen am 14.01.2023)

6 Houssem Eddine Chebbi, Markus Overdiek, „How to Improve Food Security in Tunisia: Step up Mutual Trade and Investment Links with the EU“, Bertelsmann Stiftung (Hrsg), 2022 (https://www.bertelsmann-stiftung.de/de/publikationen/publikation/did/how-to-improve-food-security-in-tunisia, aufgerufen am 14.01.2022)

7 „Iranian Revolution (Feb 1979)“, Video, (https://www.youtube.com/watch?v=kY0ixG94cHE, aufgerufen am 14.01.2023)

8 Der Spiegel, „Schrecklich gelitten“, 31.05.1981 (https://www.spiegel.de/politik/schrecklich-gelitten-a-7c6f9439-0002-0001-0000-000014336059?context=issue, aufgerufen am 14.01.2023)

9 „Saddam Hussein's Very Public Purge“, Video, (https://www.youtube.com/watch?v=kLUktJbp2Ug, aufgerufen am 14.01.2023)

10 Frankfurter Allgemeine Zeitung, „Deutsche Unternehmen lieferten Waffen in den Irak“, 17.12.2002 (https://www.faz.net/aktuell/wirtschaft/ruestungsbericht-deutsche-unternehmen-lieferten-waffen-in-den-irak-182555.html, aufgerufen am 14.01.2023)

11 Andreas Förster, „Die Blutspur des Terrors“, Der Spiegel, 07.01.2016 (https://www.spiegel.de/geschichte/anschlag-in-mekka-1979-wie-der-islamistische-terror-begann-a-1070500.html, aufgerufen am 14.01.2023)

12 Alexander Marguier, „Das saudische Trauma“, Cicero, 21.08.2018 (https://www.cicero.de/kultur/saudi-arabien-mekka-große-moschee-besetzung-1979-mohammed-bin-salman-iran-islamismus-terror-arte-zdf-doku, aufgerufen am 14.01.2023)

13 Abdulaziz Al-Dhahri, Robert Chatterjee, Florian Guckelsberger, „Das Monster ließ sich nicht mehr füttern“, Interview, Zenith 02/2018, S. 106 ff.

14 Alan Posener, „Osama bin Laden: Der Massenmörder als Moralist“, Welt am Sonntag, 04.12.2005 (https://www.welt.de/print-wams/article135733/Osama-bin-Laden-Der-Massenmoerder-als-Moralist.html, aufgerufen am 14.01.2023)

15 Jimmy Carter, The State of the Union Address Delivered Before a Joint Session of the Congress, Transskript, 23.01.1980 (https://www.presidency.ucsb.edu/documents/the-state-the-union-address-delivered-before-joint-session-the-congress, aufgerufen am 14.01.2023)

16 Sicherheitsrat der Vereinten Nationen, Resolution 242 (1967), 22.11.1967 (https://www.un.org/depts/german/sr/sr_67/sr242-67.pdf, aufgerufen am 14.01.2023)

17 Konferenz über Sicherheit und Zusammenarbeit in Europa, Schlussakte, 01.08.1975 (https://www.osce.org/files/f/documents/6/e/39503.pdf, aufgerufen am 14.01.2023)

18 Margret Johannsen, „Der Nahost-Konflikt – Eine Einführung“, Springer Fachmedien, 2017, S. 195

19 Vgl. Europäischer Rat (Dublin), Conclusions of the Presidency, 29. und 30.11.1979 (https://www.consilium.europa.eu/media/20744/dublin_november_1979__eng_.pdf); Europäischer Rat (Straßburg), Conclusions of the Presidency, 21. und 22.06.1979 (https://www.consilium.europa.eu/media/20750/strasbourg_june_1979__eng_.pdf); Europäischer Rat (Paris), Conclusions of the Presidency, 12. und 13.03.1979 (https://www.consilium.europa.eu/media/20756/paris_march_1979__eng_.pdf)

20 Declaration of the Heads of State and Government and the Ministers of Foreign Affairs of the European Community – The Venice Declaration, 13.06.1980 (https://www.palquest.org/en/historictext/23218/venice-declaration#:~:text=The%20Venice%20Declaration%20Venice%2C

%2013%20June%201980%201.,signed%20between%20Egypt%20and%20Israel%20in%20March%201979., aufgerufen am 14.01.2023)

21 Das EG-Nahostpapier von 1971, zitiert in: Daniel Gerlach, „Die doppelte Front, Die Bundesrepublik Deutschland und der Nahostkonflikt 1967–1973“, S.209

22 NDR, „Wie die ‚Cap Anamur‘ die Boatpeople rettete“, 12.08.2019 (https://www.ndr.de/geschichte/schiffe/1979-Cap-Anamur-startet-Hilfsaktion-vor-Vietnam,capanamur112.html, aufgerufen am 14.01.2023)

23 Sicherheitsrat der Vereinten Nationen, Resolution 242 (1967), 22.11.1967 (https://www.un.org/depts/german/sr/sr_67/sr242-67.pdf, aufgerufen am 14.01.2023); Sicherheitsrat der Vereinten Nationen, Resolution 338 (1973), 22.10.1973 (http://unscr.com/en/resolutions/doc/338, aufgerufen am 14.01.2023)

24 Weiterführende Informationen in folgender Publikation: Ghassan Khatib, „Palestinian politics and Middle East peace process consensus and competition in the palestinian negotiation team,“ Routledge, 2010

25 Günther Gillessen, „Holst und eine hohe Telefonrechnung, Norwegens Mittlerrolle im Nahen Osten“, Frankfurter Allgemeine Zeitung, 16.10.1993

26 Vereinte Nationen, Declaration of Principles on Interim Self-Government Arrangements (Oslo Accords), 11.10.1993 (https://peacemaker.un.org/sites/peacemaker.un.org/fi les/IL%20PS_930913_DeclarationPrinciplesnterimSelf-Government%28Oslo%20Accords%29.pdf, aufgerufen am 14.01.2023)

27 Udo Eichhorn, „„Isratin‘: Bruder Gaddafi“, Die Wochenzeitung, 08.07.2004 (https://www.woz.ch/isratin/bruder-gaddafi, aufgerufen am 17.01.2023)

28 The Palestinian-Israeli Interim Agreement On The West Bank & The Gaza Strip ANNEX V, Protocol on Economic Relations, 09.04.1994 (https://web.archive.org/web/20121126160945/http://www.nad-plo.org/userfiles/file/Document/ParisPro.pdf, aufgerufen am 14.01.2023)

29 Israeli-Palestinian Interim Agreement on the West Bank and the Gaza Strip, 28.09.1995 (https://content.ecf.org.il/files/M00261_TheIsraeli-PalestinianInterimAgreement-EnglishText.pdf, aufgerufen am 14.01.2023)

30 Muriel Asseburg, „Materialsammlung zum Friedensprozess im Nahen Osten“, Stiftung Wissenschaft und Politik, 2003, S. 5 (https://www.swp-berlin.org/publications/products/studien/S2003_28_ass_anlage.pdf, aufgerufen am 14.01.2023)

31 Euro-Mediterranean Conference, Barcelona Declaration, 27. und 28.11.1995 (http://aei.pitt.edu/41674/1/A5824.pdf, aufgerufen am 15.01.2023)

32 Murial Mirak-Weissbach, „Euromed in Barcelona: noble ends, but can ‘free trade’ attain them?“, EIR Vol. 22, Nr. 49, 08.12.1995, S. 46 ff. (https://larouchepub.com/eiw/public/1995/eirv22n49-19951208/

eirv22n49-19951208_046-euromed_in_barcelona_noble_ends.pdf, aufgerufen am 15.01.2023)

33 Muriel Asseburg, „Israelisch-Palästinensische Streitfragen", Bundeszentrale für politische Bildung, Informationen zur politischen Bildung, Nr. 278/2008, 05.2008, S. 71 (https://www.swp-berlin.org/publications/products/fachpublikationen/Israelisch_palaestinens._Streitfragen_ks.pdf, aufgerufen am 15.01.2023)

34 Christian Wagner, „Ein Attentat, das Israel verändert hat", Deutschlandfunk, 01.11.2015 (https://www.deutschlandfunk.de/20-jahre-nach-rabins-tod-ein-attentat-das-israel-veraendert-100.html, aufgerufen am 15.01.2023)

35 Alamy, „Ministers pose for a group photo at the 3rd Euro Mediterranean Conference in Stuttgart", April 15., Foto, 15.4.1999 (https://www.alamy.com/ministers-pose-for-a-group-photo-at-the-3rd-euro-mediterranean-conference-in-stuttgart-april-15-front-row-l-r-abel-matutes-foreign-minister-of-spain-jaime-jose-gama-foreign-minister-of-portugal-joe-borg-of-malta-nasser-el-saidy-trade-and-economy-minister-of-lebanon-lamberto-dini-foreign-minister-of-italy-georgios-papandreou-foreign-minister-of-greece-amre-moussa-foreign-minister-of-egypt-manuel-marin-vice-president-of-the-eu-kommison-joschka-fischer-foreign-minster-of-germany-ariel-sharon-foreign-minister-of-israel-abdulilah-khatib-foreign-minister-of-jordan-f-poos-foreign-min-image381864286.html, aufgerufen am 15.01.2023)

36 Sven Berendt, Christian-Peter Hanelt, „Aktuelle Probleme verstellen den Blick auf die Mittelmeerregion. Aber die Euromediterrane Partnerschaft braucht dringend eine neue Dynamik", Frankfurter Rundschau, 14.04.1999, S. 21 (https://www.genios.de/document/FR__9b65f4d8592c7bddeb42ec1c9e9770441e0941c1, aufgerufen am 15.01.2023)

37 Europäischer Rat (Berlin), Schlussfolgerungen des Vorsitzes, Teil IV, 24. und 25.03.1999 (https://www.europarl.europa.eu/summits/ber2_de.htm#partIV, aufgerufen am 15.01.2023)

38 EUR-Lex, Europa-Mittelmeer-Assoziationsabkommen, Übersicht und Zusammenfassung (https://eur-lex.europa.eu/legal-content/DE/TXT/?uri=LEGISSUM%3Ar14104 aufgerufen am 15.01.2023)

39 Europäischer Rat (Santa Maria da Feira), „Gemeinsame Strategie der Europäischen Union für den Mittelmeerraum", Anlagen zu den Schlussfolgerungen des Vorsitzes, S. 33 ff., 19. und 20.06.2000 (https://www.consilium.europa.eu/media/21019/europäischer-rat-santa-maria-da-feira-schlussfolgerungen-des-vorsitzes.pdf, aufgerufen am 14.01.2023)

40 Akiva Eldar, „‚Moratinos Document' – The peace that nearly was at Taba", Ha'aretz, 14.02.2002 (https://palestina-komitee.nl/wp-content/uploads/

2017/11/Moratinos-Document-Taba-Talks-August-2001.pdf, aufgerufen am 15.01.2023)

41 Sicherheitsrat der Vereinten Nationen, Resolution 1515, 19.11.2003 (http://unscr.com/en/resolutions/1515, aufgerufen am 15.01.2023)

42 Der Spiegel, „Ermittlungen zu Arafats Tod werden eingestellt", 02.09.2015 (https://www.spiegel.de/politik/ausland/jassir-arafat-ermittlungen-zu-todesursache-eingestellt-a-1051122.html, aufgerufen am 15.01.2023)

43 Ministry of Foreign Affairs (Israel), „Israel's Disengagement from Gaza and North Samaria (2005)", 14.11.2021 (https://www.gov.il/en/departments/general/israel-s-disengagement-from-gaza-and-north-samaria#:~:text=Israel%27s%20plan%20of%20unilateral%20disengagement,peace%20negotiations%20with%20the%20Palestinians., aufgerufen am 15.01.2023)

44 U.S. Department of State, „The Annapolis Conference and Beyond: Working Toward Middle East Peace", 04.12.2007 (https://2001-2009.state.gov/r/pa/scp/97548.htm, aufgerufen am 15.01.2023)

45 Joint Declaration of the Paris Summit for the Mediterranean, 13.07.2008 (https://ufmsecretariat.org/wp-content/uploads/2012/09/ufm_paris_declaration1.pdf, aufgerufen am 15.01.2023)

46 Vgl. „Peace to Prosperity – A Vision to Improve the Lives of the Palestinian and Israeli People", 01.2020 (https://trumpwhitehouse.archives.gov/wp-content/uploads/2020/01/Peace-to-Prosperity-0120.pdf, aufgerufen am 15.01.2023)

47 Yossi Alpher, Ghassan Khatib, Christian-Peter Hanelt, „Die Ära des Oslo-Friedensprozesses ist vorbei", Bertelsmann Stiftung, Interview, 2018 (https://de.qantara.de/inhalt/interview-mit-yossi-alpher-und-ghassan-khatib-die-aera-des-oslo-friedensprozesses-ist-vorbei, aufgerufen am 15.01.2023)

48 Thomas Gutschker, „Im Nahostkonflikt sind die EU-Staaten nicht einig", Frankfurter Allgemeine Zeitung, 18.05.2021 (https://www.faz.net/aktuell/politik/ausland/eu-ist-im-konflikt-von-israel-und-palaestinensern-gespalten-17347139.html), aufgerufen am 15.01.2023

49 Hugh Lovatt, „The end of Oslo: A new European strategy on Israel-Palestine", Policy Brief, European Council on Foreign Relations, 09.12.2020 (https://ecfr.eu/publication/the-end-of-oslo-a-new-european-strategy-on-israel-palestine/, aufgerufen am 15.01.2023)

50 Isabell Schäfer, „Die Europäische Union und der Nahostkonflikt", Aus Politik und Zeitgeschichte, Bundeszentrale für politische Bildung, 10.05.2004, S.46 ff. (https://www.bpb.de/medien/28338/XJ0EZ2.pdf, aufgerufen am 15.01.2023)

51 Akiva Eldar, „EXCLUSIVE: Full Text of Document Drafted During Secret Talks", Ha'aretz, 15.01.2007 (https://www.haaretz.com/2007-01-15/ty-article/exclusive-full-text-of-document-drafted-during-secret-talks/0000017f-e9b8-d639-af7f-e9ffdc0f0000, aufgerufen am 15.01.2023)

52 Vgl. Tim Farin, „Bin Laden – Al-Qaidas Terrorikone“, Stern, 01.09.2008 (https://www.stern.de/panorama/stern-crime/the-world-s-most-wanted-bin-laden---al-qaidas-terrorikone-3761200.html, aufgerufen am 17.01. 2023)

53 Arne Lichtenberg, „9/11 – Die Hamburger Zelle“, Deutsche Welle, 11.09. 2011 (https://www.dw.com/de/9-11-die-hamburger-zelle/a-15349371, aufgerufen am 15.01.2023)

54 Der Spiegel, „Solidarität ja, Krieg nein“, 19.09.2001 (https://www.spiegel.de/politik/ausland/chirac-bei-bush-solidaritaet-ja-krieg-nein-a-157938.html, aufgerugen am 15.01.2023)

55 Vgl. AG Friedensforschung, „Die Sicherheit der Bundesrepublik wird auch am Hindukusch verteidigt“, 05.12.2002 (http://www.ag-friedensforschung.de/themen/Bundeswehr05/struck.html, aufgerufen am 15.01.2023)

56 Wall Street Journal, „United We Stand“, 30.01.2003 (https://www.wsj.com/articles/SB1043875685287040744, aufgerufen am 15.01.2023)

57 Conclusions of the General Affairs and External Relations Council on Iraq, 27.01.2003, zitiert in: Denis MacShane, Foreign and Commonwealth Affairs written question – answered on 4th February 2003, 04.02.2003 (https://www.theyworkforyou.com/wrans/?id=2003-02-04.95261.h, aufgerufen am 15.01.2023)

58 William Safire, „And Now: Op-Ed Diplomacy“, The New York Times, 03.02.2003 (https://www.nytimes.com/2003/02/03/opinion/and-now-op-ed-diplomacy.html, aufgerufen am 15.01.2023)

59 Gerhard Schröder, Tony Blair, „Der Weg nach vorne für Europas Sozialdemokraten“, Blätter für deutsche und internationale Politik, Nr. 7, 1999, S. 887 ff.

60 Statement by the Foreign Ministers of Albania, Bulgaria, Croatia, Estonia, Latvia, Lithuania, Macedonia, Romania, Slovakia and Slovenia, 05.02.2003 (https://vm.ee/en/news/statement-vilnius-group-countries, aufgerufen am 15.01.2003)

61 Sicherheitsrat der Vereinten Nationen, Resolution 1441, 08.11.2002 (http://unscr.com/en/resolutions/1441, aufgerufen am 15.01.2023)

62 Markus Schymiczek, „Tarnen, täuschen, verzögern“, Der Spiegel, 20.09.2002 (https://www.spiegel.de/politik/ausland/saddams-spiel-mit-den-inspektoren-tarnen-taeuschen-verzoegern-a-214829.html, aufgerufen am 15.01.2023)

63 Gesa Liethschmidt, „Zwischen amerikanischem Alleingang und Einordnung“, Deutschlandfunk, 28.01.2003 (https://www.deutschlandfunk.de/zwischen-amerikanischem-alleingang-und-einordnung-100.html, aufgerufen am 15.01.2023))

64 Frankfurter Allgemeine Zeitung, „Bush wiederholt Drohungen gegen Hussein“, 13.02.2002 (https://www.faz.net/aktuell/politik/irak-bush-

wiederholt-drohungen-gegen-hussein-150759.html, aufgerufen am 15.01.2023)

65 ZDF, „Es begann mit einer Lüge", Dokumentation, 2013 (https://www.youtube.com/watch?app=desktop&v=x7DH1rWXYoY, aufgerufen am 15.01.2023)

66 Europäisches Parlament, Entschließung des Europäischen Parlaments zur Lage im Irak, 30.01.2003 (https://www.europarl.europa.eu/doceo/document/TA-5-2003-0032_DE.html, aufgerufen am 15.01.2023)

67 Ghassan Salamé, „Ich wusste nur, wie man eine Kalaschnikow auseinandernimmt, nicht, wie man sie zusammensetzt", Zeitmagazin, Nr. 49/2022, 02.12.2022 (https://www.zeit.de/zeit-magazin/2022/49/ghassan-salame-un-terror-krieg-frieden, aufgerufen am 15.01.2023)

68 Nachdem sich der bewaffnete sunnitisch geprägte Widerstand auch mit Anschlägen gegen Schiiten richtet, bewaffnen diese sich. Einige irakisch-schiitische Milizen werden vom Iran unterstützt. Einige nutzen ihr militärisches Potenzial auch, um die westlichen Besatzungstruppen zu attackieren.

69 Vgl. Hayder al-Khoei, „Syria, Iraq and the Struggle for Power: Intertwined Futures", Research Paper, Chatham House, 11.2016 (https://www.chathamhouse.org/sites/default/files/publications/research/2016-11-24-syria-iraq-struggle-for-power-intertwined-futures-al-khoei.pdf, aufgerufen am 15.01.2023)

70 Michael P. Scharf, „Forward: Lessons from the Saddam Trial", Faculty Publications, Case Western Reserve University School of Law Scholarly Commons, 2007 (https://scholarlycommons.law.case.edu/cgi/viewcontent.cgi?referer=&httpsredir=1&article=1114&context=faculty_publications, aufgerufen am 15.01.2023)

71 Condoleezza Rice, Sabine Christiansen, „Vom Vorbild zum Feindbild: Verlieren die USA ihre Glaubwürdigkeit?", Interview, 16.05.2004 (http://www.berlinkontor.de/interview-sabine-christiansen-mit-condoleezza-rice, aufgerufen am 15.01.2023)

72 Euronews, „Gedenken an Opfer der Londoner Anschläge von 2005", Video, 07.07.2015 (https://www.youtube.com/watch?v=xLr7R88E5EM, aufgerufen am 15.01.2023)

73 Manager Magazin, „Strafe für europäische Kriegsgegner", 10.12.2003 (https://www.manager-magazin.de/unternehmen/artikel/a-277640.html, aufgerufen am 22.02.2023)

74 Der Spiegel, „17 Tote bei Anschlag auf Uno-Zentrale", 19.08.2003 (https://www.spiegel.de/politik/ausland/blutiges-attentat-in-bagdad-17-tote-bei-anschlag-auf-uno-zentrale-a-261906.html, aufgerufen am 15.01.2023)

75 Neta C. Crawford, „The real cost of the Iraq war: $2 trillion and counting", MarketWatch, 04.02.2020 (https://www.marketwatch.com/story/the-real-

cost-of-the-iraq-war-2-trillion-and-counting-2020-02-04, aufgerufen am 15.01.2023)

76 Brown University, „Costs of the 20-year war on terror: $8 trillion and 900,000 deaths", 01.09.2021, (https://www.brown.edu/news/2021-09-01/costsofwar#:~:text=PROVIDENCE%2C%20R.I.%20%5BBrown%20University%5D,War%20project%20at%20Brown%20University., aufgerufen am 15.01.2023)

77 Toby Dodge, Giacomo Luciani, Felix Neugart, „Der Irak auf dem Weg in die Souveränität. Handlungsoptionen für die Europäische Union", Strategiepapier, Center for Applied Policy Research, Ludwig-Maximilians-Universität München, Bertelsmann Stiftung, 2004 (http://www.cap.lmu.de/download/2004/2004_IrakStrategiePapier_de.pdf, aufgerufen am 15.01.2023)

78 Sicherheitsrat der Vereinten Nationen, Resolution 1546, 08.06.2004 (http://unscr.com/en/resolutions/1546, aufgerufen am 15.01.2023)

79 Der Spiegel, „Polen verlangt Respekt", 18.02.2003 (https://www.spiegel.de/politik/ausland/chirac-vorwuerfe-polen-verlangt-respekt-a-236579.html, aufgerufen am 15.01.2023)

80 Thomas E. Ricks, „Briefing Depicted Saudis as Enemies", The Washington Post, 06.08.2002 (https://www.washingtonpost.com/archive/politics/2002/08/06/briefing-depicted-saudis-as-enemies/9180e4d9-9ef6-4189-95cb-5efa10c6b4f4/, aufgerufen am 15.01.2023)

81 Anthony Summers, Robbyn Swan, „Die Spur des Terrors führt nach Saudi-Arabien", Die Welt, 11.09.2011 (https://www.welt.de/politik/specials/911/article13597192/Die-Spur-des-Terrors-fuehrt-nach-Saudi-Arabien.html, aufgerufen am 15.01.2023)

82 Giacomo Luciani, Felix Neugart (Hrsg.), „The EU and the GCC. A new Partnership", Center for Applied Policy Research, Ludwig-Maximilians-Universität München, Bertelsmann Stiftung, 2005 (http://www.cap.lmu.de/download/2005/2005_GCC-EU.pdf, aufgerufen am 15.01.2023)

83 Christoph Ehrhardt, „Haltung, nicht Herabwürdigung", Frankfurter Allgemeine Zeitung, 01.12.2022 (https://zeitung.faz.net/faz/seite-eins/2022-12-01/haltung-nicht-herabwuerdigung/833219.html, aufgerufen am 15.01.2023)

84 Ministère de l'Europe et des Affaires Étrangères, European Maritime Awareness in the SoH (EMASOH): political statement by the governments of Belgium, Denmark, France, Germany, Greece, Italy, the Netherlands, and Portugal, 20.01.2020 (https://www.diplomatie.gouv.fr/en/french-foreign-policy/europe/news/article/european-maritime-awareness-in-the-soh-emasoh-political-statement-by-the#:~:text=Moreover%2C%20EMASOH%20aims%20to%20foster,dialogue%20in%20a%20critical%20context., aufgerufen am 15.01.2023)

85 George W. Bush Presidential Library and Museum, „The 'Axis of Evil' Speech", Video, The New York Times, 05.11.2015 (https://www.nytimes.com/video/us/politics/100000004021075/the-axis-of-evil-speech.html?src=vidm, aufgerufen am 15.01.2023)

86 Ali Fathollah-Nejad, „Irans Politik gegenüber dem Irak nach Saddam Hussein", Friedensforum, Nr. 1/2015, 2015 (https://www.friedenskooperative.de/friedensforum/artikel/irans-politik-gegenueber-dem-irak-nach-saddam, aufgerufen am 15.01.2023)

87 International Atomic Energy Agency, „Implementation of the NPT Safeguards Agreement in the Islamic Republic of Iran", Resolution, 12.09.2003 (https://www.iaea.org/sites/default/files/gov2003-69.pdf, aufgerufen am 15.01.2023)

88 Ewen Macaskill, Dan De Luce, Julian Borger, „EU ministers strike Iran deal", The Guardian, 22.10.2003 (https://www.theguardian.com/world/2003/oct/22/iran.politics1, aufgerufen am 15.01.2023)

89 Vgl. Europäisches Parlament, Entschließung des Europäischen Parlaments vom 10. März 2011 zur Vorgehensweise der EU gegenüber dem Iran (2010/2050(INI)), 10.05.2011 (https://eur-lex.europa.eu/LexUriServ/LexUriServ.do?uri=OJ:C:2012:199E:0163:0172:DE:PDF, aufgerufen am 15.01.2023)

90 Katajun Amirpur, „Vom Kriegstrauma zum Abschreckungsdogma", Qantara.de, 07.10.2009 (https://de.qantara.de/inhalt/geschichte-des-iranischen-nuklearprogramms-vom-kriegstrauma-zum-abschreckungsdogma, aufgerufen am 15.01.2023)

91 Joint Comprehensive Plan of Action (JCPoA), 14.07.2015 (https://www.europarl.europa.eu/cmsdata/122460/full-text-of-the-iran-nuclear-deal.pdf, aufgerufen am 15.01.2023)

92 Vgl. The Foreign Policy Centre (Hrsg.), „Saudi Arabia and Iran:The Struggle to Shape the Middle East", 11.2018 (https://fpc.org.uk/wp-content/uploads/2018/11/Saudi-Arabia-and-Iran-The-Struggle-to-Shape-the-Middle-East-Report.pdf, aufgerufen am 15.01.2023)

93 Katajun Amirpur, „Vom Kriegstrauma zum Abschreckungsdogma", Qantara.de, 07.10.2009 (https://de.qantara.de/inhalt/geschichte-des-iranischen-nuklearprogramms-vom-kriegstrauma-zum-abschreckungsdogma, aufgerufen am 15.01.2023)

94 Christian-Peter Hanelt, Christian Koch, „Mehr Frieden und Sicherheit in Nahost durch eine KSZ-Golf", Spotlight Europe 02/2015, Bertelsmann Stiftung (Hrsg.), 10.07.2015 (https://www.bertelsmann-stiftung.de/de/publikationen/publikation/did/spotlight-europe-022015-mehr-frieden-und-sicherheit-in-nahost-durch-eine-ksz-golf/, aufgerufen am 15.01.2023)

95 Konferenz über Sicherheit und Zusammenarbeit in Europa, Schlussakte, 01.08.1975 (https://www.osce.org/files/f/documents/6/e/39503.pdf, aufgerufen am 14.01.2023)

96 Frank-Walter Steinmeier, „Eine KSZE für den Nahen Osten", Tagesspiegel, 21.07.2014 (https://www.tagesspiegel.de/meinung/steinmeier-eine-ksze-fur-den-nahen-osten-3575704.html, aufgerufen am 15.01.2023)

97 Abdulaziz Sager, Hossein Mousavian, „We can escape a zero-sum struggle between Iran and Saudi Arabia – if we act now", The Guardian, 31.01.2021 (https://www.theguardian.com/commentisfree/2021/jan/31/iran-saudi-arabia-joe-biden-cooperation, aufgerufen am 15.01.2023)

98 Paul-Anton Krüger, „Geheimtreffen mit dem Feind", Süddeutsche Zeitung, 18.04.2021 (https://www.sueddeutsche.de/politik/iran-saudi-arabien-treffen-irak-1.5268360, aufgerufen am 15.01.2023)

99 Nationaler Widerstandsrat Iran, „Iran: Was hat Teheran beim Bagdad-Gipfel 2021 erreicht?", 04.09.2021 (https://de.ncr-iran.org/news/iran-was-hat-teheran-beim-bagdad-gipfel-2021-erreicht/, aufgerufen am 15.01.2023)

100 Center for Applied Research in Partnership with the Orient, „Tafahum wa Tabadul" (https://carpo-bonn.org/en/tafahum-wa-tabadul/, aufgerufen am 15.01.2023)

101 Niels Kruse, „Obamas Rede in der Analyse", Stern, 04.06.2009 (https://www.stern.de/politik/ausland/us-praesident-in-kairo-obamas-rede-in-der-analyse-3813054.html, aufgerufen am 15.01.2023)

102 Maria Josua, „Repression durch Anti-Terror-Gesetze in der arabischen Welt", GIGA Focus, Nr. 4, German Institute of Global and Area Studies (Hrsg.), 07.2019 (https://pure.giga-hamburg.de/ws/files/21579802/gf_nahost_1904.pdf, aufgerufen am 15.01.2023)

103 Ruud Koopmans, Eylem Kanol, „Gewalt im Namen der Götter?", Bundeszentrale für politische Bildung, 18.08.2021 (https://www.bpb.de/themen/islamismus/dossier-islamismus/338271/gewalt-im-namen-der-goetter/, aufgerufen am 15.01.2023)

104 Kristin Helberg, „Wie der ‚Krieg gegen den Terror' den Nahen und Mittleren Osten destabilisiert", Qantara.de, 13.09.2021 (https://de.qantara.de/inhalt/20-jahre-nach-911-wie-der-krieg-gegen-den-terror-den-nahen-und-mittleren-osten-destabilisiert, aufgerufen am 15.01.2023)

105 United Nations Development Programme, Arab Human Development Report (https://arab-hdr.org, aufgerufen am 15.01.2023)

106 Helmar Dumbs, „Lauter Terroristen?", Die Presse, 10.01.2011 (https://www.diepresse.com/624182/lauter-terroristen, aufgerufen am 15.01.2023)

107 Begriffserklärung „Arabellion" und „Arabischer Frühling", siehe Glossar

108 Richard Connor, „French resignation", Deutsche Welle, 27.02.2011 (https://www.dw.com/en/french-foreign-minister-quits-after-tunisia-gaffes/a-14877716, aufgerufen am 15.01.2023)

109 Zeit Online, „Mebazaa verspricht Demokratie", 15.01.2011 (https://www.zeit.de/politik/ausland/2011-01/tunesien-praesident-exil, aufgerufen am 15.01.2023)

110 Europäische Kommission, „Eine neue Antwort auf eine Nachbarschaft im Wandel", Gemeinsame Mitteilung an das Europäische Parlament, den Rat, den Europäischen Wirtschafts- und Sozialausschuss und den Ausschuss der Regionen (KOM(2011) 303), 25.05.2011 (https://eur-lex.europa.eu/legal-content/DE/TXT/PDF/?uri=CELEX:52011DC0303&from=EN, aufgerufen am 15.01.2023)

111 „Auf dem Weg zu einer neuen Europäischen Nachbarschaftspolitik", Gemeinsames Konsultationspapier, 2015 (https://eur-lex.europa.eu/legal-content/DE/TXT/?print=true&uri=CELEX%3A52015JC0006, aufgerufen am 15.01.2023)

112 Der Standard, „Tunesiens Salafisten mobilisieren gegen die Regierung", 20.05.2013 (https://www.derstandard.at/story/1363711575174/tunesiens-salafisten-mobilisieren-gegen-die-regierung, aufgerufen am 15.01.2023)

113 Süddeutsche Zeitung, „Tunesische Oppositionelle mit derselben Waffe erschossen", 26.07.2013 (https://www.sueddeutsche.de/politik/morde-an-brahmi-und-belaid-tunesische-oppositionelle-mit-derselben-waffe-erschossen-1.1731234, aufgerufen am 15.01.2023)

114 Christian-Peter Hanelt, Hauke Hartmann, Tim Lewis Poppenborg, „Faktencheck Tunesien", Bertelsmann Stiftung (Hrsg.), 04.11.2015 (https://www.bertelsmann-stiftung.de/de/publikationen/publikation/did/faktencheck-tunesien, aufgerufen am 15.01.2023)

115 Bertelsmann Stiftung, Tunesien: „Von Reformen in Osteuropa lernen", 2018 (https://www.bertelsmann-stiftung.de/de/unsere-projekte/strategien-fuer-die-eu-nachbarschaft/projektnachrichten/tunesien-von-reformen-in-osteuropa-lernen, aufgerufen am 15.01.2023)

116 Konrad Adenauer Stiftung, „Tunesien im Arabischen Frühling", Länderbericht, 12.2020 (https://www.kas.de/documents/252038/7938566/Tunesien+im+Arabischen+Frühling.pdf/c39f469f-fe3e-84d2-49af-7ce6784ac958?version=1.0&t=1608110147995, aufgerufen am 15.01.2023)

117 Martin Gehlen, „Der Pharao ist verjagt", Zeit Online, 11.02.2011 (https://www.zeit.de/politik/ausland/2011-02/mubarak-ruecktritt-portraet, aufgerufen am 15.01.2023)

118 Detailliert zur Muslimbruderschaft: Asiem El Difraoui, „Ein neues Ägypten?", Ed. Werkstatt/ Ed. Körber, 18.11.2013

119 Vgl. Ashraf El-Sherif, „The Egyptian Muslim Brotherhood's Failures", Carnegie Endowment for International Peace, 01.07.2014 (https://

carnegieendowment.org/2014/07/01/egyptian-muslim-brotherhood-s-failures-pub-56046, aufgerufen am 15.01.2023)

120 Europäische Kommission, „EU's response to the ‚Arab Spring': The State-of-Play after Two Years", Memo, 08.02.2013 (https://ec.europa.eu/commission/presscorner/detail/de/MEMO_13_81, aufgerufen am 15.01.2023)

121 Adel Abdel Ghafar, Egypt, „Mapping European Leverage in the MENA Region", European Council on Foreign Relations, 12.2019 (https://ecfr.eu/special/mapping_eu_leverage_mena/egypt, aufgerufen am 15.01.2023)

122 Andrea Backhaus, „Schlimmer als unter Mubarak", Zeit Online, 06.01.2016 (https://www.zeit.de/politik/ausland/2016-01/aegypten-verhaftung-revolution, aufgerufen am 15.01.2023)

123 Andrea Backhaus, „Europa zu Gast beim Despoten", Zeit Online, 25.02.2019 (https://www.zeit.de/politik/ausland/2019-02/aegypten-arabische-liga-eu-scharm-al-scheich-menschenrechtsverletzungen, aufgerufen am 15.01.2023)

124 ATLAS, „Deshalb baut Ägypten eine neue Hauptstadt", Video, 07.09.2022 (https://www.youtube.com/watch?app=desktop&v=Nrscs5CFhuM, aufgerufen am 15.01.2023)

125 Europäische Kommission, „Eine neue Antwort auf eine Nachbarschaft im Wandel", Gemeinsame Mitteilung an das Europäische Parlament, den Rat, den Europäischen Wirtschafts- und Sozialausschuss und den Ausschuss der Regionen (KOM(2011) 303), 25.05.2011 (https://eur-lex.europa.eu/legal-content/DE/TXT/PDF/?uri=CELEX:52011DC0303&from=EN, aufgerufen am 15.01.2023)

126 Der Spiegel, „Wurden Saif al-Islam Finger abgeschnitten?", 21.11.2011 (https://www.spiegel.de/politik/ausland/gefangener-gaddafi-sohn-wurden-saif-al-islam-finger-abgeschnitten-a-798981.html, aufgerufen am 15.01.2023)

127 Lukas Kupfernagel, Dr. Thomas Volk, „Intervention ohne Ziel", Konrad Adenauer Stiftung, 08.02.2022 (https://www.kas.de/de/web/auslandsinformationen/artikel/detail/-/content/intervention-ohne-ziel, aufgerufen am 15.01.2023)

128 Alexander Graf Lambsdorff, Dirk-Oliver Heckmann, „Lambsdorff: Fundament für demokratisches Libyen gelegt", Interview, Deutschlandfunk, 09.07.2012 (https://www.deutschlandfunk.de/lambsdorff-fundament-fuer-demokratisches-libyen-gelegt-100.html, aufgerufen am 15.01.2023)

129 Ali Seidan, Armen Georgian, „Former Libyan Prime Minister Ali Zeidan speaks out", Video-Interview, France 24, 11.10.2014 (https://www.france24.com/en/20141108-interview-ali-zeidan-former-libyan-prime-minister-militias-fighting, aufgerufen am 15.01.2023)

130 „Hoher Flüchtlingskommissar der Vereinten Nationen, Libyen: Prekäre Lage in Internierungszentren", 20.04.2015 (https://www.unhcr.org/dach/de/

7347-libyen-prekaere-lage-in-internierungszentren.html, aufgerufen am 15.01.2023)

131 Bertelsmann Stiftung, „Escaping the Escape – Interview with Zakariya El Zaidy“, Video-Interview, 2017 (https://www.bertelsmann-stiftung.de/de/mediathek/medien/mid/escaping-the-escape-interview-with-zakariya-el-zaidy-1, aufgerufen am 15.01.2023)

132 Presse- und Informationsamt der Bundesregierung, Berliner Libyen-Konferenz, Schlussfolgerungen der Konferenz, Pressemitteilung, Nr. 31/20, 19.01.2020 (https://www.bundesregierung.de/resource/blob/974430/1713860/ba8f80933b285e37196245cd119fd75b/2020-01-19-libyen-konferenz-schlussfolgerungen-data.pdf?download=1, aufgerufen am 15.01.2023)

133 Jürgen Gottschlich, „Warum das Embargo nur ein Witz ist“, taz, 23.11.2020 (https://taz.de/Waffenlieferungen-fuer-Libyen/!5727239/, aufgerufen am 15.01.2023)

134 News24, „Assad as irrelevant as Gaddafi-Clegg“, 22.08.2011 (https://www.news24.com/News24/Assad-as-irrelevant-as-Gaddafi-Clegg-20110822, aufgerufen am 15.01.2023)

135 Weitere Informationen: Christoph Reuter, Die schwarze Macht, DVA, 21.05.2015

136 Michael Esser, Christian-Peter Hanelt, „Spurensuche – Syrische Flüchtlinge im Nahen Osten“, Spotlight Europe 02/2016, Bertelsmann Stiftung (Hrsg.), 2016 (https://www.bertelsmann-stiftung.de/fileadmin/files/user_upload/EZ_spotlight_europe_2016_02_DT.pdf, aufgerufen am 15.01.2023)

137 The Sixth Conference on ‚Supporting the Future of Syria and the Region‘ (Brussels VI), 10.05.2022 (https://www.consilium.europa.eu/media/56061/20220511_chair_statement_v5.pdf, aufgerufen am 15.01.2023)

138 Carsten Kühntopp, „Assads tödliche Machtgier“, Deutschlandfunk, 16.07.2020 (https://www.deutschlandfunk.de/seit-20-jahren-praesident-von-syrien-assads-toedliche-100.html, aufgerufen am 15.01.2023)

139 James Lynch, „Europe & Human Rights in the Middle East and North Africa“, European Council on Foreign Relations, 18.11.2021 (https://ecfr.eu/special/mena-human-rights/, aufgerufen am 15.01.2023)

140 Michael Bauer, Wilfried Jilge, Christian Koch, Stefan Meister, Almut Möller, Adnan Tabatabai und Erdal Yalcin, „Antagonismen in der Nachbarschaft der Europäischen Union“, Bertelsmann Stiftung (Hrsg.), 08.2018 (https://www.bertelsmann-stiftung.de/fileadmin/files/BSt/Publikationen/GrauePublikationen/180808_Strategiegruppe_Schluesselstaaten_FINAL_DE_Endgueltig.pdf, aufgerufen am 15.01.2023)

141 Laura Bäumel, „Hirak – Bewegung in Algerien“, Verein für Protest- und Bewegungsforschung e.V., 22.11.2022 (https://protestinstitut.eu/hirak-bewegung-in-algerien/, aufgerufen am 15.01.2023)

142 Christoph Reuter, „Die Versager", Der Spiegel, 12.03.2020 (https://www.spiegel.de/ausland/irans-regierung-in-der-coronakrise-die-versager-a-63b9d9a3-d754-48d2-be1b-968f3431089b, aufgerufen am 15.01.2023)

143 Kicker, „Bergamos Bürgermeister bezeichnet CL-Spiel als Corona-Infektionsherd", 25.03.2020 (https://www.kicker.de/bergamos_buergermeister_bezeichnet_cl_spiel_als_corona_infektionsherd-772796/artikel, aufgerufen am 15.01.2023)

144 Ayad Al-Ani, „Vertrauen ist besser", Zenith, 23.03.2020 (https://magazin.zenith.me/de/gesellschaft/corona-überwachung-und-der-globale-süden, aufgerufen am 15.01.2023)

145 Kreditanstalt für Wiederaufbau (KFW), „Unterstützung für Marokko in der Covid-19-Pandemie", 07.12.2020 (https://www.kfw-entwicklungsbank.de/Internationale-Finanzierung/KfW-Entwicklungsbank/Über-uns/News/News-Details_620096.html, aufgerufen am 15.01.2023)

146 Europäischer Rat, „Weltweite Solidarität in der COVID-19-Pandemie", (https://www.consilium.europa.eu/de/policies/coronavirus/global-solidarity/, aufgerufen am 15.01.2023)

147 Christoph Sackmann, „Dubai in der Krise: Die Ausländer verlassen das Land – es droht ein Teufelskreis", Focus, 14.07.2020 (https://www.focus.de/finanzen/boerse/bevoelkerung-koennte-um-10-prozent-sinken-dubai-in-der-krise-die-auslaender-verlassen-das-land-es-droht-ein-teufelskreis_id_12089420.html, aufgerufen am 15.01.2023)

148 Human Rights Watch, „Israel: Impfstoffe für Palästinenser in besetzten Gebieten bereitstellen", 21.01.2021 (https://www.hrw.org/de/news/2021/01/21/israel-impfstoffe-fuer-palaestinenser-besetzten-gebieten-bereitstellen, aufgerufen am 15.01.2023)

149 Westerwelle Foundation, „WSH Tunis Local space in a global environment" (https://westerwelle-foundation.com/locations/wsh-tunis/, aufgerufen am 15.01.2023)

150 Christian-Peter Hanelt, „Demokratie-Experiment Tunesien auf dem Prüfstand," Bertelsmann Transformation Index, 20.08.2021 (https://blog.bti-project.de/2021/08/20/demokratie-experiment-tunesien-auf-dem-pruefstand/, aufgerufen am 15.01.2023)

151 Regierungserklärung von Bundeskanzler Olaf Scholz, 27.02.2022 (https://www.bundesregierung.de/breg-de/suche/regierungserklaerung-von-bundeskanzler-olaf-scholz-am-27-februar-2022-2008356, aufgerufen am 15.01.2023)

152 The Times of Israel, „UAE used Israeli-made spyware to hack UK PM Johnson's official residence-report", 18.04.2022 (https://www.timesofisrael.com/uae-used-israeli-made-spyware-to-hack-uk-pm-johnsons-official-residence-report/, aufgerufen am 15.01.2023)

153 Clemens Gerland, Christian-Peter Hanelt, „FIFA 2022 in Qatar: No carefree football festival", New Perspectives on Global and European Dynamics, Bertelsmann Stiftung (Hrsg.), 18.11.2022 (https://globaleurope.eu/globalization/fifa-2022-in-qatar-no-carefree-football-festival/, aufgerufen am 15.01.2023)

154 Jakob Blume, Harald Thomeczek, „Fördermenge für Rohöl bleibt konstant", Handelsblatt, 05.12.2022 (https://www.handelsblatt.com/finanzen/maerkte/devisen-rohstoffe/opec-plus-foerdermenge-fuer-rohoel-bleibt-konstant/28846300.html, aufgerufen am 15.01.2023)

155 Vasileios Chronas, Christian-Peter Hanelt, „The EU and the Middle East: Exploring alternatives to Russian Energy", New Perspectives on Global and European Dynamics, Bertelsmann Stiftung (Hrsg.), 15.03.2022 (https://globaleurope.eu/globalization/the-eu-and-the-middle-east-exploring-alternatives-to-russian-energy/, aufgerufen am 15.01.2023)

156 Europäische Kommission, „A strategic partnership with the Gulf", Joint Communication to the European Parliament and the Council (JOIN(2022) 13), 18.05.2022 (https://www.eeas.europa.eu/sites/default/files/documents/Joint%20Communication%20to%20the%20European%20Parliament%20and%20the%20Council%20-%20A%20Strategic%20Partnership%20with%20the%20Gulf.pdf, aufgerufen am 15.01.2023)

157 Veronika Movchan, „Ukraine's Role in Global Food Supply: Individual Countries' Vulnerability", Bertelsmann Stiftung (Hrsg.), 04.07.2022 (https://www.bertelsmann-stiftung.de/de/publikationen/publikation/did/ukraines-role-in-global-food-supply-individual-countries-vulnerability, aufgerufen am 15.01.2023)

158 Christian-Peter Hanelt, Markus Overdiek, „Enge Verflechtungen: Tunesiens Landwirtschaft zu modernisieren, nützt auch der Europäischen Union", Bertelsmann Stiftung, 13.09.2022 (https://www.bertelsmann-stiftung.de/de/unsere-projekte/strategien-fuer-die-eu-nachbarschaft/projektnachrichten/enge-verflechtungen-tunesiens-landwirtschaft-zu-modernisieren-nuetzt-auch-der-europaeischen-union#detail-content-220618-3, aufgerufen am 15.01.2023)

159 Euronews, „Türkei – was tun ohne russische Touristen?", Video, 16.03.2022 (https://de.euronews.com/2022/03/16/turkei-was-tun-ohne-russische-touristen, aufgerufen am 15.01.2023)

160 Weitere Informationen zu den Auswirkungen der hohen Inflation und Wirtschaftskrise in der Türkei: Karin Senz, „Wenn das Leben zu teuer ist", Tagesschau.de, 17.09.2021 (https://www.tagesschau.de/wirtschaft/weltwirtschaft/inflation-tuerkei-105.html, aufgerufen am 15.01.2023)

161 Italian Institute for International Political Studies, „The unbearable Cost of Inflation in the MENA Region", 09.2022 (https://med.ispionline.it/

publication/med-this-week-the-unbearable-cost-of-inflation-in-the-mena-region/, aufgerufen am 15.01.2023)

162 Rutger Willem Hofste, Paul Reig, Leah Schleifer, „17 Countries, Home to One-Quarter of the World's Population, Face Extremely High Water Stress“, World Ressources Institute, 06.08.2019 (https://www.wri.org/insights/17-countries-home-one-quarter-worlds-population-face-extremely-high-water-stress, aufgerufen am 15.01.2023)

163 Weiterführendes Dossier: „Nach uns die Sintflut“, Zenith, 01/2022, 25.04.2022

164 René Muschter, Irak: Gesamtbevölkerung von 1950 bis 2022 und Prognosen bis 2050, Statista, 02.01.2023 (https://de.statista.com/statistik/daten/studie/305590/umfrage/gesamtbevoelkerung-des-irak/, aufgerufen am 15.01.2023)

165 Nadine Kümpel, „COP27 – Klimakonferenz in Ägypten endet mit dürrer Bilanz“, wegatech, 22.11.2022 (https://www.wegatech.de/blog/cop27-klimakonferenz-in-aegypten-endet-mit-duerrer-bilanz/, aufgerufen am 15.01.2023)

166 Climate Action Tracker, EU – Overview (https://climateactiontracker.org/countries/eu/, aufgerufen am 15.01.2023)

167 Hanane Bettache, „Algerischer Untergrund“, Zenith, 01/2022, 25.04.2022

168 Zitiert in: Kira Vinke, „Von Fluchtgründen und Konflikttreibern“, Internationale Politik Special, 5/2022, https://internationalepolitik.de/system/files/article_pdfs/IPS_05-2022_Vinke_oB.pdf, aufgerufen am 15.01.2023)

169 Welthungerhilfe, „Klimaflüchtlinge – Was hat Klimawandel mit Flucht zu tun?“ (https://www.welthungerhilfe.de/informieren/themen/klimawandel/klimafluechtlinge-klimawandel-und-migration/, aufgerufen am 15.01.2023)

170 Jan Petter, „Waldbrände in Europa: ‚Wir sehen Feuer, die nicht mehr gelöscht werden können‘“, Der Spiegel, 17.09.2022 (https://www.spiegel.de/ausland/waldbraende-in-europa-wir-sehen-feuer-die-nicht-mehr-geloescht-werden-koennen-a-a808d9de-b1d6-4bef-a029-958f31fae99d, aufgerufen am 15.01.2023)

171 Speakers' Summit of the Parliamentary Assembly, Joint Declaration of the Union for the Mediterranean, of the Speakers of the Parliaments of the Union for the Mediterranean (UfM), 3.12.2021 (https://www.europarl.europa.eu/cmsdata/243246/Joint_declaration_English_version_final.pdf, aufgerufen am 15.01.2023)

172 Olivia Lazard, Lea Frehse, „Wo Ökologie ausgeblendet wird, breitet sich Instabilität aus“, Interview, Zeit Online, 02.11.2021 (https://www.zeit.de/politik/ausland/2021-10/klimawandel-naher-osten-gewalt-korruption-ausbeutung-konflikt, aufgerufen am 15.01.2023)

173 Christoph Duenwald, Yasser Abdih, Kerstin Gerling, Vahram Stepanyan, Abdullah Al-Hassan, Gareth Anderson, Anja Baum, Sergejs Saksonovs, Lamiae Agoumi, Chen Chen, Mehdi Benatiya Andaloussi, Sahra Sakha, Faten Saliba, Jesus Sanchez, „Feeling the Heat: Adapting to Climate Change in the Middle East and Central Asia", International Monetary Fund, 30.03.2022 (https://www.imf.org/en/Publications/Departmental-Papers-Policy-Papers/Issues/2022/03/25/Feeling-the-Heat-Adapting-to-Climate-Change-in-the-Middle-East-and-Central-Asia-464856, aufgerufen am 15.01.2023)

174 ntv, „Südländer wollen Milliarden Bäume pflanzen", 17.09.2021 (https://www.n-tv.de/politik/Suedlaender-wollen-Milliarden-Baeume-pflanzen-article22811545.html, aufgerufen am 15.01.2023)

175 CyprusMail, „Disy ploughs ahead with one million tree planting goal", 03.11.2021 (https://cyprus-mail.com/2021/11/03/disy-ploughs-ahead-with-one-million-tree-planting-goal/, aufgerufen am 17.01.2023)

176 Michael Martens, „Eine Insel und eine Million Bäume", Frankfurter Allgemeine Zeitung, 18.09.2022 (https://www.faz.net/aktuell/politik/ausland/zypern-will-fuer-das-klima-eine-million-baeume-pflanzen-18287604.html, aufgerufen am 15.01.2023)

177 You Reforest Cyprus (https://www.youreforestcyprus.org/en/shop/, aufgerufen am 17.01.2023)

178 RTL News, „100 polnische Gemeinden erklären sich zu LGBT-freien Zonen", 13.07.2020 (https://www.rtl.de/cms/100-polnische-gemeinden-erklaeren-sich-zu-lgbt-freien-zone-4577145.html, aufgerufen am 15.01.2023)

179 Weitere Informationen: MED Dialogue, „PPRD South III – Prevention, Preparedness and Response to Natural and Man-Made disasters in Middle East and North Africa Partnership Countries", 29.07.2021 (https://meddialogue.eu/e-library/pprd-south-iii-prevention-preparedness-and-response-to-natural-and-man-made-disasters-in-middle-east-and-north-africa-partnership-countries/, aufgerufen am 15.01.2023)

180 Entschließung des Europäischen Parlaments vom 15. September 2022 zu den Auswirkungen von Dürre, Bränden und anderen extremen Wetterereignissen: verstärkte Bemühungen der EU zur Bekämpfung des Klimawandels (2022/2829(RSP)) (https://www.europarl.europa.eu/doceo/document/TA-9-2022-0330_DE.html, aufgerufen am 15.01.2023)

181 Europäische Komission, „The EU and Morocco launch the first Green Partnership on energy, climate and the environment ahead of COP 27", 18.10.2022 (https://neighbourhood-enlargement.ec.europa.eu/news/eu-and-morocco-launch-first-green-partnership-energy-climate-and-environment-ahead-cop-27-2022-10-18_en, aufgerufen am 15.01.2023)

182 Zu den Entwicklungen der Kolonialzeit ausführlich: Udo Steinbach, Tradition und Erneuerung im Ringen um die Zukunft, Der Nahe Osten seit 1906, Kohlhammer, 2021

183 Christian-Peter Hanelt, Alexander Weber, „The EU and the Conflicts in the Middle East and North Africa: How to Build a New Relationship between Old Neighbors", Background Paper Trilogue Salzburg 2022, 2022 (https://www.bertelsmann-stiftung.de/fileadmin/files/Projekte/84_Salzburger_Trilog/Salzburger_Trilog_2022/6_The_EU_and_the_Conflicts.pdf, aufgerufen am 14.01.2023)

184 Weitere Informationen zu „Sektarismus": Daniel Gerlach, Der Nahe Osten geht nicht unter, Die arabische Welt vor ihrer historischen Chance, edition Körber-Stiftung, 2019

185 Vgl. Rafiah Al Talei, The Arab Youth: „Aspirations for the New Year", Carnegie Endowment for International Peace, 11.01.2022 (https://carnegieendowment.org/sada/86063, aufgerufen am 15.01.2023)

186 Nada Hamadeh, Catherine van Rompaey, Eric Mertreau, Shwetha Grace Eapen, „New World Bank country classifications by income level: 2022–2023", World Bank Blogs, 01.07.2022 (https://blogs.worldbank.org/opendata/new-world-bank-country-classifications-income-level-2022-2023, aufgerufen am 15.01.2023)

187 Erwin van Veen, Nancy Ezzeddine, Rex Langenberg, Engin Yüksel, „Cassandra calling? Development, governance and conflict trends in the Middle East", CRU report, Clingendael Naetherlands Institute of International Relations, 02.2022 (https://www.clingendael.org/sites/default/files/2022-01/the-middle-east-in-conflict-2010-2021.pdf, aufgerufen am 15.01.2023)

188 Daniel Fiott, Gustav Lindstrom (Hrsg.), „Strategic Compass, New bearings for EU security and defence?", Chaillot Paper 171, European Union Institute for Security Studies, 12.2021 (https://www.iss.europa.eu/sites/default/files/EUISSFiles/CP_171_0.pdf, aufgerufen am 15.01.2023)

189 James Dennison, „Re-thinking the drivers of regular and irregular migration: evidence from the MENA region", Arab Barometer, 26.05.2022 (https://www.arabbarometer.org/2022/05/re-thinking-the-drivers-of-regular-and-irregular-migration-evidence-from-the-mena-region/, aufgerufen am 15.01.2023)

190 Stefanie Claudia Müller, „Tanger: Die Armut bleibt unsichtbar", Qantara.de, 08.06.2021 (https://de.qantara.de/inhalt/folgen-der-coronapandemie-in-marokko-tanger-die-armut-bleibt-unsichtbar, aufgerufen am 15.01.2023)

191 Florence Gaub, „Arab Youth Futures: No Lost Generation", Brief 20, European Union Institute for Security Studies, 09.2021 (https://www.iss.europa.eu/sites/default/files/EUISSFiles/Brief_20_2021_web.pdf, aufgerufen am 15.01.2023)

192 Bertelsmann Stiftung (Hrsg.), „Relaunch of the ‚EU's Southern Neighbourhood Policy", 02.2021 (https://www.bertelsmann-stiftung.de/fileadmin/files/Projekte/Strategien_fuer_die_EU_Nachbarschaft/210224_Survey_Finale.pdf, aufgerufen am 17.01.2023)

193 Wiener Institut für Internationale Wirtschaftsvergleiche, Bertelsmann Stiftung, „Keeping friends closer: Why the EU should address new geoeconomic realities and get its neighbours back in the fold", Gütersloh, 2023, S.91 (https://www.bertelsmann-stiftung.de/de/publikationen/publikation/did/keeping-friends-closer-why-the-eu-should-address-new-geoeconomic-realities-and-get-its-neighbours-back-in-the-fold-all)

194 Presse- und Informationsamt der Bundesregierung, Berliner Libyen-Konferenz, Schlussfolgerungen der Konferenz, Pressemitteilung, Nr. 31/20, 19.01.2020 (https://www.bundesregierung.de/resource/blob/974430/1713860/ba8f80933b285e37196245cd119fd75b/2020-01-19-libyen-konferenz-schlussfolgerungen-data.pdf?download=1, aufgerufen am 15.01.2023)

195 Kersten Knipp, Jennifer Holleis, Libyen: „Die abgesagten Wahlen", Deutsche Welle, 21.12.2021 (https://www.dw.com/de/libyen-die-abgesagten-wahlen/a-60216857, aufgerufen am 15.01.2023)

196 Kleine Zeitung, „Passverkäufe an reiche Investoren: Grüne fordern Verfahren", 02.01.2020 (https://www.kleinezeitung.at/politik/aussenpolitik/5745919/EUParlament_Passverkaeufe-an-reiche-Investoren_Gruene-fordern, aufgerufen am 15.01.2023)

197 Bernd Riegert, „Die EU hält zwölf Milliarden im Streit mit Ungarn zurück", Deutsche Welle, 13.12.2022 (https://www.dw.com/de/die-eu-hält-zwölf-milliarden-im-streit-mit-ungarn-zurück/a-64078212, aufgerufen am 15.01.2023)

198 Zsolt Bogár, „Ein peinlicher Korruptionsfall für Premier Viktor Orban", Deutsche Welle, 15.12.2021 (https://www.dw.com/de/ein-peinlicher-korruptionsfall-für-premier-viktor-orban/a-60127846, aufgerufen am 15.01.2023)

199 Didier Reynders, Humboldt-Rede zu Europa, Video, 31.10.2022 (https://www.rewi.hu-berlin.de/de/lf/oe/whi/veranstaltungen-und-neuigkeiten/wise-22-23/humboldt-rede-zu-europa-mit-didier-reynders-eu-kommissar-fuer-justiz-und-rechtsstaatlichkeit, aufgerufen am 15.01.2023)

200 Weiterführende Informationen: Europäische Komission, EU Aid Explorer (https://euaidexplorer.ec.europa.eu/index_en, aufgerufen am 15.01.2023)

201 Erdal Yalcin, Gabriel Felbermayr, „The EU-Turkey Customs Union and trade relations: what options for the future?", Policy Department for External Relations Directorate General for External Policies of the Union (Hrsg.), 07.2021 (https://www.europarl.europa.eu/RegData/etudes/IDAN/2021/653640/EXPO_IDA(2021)653640_EN.pdf, aufgerufen am 15.01.2023)

202 Michael Bauer, „Ein politisches Kartell entzieht sich jeder Verantwortung“, t-online., 03.08.2022 (https://www.t-online.de/nachrichten/panorama/katastrophen/id_100034634/hafenexplosion-von-beirut-eine-lehrstunde-in-verantwortungslosigkeit.html, aufgerufen am 15.01.2023)

203 Benôit Delmas, „Tunisie: le cartel des banques“, Le Point, 03.06.2021 (https://www.lepoint.fr/afrique/tunisie-le-cartel-des-banques-14-03-2021-2417628_3826.php, aufgerufen am 15.01.2023)

204 EU Neighbours south, „Lebanon: EU extends framework for targeted sanctions“, 27.07.2022 (https://south.euneighbours.eu/news/lebanon-eu-extends-framework-targeted-sanctions/?utm_campaign=info%40euneighbours.eu&utm_medium=email&utm_source=transactional, aufgerufen am 15.01.2023)

205 Vgl. Gesellschaft für Internationale Zusammenarbeit (Hrsg.), „Liberalisierung des Agrarhandels zwischen der EU und Tunesien“, Policy Brief 05, 11.2019 (https://www.giz.de/en/downloads/GIZ_SVAAA_Policy-Brief_Tunesia-AgTrade_DE.pdf, aufgerufen am 15.01.2023)

206 Friedrich Heinemann, „Die Gemeinsame Agrarpolitik und der nächste EU-Haushalt“, Reflexionspapier Nr. 1, Bertelsmann Stiftung (Hrsg.), 30.03.2017 (https://www.bertelsmann-stiftung.de/fileadmin/files/BSt/Publikationen/GrauePublikationen/Reflexionspapier1_dt.pdf, aufgerufen am 15.01.2023)

207 Europäisches Parlament, „Right to repair: MEPs want more durable and more easily repairable products“, 07.04.2022 (https://www.europarl.europa.eu/news/en/press-room/20220401IPR26537/right-to-repair-meps-want-more-durable-and-more-easily-repairable-products, aufgerufen am 15.01.2023)

208 repaircafe.org, „EU delays right to repair for at least six months“, 24.10.2022 (https://www.repaircafe.org/en/eu-delays-right-to-repair-for-at-least-six-months/, aufgerufen am 15.01.2023)

209 Clare Duffy, „Biden's executive order takes on right-to-repair. It could make fixing your smartphone easier“, CNN Business, 14.07.2021 (https://edition.cnn.com/2021/07/14/tech/right-to-repair-biden-executive-order/index.html, aufgerufen am 17.01.2023)

210 Ian Sherr, „New York Governor Signs New Right-to-Repair Law, but Advocates Say It's Toothless“, CNET, 29.12.2022 (https://www.cnet.com/tech/new-york-governor-signs-new-right-to-repair-law-but-advocates-say-its-toothless/, aufgerufen am 17.01.2023)

211 Bertelsmann Stiftung, „Triple Win – Migration fair gestalten“ (https://www.bertelsmann-stiftung.de/de/mediathek/medien/mid/triple-win-migration-fair-gestalten/, aufgerufen am 15.01.2023)

212 Rat der Europäischen Union, „Visumpolitik: EU aktualisiert Vorschriften, um legale Reisen zu erleichtern und irreguläre Migration zu bekämpfen“, 06.06.2019 (https://www.consilium.europa.eu/de/press/press-releases/

2019/06/06/visa-policy-eu-updates-rules-to-facilitate-legitimate-travel-and-fight-illegal-migration/, aufgerufen am 15.01.2023)

213 Genesis-Online Datenbank, „Wanderungen zwischen Deutschland und dem Ausland: Deutschland, Jahre, Nationalität, Herkunfts-/Zielländer“, Statistisches Bundesamt 2014-2021 (https://www-genesis.destatis.de/genesis/online?operation=abruftabelleBearbeiten&levelindex=1&levelid=1674134021648&auswahloperation=abruftabelleAuspraegungAuswaehlen&auswahlverzeichnis=ordnungsstruktur&auswahlziel=werteabruf&code=12711-0008&auswahltext=&wertauswahl=88&wertauswahl=1777&werteabruf=Werteabruf#abreadcrumb, aufgerufen am 19.01.2023)

214 Bundesagentur für Arbeit, „Beschäftigte nach Staatsangehörigkeiten – Deutschland, Länder und Kreise (Quartalszahlen)“, Berichtszeitraum 03/2015 - 03/2022, (https://statistik.arbeitsagentur.de/SiteGlobals/Forms/Suche/Einzelheftsuche_Formular.html?topic_f=beschaeftigung-eu-heft-eu-heft, aufgerufen am 15.01.2023)

215 Amanda Musco Eklund, „Frontex and ‚Algorithmic Discretion‘“, Verfassungsblog, 10.09.2022 (https://verfassungsblog.de/frontex-and-algorithmic-discretion-part-i/, aufgerufen am 15.10.2023)

216 Humboldt-Universität zu Berlin, Deutsch-Polnische Rechtsschule (https://www.rewi.hu-berlin.de/de/ip/cert/dprs/, aufgerufen am 19.01.2023)

217 Dr. Jennie Auffenberg, Denise Becka, Michaela Evans, Nico Kokott, Sergej Schleicher, Esther Braun, „Ich pflege wieder, wenn“, Arbeitnehmerkammer Bremen (Hrsg.), 04.2022 (https://www.arbeitnehmerkammer.de/fileadmin/user_upload/Downloads/Politik/Rente_Gesundheit_Pflege/Bundesweite_Studie_Ich_pflege_wieder_wenn_Kurzfassung.pdf, aufgerufen am 19.01.2023)

Weiterführende Literatur

Abdel-Samad, Hamed: Krieg oder Frieden, die arabische Revolution und die Zukunft des Westens, Droemer, München 2011

Adebar, Cornelius: Europe and Iran: The Nuclear Deal and Beyond, Routledge Studies in European Foreign Policy, Band 5, Milton Park, May 2017

Alpher, Yossi / Khatib, Ghassan (Hrsg.) The Best of Bitterlemons. Five years of Writing from Israel and Palestine, bitterlemons.org, Jerusalem, 2007

Ani, Iyad al- / u.a.: Digitalization Strategies for the Arab World, Framework for Action, Digital Arabia Network, February 2019

Asseburg, Muriel: Palästina und die Palästinenser. Eine Geschichte von der Nakba bis zur Gegenwart, CH. Beck, München 2022

Ayadi, Rym / Ronco, Sara: How Resilient are the Healthcare Systems in the Mediterranean? Cases of Algeria, Jordan, Lebanon, Morocco, Palestine and Tunisia, EMEA and Konrad-Adenauer-Stiftung, Barcelona 2020

Bälz, Kilian: Force Majeure im internationalen Wirtschaftsrecht – Lehren aus dem Arabischen Frühling, in: Festschrift Gerhard Wegen, München 2015, S. 355 ff.

Bauer, M. / Jilge, W. / Koch, C. / Meister, S. / Möller, A. / Tabatabai, A. / Yalcin E.: Antagonisms in the EU's Neighbourhood. Bertelsmann Stiftung, Gütersloh 2018. https://www.bertelsmann-stiftung.de/de/publikationen/publikation/did/antagonisms-in-the-eus-neighbourhood

Bauer, Michael / Hanelt, Christian: Regional approaches to the Arab-Israeli conflict and the role of the European Union. In: ISS, Chaillot Papers, Paris, Dezember 2010

Behrendt, Sven / Hanelt, Christian (Hrsg.): Bound to Cooperate – Europe and the Middle East, volume 1, Gütersloh 2000

Bertelsmann Stiftung: Making fair external migration policy a reality, Gütersloh 2022. https://www.bertelsmann-stiftung.de/en/our-projects/making-fair-migration-a-reality/project-topics/making-fair-external-migration-policy-a-reality

Bertelsmann Stiftung (Hrsg.): How Europe can deliver. Optimising the division of competences among the EU and its member states, Gütersloh 2017

Bertelsmann Stiftung (Hrsg.): Wege aus der Flucht. Warum Menschen fliehen, Gütersloh 2017

Bertelsmann Stiftung (Hrsg.): Europa wagen. Mit Beiträgen von Joschka Fischer, Wolfgang Schüssel und Guy Verhofstadt, Gütersloh 2010

Brown, Nathan J. / Posch, Walter: Kurdische Unabhängigkeitsbestrebungen und die irakische Verfassung, Schriftenreihe der Landesverteidigungsakademie, Wien 2004

Brüggmann, Mathias: 1001 Macht. Fußball, Flüssiggas, Finanzimperium. Der märchenhafte Aufstieg des Emirats Katar vom Wüstenstaat zum Global Player, Dietz, Bonn 2022

Buchta, Wilfried: Who Rules Iran? The Structure of Power in the Islamic Republic, The Washington Institute, Washington 2000

Ceretti, Victoria: The creation of „climate refugees" in the MENA region, Euro-Med Human Rights Monitor, Genf 2022. https://www.euromedmonitor.org/en/article/5453/The-creation-of-“climate-refugees”-in-the-MENA-region

Chatterjee, Robert / Gerlach, Daniel: Das neue Libyen: Geschichten aus einem unbekannten Land, Deutscher Levante Verlag, Berlin 2020

Cordesman, Anthony: The Gulf and the West: Strategic Relations and Military Realities, Routledge, Milton Park 2020

Dagher, Munqith: Iraq from Occupation to Sickness. A documentary for Iraqi public opinion since 2003, Dar Al-Thakira, Bagdad 2020

Difraoui, Asiem El-: Die Hydra des Dschihadismus: Entstehung, Ausbreitung und Abwehr einer globalen Gefahr, Suhrkamp, Berlin 2022

Eralp, Nilgün: Prospects for Turkey-EU Relations Amid Tensions, Need to Cooperate and Lack of Trust, World Strategic Insides, 2022. https://wgi.world/prospects-for-turkey-eu-relations-amid-tensions-need-to-cooperate-and-lack-of-trust-an-interview-with-nilg-n-ar-san-eralp/

Fleischer, Anna: Der Libanon erhebt sich, Heinrich-Böll-Stiftung, Berlin 2019

Forum des Mondes Méditerraneéns: Livre Blanc des Propositions, Marseille, Februar 2022

Gaub, Florence: Der Nahe und Mittlere Osten und Nordafrika 2020, in: Bundesministerium für Landesverteidigung: Sicher. Und morgen? Sicherheitspolitische Jahresvorschau 2020, Wien 2019

Gerlach, Daniel: Der Nahe Osten geht nicht unter. Die arabische Welt vor ihrer historischen Chance, edition Körber-Stiftung, Hamburg 2019

Gertel, Jörg / Hexel, Ralf (Hrsg.): Coping with Uncertainty. Youth in the Middle East and North Africa, Friedrich-Ebert-Stiftung, Saqi Books, 2018

Hamzawy, Amr / Phares, Walid / Vidino, Lorenzo: Political Islam in Europe and the Mediterranean, Wilfried Martens Centre for European Studies, Brüssel 2011

Hanelt, Christian / Luciani, Giacomo / Neugart, Felix: Regime Change in Iraq. The transatlantic and regional dimensions, EUI, Florence 2004

Hanelt, Christian / Möller, Almut (Hrsg.): Bound to Cooperate – Europe and the Middle East II, Bertelsmann Stiftung, Gütersloh 2008

Hanelt, Christian / Weber, Alexander: The EU and the Conflicts in the Middle East and North Africa: How to Build a New Relationship between Old Neighbors, in: Background Paper, How to Heal a Torn World? Respect, Trust, Reliability, and Mutual Understanding, Salzburg Trilogue, Gütersloh, August 2022. https://globaleurope.eu/globalization/across-the-mediterranean-new-perspectives-for-old-neighbors/

Helberg, Kristin: Der Syrien-Krieg: Lösung eines Weltkonflikts, Herder, Freiburg 2018

Herrmann, Rainer: Die Achse des Scheiterns. Wie sich die arabischen Staaten zu Grunde richten, Klett-Cotta, Stuttgart 2021

Husseini, Hiba / Beilin, Yossi: The Holy Land Confederation as a facilitator for the Two-State Solution, 2022, https://www.monmouth.edu/news/documents/the-holy-land-confederation-as-a-facilitator-for-the-two-state-solution-english.pdf/

International Organization for Migration (IOM): Region on the Move – Regional Mobility Report for the Middle East and North Africa, IOM, Geneva 2021. https://middleeastandnorthafrica.iom.int/sites/g/files/tmzbdl686/files/documents/region-on-the-move-8_1.pdf

Internationaler Währungsfond: Regional Economic Outlook, Middle East and Central Asia, Washington / Dubai, Oktober 2022

Kienle, Eberhard: Egypt. A Fragile Power, Routledge, Milton Park 2021

Köhler, Michael: „Der Arabische Frühling ist noch nicht zu Ende", Interview des Zenith-Magazins mit Michael Köhler, Zenith 1-2022, Berlin, Mai 2022. https://magazin.zenith.me/de/politik/interview-mit-michael-koehler-ueber-die-europaeisch-arabische-nachbarschaft

Lacher, Wolfgang: Libya's Escalating Power Struggle. Competition between two rival administrations is again fueling tensions in Tripoli – and foreign powers are looking on, in: New Lines Magazine, Tunis, 20.06.2022

Leipziger, Danny / Dahlman, Carl J.: A Post-Pandemic Growth Strategy for Southern and Eastern Mediterranean Countries, Center for Mediterranean Integration, Marseille, Oktober 2021

Lüders, Michael: Wer den Wind sät. Was westliche Politik im Orient anrichtet, CH. Beck, München 2017

Muasher, Marwan: The Second Arab Awakening. And the Battle for Pluralism, Yale University Press, New Haven 2014

Naeem, Naseef: Der Staat und seine Fundamente in den arabischen Republiken, Deutscher Levante Verlag, Berlin 2019

OECD: COVID-19 crisis response in MENA countries. 2020. https://read.oecd-ilibrary.org/view/?ref=129_129919-4li7bq8as-v&title=COVID-19-Crisis-Response-in-MENA-Countries

Peres, Schimon: Die Versöhnung. Der neue Nahe Osten, Siedler, Berlin 1993

Pérez Pey, B. / Atienza Rodríguez, V. / Rodríguez Herencia, J. / Hehn, L.: The Euro-Mediterranean Green Transition: A Road Map. ASCAME & BCC, 2022. https://www.euneighbours.eu/sites/default/fi les/publications/2022-06/EBSOMED%20

STRATEGIC%20PAPER%20on%20decarbonisation%20english%20V3.pdf

Persson, Andres: EU Diplomacy and the Israeli-Arab Conflict, 1967–2019, Edinburgh University Press, Edinburgh 2021

Perthes, Volker: Geheime Gärten. Die neue arabische Welt, Siedler, Berlin 2002

Reuter, Christoph: Die schwarze Macht – der „Islamische Staat" und die Strategen des Terrors, DVA, Berlin und München 2015

Roll, Stefan: Ägyptens Außenpolitik nach dem Putsch. Strategiewechsel zur Herrschaftssicherung, SWP, Berlin, August 2016

Schreiber, Constantin: Inside Islam. Was in Deutschlands Moscheen gepredigt wird, Econ, Düsseldorf 2017

Schumacher, Tobias: The EU and its Neighbourhood. The Politics of Muddling Through, in: the JCMS Annual Review of the European Union, Wiley, 2020

Sijilmassi, Fatallah: „L'avenir de l' Europe est au Sud" (Europas Zukunft liegt im Süden), The Euro-Mediterranean Economists Association – EMEA, Barcelona 2018

Sons, Sebastian: A new „Pivot to the Maghreb" or „more of the same"? The transformative shift of the Gulf engagement in North Africa, Konrad-Adenauer-Stiftung, Berlin 2021

Steinbach, Udo: Tradition und Erneuerung im Ringen um die Zukunft. Der Nahe Osten seit 1906, Kohlhammer, Stuttgart 2021

Steinberg, Guido: Krieg am Golf. Wie der Machtkampf zwischen Iran und Saudi-Arabien die Weltsicherheit bedroht, Droemer Knaur, München 2020

Sußner, Petra: Flucht – Geschlecht – Sexualität: Eine menschenrechtsbasierte Perspektive auf Grundversorgung und Asylberechtigung, Verlag Österreich, Wien 2020

Svensson, Birgit: Mörderische Freiheit. 15 Jahre zwischen Himmel und Hölle im Irak, Verlag Herder, Berlin 2018

Tanchum, Michael: The Fragile State of Food Security in the Maghreb: Implication of the 2021 Cereal Grains Crisis in Tunisia, Algeria, and Morocco, MEI, Washington, November 2021

Thepaut, Charles: A Vanishing West in the Middle East: The Recent History of US-Europe Cooperation in the Region, The Washington Institute, Washington 2022

Tocci, Nathalie: Turkey and the European Union: A Journey in the Unknown, IAI, Rome 2014

Turki AlFaisal Al Saud: The Afghanistan File, Arabian Publishing, Isle of Wight 2021

Veen, Erwin van / Sadar, Aziz / Yüksel, Engin: Turkish interventions in its near abroad: The case of the Kurdistan Region of Iraq, Clingendael policy brief, Den Haag, März 2022

Völkel, Jan Claudius / Bertelsmann Stiftung (Hrsg.): BTI 2022. Regional Report Middle East and North Africa, Bertelsmann Transformationsindex, Gütersloh 2022

Werenfels, Isabelle: Maghrebinischer Wettstreit um Subsahara-Afrika. Algerien und Tunesien wollen Marokko das Feld nicht allein überlassen, Leibniz Institut für Sozialwissenschaften, Mannheim 2020

Wieland, Carsten: Syria and the Neutrality Trap: The Dilemmas of Delivering Humanitarian Aid through Violent Regimes, LB Tauris, London 2021

Wiener Institut für Internationale Wirtschaftsvergleiche (WIIW) / Bertelsmann Stiftung: The long way round: Lessons from EU-CEE for improving integration and development in the Western Balkans, Gütersloh 2022

Wiener Institut für Internationale Wirtschaftsvergleiche (WIIW) / Bertelsmann Stiftung: Keeping friends closer: Why the EU should address new geoeconomic realities and get its neighbours back in the fold, Gütersloh 2023

Wodon, Q. / Liverani, A. / Joseph, G. / Bougnoux, N. (Hrsg.): Climate change and migration: evidence from the Middle East and North Africa. A World Bank Study, Washington, D.C, The World Bank, 2016, Kapitel 1, S. 3-32

Woertz, Eckart: Oil for Food. The Global Food Crisis and the Middle East, Oxford 2013

Zeitleiste

14.05.1948	Ben Gurion proklamiert den Staat Israel
29.07.1956	Zwischen Israel und Ägypten beginnt der bis zum 6. November andauernde zweite Nahostkrieg um die Kontrolle des Suezkanals
10.06.1967	Der „Sechstagekrieg“ endet, in dessen Verlauf Ostjerusalem, Gaza und die Westbank von Israel erobert werden
01.09.1969	Muammar al-Gaddafi übernimmt in einem Militärputsch die Macht im Libyen
01.08.1975	In Helsinki wird die Schlussakte der Konferenz für Sicherheit und Zusammenarbeit in Europa (KSZE) unterzeichnet
16.09.1978	Erdbeben bei Tabas mit über 20.000 Todesopfern erschüttert Iran

Zeitenwende 1979:
Revolution, Willkür, Terror, Krieg und Frieden

04.01.1979	Frankreichs Staatspräsident Giscard d'Estaing lädt US-Präsident Carter, Großbritanniens Premierminister Callaghan und Bundeskanzler Schmidt zu einem informellen Gipfeltreffen zur Zukunft Irans nach Guadeloupe ein
16.01.1979	Der iranische Schah Mohammad Reza Pahlawi flieht ins Exil
01.02.1979	Ayatollah Ruholla Khomeini kehrt aus dem Exil zurück in den Iran
26.03.1979	Ägyptens Präsident Sadat und der israelische Ministerpräsident Begin unterzeichnen in Washington den israelisch-ägyptischen Friedensvertrag
07.06.1979	bis zum Sonntag, 10. Juni 1979 wählen Bürger aus neun Mitgliedsstaaten der Europäischen Gemeinschaft (EG) ein erstes gemeinsames Parlament
22.07.1979	Saddam Hussein orchestriert öffentliche „Säuberungsaktion“ in der irakischen sozialistischen Einheitspartei *baath*

13.08.1979	Erstmals rettet ein Schiff einer deutschen Hilfsorganisation, die „Cap Anamur", Flüchtlinge auf hoher See
04.11.1979	Iranische Studenten besetzen die US-Botschaft in Teheran
20.11.1979	Islamisten stürmen die große Moschee in Mekka
20.11.1979	Österreichs Bundespräsident Kirchschläger eröffnet in Wien das Islamische Zentrum, das Österreichs erste Moschee beherbergt
05.12.1979	Saudische Sicherheitskräfte beenden mit Unterstützung einer französischen Antiterroreinheit die Besetzung der großen Moschee in Mekka
25.12.1979	Sowjetische Soldaten marschieren in Afghanistan ein
23.01.1980	US-Präsident Carter unterstreicht in seiner jährlichen Rede an die Nation, dass die Golf-Region US-amerikanische Einflusssphäre bleiben müsse
13.06.1980	Die Mitgliedsstaaten der Europäischen Gemeinschaft (EG) verabschieden die Erklärung von Venedig zum Israel-Palästina-Konflikt
22.09.1980	Irakisches Militär marschiert im Iran ein und beginnt so den ersten Golfkrieg
06.06.1982	Die israelische Armee stößt nach Beirut vor und vertreibt im selben Monat Palästinenserführer Arafat ins tunesische Exil
05.04.1986	Terroranschlag auf die Westberliner Diskothek „la Belle", 3 Tote, 229 Verletzte, viele Gäste waren US-Soldaten, Täterschaft in Libyen vermutet
15.07.1987	Der Rat der EG beschließt Förderung für Studienaufenthalte im EG-Ausland
08.12.1987	Der Zusammenstoß eines israelischen Lastwagens mit zwei palästinensischen Fahrzeugen, bei dem vier Palästinensern sterben, löst im israelisch besetzten Gazastreifen Auseinandersetzungen aus, die als Erste Intifada bekannt wird
31.07.1988	Der jordanische König Hussein gibt seine Ansprüche auf die von Israel besetzte Westbank zugunsten der Palästinenser auf

11.08.1988 Osama Bin Laden trifft in Peschawar afghanische Kriegsveteranen; der Tag wird später als Gründungsdatum Al-Qaidas gelten

20.08.1988 Ein von den Vereinten Nationen vermittelter Waffenstillstand beendet den ersten Golfkrieg zwischen Iran und Irak

15.11.1988 Die PLO ruft auf ihrem Kongress in Algier ihren palästinensischen Staat aus

21.12.1988 Über dem schottischen Ort Lockerby explodiert der US-amerikanische Pan-Am-Flug 103; alle Insassen sterben, die Täterspur führt nach Libyen

23.07.1989 Die Arabische Liga trifft sich zu einem außerordentlichen Gipfel in Casablanca (UN-Resolutionen zur Zweistaatenlösung Israel-Palästina befürwortet)

22.10.1989 Das Abkommen von Taif beendet den seit 1976 schwelenden Bürgerkrieg im Libanon

15.02.1989 Letzte sowjetische Einheiten verlassen Afghanistan

02.08.1990 Irakische Truppen besetzen Kuwait

28.02.1991 Nach einem Militäreinsatz unter US-amerikanischer Führung gelingt es, das irakisch besetzte Kuwait zu befreien

Zeitenwende 1991:
Türen öffnen sich nach Nahost und in den Mittelmeerraum

30.10.1991 US-Präsident Bush und der Staatspräsident der Sowjetunion Gorbatschow eröffnen gemeinsam die Madrider Nahostkonferenz

Dez. 1991-Jan. 1994 Fortgesetzte palästinensisch-israelische Verhandlungen in Washington bleiben ohne Ergebnis

20.01.1993 Auf einem Landsitz in Norwegen startet eine Reihe israelisch-palästinensischer Geheimtreffen

26.02.1993 In der Tiefgarage unter dem New Yorker World Trade Center kommt es zur Explosion einer Autobombe; Urheber des Anschlags sollen aus Umfeld Al-Qaidas stammen

13.09.1993	Der PLO-Verhandlungsführer Abbas und der israelische Außenminister Peres unterzeichnen in Washington das Oslo-I Abkommen
06.10.1993	Der PLO-Vorsitzende Arafat und der israelische Ministerpräsident Rabin kommen in Kairo erstmals zu einem Arbeitstreffen zusammen
08.12.1993	Der PLO-Vorsitzende Arafat wird in Bonn von Bundeskanzler Kohl empfangen
25.02.1994	Baruch Goldstein, ein israelischer Siedler, tötet 29 und verletzt 150 betende Palästinenser in der Grabstätte Abrahams
29.04.1994	Der PLO-Vorsitzende Arafat und der israelische Ministerpräsident Rabin unterzeichnen das Paris-Protokoll, das die palästinensische Wirtschaft de-facto in die israelische integriert
01.07.1994	Der PLO-Vorsitzende Arafat kehrt aus dem tunesischen Exil in den Gazastreifen zurück
20.10.1994	Der Palästinenser Saleh Abdel Rahim al-Souwi tötet bei einem Selbstmordattentat 22 und verletzt 50 weitere Israelis
26.10.1994	Der jordanische König Hussein, der israelische Ministerpräsident Rabin und US-Präsident Clinton unterzeichnen den Israelisch-Jordanischen Friedensvertrag
28.06.1995	Der PLO-Vorsitzende Arafat und der israelische Ministerpräsident Rabin unterzeichnen in Taba (Ägypten) und Washington D.C. das Oslo-II-Abkommen
04.11.1995	Der jüdische Student Jigal Amir erschießt den israelischen Ministerpräsidenten Rabin bei einer Friedenskundgebung in Tel Aviv
28.11.1995	Auf dem Gipfel von Barcelona legt die Europa-Mittelmeer-Ministerkonferenz in einer gemeinsamen Erklärung die Ziele und Arbeitsweise der Euro-Mediterranen Partnerschaft fest
20.01.1996	Die Palästinenser wählen erstmals frei einen eigenen Präsidenten und ein eigenes Parlament

07.08.1998	Autobomben Al-Qaidas explodieren vor den US-Botschaften in Tansania und Kenia
04.12.1998	Frankreich und Großbritannien geben nach einem gemeinsamen Gipfel die Erklärung von Saint Malo ab, die detailliert eine Europäische Verteidigungsinitiative mit gemeinsamen Streitkräften skizziert
25.03.1999	Unter deutscher EU-Ratspräsidentschaft wird die Erklärung des Europäischen Rates von Berlin verabschiedet, die erneut den Wunsch nach einer stärkeren Rolle im Nahostfriedensprozess betont
15.04.1999	Bis zum 16. April findet in Stuttgart unter deutscher EU-Ratspräsidentschaft die dritte EuroMed-Konferenz statt
08.06.1999	Tony Blair und Gerhard Schröder legen mit „The way forward" ein gemeinsames Papier zur Zukunft der europäischen Sozialdemokratie vor
23.06.2000	Mit der Deklaration V verabschiedet der Rat der Europäischen Union auf seinem Gipfel im portugiesischen Feira die EU-Mittelmeerstrategie
17.07.2000	Bashar al-Assad wird Präsident Syriens
25.07.2000	Der Clinton-Barak-Arafat Gipfel, der auch unter dem Namen Camp-David-II bekannt wurde, wird ohne greifbare Ergebnisse abgebrochen
21.01.2001	Bis zum 27. Januar führt der EU-Sondergesandte Moratinos Gespräche mit dem israelischen Ministerpräsidenten Barak und dem PLO-Vorsitzenden Arafat
07.08.2001	Die Richtlinie für „temporären Schutz" tritt in Kraft, die Geflüchteten direkten Arbeitsmarktzugang und ein befristetes Aufenthaltsrecht für drei Jahre auf dem Gebiet der EU-Mitgliedsstaaten ermöglicht, wenn sie aktiviert wird

Zeitenwende 2001:
Die Anschläge vom 11. September und der Krieg im Irak

11.09.2001	Islamistischer Terror Al-Qaidas findet mit dem Anschlag auf das World-Trade-Center in New York sichtbar seinen Weg in die USA
07.10.2001	Unter US-amerikanischer Führung beginnt die Militäroperation „Enduring Freedom" - Einmarsch in Afghanistan
01.01.2002	Die teilnehmenden EU-Mitgliedsstaaten führen den Bargeld-Euro ein
29.01.2002	In seiner Rede zur Lage der Nation verurteilt US-Präsident Bush die aggressive Politik Irans
29.03.2002	Der israelische Ministerpräsident Sharon befiehlt nach Terroranschlägen den militärischen Einmarsch in die palästinensischen Hoheitsgebiete; dabei wird Arafat festgesetzt und dessen Amtssitz zerstört
08.11.2002	Eine Resolution des UN-Sicherheitsrats bringt eine erneute UN-Inspektionsinitiative im Irak auf den Weg
23.01.2003	US-Verteidigungsminister Rumsfeld spricht während einer Pressekonferenz im Pentagon mit Blick auf die Deutsch-Französische Oppositionshaltung zum Irakkrieg von „old and new Europe"
30.01.2003	Im Wall Street Journal erscheint unter dem Titel „united we stand" ein Op-Ed acht europäischer Regierungschefs, in dem diese Europa auffordern, sich im Irakkonflikt geschlossen hinter die USA zu stellen
05.02.2003	Der US-amerikanische Außenminister Powell argumentiert vor dem UN-Sicherheitsrat mit Zeichnungen angeblicher irakischer Chemiewaffenlabore für eine Invasion im Irak
05.02.2003	Die Staaten der „Vilnius-Gruppe" bekräftigen die spanisch-britische Position, die von den USA vorgelegten Beweise für ein irakisches Massenvernichtungswaffenprogramm seien überzeugend

15.02.2003	Ca. 9 Millionen Menschen protestieren im Vorfeld der Münchner Sicherheitskonferenz in ganz Europa öffentlich gegen den Irakkrieg
20.03.2003	In der Nacht beginnt die „Koalition der Willigen" unter Führung der USA ihre militärische Invasion im Irak
01.05.2003	US-Präsident Bush erklärt die Militärmission im Irak für erfüllt
16.05.2003	Paul Bremer, Chef der Koalitions-Übergangsverwaltung für den Irak, lässt per Dekret die irakische Einheitspartei *baath* auflösen
01.07.2003	Im Irak wird eine pluralistische Übergangsregierung gebildet, die beginnt, erste Regierungsverantwortung zu übernehmen
19.08.2003	Ein Selbstmordanschlag trifft das Hauptquartier der UN in Bagdad, 24 Menschen sterben - darunter der Irak-Sonderbeauftragte der Vereinten Nationen, Sergio Vieira de Mello; dieser Anschlag markiert eine Reihe von Attentaten, die der „Widerstand" gegen die Besetzung des Iraks ab Sommer 2003 verübt
21.10.2003	Zehn Tage vor Ablauf der von der IAEO gegenüber der iranischen Führung gesetzten Frist besuchen die Außenminister Frankreichs, Großbritanniens und Deutschlands, de Villepin, Straw und Fischer den Iran
06.11.2003	Der erste polnische Soldat, Major Hieronim Kupczyk, wird in der Nähe der irakischen Stadt Kerbela getötet
12.11.2003	Bei einem Selbstmordattentat auf das Hauptquartier der italienischen Polizei in der südirakischen Stadt Nassiriyya kommen 14 italienische Polizisten und Soldaten ums Leben
19.11.2003	Auf Initiative des EU-Außenministerrates wird die von Vertretern der USA, Russlands, der EU und der Vereinten Nationen entwickelte „Roadmap for Peace" als Resolution 1515 des Sicherheitsrates der Vereinten Nationen verabschiedet

29.11.2003	In einem Hinterhalt in der südirakischen Provinz Diwaniyya werden sieben spanische Geheimdienstmitarbeitende getötet
14.12.2003	Saddam Hussein wird von US-Amerikanischen Soldaten in Tikrit gefasst
22.01.2004	Jossi Beilin und Jassir Abed Rabbo, ehemalige israelische bzw. palästinensische Minister, stellen einen im Rahmen der „Genfer Initiative" im Dezember 2003 erarbeiteten umfassenden Friedensplan vor
11.03.2004	Bei islamistischen Terroranschlägen in der spanischen Hauptstadt Madrid kommen 191 Menschen ums Leben, 2051 werden verletzt
Apr. 2004	Die Türkei tritt als erstes Partnerland aus dem südlichen Mittelmeerraum dem Studierenden-Austausch-Programm Erasmus bei
01.05.2004	Die EU erweitert sich um zehn mittelosteuropäische und südliche Mitgliedsstaaten
08.06.2004	Der UN-Sicherheitsrat verabschiedet die Resolution 1546, die der UN-Vertretung in Bagdad weitreichendere Zuständigkeiten bei der Organisation des politischen und wirtschaftlichen Überganges überträgt
28.08.2004	Ein Dokument entsteht, auf dessen Grundlage Vertreter der israelischen Seite bis Juni 2006 in einer Serie von Geheimgesprächen mit syrischen Emissären einen Kompromiss für die umstrittene Grenzregion Golan verhandeln
30.01.2005	Im Irak finden die ersten freien Wahlen statt
27.02.2005	Der deutsche Bundeskanzler Schröder reist zu Gesprächen in die sechs Mitgliedsstaaten des Golfkooperationsrates
Mai 2005	Die polnische Regierung unter Alexander Kwasnewski beginnt mit dem Abzug ihrer Einheiten aus dem Irak
15.08.2005	Die israelische Armee beginnt im Rahmen der Umsetzung von Sharons „Abkopplungsplan" bei den Bewohnern der israelischen Siedlungen im Gazastreifen Evakuierungsbefehle zu verteilen

18.05.2006 Der italienische Ministerpräsident Romano Prodi kündigt den vollständigen Abzug italienischer Truppen aus dem Irak an

03.03.2007 Der saudische König Abdullah empfängt den iranischen Präsidenten Ahmadinedschad

13.07.2008 Gründung der „Union für das Mittelmeer“ Der französische Staatspräsident Nicolas Sarkozy lädt den Präsidenten der Palästinensischen Autonomiebehörde Abbas und den israelischen Ministerpräsidenten Olmert gemeinsam mit allen weiteren Staats- und Regierungschefs der EuroMed Gruppe nach Paris

27.12.2008 Die israelische Militäroperation „Operation gegossenes Blei“ leitet den ersten Gazakrieg ein

27.05.2009 Frankreich errichtet in Abu Dhabi einen Militärstützpunkt

04.06.2009 US-Präsident Obama spricht im Auditorium der Kairoer Universität über einen Neuanfang der Beziehungen des Westens mit der islamischen und arabischen Welt

05.10.2009 Der „Visumkodex“, mit dem einheitliche Regeln für den Kurzaufenthalt von Drittstaatsangehörigen im Schengenraum festgelegt werden, tritt in Kraft

Zeitenwende 2011: Die Arabellion (Der Arabische Frühling)

17.12.2010 Aus Protest gegen die Schikane der örtlichen Polizei verbrennt sich Mohamed Bouazizi, ein tunesischer Gemüsehändler, selbst und stößt damit Demonstrationen gegen das Ben-Ali-Regime an

14.01.2011 Nachdem sich die tunesische Armeeführung entscheidet, die Massendemonstrationen gegen das Ben-Ali-Regime nicht zu unterdrücken, verlässt der autoritäre Präsident das Land

11.02.2011 Nach Massenprotesten auf dem Kairorer Tahrir-Platz tritt Ägyptens Präsident Mubarak ab

17.02.2011 Der „Tag des Zorns“: Demonstrierende fordern den Rücktritt von Libyens Staatschef Gaddafi

01.03.2011	Teile der Bevölkerung beginnen in Damaskus friedlich für Reformen zu demonstrieren
08.03.2011	Die EU-Institutionen regieren auf die Umbrüche in der südlichen Nachbarschaft, indem sie eine gemeinsame Mitteilung mit dem Titel „Eine Partnerschaft mit dem südlichen Mittelmeerraum für Demokratie und gemeinsamen Wohlstand“ verabschieden
17.03.2011	Der UN-Sicherheitsrat verhängt eine Flugverbotszone über Libyen
20.10.2011	Libyens Staatschef Gaddafi wird auf der Flucht von Rebellen ermordet
16.06.2012	Bis zum 17. Juni kommt es in Ägypten zur Stichwahl zwischen Mohammed Mursi und Ahmad Schafiq
12.08.2012	Der ägyptische Präsident Mursi ernennt Feldmarschall Abdel Fattah as-Sisi zum Oberbefehlshaber der ägyptischen Streitkräfte
14.10.2012	Ali Seidan wird vom libyschen Parlament zum Ministerpräsidenten gewählt
14.11.2012	Der zweiten Gazakrieg beginnt, der am 21. November mit einem von Ägypten vermittelten Waffenstillstand endet
19.11.2012	Die EU erkennt die „Nationale Koalition“ als legitime Repräsentation der syrischen Bevölkerung an
03.07.2013	Nach Massenprotesten gegen seine Regierung setzt die ägyptische Militärführung Präsident Mursi ab und stellt ihn vor Gericht
03.08.2013	Der als kompromissbereit geltende Hassan Rouhani löst den Hardliner Mahmud Ahmadinedschad als Präsident Irans ab
11.03.2014	Das libysche Parlament setzt Ministerpräsident Seidan per Misstrauensvotum ab
21.03.2014	Russland annektiert die Krim-Halbinsel
17.04.2014	Abd al-Aziz Bouteflika wird trotz mehrerer Schlaganfälle im Amt des algerischen Präsidenten bestätigt
08.07.2014	Dritter Gazakrieg: Als Reaktion auf anhaltenden Raketenbeschuss durch die Hamas führen israelische Streitkräfte eine Militäroperation im Gazastreifen

	durch, die am 26. August mit einer unbefristeten Waffenruhe endet
26.10.2014	Die tunesische Bevölkerung wählt selbst frei Präsidentschaft und Parlament
10.12.2014	Die tunesische Zivilgesellschaftsinitiative „Quartett für den nationalen Dialog" erhält in Oslo den Friedensnobelpreis
01.04.2015	IS-Kämpfer dringen bis in die Außenbezirke von Damaskus vor
27.04.2015	Der deutsche Bundespräsident Joachim Gauck besucht Tunesien
14.07.2015	Unter Leitung der EU-Außenbeauftragten Mogherini wird in Wien ein Atomvertrag mit dem Iran (JCPOA) geschlossen
04.09.2015	Österreichs Kanzler Weymann und Bundeskanzlerin Merkel vereinbaren, die Außengrenzen ihrer Länder – im Gegensatz zu vielen anderen EU-Mitgliedsstaaten – trotz erwarteter hoher Ankunftszahlen geöffnet zu halten
13.11.2015	Bataclan und Stade de France: In einer Anschlagsserie in Paris kommen 130 Menschen ums Leben; 683 weitere werden verletzt
21.05.2016	Das EU-Parlament verabschiedet die „Studiums-Richtlinie", die Studierenden, Au-Pairs und Freiwilligendienstleistenden die Einreise in die EU erleichtert
24.03.2017	Nach einem Freispruch durch den ägyptischen Kassationsgerichtsgerichtshof wird Hosni Mubarak aus der Haft entlassen
22.02.2019	In Algier beginnen massenhaft besuchte freitägliche Protestspaziergänge gegen das Regime von Präsident Bouteflika, die über ein ganzes Jahr andauern
23.03.2019	Mit der Einnahme des IS-Rückzugsortes al-Bagouz wird die Territorialherrschaft der Terrormiliz „Islamischer Staat" beendet
01.04.2019	Algeriens Präsident Bouteflika gibt nach Protesten gegen eine weitere Amtszeit seinen Rücktritt bekannt

19.07.2019	Spezialeinheiten der iranischen Revolutionsgarde besetzen den schwedischen Öltanker „Stena Imperio“
Dez. 2019	Von der chinesischen Stadt Wuhan aus beginnt das neuartige Coronavirus sich in rasanter Geschwindigkeit weltweit auszubreiten
03.01.2020	Qasem Soleimani, Kommandeur der Quds-Brigaden, einer Einheit der iranischen Revolutionsgarde und Abu Mahdi al-Muhandis, Chef einer einflussreichen irakischen Miliz in Bagdad, werden durch einen US-amerikanischen Drohnenangriff getötet
20.01.2020	In der Berliner Abschlusserklärung einigen sich alle beteiligten Akteure auf einen gemeinsamen Friedensplan für Libyen
28.01.2020	US-Präsident Trump stellt gemeinsam mit Israels Ministerpräsidenten Netanyahu in Washington den sogenannten „Trump peace plan“ vor
12.02.2020	In Ägypten leben jetzt 100 Mio. Einwohner

Zeitenwende 2020–22:
Covid-19-Pandemie, Ukrainekrieg und Klimawandel

17.03.2020	Am Tag der nationalen Einheit meldet Italien 475 Todesfälle im Zusammenhang mit Covid-19 an nur einem Tag
20.03.2020	In Algier verbietet Präsident Tebboune den 56. friedliche freitäglichen Protestspaziergang gegen das Regime; auch die Organisator:innen sagen die Veranstaltungen aus Rücksicht auf den Schutz der Menschen vor Ansteckung mit dem Coronavirus ab.
08.04.2020	Die EU-Kommission verabschiedet „Team Europe“, ein Hilfsprogramm, das die sozialen und wirtschaftlichen Folgen der Pandemie in der EU-Nachbarschaft abfedern soll
04.08.2020	Explosionskatastrophe im Hafen von Beirut mit über 200 Toten und 6.500 Verletzten
09.02.2021	Gemeinsame Mitteilung an das Europäische Parlament, den Rat, den Europäischen Wirtschafts- und Sozialausschuss und den Ausschuss der Regionen:

	Erneuerte Partnerschaft mit der südlichen Nachbarschaft
09.04.2021	Der irakische Ministerpräsident Mustafa Al-Kadhimi lädt die Chefs des saudischen und iranischen Geheimdienstes zu Gesprächen nach Bagdad ein
10.05.2021	Vierter Gazakrieg: In einer der schwersten israelisch-palästinensischen Auseinandersetzungen seit 2014 kommen mindestens 248 Palästinenser und 13 Israelis ums Leben
25.07.2021	Der tunesische Staatspräsident Kais Saïed suspendiert parlamentarische Demokratie und Gewaltenteilung
15.08.2021	Überstürzter Abzug des Westens aus Afghanistan und erneute Machtübernahme der Taliban
28.08.2021	Der irakische Miniisterpräsident Al-Khadimi lädt Minister aller Nachbarländer Iraks, auch Iran und Saudi-Arabien zu einer regionalen Kooperationskonferenz nach Bagdad ein – der französische Präsident Macron partizipiert
24.12.2021	Der internationale Termin für freie Wahlen in Libyen wird nicht eingehalten
24.02.2022	Russische Militärverbände greifen weiteres Staatsgebiet der Ukraine an
27.02.2022	Bundeskanzler Scholz kündigt in einer Rede vor dem Bundestag eine sicherheitspolitische „Zeitenwende" an
02.03.2022	Obwohl mit überwiegender Mehrheit, gelingt es der UN-Generalversammlung nicht, einstimmig eine Resolution zu verabschieden, die den russischen Angriffskrieg auf die Ukraine verurteilt
27.03.2022	Unterstützt durch die USA lädt Israel die Außenminister der VAE, Bahrains, Ägyptens und Marokkos zu einer Konferenz in die Negev-Wüste ein. Ziel: die Gründung einer regionalen Sicherheitsallianz
10.05.2022	Bei der 6. EU-Syrien-Konferenz sind über 1.200 syrische Nichtregierungsorganisationen vertreten
18.05.2022	EU gibt sich eine gemeinsame Strategie für die Partnerschaft mit den arabischen Golfstaaten des GCC

14.07.2022	Die EU-Kommission veröffentlicht mit „Fit for 55" einen Plan für den „grünen Wandel" der EU
15.07.2022	US-Präsident Biden besucht Saudi-Arabien (Erhöhung Ölförderquote)
18.07.2022	Der italienische Ministerpräsident Draghi reist für Gespräche nach Algerien (Erhöhung der Gaslieferungen)
27.07.2022	Nur 30 Prozent der Wahlberechtigten beteiligt sich an Referendum über neue tunesische Präsidial-Verfassung
01.08.2022	Die „Frazoni" kann als erstes mit ukrainischem Getreide beladenes Frachtschiff den Hafen von Odessa in Richtung Tripoli im Libanon verlassen
24.09.2022	Bundeskanzler Scholz trifft den saudischen Kronprinzen Mohammed bin Salman
16.09.2022	Der gewaltsame Tod der jungen Iranerin Mahsa Amini löst landesweite Proteste aus
18.10.2022	EU-Kommissar für Klimaschutz Frans Timmermans besucht Marokko, das als erstes Land der südlichen Nachbarschaft eine „Grüne Partnerschaft" mit der EU abschließt
06.11.2022	In Ägypten startet die 27. Weltklimakonferenz
20.11.2022	Das Eröffnungsspiel der umstrittenen Männer-Fußballweltmeisterschaft in Katar findet statt
29.12.2022	Der israelische Ministerpräsident Netanyahu bildet eine rechts-nationalistisch-religiöse Regierung
06.02.2023	Ein verheerendes Erdbeben erschüttert die türkisch-syrische Grenzregion mit Zehntausenden Toten und Verletzten sowie Millionen Obdachlosen
23.02.2023	Alle MENA-Staaten bis auf Syrien (Ablehnung) und Algerien, Iran, Sudan (Enthaltung) und Libanon (abwesend) votieren in der UN-Vollversammlung für den Abzug der russischen Armee aus der Ukraine
26.02.2023	Saudischer Aussenminister bei Präsident Selenski in Kiew, verspricht Ukraine humanitäre Hilfe
23.10.2023	Einhundertjähriges Bestehen der Türkischen Republik

Nov. 2023	Das ETIAS-System zur KI-gestützten Einreiseüberprüfung für visumbefreite Drittstaatsangehörige wird in den EU-Staaten verpflichtend

Glossar / Fachbegriffverzeichnis

Alle Fachbegriffe werden bei ihrer Erstnennung im laufenden Text erklärt. Die Begriffe, die oft verwendet und nicht jedes Mal näher erläutert werden, lassen sich in diesem Glossar nachgeschlagen.

Al-Qaida: arabisch für „die Basis", bezeichnet die 1988 in Afghanistan von Osama bin Laden begründete Terrororganisation, eine der ersten dschihadistischen Gruppen. Sie trägt insbesondere für die am 11. September 2001 in den USA verübten Anschläge Verantwortung.

Anna-Lindh-Foundation: ist ein Netzwerk unterschiedlichster zivilgesellschaftlicher Organisationen und wissenschaftlicher Institutionen aus den Mitgliedstaaten der Europäischen Union sowie allen Ländern rund um das Mittelmeer – mit Sitz in Alexandria, gegründet 2005.

Arabischer Frühling / Arabellion: bezeichnet die Massenproteste in vielen nordafrikanischen und nahöstlichen Staaten, die zur Flucht oder Abdankung autokratischer Führer geführt haben. Diese Zeitenwende wird hier mit dem von der Frankfurter Allgemeinen Zeitung geprägten Begriff „Arabellion" bezeichnet, der sich aus den Wörtern „Arabisch" und „Rebellion" zusammensetzt.

Arabische Liga: bezeichnet eine 1945 in Kairo gegründete regionale Allianz aus 22 sich als arabisch definierenden Staaten in Nordafrika und dem Nahen Osten.

Baath Partei: „Hisb al-Baath" ist eine 1947 in Damaskus gegründete arabisch-sozialistische Einheitspartei mit dem Namen „die Wiedergeburt", die einen syrischen und einen irakischen Zweig hat. Sie trug im Irak die Präsidentschaft von Saddam Hussein und in Syrien die der al-Assads.

Berliner Abschlusserklärung: ist ein für Libyen beschlossener Fahrplan zur Beendigung des Bürgerkrieges und zum Aufbau von Staat, Gesellschaft und Wirtschaft, der unter deutscher Leitung im Januar 2020 von den Vertretern der Bürgerkriegsparteien und ihrer ausländischen Sponsoren unterschrieben wurde.

Dschihadismus: eine uneinheitliche militante und extremistische Bewegung des sunnitischen Islam. Die Ideologie speist sich auch aus dem Wahhabismus. Dschihadisten betrachten den bewaffneten Kampf als einziges Mittel, eine islamische Staats- bzw. Gesellschaftsordnung durchzusetzen.

Dubliner Übereinkommen: regelt seit 1994, dass die EU-Mitgliedstaaten, in denen Asylsuchende bzw. ohne Visum Einreisende zuerst ankommen, für die rechtliche Überprüfung, Versorgung sowie den Verbleib dieser Menschen zuständig sind. Gestiegene Ankunftszahlen setzten seit 2012 das Übereinkommen zunehmend unter Druck. Seither ringen die EU-Mitgliedstaaten um ein gesamteuropäisches solidarisches System, das die Verantwortung fair verteilt.

E3: steht für die Zusammenarbeit der drei großen europäischen Länder Deutschland, Frankreich und Großbritannien in außenpolitischen Fragen; spricht man von „E4", zählt man Italien hinzu. Wenn zusätzlich „EU" erwähnt wird, ist die/der Außenbeauftragte der Europäischen Union involviert.

EIB: die Abkürzung für „Europäische Investitionsbank". Sie ist die gemeinsame Finanzierungsinstitution der 27 Mitgliedstaaten der Europäischen Union mit Sitz in Luxemburg, die diverse Entwicklungs- und Modernisierungsprojekte auch in Nahost und Nordafrika finanziert.

EBRD: steht für „Europäische Bank für Wiederaufbau und Entwicklung". Im Unterschied zur EIB zählen zu ihren aktuell 71 Mitgliedern auch die EU-Institutionen sowie Nicht-EU-Staaten wie Großbritannien und Algerien.

Erasmus plus: ist ein erstmals 1987 aufgelegtes europäisches Förderprogramm für Studierendenmobilität, das heute auch für Auszubildende und Praktikant:innen offen ist und sich auf alle zehn Länder der südlichen Nachbarschaft der EU erstreckt, darunter Algerien, die palästinensischen Gebiete und Jordanien.

Ennahda: das arabische Wort für „Wiedergeburt" ist der Name einer tunesischen Partei mit einer an der Religion des Islam ausgerichteten Programmatik. Sie stellte 2011 bis 2014 und 2019 bis 2021 im tunesischen Parlament die stärkste Fraktion und war vor 2011 in der Zeit der Herrschaft von Präsident Ben Ali verboten. Ennahda hat sich nicht immer eindeutig von radikalen islamistischen Extremisten distanziert.

ESG-Kriterien: beschreiben die drei Nachhaltigkeitskriterien Umwelt, Soziales und Gutes Regieren nach den englischen Begriffen Environment (E), Social (S), Governance (G). Der ESG-Ansatz hat sich in der Finanzbranche als ein Standard zur Abgrenzung nachhaltiger Geldanlagen entwickelt.

EuroMed: ist das Akronym für „Euro-mediterrane Partnerschaft", eine transmediterrane Kooperationsstruktur, die 1995 in Barcelona von den Mitgliedstaaten der Europäischen Union mit den südlichen Anrainerländern des Mittelmeeres begründet wurde. Der Prozess der verstärkten Zusammenarbeit wird daher auch Barcelona-Prozess genannt. EuroMed geht seit 2008 in der „Union für das Mittelmeer" (UfM) auf.

European Green Deal: das zentrale Projekt der EU-Kommission im laufenden Finanzrahmen bis 2027, mit dem die 27 EU-Mitgliedstaaten bis 2050 klimaneutral werden sollen. In einem ersten Schritt sollen die Treibhausgasemissionen bis 2030 um mindestens 55 Prozent gegenüber dem Stand von 1990 sinken. Um dieses Ziel zu erreichen, müssen Wirtschaft und Gesellschaft in vielen Bereichen neu ausgerichtet werden. Dazu werden in der sogenannten Außendimension des „Europäischen Grünen Weges" auch „Grüne Partnerschaften" mit den Nachbarländern in Nahost und Nordafrika abgeschlossen.

Europäischer Auswärtiger Dienst (EAD): wurde im Rahmen des Lissabon-Vertrages ab 2007 eingerichtet, um die gemeinsame europäische Außen- und Sicherheitspolitik unter Leitung des Hohen Vertreters im Ausland zu stärken.

Eurozone: bezeichnet den europäischen Raum der gemeinsamen Währung „Euro", dem aktuell 20 der 27 EU-Mitgliedstaaten angehören.

Frontex: ist die von der EU 2017 mit Sitz in Warschau gegründete Agentur, die die Außengrenzen der europäischen Mitgliedstaaten schützen soll. Umstritten ist ihr Vorgehen bei Zurückweisungen an den Außengrenzen der EU.

GIZ: Abkürzung für „Gesellschaft für Internationale Zusammenarbeit“. Sie ist eine deutsche Entwicklungsagentur, die, u.a. im Auftrag des Bundesministeriums für wirtschaftliche Entwicklung und Zusammenarbeit (BMZ), Projekte auch in Nahost und Nordafrika umsetzt.

Global Gateway: eine Initiative der Europäischen Union, mit dem Ziel, ihre Konnektivität insbesondere mit den Nachbarn in Nahost und Nordafrika sowie Partnerländern in Afrika zu stärken. Dazu sollen in diesen Gesellschaften bis 2027 300 Milliarden Euro in zentrale Zukunftsbereiche wie Digitalisierung, alternative Energiegewinnung und Bildung investiert werden. Global Gateway versteht sich auch als eine europäische Antwort auf das chinesische Seidenstraßenprojekt.

Golfkooperationsrat (GKR, in der englischen Abkürzung GCC): ist eine 1981 gegründete regionale Allianz der sechs arabischen Staaten am Golf: Saudi-Arabien, Vereinigte Arabische Emirate, Katar, Kuwait, Bahrain und Oman.

Hamas: ist eine palästinensische islamistische Organisation und Partei mit eigener Miliz, die seit 2008 über den palästinensischen Küstenstreifen von Gaza herrscht. Hamas ist ein Akronym für „islamische Widerstandsbewegung“, gegründet 1988 zum Ende des ersten palästinensischen Aufstandes gegen die israelische Besatzung im Gazastreifen.

Hisbollah: „Partei Gottes“, ist eine libanesische Partei mit eigener Armee und rekrutiert ihre Wähler:innen und Anhänger:innen aus der arabischen Bevölkerung schiitischen Glaubens des Libanon. Die Hisbollah wurde 1982 während des libanesischen Bürgerkrieges als Miliz mit Unterstützung der iranischen Revolutionsgarden gegründet.

IAEO: steht für die multilaterale Organisation der Internationalen Atomenergiebehörde mit Sitz in Wien, die seit 1957 in nuklearen Fragen eine zentrale Rolle spielt, etwa bei der Überwachung des iranischen Atomprogramms oder der Suche nach Nuklearmaterial im Irak während der Präsidentschaft von Saddam Hussein.

„Islamischer Staat“ („IS“): bezeichnet eine extremistische islamistische Terrororganisation, die von 2014 bis 2019 Territorium im westlichen Irak und östlichen Syrien militärisch unter ihre Kontrolle bringen konnte. Eine internationale Militärallianz, die „Anti-IS-Koalition", hat das Territorium des „IS" militärisch zerschlagen. Die Gründung des „IS" wurde von der Terrorgruppe Al-Qaida gefördert.

JCPOA: steht für das multilaterale Abkommen zur Kontrolle des iranischen Atomprogramms; vereinbart 2015 zwischen Iran, den fünf ständigen Mitgliedern des UN-Sicherheitsrates (USA, Russland, China, Großbritannien und Frankreich) und Deutschland unter Leitung der/s Außenbeauftragten der EU. Die USA haben 2018 das JCPOA einseitig gekündigt.

„Koalition der Willigen": bezeichnet die Staaten, die den USA und Großbritannien militärisch gefolgt sind, um 2003 im Irak zu intervenieren.

Kronberger Nahostgespräche: eine Initiative der Bertelsmann Stiftung, die zwischen 1995 und 2008 regelmäßig Politiker:innen, Wissenschaftler:innen, Unternehmer:innen und Zivilgesellschaftsvertreter:innen aus Europa sowie den Staaten des Nahen Ostens und Nordafrikas versammelt hat, um gemeinsam über die Rolle Europas bei der Lösung der Konflikte im Mittelmeerraum nachzudenken.

KSZE: Abkürzung für „Konferenz für Sicherheit und Zusammenarbeit in Europa". Mit der Unterzeichnung der Schlussakte in Helsinki 1975 haben insbesondere die Staaten des Warschauer Paktes und der Nato Kooperationen in den drei Arbeitsfeldern Sicherheit, Wirtschaft und menschliche Dimension verabredet.

KSZ-Golf: bezeichnet die Einrichtung eines Kooperations- und Sicherheitssystems für die Staaten der Golfregion – insbesondere um die verfeindeten Länder Iran und Saudi-Arabien. Forschungsinstitute aus Europa und der Golfregion haben maßgeblich zur Entwicklung eines Konzeptes beigetragen. Die KSZ-Golf greift auf Ideen und Erfahrungen der Konferenz für Sicherheit und Zusammenarbeit in Europa (KSZE) zurück.

Lissabon-Vertrag: den haben die Mitgliedstaaten der Europäischen Union 2007 untereinander abgeschlossen, um die Gemeinschaft nach der Süd- und Osterweiterung, mit der die EU zahlreiche neue Mitgliedstaaten hinzugewann, zu reformieren. Mit Blick auf die europäische Außenpolitik wurden die Kompetenzen des Hohen Vertreters für die EU-Außen- und Sicherheitspolitik erweitert, der Europäische Auswärtige Dienst (EAD) eingerichtet und die Bedeutung der europäischen Nachbarschaftspolitik hervorgehoben.

Madrider Friedenskonferenz: bezeichnet die unter den USA 1991 einberufene Nahostkonferenz, bei der erstmalig die Regierungen Israels, Ägyptens, Libanons, Syriens und Jordaniens (unter Einschluss palästinensischer Vertreter:innen) über die Lösung des Nahostkonfliktes beraten haben.

„More for More“: steht für die Bereitschaft der Europäischen Union, den Ländern der Arabellion ab 2011 für Entwicklungen zu mehr Demokratie und Rechtsstaatlichkeit mehr finanzielle, technische und politische Unterstützung zu gewähren.

Mudschahedin: So werden in dieser Publikation die islamistischen afghanischen Kämpfer bezeichnet, die durch ihren Guerillakrieg gegen die sowjetische Besatzung Afghanistans in den 1980er Jahren im Westen als „Freiheitskämpfer“ bekannt wurden.

Muslimbrüder: eine 1928 in Ägypten gegründete sunnitisch-islamistische Bewegung mit Anhängerschaft in vielen arabischen Ländern. Nach dem Sturz des ägyptischen Präsidenten Mubarak haben sie 2011 die sogenannte Freiheits- und Gerechtigkeitspartei gebildet, die zwischen 2011 und 2013 die Mehrheitsfraktion im Parlament und mit Mohammed Mursi den Präsidenten stellte. Die mit der Machtergreifung von General as-Sisi und dem Verbot ihrer Organisation begonnene Verfolgung der Muslimbrüder hält bis heute an. Sie haben sich nicht immer eindeutig von radikalen islamistischen Extremisten distanziert.

Nahost-Quartett: ist eine Vermittlungsinstitution, die die USA, die EU, die Vereinten Nationen und Russland einschließt, die in diesem Rahmen seit April 2002 koordiniert im Nahostkonflikt vermitteln.

Nidaa Tounes: arabisch für „Ruf Tunesiens“, das eine 2014 gegründete tunesische Partei bezeichnet. Sie stellte zwischen

2014 und 2019 die stärkste Fraktion im Parlament und den Präsidenten. Ihre Anhänger:innenschaft umfasst säkulare und liberale Strömungen sowie ehemalige Mitglieder der herrschenden Einheitspartei von Ex-Präsident Ben Ali.

OPEC: steht seit 1960 als Akronym für die internationale Organisation erdölexportierender Länder. Zu den wichtigsten Mitgliedern zählen im Nahen Osten Saudi-Arabien, die Vereinigten Arabischen Emirate, Kuwait, Iran, Irak und Libyen.

Oslo-Prozess: 1993 durch norwegische Vermittlung eingeleitete israelisch-palästinensische Verständigung, die einen Weg zur Lösung des Nahostkonfliktes über pragmatische Einzelschritte beschreitet.

Der „Rat der syrischen Charta": ist eine Plattform des Dialogs unterschiedlicher gesellschaftlicher Gruppierungen, Parteien, Stämme und Führungspersönlichkeiten verschiedener ethnischer und religiöser Gruppen, die seit 2019 für einen gesellschaftlichen und politischen Neuanfang Syriens nach dem Bürgerkrieg eintreten.

Schengenraum: umfasst 23 der 27 EU-Staaten sowie Liechtenstein, Schweiz, Norwegen und Island; in diesem Staatenverbund fallen in der Regel die Personenkontrollen an den Grenzen weg.

Südliche Nachbarschaft / europäische Nachbarschaftspolitik Süd (ENP-Süd): Die EU hat 2004 mit den sechs direkten Nachbarstaaten östlich seiner Grenzen und den zehn Nachbarländern südlich des Mittelmeerraums (über die Hälfte aller Staaten Nordafrikas und des Nahen Ostens) bilaterale Abkommen von unterschiedlicher politischer, wirtschaftlicher und sozialer Tiefe geschlossen. In der Zusammenarbeit mit denjenigen Ländern, die direkt an die EU grenzen, sollen die Förderung von Demokratie und Rechtsstaatlichkeit eine besondere Bedeutung haben.

Taliban: eine islamistische Terrorgruppe, die bei ihrer Gründung 1994 in Afghanistan aus früheren Mudschahedin bestand. Die Gruppe der Taliban hat ihre Rekrutierungsursprünge in religiösen Schulen für afghanische Flüchtlinge in Pakistan. Die Taliban beherrschten Afghanistan zwischen 1996 und 2001 sowie wieder ab 2021 nach dem Abzug der letzten westlichen Soldaten.

Team Europe: ist eine 2020 aufgelegte Initiative der Europäischen Union, um besonders von der Covid-19-Pandemie betroffene Entwicklungs- und Schwellenländer finanziell und technisch bei der Bewältigung der sozialen, finanziellen und wirtschaftlichen Folgen zu unterstützen.

UfM: Abkürzung für „Union für das Mittelmeer", die, 2008 in Paris gegründet, alle EU-Mitgliedstaaten und alle Länder rund um das Mittelmeer in einer transmediterranen Kooperationsstruktur versammelt.

Wahhabismus: eine in Saudi-Arabien begründete puritanisch-fundamentalistische Auslegung des sunnitischen Islam, geprägt im 18. Jahrhundert von dem Prediger Muhammad ibn Abd al-Wahhāb. Aus seiner religiös-ideologischen Weltanschauung speiste sich ein Teil der Herrschaftslegitimation des Königshauses der Al Saud.

„War on Terror": „Krieg gegen den Terror" ist eine unter dem US-Präsidenten George W. Bush ab 2001 infolge der Anschläge vom 11. September entwickelte Außenpolitikstrategie, die auch mit militärischen Mitteln gegen terroristische Netzwerke und terrorfördernde Staaten vorgehen will.

Westsahara: bezeichnet das Gebiet der ehemaligen spanischen Kolonie, geografisch südlich von Marokko gelegen, das ohne internationale Anerkennung seit 1975 von Marokko als Teil seines Staatsgebiets deklariert wird. Der Territorialstreit birgt besonderes Konfliktpotenzial mit Marokkos östlichen Nachbarn Algerien. Marokko und Westsahara beherbergen zwei Drittel der weltweiten Vorkommen des wichtigen Rohstoffs Phosphat.

Zeitenwende: in Deutschland das Wort des Jahres 2022. Es bezeichnet den Beginn einer neuen Ära aufgrund entscheidender politischer, wirtschaftlicher oder gesellschaftlicher Umbrüche. Der Begriff „Zeitenwende" hat mit dem völkerrechtswidrigen Einmarsch Russlands in die Ukraine im Februar 2022 neue Aktualität gewonnen.

Zweistaatenlösung: bezeichnet die Beendigung des Nahostkonflikts in Form der gefestigten Existenz zweier Staaten, Israel und Palästina, die Seite an Seite in Frieden auf dem Territorium zwischen dem östlichen Mittelmeer und dem Jordanfluss existieren sollen.

Personenverzeichnis

Abbas, Mahmud (1935–), Präsident der Palästinensischen Autonomiebehörde 2004–
Abdel-Shafi, Haidar (1919–2008), palästinensischer Arzt und Politiker
Abed Rabbo, Yasser (1944–), palästinensischer Politiker
Ahmadinedschad, Mahmud (1956–), Staatspräsident von Iran 2005–2013
Alliot-Marie, Michele (1946–), französische Verteidigungsministerin 2010–2011
Al Nahayan, Muhammad bin Zayid (1961–), Präsident der Vereinigten Arabischen Emirate 2022–
Al Saud, Abdullah ibn Abd al-Aziz (1924–2015), König von Saudi-Arabien 2005–2015
Al Saud, Chalid ibn Abd al-Aziz (1912–1982), König von Saudi-Arabien 1975–1982
Al Saud, Mohammed bin Salman bin Abd al-Aziz (1985–), Kronprinz von Saudi-Arabien, 2017–
Al Saud, Naif ibn Abd al-Aziz (1933/34–2012), Innenminister von Saudi-Arabien 1975–2012
Alpher, Yossi (1942–), israelischer Wissenschaftler und Publizist
Alwan, Rafid Ahmed (1968–), irakischer Chemie-Ingenieur
Amin, Hafizullah (1929–1979), Ministerpräsident von Afghanistan 1979
Amir, Jigal (1970–), israelischer Attentäter
Arafat, Jassir (1929–2004), Präsident der Palästinensischen Autonomiebehörde 1995–2004
Ashrawi, Hanan (1946–), palästinensische Politikerin
Assad, Baschar al- (1965–), Staatspräsident von Syrien 2000-
Assad, Hafiz al- (1930–2000), Staatspräsident von Syrien 1971–2000
Assaraf, Nathaniel, schwedisch-marokkanischer Unternehmer
Atta, Mohammed (1968–2001), islamistischer Terrorist
Attalah, Lina, (1983–), ägyptische Journalistin
Aznar, Jose Maria (1953–), spanischer Ministerpräsident 1996–2004

Azoulay, André (1941–), außenpolitischer Berater des marokkanischen Königs 1991-

Bahaji, Said (1975–2013), islamistischer Terrorist

Baker, James Addisson (1930–), US-amerikanischer Außenminister 1989–1992

Baradei, Mohammed el- (1942–), ägyptischer Wissenschaftler, Diplomat und Politiker

Barak, Ehud (1942–), Ministerpräsident von Israel 1999–2001

Begin, Menachem (1913–1992), Ministerpräsident von Israel 1977–1983

Beilin, Yossi (1948–), israelischer Politiker

Ben Ali, Zine el-Abidine (1936–2019), Staatspräsident von Tunesien 1987–2011

Bennett, Naftali (1972–), Ministerpräsident von Israel 2021–2022

Berlusconi, Silvio (1936–), mehrmaliger italienischer Ministerpräsident zwischen 1994 und 2011

Bettache, Hanane, algerischer Journalist

Binalshibh, Ramzi (1972–), mutmaßlicher islamistischer Terrorist

Blair, Tony (1953–), britischer Premierminister 1997–2007

Blix, Hans (1928–), schwedischer Politiker und Diplomat, schwedischer Außenminister 1978–1979

Blomberg, Jaakko (1942–), finnischer Diplomat

Borrell, Josep (1947–), EU-Außenbeauftragter 2019-

Bouteflika, Abd al-Aziz (1937–2021), Staatspräsident von Algerien 1999–2019

Bremer, Paul Lewis (1941–), US-amerikanischer Diplomat und Irak-Sonderverwalter 2003–2004

Breschnew, Leonid Iljitsch (1906–1982), Generalsekretär der KPdSU 1964–1982

Bush, George H. (1924–2018), US-amerikanischer Präsident 1989–1993

Bush, George W. (1946–), US-amerikanischer Präsident 2001–2009

Callaghan, James (1912–2005), britischer Premierminister 1976–1979

Carter, James Earl „Jimmy“ Jr. (1924–), US-amerikanischer Präsident 1977–1981
Chatami, Mohammad (1943–), Staatspräsident von Iran 1997–2005
Chebbi, Houssem (1972–), tunesischer Agrarwissenschaftler
Cheikh-Rouhou, Moncef (1945–), tunesischer Wirtschaftswissenschaftler und Politiker
Chirac, Jacques (1932–2019), Staatspräsident von Frankreich 1995–2007
Christopher, Warren Minor (1925–2011), US-amerikanischer Außenminister 1993–1997
Clinton, William Jefferson „Bill“ (1946–), US-amerikanischer Präsident 1993–2001
Conte, Guiseppe (1964–), italienischer Ministerpräsident 2018–2021
Dardari, Abdullah al- (1963–), syrischer Wirtschaftswissenschaftler und Politiker
Draghi, Mario (1947–), italienischer Ministerpräsident 2021–2022
Driss, Ahmed (19??–), tunesischer Politikwissenschaftler
Erdogan, Recep Tayyip (1954–), Ministerpräsident und Staatspräsident der Türkei ab 2003
Erekat, Saeb (1955–2020), palästinensischer Politiker
Fischer, Joschka (1948–), deutscher Außenminister 1996–2005
Gaddafi, Muammar al- (1942–2011), Staatsoberhaupt und Revolutionsführer von Libyen 1969–2011
Gaddafi, Saif al-Islam al- (1972–), Sohn von Muammar al-Gaddafi
Gauck, Joachim (1940–), deutscher Bundespräsident 2012–2017
Gerlach, Daniel (1977–), deutscher Autor, Publizist, Orientalist und Nahostexperte
Giscard d’Estaing, Valéry (1926–2020), Staatspräsident von Frankreich 1974–1981
Goldammer, Johann (1949–), Feuerökologe am Max-Planck-Institut
Goldstein, Baruch (1956–1994), israelischer Terrorist

Gorbatschow, Michail (1931–2022), letzter Staatspräsident der Sowjetunion (1985–1991)

Guterres, Antonio (1949–), Generalsekretär der Vereinten Nationen 2017-

Haftar, Chalifa (1943–), libyscher Offizier und Politiker

Heusgen, Christoph (1955–), deutscher Diplomat

Hollande, Francois (1954–), Staatspräsident von Frankreich 2012–2017

Holst, Johan (1937–1994), norwegischer Außenminister 1993–1994

Hussein, Saddam (1937–2006), Staatspräsident des Irak 1979–2003

Hussein Abdullah II bin al- (1962–), König von Jordanien 1999-

Hussein bin Talal (1935–1999), König von Jordanien 1952–1999

Husseini, Faisal al- (1940–2001), palästinensischer Politiker

Jomaa, Mehdi (1962–), tunesischer Unternehmer und Ministerpräsident 2014–2015

Kadhimi, Mustafa Al- (1967–), irakischer Ministerpräsident 2020–2022

Karsai, Hamid (1957–), Staatspräsident von Afghanistan 2001–2014

Kerry, John Forbes (1943–), US-amerikanischer Außenminister 2013–2017

Khalaf, Safaa (19??–), irakischer Journalist

Khatib, Abdelelah al- (1953–), jordanischer Außenminister 2005–2007

Khatib, Ghassan al- (1954–), palästinensischer Wissenschaftler und Politiker

Khomeini, Ayatollah Ruhollah (1902–1989), Irans Revolutionsführer 1979–1989

Kienzle, Ulrich (1936–2020), deutscher Journalist, Publizist und Nahostexperte

Kirchschläger, Rudolf (1915–2000), österreichischer Bundespräsident 1974–1986

Koch, Christian (1965–), Experte für die arabischen Golfstaaten

Kodmani, Bassma (1958–2023), syrische Wissenschaftlerin und Politikerin

Kohl, Helmut (1930–2017), deutscher Bundeskanzler 1982–1998
Kwasnewski, Alexander (1954–), Staatspräsident von Polen 1995–2005
Labib, Subhi (1924–1987), ägyptisch-deutscher Orientalist
Laden, Osama bin (1957–2011), saudi-arabischer, ab 1994 staatenloser Terrorist
Lambsdorff, Alexander Graf (1966–), deutscher Politiker
Lang, Nicolas (1960–), schweizerischer Diplomat
Lapid, Yair (1963–), Ministerpräsident von Israel 2022–2023
Lawrow, Sergeij (1950–), russischer Außenminister 2005-
Leyen, Ursula von der (1958–), Präsidentin der EU-Kommission 2019-
Liel, Alon (1948–), ehemaliger israelischer Diplomat
Luciani, Giacomo (1948–), italienischer Wirtschafts- und Energiefachmann
Macron, Emmanuel (1977–), Staatspräsident von Frankreich 2017-
Mello, Sergio de (1948–2003), Sondergesandter der Vereinten Nationen 2002–2003
Merkel, Angela (1954–), deutsche Bundeskanzlerin 2005–2021
Mheiri, Mariam bint Mohammed Saeed Hareb al- (1979–), Umweltministerin der VAE 2021-
Michel, Charles (1975–), Präsident des Rates der EU 2019-
Modamani, Anas (19??–), syrischer Geflüchteter
Mohammed VI. bin al-Hasan (1963–), König von Marokko
Mohn, Reinhard (1921–2009), deutscher Unternehmer und Gründer der Bertelsmann Stiftung
Moratinos, Miguel Angel (1951–), erster EU-Sondergesandter Nahost-Friedensprozess 1996–2003
Mossadegh, Mohammad (1882–1967), Ministerpräsident von Iran 1951–1953
Mousavian, Hossein (1957–), iranischer Wissenschaftler und Diplomat
Movchan, Veronika (1976–), ukrainische Handelsexpertin
Mubarak, Muhammad Husni (1929–2020), Präsident von Ägypten 1981–2011
Mufti, Fathia (1987–), libysche Journalistin

Mullah, Maha (1959–), saudische Künstlerin
Mursi, Mohammed (1951–2019), Staatspräsident von Ägypten 2012–2013
Naeem, Naseef (1974–), deutsch-syrischer Staatsrechtler
Netanyahu, Benjamin (1949–), mehrmaliger Ministerpräsident Israels ab 1996
Neudeck, Rupert (1939–2016), Mitgründer der Organisation Cap Anamur
Obama, Barack (1961–), US-amerikanischer Präsident 2009–2017
Oettinger, Günther (1953–), deutscher Politiker, EU-Kommissar 2010–2019
Olmert, Ehud (1945–), Ministerpräsident von Israel 2006–2009
Otaybi, Juhayman al-, (1936–1980), saudischer Terrorist
Pahlavi, Mohammad Reza (1919–1980), Schah von Iran 1941–1979
Palacio, Ana (1948–), spanische Außenministerin 2002–2004
Peres, Schimon (1928–2016), Minister, Ministerpräsident, Staatspräsident Israels -2016
Powell, Colin Luther (1937–2021), US-amerikanischer Außenminister 2001–2005
Prodi, Romano (1939–), Präsident der EU-Kommission 1999–2004
Putin, Wladimir (1952–), russischer Ministerpräsident und Präsident 2000-
Rabin, Jitzchak (1922–1995), Ministerpräsident von Israel 1992–1995
Reynders, Didier (1958–), EU-Kommissar für Justiz 2019-
Rice, Condoleezza (1954–), US-amerikanische Außenministerin 2005–2009
Rohani, Hassan (1948–), Staatspräsident von Iran 2013–2021
Rumsfeld, Donald Henry (1932–2021), US-amerikanischer Verteidigungsminister 2001–2006
Sadat, Anwar as- (1918–1981), Präsident von Ägypten 1970–1981
Saidane, Amel (1979–), tunesische Jungunternehmerin
Saied, Kais (1958–), Staatspräsident von Tunesien 2019-
Sager, Abdulaziz Al- (19??–), saudischer Wissenschaftler

Salamé, Ghassan (1951–), Leiter der United Nations Support Mission in Libya (UNSMIL) 2017–2020
Sarkozy, Nicolas (1955–), Staatspräsident von Frankreich 2007–2012
Schmidt, Helmut (1918–2015), Bundeskanzler der BRD 1974–1982
Scholz, Olaf (1958–), deutscher Bundeskanzler 2021-
Schröder, Gerhard (1944–), deutscher Bundeskanzler 1998–2005
Seidan, Ali (1950–), libyscher Ministerpräsident 2012–2014
Seif, Riad (1946–), syrischer Unternehmer und Politiker
Shafik, Ahmed (1941–), ägyptischer Politiker
Shamir, Jitzchak (1915–2012), zweimaliger Ministerpräsident Israels –1992
Sharaa, Farouk al- (1938–), syrischer Politiker und Diplomat
Sharon, Ariel (1928–2014), Ministerpräsident von Israel 2001–2006
Sisi, Abd al-Fattah as- (1954–), Staatspräsident von Ägypten 2014-
Solana, Javier (1942–), Hoher Vertreter für die Gemeinsame Außen- und Sicherheitspolitik der EU 1999–2009
Soliman, Ibrahim (1939–2017), syrisch-US-amerikanischer Unternehmer und Unterhändler
Son, Paul van (1953–), niederländischer Unternehmer
Souwi, Saleh Abdel Rahim al- (–1994), palästinensischer Terrorist
Springer, Christian (1964–), Gründer der „Orienthelfer“
Straw, Jack (1946–), britischer Außenminister 2001–2006
Struck, Peter (1943–2012), deutscher Politiker, Verteidigungsminister 2002–2005
Tabatabai, Adnan (1978–), deutsch-iranischer Politikwissenschaftler
Tarraf, Ralph (1963–), europäischer Diplomat
Tebboune, Abdelmajid (1945–), Staatspräsident von Algerien 2019-
Timmermans, Frans (1961–), Vizepräsident der EU-Kommission 2019-
Trump, Donald John (1946–), US-amerikanischer Präsident 2017–2021

Villepin, Dominik de (1953–), französischer Außenminister 2002–2004

Westerwelle, Guido (1961–2016), deutscher Außenminister 2009–2013

Wolfowitz, Paul Dundes (1942–), US-amerikanischer Politiker und Diplomat

Yarysh, Anna (200?–), ukrainische Geflüchtete

Zapatero, José Luis Rodríguez (1960–), spanischer Ministerpräsident 2004–2011

Zarqawi, Abu Musab az- (1966–2006), islamistischer Terrorist

Danksagung

Wenn er noch mal studieren würde, dann würde er Chinesisch und Betriebswirtschaft wählen, erklärte unser Geschichtsleistungskurslehrer während einer Unterrichtsstunde unseres zwölften Jahrganges 1982 in der öffentlichen Bibliothek von Bad Schwartau bei Lübeck. Diese Lehrerempfehlung ging mir irgendwie nie aus dem Kopf: Wenn du, Christian, studieren solltest und schon kein Faible für Betriebswirtschaft, Technik und Naturwissenschaften hast, dann solltest du dein Politikstudium mit einer exotischen Sprache kombinieren. Trotzdem hing ich parallel dem Gedanken nach, doch so gerne Geschichte und Erdkunde auf Lehramt studieren zu wollen, was die Universität Kiel auch anbot. Ich bewarb mich dann auf diesen Studiengang während meiner Bundeswehrzeit bei der Luftwaffe 1984. Ziemlich überrascht war ich – und ich sehe den Brief heute noch vor mir –, als man mir dringend davon abriet, Lehrer zu werden. Man bräuchte weniger Lehrer in der Zukunft, und man wolle mir vorschlagen, auf Magister zu studieren. Nun gut! Also fuhr ich nach Kiel, erkundete die Universität und lief, wie in diesem Buch berichtet, dem Geschichtsprofessor mit den ägyptischen Wurzeln und dem arabischen Lektor mit irakischen Wurzeln in die Arme. Ich liebe diese Zufälle, die meinem Werdegang eine dankbare Richtung gegeben haben.

Zu diesen dankbaren Zufällen gehört auch eine Begegnung bei einem Abendessen der Friedrich-Ebert-Stiftung in Berlin Mitte September 2005. So sitze ich zwischen zwei jungen Leuten aus Hamburg, Jörg Schäffer und Daniel Gerlach, die mir von ihrem kleinen und jungen Deutschen Levante Verlag erzählen und einer Fachzeitschrift für den Orient, die sie „Zenith" nennen. Mit seiner Vielfalt an Nahostwissen ist *Zenith* 2023 die wichtigste deutschsprachige regelmäßig erscheinende Publikation zu orientalischen Themen. In meinem Buch beziehe ich mich auf einige Fachartikel. Daniel Gerlach selbst hat diverse Nahostbücher geschrieben und über seinen Verlag einige Standardwerke veröffentlicht, so wie das von Naseef Naeem zum arabischen Verfassungsstaat. Ich danke Daniel Gerlach für seine Ermunterung, mein Wissen in Buchform zu bringen, und sein Vertrauen, mein Buch in seinem Fachverlag zu veröffentlichen.

Dieses Buch wurde von Spätsommer 2022 bis Anfang 2023 geschrieben, und im Schreiben haben sich nicht nur meine Erfahrungen niedergeschlagen, sondern auch zahlreiche Emotionen. Der Blick durch die Fotoalben, das Stöbern in den Tagebüchern, das Nachhören von Interviews sowie das Nachlesen von Notizen und eigenen veröffentlichten Texten: Die ganzen Erinnerungen, die mein Leben und mein Arbeiten entlang der fünf nahöstlichen Zeitenwenden begleitet haben, haben mich oft aufgewühlt, immer wieder mein Gedankenkarussell in Bewegung gesetzt, besonders, weil es mir darum geht, den Lesern und Leserinnen, den Interessierten sowie den Denker:innen und Entscheider:innen rund um die Euro-mediterrane Partnerschaft handhabbare und kluge Handlungsvorschläge anzubieten.

Was für ein schönes Glück, dass meine Frau Meike Hanelt, als durch und durch Hamburgerin, ab 1994 meinen Weg in den Nahen Osten in eine ganz andere Kultur mit mir mitgegangen ist! Dass wir viele unserer Urlaubsreisen jenseits des Mittelmeeres verbracht haben, um mehr von Land und Leuten kennenzulernen, als ich bei Dienstreisen erfahren konnte. Auch unsere Tochter hat mit vier Jahren schon unsere Freunde und Freundinnen in Israel und Palästina vor Ort kennengelernt. Super, dass Meike mit ihrem Hobby Fotografieren unsere Nahosterlebnisse und Eindrücke festgehalten hat, die mir beim Schreiben des Buches sehr geholfen haben.

Bei der Weiterentwicklung meines Nahostwissens war und ist es mir auch wichtig, den Blickwinkel als Europäer zu schärfen und auszubauen. Über all die Jahre habe ich so viel über die Europäische Union von meinen Kolleg:innen im Europaprogramm der Bertelsmann Stiftung gelernt. Das hat dem Buchinhalt gutgetan. Und natürlich die Zeit, die mir die Kolleginnen und Kollegen eingeräumt haben, damit ich auch schreiben kann. Für die Unterstützung danke ich Stephan Vopel, Malte Zabel, Stefani Weiss, Mark Fischer, Miriam Kosmehl, Peter Walkenhorst, Cora Jungblut, Markus Overdiek, ebenso Kolleg:innen aus anderen Fachbereichen wie Jochen Arntz, Sabine Reimann, Jörg Habich, Thieß Petersen, Mehrdad Mehregani und Susanne Schultz.

Ich bin sehr dankbar, dass ich so viele – und wenn ich die Karteikästen mit den Visitenkarten sehe, sind es Hunderte – Denker:innen, Engagierte und Entscheider:innen in Europa, dem Nahen Osten und Nordafrika kennenlernen und von ihrem Wissen und ihren Erfahrungen lernen durfte. Um keine:n zu vergessen und alle zu würdigen, habe ich all ihnen dieses Buch gewidmet. Viele von ihnen sind uns während der fünf Reisen durch die „Zeitenwenden" auch persönlich begegnet.

Ich habe mich bei Familie und Freunden rar gemacht 2022 und Anfang 2023 – weil das Vorbereiten und Schreiben dann doch mehr Zeit in Anspruch genommen hat als geplant. Für das Verständnis und die gleichzeitige immerwährende Ermutigung zum Durchhalten danke ich meiner Familie, den Verwandten, Freunden und Bekannten. Unseren Freunden und Freundinnen in Deutschland mit familiären Wurzeln in Afghanistan, Ägypten, Syrien, Iran, Tunesien, Israel, Palästina und der Türkei möchte ich zusätzlich danken für wertvolle Hinweise und anregende Gespräche zu Themen des Buches und für ihre interessanten Blickwinkel auf Entwicklungen in Deutschland und der Heimat ihrer Eltern.

Meinen Text erheblich besser gemacht haben insbesondere Heike Herrberg und Alexander Weber – 1000 Dank dafür! Heike Herrberg hat sich vorbildlich um das Lektorat gekümmert. Alexander Weber war der erste Testleser und Textverbesserer meiner Manuskripte. Seine fundierten Kenntnisse zu den Themen Rechtsstaatlichkeit, Nachhaltigkeit und Mobilität haben viele meiner Gedanken geschärft und neue Politikvorschläge entwickeln geholfen. Außerdem sind in Diskussionen mit ihm wunderbare Ideen entstanden, wie die Fähigkeit, das Reparieren von Produkten in den Basaren Marokkos für uns in Europa zum gemeinsamen Nutzen wiederzuentdecken. Auch Gespräche mit anderen der jungen Generation, wie meiner Tochter Marie-Thérèse, haben meinen Blick auf themenübergreifende Gedanken rund um Klima- und Naturschutz sowie den Wert von Austausch mit Studierenden und Auszubildenden weiter sensibilisiert.

Profitiert haben diverse Inhalte auch von Gesprächen mit Kilian Bälz, Meriem Rezgui, Mathias Brüggmann, Jörn Bousselmi, Clemens Gerland, Nils Warner, Bernd Mützelburg, Mirco Keilberth und Samuel Descampeux. Der Austausch mit europäischen Regierungsbeamten von Berlin über Prag bis Brüssel hat zur Orientierung für das politisch Machbare beigetragen. Beim Argumentieren weitergebracht hat mich auch der Kontakt mit diversen Freundinnen und Freunden von Marokko bis Iran – einige begegnen uns hier im Buch.

„We were pioneers", ruft Andre Azoulay mir zu. „Ja, Andre, wir waren Pioniere in den neunziger Jahren, haben mitgeholfen, einen Mittelmeerraum der Freunde zu schaffen!", antworte ich ihm und nehme den 81-jährigen rüstigen und noch immer brillanten Denker im Reichstagsgebäude in den Arm. Es ist der 18. Oktober 2022, und die Konrad-Adenauer-Stiftung hat ihn nach Berlin zu einem Vortrag eingeladen. Andre Azoulay bezeichnet sich als arabischen Marokkaner jüdischen Glaubens. Er ist eine bekannte Persönlichkeit der jüdischen Gemeinde Marokkos, ein außenpolitischer Berater des marokkanischen Königs, und war sechs Jahre Präsident der Anna-Lindh-Stiftung, einem Netzwerk für Zivilgesellschaftsorganisationen rund ums Mittelmeer. Azoulay ist eine Symbolfigur transmediterraner Freundschaftsbildung. Sechs Jahre haben wir uns nun nicht mehr gesehen, das letzte Mal am 19. April 2016 in der marokkanischen Hauptstadt Rabat, als ich Mitglied der Delegation des damaligen Wirtschaftsministers Sigmar Gabriel auf seiner Nordafrikareise nach Ägypten und Marokko war. Kennengelernt haben Andre Azoulay und ich uns Ende Oktober 1994 in Casablanca auf einer Konferenz des World Economic Forums, das zum Auftakt der israelisch-palästinensischen Verständigung Wirtschaft und Politik aus dem Nahen Osten und Nordafrika versammelte.

Werden wir wieder zu Pionieren: Der Auftrag zum Brückenbau im Nahen Osten und übers Mittelmeer mit Europa bleibt eine Zukunftsaufgabe für Politik, Wirtschaft, Wissenschaft und Zivilgesellschaft!